UN ÉVÊQUE RÉFORMATEUR

SOUS LOUIS XIV

GABRIEL DE ROQUETTE

ÉVÊQUE D'AUTUN

SA VIE, SON TEMPS ET LE TARTUFFE DE MOLIÈRE

D'APRÈS DES DOCUMENTS INÉDITS

Par J.-Henri PIGNOT

TOME I

PARIS
A. DURAND ET PEDONE-LAURIEL, LIBRAIRES-ÉDITEURS
9, RUE CUJAS (ANCIENNE RUE DES GRÈS)

AUTUN
DENIS RENAULT, LIBRAIRE-ÉDITEUR
31, GRANDE-RUE, 31

1876

GABRIEL DE ROQUETTE

ÉVÊQUE D'AUTUN

PAR LE MÊME AUTEUR.

Histoire de l'ordre de Cluny, depuis la fondation de l'abbaye jusqu'à la mort de Pierre-le-Vénérable (909-1157). 3 vol. gr. in-8º. Autun, Dejussieu. Paris, Durand et Pedone-Lauriel. Ouvrage qui a obtenu le grand prix d'histoire au concours des sociétés savantes de 1869.

UN ÉVÊQUE RÉFORMATEUR

SOUS LOUIS XIV

GABRIEL DE ROQUETTE

ÉVÊQUE D'AUTUN

SA VIE, SON TEMPS ET LE TARTUFFE DE MOLIÈRE

D'APRÈS DES DOCUMENTS INÉDITS

Par J.-Henri PIGNOT

TOME I

PARIS

A. DURAND ET PEDONE-LAURIEL, LIBRAIRES-ÉDITEURS

9, RUE CUJAS (ANCIENNE RUE DES GRÈS)

AUTUN

DENIS RENAULT, LIBRAIRE-ÉDITEUR

31, GRANDE-RUE, 31

1876

ERRATA.

Tome I. Page 18, ligne 5, au lieu de : 23 octobre 1651, lisez : 23 octobre 1650.

Page 417, ligne 9, au lieu de : elle avait pris naissance d'une relique de la sainte donnée par la reine mère, lisez : elle avait reçu, de la reine mère, une relique de la sainte.

Tome II. Page 247, ligne 19, au lieu de : en 1481, Sully en dot à Henri de Rabutin, lisez : en 1469, Sully à Hugues de Rabutin.

Page 460, ligne 21, au lieu de : dès sa plus tendre enfance, lisez : dès sa plus tendre jeunesse.

PRÉFACE

Nous essayons de retracer la vie d'un évêque qui a employé sa longue carrière à faire prévaloir parmi son clergé les décrets disciplinaires du concile de Trente. Un pareil sujet ne nous a pas tenté par l'intérêt que pouvait présenter l'étude de son caractère et celle du milieu dans lequel il a vécu ; il s'est imposé en quelque sorte à nos recherches. La personne de l'évêque d'Autun a été un thème à contradictions. Assez peu connue dans son diocèse où la plupart des actes de son administration sont tombés dans l'oubli, protégée, toutefois, par le respect qui s'attache à la dignité épiscopale, par les établissements utiles qui lui doivent leur existence, elle a été vilipendée par des écrivains qui cherchent volontiers dans l'histoire des occasions de dénigrement. On a vu en lui, d'après le témoignage de quelques-uns de ses contemporains, le type d'un odieux personnage, et, pour le plus grand nombre, il est resté le modèle de Tartuffe. On l'a traité d'hypocrite, d'intrigant, de tyran de son diocèse, et un littérateur érudit, ingénieux, familiarisé avec l'histoire de la société du XVIIe siècle, l'a signalé comme « le franc scélérat » contre lequel Alceste invective si amèrement dans la première scène du *Misanthrope*.

On ne pouvait aller plus loin, et personne, à propos d'un évêque dont Mme de Sévigné parle souvent avec bienveillance, qui vécut dans la familiarité de la maison de Condé, qui posséda l'estime et la confiance de tous les membres de cette famille, n'a cherché ce qu'il y avait de fondé dans ces reproches, essayé de se rendre compte d'une pareille contradiction, et l'on peut dire que sa mémoire est ballotée entre l'éloge et le mépris. En présence de ces jugements opposés, la vérité restait dans l'ombre; nous sommes allé l'y chercher, et la lumière n'a pas tardé de se faire sur l'homme et sur son entourage. Elle nous a montré comment, en essayant de lutter contre les abus de son temps, on peut, tout en accomplissant le bien, ne pas obtenir justice ou ne l'obtenir qu'à demi, exemple frappant des passions humaines, rebelles à la vérité, rebelles à la correction, surtout quand elles s'appuient sur un état de société puissamment organisé et puisant dans son indépendance, dans la foi en sa durée, l'énergie de sa résistance.

L'évêque d'Autun se trouva, en effet, appelé à prendre part à un mouvement régénérateur qui, datant des premières années de Louis XIII, se continuant sous Louis XIV, est signalé pour le clergé régulier par de célèbres réformes, mais se perd, pour le clergé séculier, dans l'histoire particulière de chaque diocèse. Les grands événements du siècle dans la guerre et la législation, les hommes célèbres qui l'ont illustré, le développement des lettres et des arts, les discussions religieuses, le contraste des grandeurs de la cour avec la misère des populations, ont rejeté dans l'ombre ce côté d'une histoire qui a aussi son intérêt et qui présente plus d'un enseignement.

L'Église, en entrant dans la société féodale, y avait trouvé un élément de respect aux yeux des peuples, un moyen d'assurer avec plus d'efficacité son action, de répandre sa doctrine. Elle avait accompli des merveilles dans les œuvres de civilisation, sauvé et propagé la culture des lettres, défriché et couvert le sol de constructions et de monuments, adouci les mœurs; mais elle rencontrait dans la puissance de son organisation temporelle, dans l'étendue de ses possessions, une cause d'affaiblissement moral. Sans remonter au temps des investitures qui placèrent dans les évêchés des enfants et des gens de guerre, et pour nous borner à l'époque qui nous occupe, la collation des bénéfices ecclésiastiques par les rois de France et par les laïques ; le cumul et le trafic dont ils étaient l'objet ; l'exemption de certaines corporations de toute autre autorité que de celle du Souverain-Pontife ; l'oubli de la règle dans des monastères où l'on entrait sans prononcer de vœux ; l'absence d'instruction préparatoire pour les clercs qui se faisaient donner les ordres sans examen préalable et en dehors du contrôle de leur évêque ; les dissentiments entre les différents corps religieux, entre le clergé régulier et le clergé séculier, étaient autant de symptômes d'une décadence qui s'empare souvent des classes parvenues au plus haut point de leur développement. Dès le XIVe siècle, l'affaiblissement de la discipline et le relâchement des mœurs soulevaient partout des réclamations, et en lisant les actes des conciles et les écrivains de cette époque qui appellent, à grands cris, la réforme de l'Église, « dans son chef et dans ses membres, » on peut s'étonner parfois de l'énergie de leurs plaintes et du tableau des abus qui l'avaient rendue nécessaire.

Cette œuvre fut, comme on le sait, l'œuvre du concile de Trente, dont la réunion marque la période la plus importante de l'histoire de l'Église dans les temps modernes. Les besoins de la discipline, qui avaient été discutés dans les précédents conciles et fait l'objet de traités avec différentes nations, y furent remis en délibération, et ses décrets empreints d'une profonde intelligence des maux de l'Église, en demandant de nouveau une réforme radicale, n'allaient pas au delà d'une nécessité devenue de plus en plus pressante, surtout en présence du développement du protestantisme, qui puisait dans l'état moral du clergé de nouvelles forces contre le catholicisme. Aussi, repoussés, quant à la discipline, par les États généraux de 1614, comme contraires aux libertés gallicanes, furent-ils adoptés, sur la demande d'illustres évêques, l'année suivante, par l'assemblée générale du clergé, qui en prescrivit l'application dans tous les diocèses.

Cette réforme, qui avait fait en Italie la gloire d'un des hommes qui ont le plus honoré l'Église, s'imposait en France, après le retour de la paix, comme une nécessité absolue aux prélats qui ne voulaient pas rester au-dessous de leurs devoirs et se montrer indignes de leur ministère. Mais, dans cette tâche difficile du rétablissement d'une discipline méconnue depuis plusieurs siècles, il fallait d'abord trouver un appui qui concourût à relever leur autorité, restreinte par certaines corporations dans les limites les plus étroites de son action, et souvent même contestée par des membres du clergé inférieur et par des laïques.

Ce fut l'honneur des évêques du temps de Louis XIV de l'avoir poursuivie avec persévérance. On a souvent, de nos jours, reproché à ces représentants de l'Église de

France, et leurs opinions gallicanes, et leur soumission pour la volonté du monarque, et leur silence devant les scandales de sa vie. Il est difficile assurément de savoir quels résultats auraient eu, à ce sujet, leurs protestations, leurs conseils ou leur isolement; mais ce que l'on peut affirmer avec plus de certitude, c'est que, dépourvue de ce concours royal qui était devenu comme la loi souveraine, leur influence s'en serait trouvée amoindrie d'autant dans l'accomplissement d'une œuvre pour laquelle l'ingérence du pouvoir civil dans le gouvernement de l'Église, malgré les inconvénients qui pouvaient en résulter, paraît avoir été indispensable. Il suffit, pour s'en convaincre, de parcourir les procès-verbaux des assemblées générales du clergé, où l'autorité du conseil du roi est souvent invoquée par les évêques, soit pour donner force de loi à leurs ordonnances, soit pour faire juger leurs procès ou réformer les arrêts des parlements qui, en général, se montraient hostiles aux juridictions ecclésiastiques. C'est par là seulement qu'ils parvinrent à faire respecter dans leurs diocèses leur pouvoir disciplinaire et à rendre des services qui, sans être éclatants, n'en étaient pas moins utiles. Quand on a rendu hommage au génie, au talent, à la piété des plus illustres d'entre eux, on n'a signalé qu'une partie des mérites de l'épiscopat français à cette époque. Ceux qui ne possèdent pas des titres aussi remarquables au souvenir de la postérité peuvent en revendiquer de plus modestes à sa reconnaissance. La plupart ont travaillé à rendre à leur clergé le sentiment de sa dignité et de ses devoirs, l'esprit de subordination ; ils ont renouvelé et propagé l'instruction religieuse et laïque ; ils ont réorganisé la charité publique.

A cet égard, la vie de l'évêque d'Autun fut une des plus actives et des mieux remplies. La décadence des mœurs parmi son clergé offrait tous les éléments de résistance qu'elle trouvait dans la coutume, dans la durée, dans une ancienne liberté. Le mal, prenant à peine le soin de se cacher, ne s'effrayait ni de la publicité, ni de la censure des laïques. Nous verrons ce clergé en faire lui-même l'aveu dans un langage dont il ne nous a pas toujours été possible de reproduire les expressions. Il nous montrera quel courage était nécessaire pour y porter remède, quelle prudence et quelle fermeté, tout à la fois, commandaient des difficultés faites pour inspirer, à un évêque moins attaché à ses devoirs, du découragement. Aujourd'hui qu'un pareil état de société a disparu, aujourd'hui que le clergé, rentré, après de cruelles épreuves, dans les voies de la simplicité évangélique, forme la classe où règne le plus de moralité et de vertu, nous hésiterions à admettre la vérité d'un pareil tableau, si nous n'en avions pour garant le témoignage des coupables eux-mêmes.

C'est en partie à l'aide de ces documents, et en nous écartant le moins possible de leur texte même, que nous avons essayé de retracer la vie et les réformes de l'évêque d'Autun. Ces détails, sortis de la bouche des contemporains, ne peuvent manquer de soulever, de la part de plus d'un lecteur, sinon un blâme, du moins une critique. On demandera quelle utilité il pouvait y avoir à tirer de l'oubli des faits qui sont loin de porter un caractère de moralité. Cette susceptibilité, qui prend sa source dans un sentiment respectable, nous l'avons vu se produire, de nos jours, à propos de plusieurs ouvrages, même dus à des ecclésiastiques, et révélant dans le passé du clergé des côtés affligeants. On comprend et on doit regretter qu'à une époque où toutes les opinions sont en lutte, l'histoire soit quelquefois devenue un champ clos où les doctrines religieuses et politiques se sont donné rendez-vous, un instrument de parti et de propagande, un sujet de dénigrement pour les uns, un sujet exclusif d'édification pour les autres. Aussi peut-on se demander si ce n'est pas se méprendre sur son caractère, si la préoccupation de la vérité n'est pas son premier devoir, si elle ne lui impose pas, avant tout, une méthode d'investigation plus exacte, cherchant dans le passé, en dehors de toute idée préconçue, ces détails originaux et sincères sans lesquels elle ne peut être, selon la définition d'un ancien, « le témoin des temps, » témoin impartial, mais non indifférent, applaudissant au bien et flétrissant le mal partout où il les rencontre.

Avons-nous besoin d'ajouter que le procès fait à la mémoire de l'évêque d'Autun, et que nous essayons de réviser, était une raison de plus pour mettre l'analyse des pièces sous les yeux du lecteur et le laisser porter lui-même un jugement ?

Cette fidélité scrupuleuse de l'histoire à la vérité, dont il serait facile de citer des exemples, même parmi des écrivains religieux qui se sont élevés, à différentes époques, contre les plaies de l'Église, personne ne l'a plus ouvertement proclamée, personne ne l'a plus complètement défendue qu'un historien dont on a pu contester certaines opinions, mais dont la piété et la science n'ont jamais été mises en doute. « Il est triste, je le sens bien, dit l'abbé Fleury, de relever ces faits peu édifiants ; et je crains que ceux qui ont plus de piété que de lumière n'en prennent occasion de scandale. Ils diront peut-être que, dans l'histoire, il fallait dissimuler ces faits, ou qu'après les avoir rapportés, il ne fallait pas les relever dans un discours. Mais le fondement de l'histoire est la vérité, et ce n'est pas la rapporter fidèlement que d'en supprimer une partie. Un portrait flatté n'est point ressemblant. Tels sont, d'ordinaire, les panégyriques, où l'on fait paraître un homme louable, en ne relevant que ses bonnes qualités, artifice grossier qui révolte les gens sensés, et leur fit faire plus d'attention sur les défauts qu'on leur cache avec tant de soin. C'est une espèce de mensonge que de ne dire ainsi la vérité qu'à demi. Personne n'est obligé d'écrire l'histoire ; mais quiconque l'entreprend s'engage à dire la vérité tout entière. C'est l'exemple que nous donnent les historiens sacrés. Moïse ne dissimule ni les crimes de son peuple, ni ses propres fautes. David a voulu que son péché fût écrit avec toutes ses circonstances, et dans le Nouveau Testament, tous les évangélistes ont eu soin de représenter la chute de saint Pierre (1). »

Comme on objectait au pieux et savant abbé qu'en rapportant de pareils faits il fournissait des armes dont les ennemis de la religion pouvaient abuser, il se contentait de répondre simplement : « Une vérité ne saurait être opposée à une autre, et des faits malheureusement trop vrais n'empêchent pas que la religion ne le soit aussi. » Et pour achever sa pensée, il aurait pu ajouter : Ces faits malheureux, cette lutte entre le bien et le mal qui s'est établie parfois dans l'Église, loin de porter atteinte à son principe, en prouvent au contraire la supériorité. Comment, en effet, une institution qui a éprouvé le contre-coup des révolutions politiques, que ni les persécutions ni les divisions religieuses, ni même, à certaines époques, des causes

(1) Fleury, quatrième discours sur l'*Histoire ecclésiastique*, paragraphe 13. L'abbé Fleury semble s'être rappelé ce passage de Cicéron : *Nam quis nescit, primam esse historiæ legem, ne quid falsi dicere audeat? deinde ne quid veri non audeat? ne qua suspicio gratiæ sit in scribendo, ne qua simultatis?* (*De oratore*, liv. II, chap. xv.)

intérieures de dissolution morale n'ont pu ébranler, mais qui a su toujours trouver en elle-même l'énergie nécessaire pour résister aux attaques de ses ennemis, pour répandre et développer sa doctrine, pour se relever de ses abaissements, régénérer sa discipline et ses mœurs, pour produire dans tous les temps, même dans les plus mauvais, des exemples de sainteté, comment une pareille institution peut-elle poursuivre ses destinées, si le principe même de sa vie n'est point placé au-dessus des éventualités humaines? C'est ce caractère particulier à l'Église sur lequel il convient surtout d'insister, en présence des fautes de quelques-uns de ses membres, et que de nos jours un illustre évêque a signalé, avec sa hauteur de vues habituelle, dans les lignes suivantes, par lesquelles nous croyons utile de terminer ces courtes réflexions :

« Un danger qui se pourrait rencontrer pour quelques-uns dans l'étude de l'histoire ecclésiastique, ce serait de s'étonner outre mesure et de se scandaliser même, là où les grands et humbles esprits ne font que s'élever et s'affermir dans la foi. La suite de la religion et de l'Église est un fait divin, mais qui s'accomplit dans l'humanité. Dans cette histoire, il y a Dieu, et il y a l'homme : Dieu avec sa force toute-puissante, et l'homme avec son éternelle misère; l'homme qui pèche et se peut corrompre quand il lui plaît, et Dieu qui soutient l'Église, qui la conserve et y fait son œuvre, malgré l'infirmité où la perversité humaine. Une société en laquelle, pendant une durée de dix-neuf siècles, nul scandale ne se verrait, et qui ne compterait que des saints pour membres, serait un miracle que Dieu n'a pas promis, et qui n'était pas nécessaire pour faire resplendir le côté divin de l'Église. Le côté divin, celui dont, pour ma part, j'ai toujours été profondément frappé, le voici : c'est que, malgré les infirmités et les défaillances des hommes, l'Église elle-même ne défaille pas : une Église toujours pure dans sa doctrine, toujours irréprochable dans ses lois, et toujours féconde pour engendrer à Dieu des saints, malgré les faiblesses d'un grand nombre de ses enfants, et quelquefois même de ses ministres, une telle Église, visiblement, n'est portée que par la main divine ; et quand il y a bientôt deux mille ans que cela dure, il faut dire que le doigt de Dieu est là, ou qu'il n'est nulle part : qui ne voit pas cela ne verra jamais rien. L'histoire de l'Église le révèle à quiconque sait regarder et comprendre, et voilà ce qui en fait le haut intérêt et la grande utilité (1). »

(1) *Lettres aux hommes du monde sur les études qui leur conviennent,* par Mgr Dupanloup, in-8°, 1870, p. 454.

GABRIEL DE ROQUETTE

ÉVÊQUE D'AUTUN

CHAPITRE PREMIER

ROQUETTE AVANT SON ÉPISCOPAT. — SA NOMINATION
A L'ÉVÊCHÉ D'AUTUN (1624-1666)

Roquette naquit à Toulouse, vers 1624, d'une ancienne famille dont plusieurs membres avaient été autrefois investis du capitoulat. Son père, avocat au parlement de cette ville, occupa lui-même cette magistrature, qui était très-recherchée et qui conférait la noblesse. Un frère aîné de l'évêque, nommé Jean de Roquette d'Amade, était, en 1669, conseiller au parlement de Toulouse. Il eut, entre autres fils, Étienne-Gabriel de Roquette, qui lui succéda dans sa charge. Un autre frère, également connu sous le nom de Roquette d'Amade, fut père d'Emmanuel de Roquette, abbé de Saint-Gildas de Ruys, membre de l'Académie française, d'Henri-Louis-Auguste de Roquette, abbé de Gimont, et d'un autre fils qui devint écuyer de la princesse de Conti. Cette famille était alliée à la plupart de celles qui appartenaient au barreau et à la magistrature, entre autres à la famille de Sénaux, d'où étaient sortis des receveurs des tailles, au pays de Comminges, des conseillers à la cour, etc. La mère du futur évêque d'Autun, qui était veuve au moment de sa nomination, appartenait à cette famille et s'appelait Anne de Sénaux (1).

Il avait pour tante une pieuse femme qui devait honorer par ses vertus une époque où le dévoûment chrétien donnait des preuves fréquentes de sa vitalité. Mariée à Raymond de Garibal, conseiller au parlement de Toulouse, Marguerite de Sénaux, prise de cette ferveur qui avait caractérisé certaines vocations au moyen âge, renonça, après la perte de ses enfants, à tous les avantages de la fortune et de la considération publique, distribua son bien aux pauvres, aux prisonniers, aux hôpitaux, aux églises, décida son époux à entrer dans la chartreuse de cette ville, et prit elle-même le voile dans le couvent de Sainte-Catherine de Sienne, appartenant à l'ordre des do-

---

(1)   Cil de noblesse a grand titoul
        Qui de Toulouse est capitoul.

Enquête des vie et mœurs de M. de Roquette, évêque d'Autun, du 11 mai 1666. (Archives de l'évêché d'Autun.) La mère de Roquette suivit son fils à Autun, et mourut en décembre 1670, religieuse, c'est-à-dire retirée au séminaire (Registres capitulaires, 5 décembre 1670, et archives du petit séminaire; — dossier de l'abbaye de Gimont (Archives de l'évêché); — testament de Roquette (Archives de l'hôpital d'Autun). L'enquête sur les vie et mœurs de Roquette nous donne la date de sa naissance, en nous apprenant qu'il fut nommé évêque dans sa quarante-deuxième année.

minicaines réformées. Aussitôt après son entrée, l'église de la communauté fut bâtie et dotée de plusieurs beaux ornements aux frais de MM. de Garibal et de Sénaux. L'austérité de cet ordre était grande. Les dominicaines observaient un jeûne continuel, priaient Dieu, jour et nuit, pour les nécessités de l'Église, la réformation des ordres religieux, l'extirpation des hérésies, pour les magistrats et les habitants de Toulouse. La réputation de Marguerite de Sénaux parvint jusqu'à Paris, où la comtesse de Saint-Paul l'appela en 1623 pour fonder le monastère des filles Saint-Thomas, au faubourg Saint-Marcel, qui fut transféré plus tard au Marais, puis à l'extrémité de la rue Vivienne. En 1656, elle sortit de ce monastère afin de diriger celui de la Croix, qui fut successivement placé rue d'Orléans, au Marais, puis rue de Charonne, au faubourg Saint-Antoine. Elle répandait dans ce pauvre quartier d'abondantes aumônes. C'est là qu'elle passa le reste de ses jours en qualité de supérieure. Elle mourut en 1657, à l'âge de soixante-sept ans, connue sous le nom de mère Marguerite de Jésus, honorée du respect de tous ceux qui la connaissaient, et en particulier d'Anne d'Autriche (1).

La reine, parmi les personnes de son entourage,

(1) Du Catel, *Mémoires de l'histoire du Languedoc*, in-folio. Toulouse, 1633, p. 268. — Lebeuf, *Histoire du diocèse de Paris*, éd. Cocheris, t. III, p. 560. — *Vie de la vénérable mère Marguerite de Jésus, professe du monastère de Sainte-Catherine de Sienne*, etc., in-4º de 52 pages, sans nom d'auteur et d'imprimeur, ouvrage dont nous ne connaissons d'exemplaire qu'à la Bibliothèque nationale. Voyez sur les familles de Roquette et de Sénaux pièces justificatives.

s'était attachée d'une amitié particulière à la comtesse de Brienne, dont le mari, Henri-Auguste de Loménie, possédait la charge de ministre d'État au département des affaires étrangères. « Elle ne bougeait d'avec la reine dans tous les couvents, dit Mlle de Montpensier, et la suivait à toutes les dévotions. » Toute la cour savait qu'elle était sa confidente. C'est à elle qu'un jour Anne d'Autriche donna dans son oratoire, où elle venait de faire sa prière, l'explication bizarre de l'amour platonique qu'elle éprouvait pour Mazarin, et qui prêtait matière aux médisances de la cour. Elle était digne de cette confiance par son mérite, sa piété et son dévoûment. Elle était toujours auprès de la reine dans les circonstances les plus pénibles et les plus secrètes. Toutes deux allaient souvent rendre visite à la mère Marguerite de Sénaux. Celle-ci recommanda à la comtesse, « sa grande amie et très-affectionnée à son ordre, » son neveu, Gabriel de Roquette, qui, jeune encore, avait été destiné par sa famille à l'état ecclésiastique et ne portait que le petit collet. Mme de Brienne s'employa en sa faveur et le fit entrer dans la maison du prince de Conti (1).

Armand de Bourbon, prince de Conti, frère cadet du grand Condé et de la duchesse de Longueville, était assez beau de visage, mais d'une santé faible,

---

(1) *Mémoires du comte de Brienne,* dans la collection Michaud, 3e série, t. III, p. VIII. — *Mémoires de Mlle de Montpensier,* id., t. IV, p. 219. — L'arrêt du Conseil, du 10 mai 1662, pour faire prendre possession à Roquette de l'abbaye de Granselve, dit que ses lettres de tonsure étaient du 20 juin 1632. (*Mémoires de la Société archéologique du Midi de la France,* t. VII, p. 238.)

d'une taille petite et contrefaite. Son esprit était agréable et cultivé, son caractère plein de gaîté et de désintéressement. Mais, léger et fantasque à l'excès, il passait facilement d'un extrême à l'autre dans une même journée. Trop jeune encore pour donner carrière aux projets d'ambition qu'il nourrissait dans son âme, il se livrait tout entier à ses plaisirs. Il avait conçu pour sa sœur, qui le fascinait par l'éclat de son esprit et de sa beauté, une passion qui ne trouva pas toujours des interprètes indulgents. Il se montrait ouvertement jaloux de ceux qui possédaient ses bonnes grâces. Elle le gouvernait, du reste, en toutes choses, lui et toute sa famille. Comme il était voluptueux par tempérament, cette passion ne l'empêchait pas de chercher des consolations dans le commerce d'autres dames. Les disgrâces qui lui avaient été infligées du côté de l'extérieur faisaient dire à quelques personnes de sa maison que son vrai penchant était plutôt du côté de Dieu, et sa famille, le jugeant peu propre à la guerre, avait cherché à lui inspirer de bonne heure une vocation pour l'Église.

Il étudia la théologie sous le père de Champs, un des membres les plus distingués de la compagnie de Jésus, qui s'acquit une grande réputation dans la polémique anti-janséniste. Il soutint, à quinze ans, une thèse de philosophie et obtint le degré de maître ès-arts, avec un succès qui fit admirer son intelligence précoce. Il était encore en âge de minorité, lorsque son père obtint pour lui les abbayes de Saint-Denis, de Lérins, de Molosme, de Saint-Germain d'Auxerre, et celle de Cluny, dans laquelle une large part de revenus était stipulée en faveur de la manse abbatiale. Ces riches bénéfices lui procurèrent des revenus considérables et le moyen de faire un grand nombre de créatures (1).

Vivant à l'hôtel de Condé, dans une position moitié ecclésiastique et moitié mondaine, dans un loisir inoccupé que son caractère ambitieux lui rendait à charge, il s'était entouré de serviteurs intéressés qui, la plupart, flattaient sa vanité et son goût pour les plaisirs. « Mais comme il avait beaucoup d'esprit, il savait bien choisir, dit le père Rapin, ceux qui en étaient pourvus, et il avait grand soin de les attirer plus par ses caresses que par ses récompenses. Toute sa cour était remplie de gens d'esprit, dont l'abbé de Cosnac, depuis évêque de Valence ; l'abbé de Roquette, qui fut évêque d'Autun ; Guilleragues, le poète Sarrasin, Montreuil et son frère l'abbé, l'abbé Esprit, Voiture, Molière le fameux comédien, Gourville, l'abbé Voisin, savant dans les langues orientales, étaient les principaux, ou en qualité de pensionnaires ou en qualité de domestiques, car on ne lui parlait jamais d'aucun homme de réputation dans les lettres ou de quelque mérite rare qu'il ne voulût avoir, par une grandeur d'âme qui ne lui faisait estimer le bien que comme un moyen d'avoir d'habiles gens à sa suite. Jamais homme aussi n'a eu tant de goût pour les belles choses, tant de discernement pour le mérite, et tant d'estime

---

(1) *Mémoires de Mathieu Molé*, éd. Champollion-Figeac, t. III, p. 107, à la note.

pour les savants et pour tous ceux généralement qui avaient quelque talent extraordinaire (1). »

Le prince, avec son caractère généreux, ne ménagea point les faveurs à cet entourage. Il donna à Montreuil un canonicat dans le chapitre de Toul, des pensions sur des bénéfices et la charge de secrétaire de ses commandements. Son frère l'abbé, qui menait à Paris la vie d'un petit-maître et ne craignait pas le scandale du côté des bonnes fortunes, fut pourvu d'un bénéfice en Bretagne, dont les revenus étaient toujours dépensés d'avance. Sarrasin succéda à Montreuil dans la charge de secrétaire des commandements. L'abbé Esprit, ayant su plaire au prince, qui venait souvent visiter les Pères de l'Oratoire, chez qui il s'était retiré, après avoir encouru la disgrâce du président Séguier, son bienfaiteur, reçut de lui un logement dans son hôtel, une pension de mille écus, puis enfin une somme de quarante mille livres avec laquelle il put épouser une jeune héritière dont il était amoureux. L'abbé Voisin, qui s'était fait connaître par son talent pour la prédication et sa science dans la langue hébraïque, fut nommé par le prince son aumônier. Il choisit Roquette comme vicaire général des abbayes dont il possédait la commande, et donna plus tard à Cosnac la charge de premier gentilhomme de sa maison.

C'est entre les années 1645 et 1648 que Roquette fut attaché à la maison du prince. Il sut gagner, dès

---

(1) *Mémoires du P. Rapin*, in-8º, t. II, p. 196. — Cousin, Mme *de Longueville pendant la Fronde*, in-8º, p. 297.

le principe, la confiance de toute sa famille, celle du prince de Condé, de la duchesse de Longueville et de leur mère, la princesse douairière. « L'hôtel de Condé, situé sur l'emplacement que comprend aujourd'hui la rue de Condé et le théâtre de l'Odéon, était, dit M. Cousin, magnifiquement bâti, et la princesse en faisait les honneurs avec une dignité presque royale, tempérée par la grâce et l'esprit. Elle avait pris grand soin de former ses enfants aux belles manières. Là se trouvait ce qu'il y a de plus galant, de plus honnête et de plus relevé par la naissance et par le mérite. La galanterie platonique était à l'ordre du jour dans la maison. » Dans cette société élégante, Roquette connut les femmes qui par leur beauté attiraient les hommages des gens de cour, ainsi que la plupart des beaux esprits qui avaient fait, avant la Fronde, l'honneur de l'hôtel de Rambouillet. Sa physionomie, qui était dépourvue de distinction, ne manquait pas cependant, si nous en jugeons d'après les portraits que nous possédons de lui à cette époque, de douceur et de bonté. Il est possible qu'il ait sacrifié lui-même à des habitudes qui étaient celles de la société polie, et sans lesquelles il n'y avait pas ce qu'on appelait alors de galant homme, c'est-à-dire d'homme bien élevé ; les ennemis de sa fortune naissante en prirent sujet pour porter contre lui des accusations qui sont à la fois trop graves et trop vagues pour qu'il soit possible de les admettre sans preuve (1).

(1) Cousin, *Jeunesse de Mme de Longueville*, in-8º, p. 140.

« Il ne manquait pas d'esprit, dit Lenet, et s'était introduit dans les bonnes grâces de la princesse douairière par une dévotion affectée de laquelle il masquait les desseins que son ambition lui faisait naître et les intentions que la tendresse qu'il avait pour quelques-unes de la cour lui faisaient concevoir, ce qu'on a vu depuis éclater avec scandale. Ce personnage avait assez de crédit auprès de la princesse pour ne pas craindre de le perdre, et il avait l'adresse de ne lui persuader que les choses auxquelles elle était portée par son inclination naturelle. Il me disait en toutes rencontres qu'il cherchait à lui inspirer la vigueur et la libéralité nécessaires au service de ses enfants (1). »

A partir de ce moment, on voit en effet se dessiner chez Roquette un caractère qui ne se démentit point durant le cours de sa longue carrière. Actif, dévoué, insinuant, possédant un grand empire sur lui-même, il était éloigné des partis extrêmes et porté à la conciliation, tout en gardant une fidélité inébranlable à ses principes et à ses affections. Cette ligne de conduite, qui lui attira de la part de ses

---

(1) *Mémoires de Lenet*, éd. citée, p. 220. « L'abbé de Roquette, qu'une petite mine douce et dévote et sa qualité de neveu de la mère Marguerite, etc. » La scène de Tartuffe avec Elmire était déjà, de son vivant, mise sur le compte de Roquette. On prétendit qu'elle s'était passée chez la duchesse de Longueville, dont il était un des plus empressés courtisans. Nous ignorons l'origine première de cette imputation. Voir la plainte de la ville d'Autun au roi, à l'appendice. Nous y reviendrons au dernier chapitre de ce livre. Voyez au cabinet des estampes de la Bibliothèque nationale son portrait, gravé par Étienne Gantrel et daté de 1665.

ennemis, à la cour du prince de Conti, l'accusation de bassesse et d'hypocrisie, lui donna plus tard les qualités essentielles à un évêque, c'est-à-dire la prudence et la fermeté. Il se trouva, par sa position dans la maison de Condé, mêlé dès le principe aux intrigues de la Fronde; mais tandis que chacun y apportait le contingent de ses rancunes ou de son ambition, il n'y remplit d'autre rôle que celui d'un serviteur dévoué et circonspect.

Au mois de janvier 1650, la reine-mère et le cardinal Mazarin ayant fait emprisonner à Vincennes, puis transférer au Hâvre de Grâce les princes de Condé, de Conti et le duc de Longueville, qui étaient les principaux chefs du parti, Roquette se trouva un des appuis de la princesse leur mère. Elle se fit conduire secrètement par lui, dans le carrosse d'un de ses parents, M. de Garibal, conseiller au parlement, qui lui servait de cocher, dans la maison d'un chanoine de la Sainte-Chapelle, qui était un de leurs partisans et conseiller à la cour. Après y avoir passé la nuit, elle se rendit le lendemain, au point du jour, aux portes de la grande chambre, tenant à la main une requête dans laquelle elle réclamait justice et la mise en liberté de ses fils et de son gendre.

Il fit partie, à cette époque, de la petite cour de Chantilly, où la princesse avait reçu l'ordre de se retirer, et qui, d'un lieu de fêtes et de divertissements qu'il avait été autrefois, était devenu pour elle un lieu d'exil et le foyer du parti des princes. Il cherchait à la rassurer sur le sort de ses enfants prisonniers ; il allait de tous côtés s'enquérir des nouvelles, et lui rapportait, avec les bruits du jour, des conseils fermes et sensés. Il assista avec les partisans des princes à un conciliabule où on décida qu'il fallait emmener secrètement la jeune princesse et le duc d'Enghien, son fils, âgé de sept ans, dans le château de Montrond, en Berry, qui, appartenant au prince de Condé, paraissait propre à devenir le centre de l'action du parti. Il resta auprès de la princesse-mère lorsque, s'échappant de Chantilly, elle vint secrètement se cacher dans Paris pour réclamer de nouveau, auprès du parlement, ou le jugement de ses fils ou leur mise en liberté. Il s'efforçait avec une affection prévenante de relever son courage, qui ne devait pas tarder de succomber. Il était un des correspondants de Lenet, homme actif et spirituel qui, à partir de ce moment, devint l'âme des tentatives de leur parti (1).

Lorsque la jeune princesse marcha sur Bordeaux avec une armée de quatre mille hommes, afin de soulever le pays, où l'administration du duc d'Épernon avait attiré la haine sur le cardinal, fut reçue aux acclamations du peuple qui brisa les portes pour lui donner entrée et entraîna dans le mouvement le parlement de Guyenne jusque-là opposé à la Fronde, elle envoya à ses amis restés dans la capitale une dépêche chiffrée pour leur annoncer le succès de son entreprise. Elle fut lue dans une réu-

(1) *Mémoires de Claude Joly,* collection Michaud, 3e série, t. II, p. 161. — *Mémoires de Lenet,* id., p. 234, 238, 239.

nion où figuraient l'archevêque de Sens, l'évêque de Rennes, le duc de Nemours, Miroménil, conseiller d'État, le président Viole et Roquette. L'envoyé chargé de la remettre avait reçu la mission de prendre leur avis sur la conduite qu'il convenait de tenir en pareille circonstance, sur les négociations qu'il était utile de tenter. On lui avait recommandé surtout de dire à l'archevêque de Sens tout ce qui, devant être répété par lui au cardinal, pourrait lui donner de l'inquiétude sur les succès obtenus dans le midi de la France et contribuer à avancer la mise en liberté des princes (1).

La cour reçut ces mauvaises nouvelles en même temps qu'elle apprit la jonction de Turenne avec l'archiduc et leur entrée en Picardie. Menacée au Nord et au Midi, redoutant l'agitation qui régnait dans Paris, poussée par le parlement à conclure la paix et à mettre les princes en liberté, elle voyait augmenter ses difficultés et ses inquiétudes. Roquette et un abbé de Cambiac, comme lui originaire de Toulouse, restés tous deux dans la capitale, informèrent Lenet par une longue dépêche du progrès qu'y faisait le parti des princes, et à quelles conditions il convenait d'accepter la paix pour laquelle le parlement avait nommé des commissaires. Selon cette lettre, les conditions demandées par le parlement étaient la soumission de Bordeaux et l'élargissement des princes. Mais leurs amis, ajoutaient-ils, n'avaient osé en parler dans la dernière assemblée, de peur que la

(1) *Mémoires de Lenet*, p. 378, 386, 398.

chute de Mazarin n'entraînât l'élévation du duc d'Orléans et des membres du parti de la Fronde qui étaient ennemis de la maison de Condé.

Dans une seconde dépêche, datée de dix jours plus tard et écrite en chiffres de la main de Roquette, leurs amis, d'après l'avis du président Viole, des conseillers de Croissy et de Miroménil, insistaient plus vivement que jamais auprès de Lenet sur la nécessité de n'accepter aucun accommodement sans obtenir la liberté des prisonniers. Elle renfermait les détails les plus précis sur l'état des partis, ainsi que des conseils tendant à prolonger dans Bordeaux la résistance, jusqu'à ce que le dernier et principal résultat eût été obtenu. La haine publique, ajoutait-elle, les intrigues des frondeurs, les secours promis par l'Espagne au parti des princes semblaient présager la chute inévitable du cardinal ministre. Enfin, dans une troisième dépêche également chiffrée, les comtes de Maure et de Fiesque, le président Viole, d'Arnauld et Roquette revenaient sur la nécessité de ne conclure aucune paix avec la cour sans la liberté des princes (1).

Cette paix fut signée le 1ᵉʳ octobre 1650, par un traité dont le duc d'Orléans et le parlement de Paris avaient fourni les bases ; mais il n'y était pas question de cette liberté. Les Bordelais, fatigués de leur résistance, ne pensaient plus qu'aux approches de la vendange ; les secours promis par l'Espagne n'arrivaient pas ; les finances du parti des princes étaient

---

(1) *Mémoires de Lenet*, p. 378, 386, 398.

épuisées; leurs amis avaient été obligés de céder devant la nécessité et d'accepter une amnistie. Elle permettait à la jeune princesse de Condé de se retirer avec son fils à Montrond ou en Anjou, et assurait le pardon à ses partisans, à la condition qu'à l'avenir ils demeureraient fidèles aux lois. Au moment de partir pour sa retraite, la jeune princesse, d'après le conseil de ses amis, alla trouver la reine-mère et la supplia d'ouvrir les portes de la prison de ses frères et de son mari. Les ducs et Lenet pressèrent Mazarin de se réconcilier avec la maison de Condé; mais la reine et son ministre ne promirent rien, et les démarches continuèrent. Lenet se rendit à Châtillon où s'était retirée la princesse douairière, à laquelle il était venu, durant les derniers événements, rendre souvent compte de ce qui s'était passé à Montrond, à Bordeaux et à la cour.

Roquette, envoyé par les amis de Paris et chargé de différentes missives pour l'entourage de la princesse, y arriva presque en même temps. « J'entretins Roquette en particulier, dit Lenet, qui, se considérant comme un homme essentiel dans la famille de Condé, n'aimait pas qu'on fît des objections à ses vues; il me confirma beaucoup de choses que je savais, et m'en apprit quelques autres, mais toujours en tâtant le pavé et, selon sa coutume, avec des réserves qui naissent plutôt de son humeur pateline que de sa timidité et de sa prudence. Quand on le questionne, il est assez réservé, et quand on ne lui demande rien, l'envie qu'il a de paraître bien instruit des choses lui fait dire tout ce qu'il sait, et quelquefois davantage. »

La princesse-mère tint un conseil composé de Lenet, de Roquette et de l'abbé de Cambiac. Possédant sur elle une assez grande influence, cet abbé n'avait pas obtenu mieux que Roquette les bonnes grâces du négociateur en chef. « Adroit, souple, rampant, l'abbé de Cambiac, dit-il, biaisait entre les uns et les autres pour découvrir de tous côtés des intrigues et s'y fourrer autant qu'il pouvait. » En présence de la duchesse de Châtillon et de Mme de Bourgneuf, les deux dames de la princesse qui étaient le plus avant dans son intimité, Lenet rendit compte des tentatives qu'il avait faites pour tirer les princes du Hâvre de Grâce. Il conseilla, d'après l'avis exprimé par les ducs de Bouillon et de la Rochefoucauld, de choisir le château de Montrond, qui, réputé imprenable, paraissait propre à organiser une résistance armée, si on pouvait y faire arriver des troupes au printemps prochain. En cas de doute, on devait tout au moins, ajoutait-il, y établir le séjour de la jeune princesse et de son fils, et, sans se mettre en hostilité ouverte avec la cour, attendre les chances que l'avenir pouvait ménager. La princesse-mère, que la prison de ses enfants avait découragée et rendue timide à l'excès, et qui jusquelà s'était laissée diriger par les conseils de son habile négociateur, ne fut pas cette fois de son avis. Elle répondit qu'elle ne voulait pas qu'on se servît plus

---

(1) Lenet, p. 406, 427, etc.

longtemps d'une place qui lui appartenait pour en faire le théâtre de la guerre; que cette résistance l'exposait elle-même à la prison et à la confiscation de ses biens; que le château de Montrond n'était pas en état de soutenir un siége; que si le cardinal le faisait attaquer, il serait en moins d'un mois pris et rasé; que tout cela ne servirait de rien à ses enfants (1).

Dans cette opinion, inspirée par la prudence, elle trouva Roquette pour approbateur. Il représenta que le sentiment de tous les serviteurs des princes était qu'on ne parviendrait à les tirer de prison qu'avec le concours du parlement; ils travaillaient sans relâche à leur procurer des voix dans cette assemblée. Leur avis était que Montrond devait se soumettre à la déclaration de paix de Bordeaux, et rester une retraite assurée pour la princesse de Condé et son jeune fils. Il ajouta que leurs amis de Paris n'étaient pas sans soupçons contre la conduite des ducs de Bouillon et de la Rochefoucauld. Il les accusa d'avoir conseillé de rendre Bordeaux quand on pouvait encore le garder, et assura que cette reddition, dans l'état peu avancé du siége, avait surpris tout le monde. « Je lui répondit brusquement, dit Lenet, que lui-même avait fait ses efforts pour prolonger la résistance de cette ville; que ces impertinents discours étaient de l'invention d'Arnauld, qui avait honte d'être demeuré en toute sûreté à Paris et voulait diminuer le mérite de ceux qui avaient fait la guerre; qu'il pouvait se souvenir, lui qui parlait,

---

(1) Lenet, p. 426, 443.

que dans le temps qu'on l'avait entreprise, tout était contre nous, et si l'on avait repris quelque vigueur à Paris et dans tout le royaume, c'était un effet de ces deux ducs, qui ne prévoyaient pas assurément qu'il y eût grande fortune à faire quand on avait commencé à lever des troupes pour le service des princes, et que ce qu'on leur avait accordé par la paix n'était pas une marque qu'ils eussent trahi ce parti; qu'ils n'avaient négocié à la cour ni pour eux, ni pour les gens de leur dépendance; qu'ils n'avaient pas touché un teston de l'argent de Mme la duchesse; qu'ils avaient fait toute la dépense de leur armement, et que je ferais voir que toutes les chimères inutiles de M. Arnauld et de ceux qui étaient assez malhabiles pour s'y attacher avaient coûté plus d'argent à M. le prince que toute la guerre de Bordeaux et de Montrond. L'abbé se tut tout court et me pria bien fort de ne pas dire aux ducs l'avis qu'il venait de nous donner. « Est-ce vous, monsieur, lui dis-je, qui croyez cela? — « Non, me repartit-il. — Il ne vous importe donc pas, « répliquai-je, si je les avertis ou non? Je vous assure « que je le manderai à la première occasion. » Je le fis comme je l'avais dit, et nous sûmes depuis que ce soupçon, qui n'avait aucun fondement, était un pur effet de la honte et de la jalousie d'Arnauld. Cambiac, qui parla après Roquette, fit merveille pour me persuader que les amis avaient raison et que la guerre de Bordeaux n'avait servi de rien. Je lui répondis en souriant. La duchesse de Châtillon applaudit par mille minauderies à ce que la princesse avait dit et fut du sentiment que Roquette disait être et qui était en effet celui de nos amis. » La conclusion de cette entrevue, qui met en pleine lumière le caractère despotique de Lenet, fut la pacification de Montrond, du Berry et du Bourbonnais. Il en signa le traité, comme représentant de la princesse, avec les envoyés du roi (23 octobre 1651).

L'événement ne tarda pas de donner raison aux craintes de la princesse douairière et de justifier l'opinion de Roquette sur la nécessité de l'intervention du parlement. Elle partit pour la petite ville de Châtillon-sur-Loing, où elle avait obtenu d'établir sa résidence, et fut reçue, chemin faisant, dans plusieurs châteaux avec tous les honneurs possibles. Arrivée en parfaite santé dans cette ville, elle tomba subitement malade. Elle était dans un âge peu avancé, qui lui permettait d'espérer une longue suite d'années, et avait encore de la beauté. « On ne manqua pas de dire, raconte à ce sujet la bonne et pieuse Mme de Motteville, que le chagrin et la douleur lui avaient ôté la vie, et l'on peut croire en effet que l'amertume de sa disgrâce contribua beaucoup à sa fin. Elle était un peu trop fière, haïssant trop ses ennemis et ne pouvant leur pardonner. Dieu voulut sans doute l'humilier avant sa mort, pour la prévenir de ses grâces et la faire mourir plus chrétiennement. Sans ce secours, selon son tempérament, elle aurait senti avec de grandes impatiences la peine de se voir exilée, ses enfants en prison et ses ennemis triomphant d'elle; mais Dieu changea ses sentiments en

---

(1) Lenet, p. 427, 430.

de très-vertueuses dispositions. Après avoir fait une confession générale à l'archevêque de Sens, qui était de ses amis, elle ordonna à l'abbé de Roquette d'aller trouver la reine de sa part, afin de l'assurer qu'elle mourait sa très-humble servante, quoiqu'elle mourût des déplaisirs qu'elle avait eus de la persécution faite à elle et à ses enfants. Elle lui manda qu'elle la conjurait par le sang de Jésus-Christ de faire quelques réflexions sur sa mort, et de se souvenir que personne n'est exempt des coups de la fortune. » Elle expira, à la suite de convulsions, entre les bras du fidèle Lenet (2 décembre 1650) (1).

Roquette trouva la reine retenue au lit par la maladie. « La destinée de Mme la princesse lui fit pitié. Elle reçut son compliment avec le respect qu'une âme chrétienne devait avoir pour une personne qui, en mourant, lui parlait de leur maître à toutes deux ; mais elle était si occupée de ses propres misères et si abattue par la maladie, qu'elle ne pensait qu'à se plaindre elle-même. J'avais l'honneur d'être seule auprès d'elle, à la ruelle de son lit, quand cet abbé vint lui faire ce triste compliment. Elle y répondit peu de chose ; mais, selon le chagrin que je vis dans ses yeux, je suis persuadée qu'elle pensa beaucoup et que ses réflexions furent grandes (2). »

Le 11 du mois de janvier, on célébra pour la

---

(1) *Mémoires de Mme de Motteville*, collection Michaud, p. 359. — *Mémoires de Lenet*, id., p. 485. — Villefore, *Vie de Mme de Longueville*, in-8°, 1638, p. 219.

(2) *Mémoires de Mme de Motteville*, p. 360.

princesse un service solennel dans l'église des Grandes-Carmélites, qui avait été préparée avec tout le luxe funéraire dû à la mémoire d'une personne du sang royal. L'évêque d'Auxerre célébra pontificalement la messe, et, à l'offerte, l'oraison funèbre fut prononcée par l'abbé de Roquette, qui, selon la *Gazette de France*, s'en acquitta très-dignement (1).

La mise en liberté des princes, arrachée à la reine et à Mazarin, après onze mois de captivité, par les remontrances du parlement, et l'exil du cardinal firent entrer la Fronde dans une phase nouvelle. A dater de cette époque, les mémoires de Lenet, qui se terminent à l'année 1659, mais qui se composent dans leur dernière partie de pièces originales et de notes destinées à l'histoire du grand Condé, ne font plus mention de Roquette, et son rôle nous échappe pendant les dernières années de la Fronde.

Il n'avait pris part aux événements que comme serviteur des princes, cherchant à obtenir leur liberté par des moyens pacifiques et répudiant les agitations. Lui seul, Mme de Vineuil et Mme de Sablé savaient lire les longues lettres chiffrées que Lenet écrivait à leurs amis. L'utilité d'un pareil service et la confiance qu'avait placée en lui la princesse douairière étaient assez pour lui susciter des ennemis parmi ceux qui montraient un dévoûment égal, mais qui avaient recours à des moyens qu'il ne pouvait approuver lui-même. Dans ce temps d'intrigues tellement multipliées que les personnes même, dit

(2) *Gazette de France* du 14 janvier 1651, p. 76.

Mᵐᵉ de Motteville, qui cherchaient à se tenir au courant ne pouvaient y parvenir, le trait dominant était la bassesse du caractère. Chacun, à la faveur du désordre régnant au sein des partis, cherchait à satisfaire son ambition, en se rangeant tantôt d'un côté, tantôt d'un autre. On sait quel rôle y jouaient les femmes, et combien d'intrigues de ruelle et d'alcôve en amenèrent d'autres dans la vie publique.

Ceux même qui, comme Lenet, se montraient envers les princes d'un dévoûment à l'abri du changement n'étaient point exempts des illusions de l'amour-propre et des convoitises de l'ambition. Les premières pages de ses mémoires, qui semblent, avant tout, écrits dans le but de rehausser son importance personnelle, montrent combien il tenait à passer pour le principal et l'unique représentant des intérêts de la maison de Condé. Tous les hommes qui s'étaient glissés dans l'amitié des princes éveillaient ses soupçons, sa jalousie, et il n'en parle guère qu'avec dédain. Il ne portait pas, du reste, une grande affection au prince de Conti lui-même ni à son entourage. Il ne trouvait pas à son gré l'abbé de Cambiac, que la duchesse de Châtillon avait donné pour confesseur à la princesse douairière, et qui passait pour être amoureux de sa protectrice. Il n'aimait pas Montreuil, secrétaire des commandements du prince de Conti, qui, faisant une figure de grande confiance entre les princes et leurs serviteurs, s'était lié étroitement avec Mᵐᵉ de Bourgneuf, gouvernante des enfants de Mᵐᵉ de Longueville, non plus que Sarrasin, dont le caractère bouffon était peu fait cependant pour lui porter ombrage. Personne, en un mot, ne trouvait grâce à ses yeux dans cet entourage dont il se proclame le chef, et dans lequel il voulait que tout vînt aboutir à lui (1).

Nous insistons sur ces détails, parce que Lenet, un des premiers, jeta de la défaveur sur le caractère de Roquette, parce que son témoignage a été considéré comme un des plus sérieux et qui doivent peser le plus dans la balance. Il s'en fallait de beaucoup cependant qu'il fût un homme grave, ainsi que l'appelle un des rédacteurs de la biographie Michaud, en s'autorisant de son témoignage pour admettre les accusations d'hypocrisie et de galanterie portées contre Roquette. C'était un homme intelligent, il est vrai, et infatigable au travail, mais né pour l'intrigue et ne reculant pas devant la plus vulgaire. Il avait infiniment d'esprit, mais un esprit porté à une plaisanterie qui n'était pas toujours de bon goût. Mme de Sévigné, qu'il avait souvent fait rire, quand elle était jeune, le regretta, quand il mourut, comme on regrette un vieil amusement perdu, « car, dit-elle, il avait de l'esprit comme douze, un peu grossier, mais vif et plaisant. » Bussy-Rabutin, avec qui il avait été lié pendant de longues années, et dont le témoignage est confirmé par les mémoires de Gourville, disait de lui « qu'il avait de l'esprit, mais point de jugement et de probité. Il était né sans

---

(1) Lenet, p. 551, 194, 577, 586. — *Mémoires du cardinal de Retz*, collection Michaud, p. 214. — *Souvenirs du règne de Louis XIV*, par le comte Jules de Cosnac, t. I, p. 322; t. II, p. 360.

biens; il en avait volé à Bordeaux, en suivant M. le prince; il en mangea une partie, et M. le prince lui reprit l'autre. » Cédant à un travers qui était commun aux familles bourgeoises entrées dans la robe, il avait fait anoblir son fils et acheté pour lui la terre de Larrey, en Bourgogne, désignée, au XVe siècle, sous le nom de *Belle forte-place*, et qui ayant appartenu aux Grancey, aux Toulongeon, avait été érigée plus tard en marquisat pour le maréchal de Fabert; mais ce fils n'en fut guère plus avancé, et il racontait à Mme de Sévigné comment son père avait dissipé tous ces grands biens, et que lui n'en avait rien eu (1).

Malgré une absence complète de vocation pour l'église, le prince de Conti n'avait cessé de persister en apparence dans cette voie. Libertin et incrédule, il reprit, après sa sortie de prison, le cours de sa vie dissipée. Afin de tromper les ennuis de sa captivité, il s'était imaginé de se faire sorcier et d'évoquer le diable au moyen de sortiléges. Pourvu des principales abbayes du royaume, grand seigneur ecclésiastique, il voulait encore posséder le chapeau de cardinal. De tous les avantages qu'il espérait, dit-on, recueillir de son opposition à Mazarin et de sa participation aux guerres de la Fronde, il n'en ambitionnait

---

(1) *Lettres de Mme de Sévigné*, éd. Régnier, t. II, p. 305; t. IX, p. 183; t. X, p. 33, 53. Le prince de Conti, que l'on avait mécontenté contre Lenet, placé auprès de lui par le prince de Condé, afin de diriger la Fronde à Bordeaux, l'accusait d'avoir détourné à son profit des sommes considérables, accusation répétée par Cosnac. V. Cousin, *Mme de Longueville pendant la Fronde*, appendice, *note* du chap. VI.

pas d'autre que celui de la pourpre romaine. En 1651, au moment où la guerre de Guyenne recommençait sous les ordres du prince de Condé, il envoya Roquette à Rome solliciter le chapeau ; mais son envoyé n'eut pas la peine de s'en occuper sérieusement, car on lui répondit qu'il était promis à Retz, qui nous révèle lui-même dans ses mémoires combien était grand son désir de l'obtenir, et les démarches qu'il faisait faire dans ce but par son agent, l'abbé Charrier. Ce fut sans doute afin de récompenser Roquette de cette mission malencontreuse que, deux mois après la nomination du coadjuteur au cardinalat, le prince lui donna le prieuré de Saint-Denis en Vaux, au diocèse de Poitiers, qui valait cinq mille livres de rente (1).

Il était ainsi placé très-avant dans sa confiance, lorsque le prince s'attacha un pensionnaire qui devait lui disputer la faveur dont il jouissait, avec une activité jalouse d'arriver de suite à son but ; nous voulons parler de Daniel de Cosnac, qui fut plus tard évêque de Valence, puis archevêque d'Aix, et dont la carrière épiscopale, si on la mettait en parallèle avec la carrière de l'homme qu'il regarda, dès le début, comme un rival, présenterait de singuliers contrastes.

Né dans une famille des mieux placées du Limousin, mais ayant à espérer peu de fortune de ses parents, il les quitta de bonne heure, pour

---

(1) Provision du prieuré de Saint-Denis-en-Vaux pour M. de Roquette, du 21 avril 1652. (Archives du grand séminaire d'Autun.)

chercher ailleurs par son industrie ce qu'ils ne pouvaient lui donner. Il se destina à l'Église, comme l'avaient fait plusieurs de ses ancêtres, fut reçu bachelier en Sorbonne, et était sur le point d'aller tenter la fortune à Rome, lorsque le duc de Bouillon, frère aîné de Turenne, à qui sa famille se rattachait par une parenté éloignée, le fit entrer par l'entremise du duc de la Rochefoucauld dans la maison du prince de Conti qui, rêvant la pourpre romaine, était, dit Cosnac, le seul prince ecclésiastique qui pût en France faire la fortune d'un abbé de qualité (juillet 1651) (1).

Il n'avait rien dans son extérieur qui fût propre à lui concilier les bonnes grâces de son protecteur ; « mais, sous une figure assez basse, il possédait tout l'esprit, toute la hauteur et toute l'industrie d'un Gascon qui veut faire valoir les qualités qu'il n'a pas aux dépens de celles qu'il a. Trop mal fait pour se faire une intrigue d'amour dans cette cour où cette passion régnait fort, il se jeta tout à fait du côté des affaires. »

Le prince commença par le traiter obligeamment, mais sans lui confier ses secrets et lui donner part dans son intimité. Il ne s'accommodait guère de cette vie oisive et languissante qui, de temps en temps, lui inspirait des pensées sombres et chagrines, et ensuite des tentations très-fortes de l'abandonner. Ne pouvant se résigner cependant à quitter la cour

---

(1) Voyez sur sa famille, son éducation, son admission chez les princes, *Souvenirs du règne de Louis XIV,* par le comte Jules de Cosnac, t. I, p. 5, 44, 52, 54, 75, 79, 272, etc.

et à s'ensevelir dans l'obscurité de la province, il réussit à la longue à s'insinuer dans l'esprit de son maître, sans éclat et sans bruit, par son zèle et sa complaisance. Il montrait une assiduité discrète, surtout quand le prince était malade, ce qui lui arrivait souvent, et qu'il était obligé de rester des journées entières dans sa chambre (1).

Il parvint ainsi à obtenir dans la maison la faveur qu'il ambitionnait avant toute autre, c'est-à-dire celle de premier gentilhomme ou de maître de chambre. Cette charge lui donnait un accès presque continuel auprès du prince, une grande facilité pour entrer dans ses affaires et dans ses secrets. Afin de se maintenir dans cette position privilégiée, il usait d'adroits ménagements. Il affectait de sortir par respect quand le prince se trouvait avec quelqu'un de ses confidents, et ne rentrait qu'avec circonspection ; mais il s'était arrangé de telle sorte que si, durant ces courtes absences, quelqu'un venait lui parler en secret, tout ce qu'il y avait de valets dans la maison accourait l'en prévenir aussitôt.

Il s'avança de plus en plus dans sa confiance durant la dernière période de la Fronde, que signalèrent les troubles dans Paris, la guerre civile dans le Poitou, le Périgord, la Saintonge, le Limousin, la Guyenne, et sut montrer en des circonstances difficiles une grande habileté.

(1) *Vie de Daniel de Cosnac,* par l'abbé de Choisy, dans les *Mémoires de Cosnac,* t. II, p. 194. — *Souvenirs du règne de Louis XIV,* t. I, p. 284, 297. — *Mémoires de Gourville,* éd. Michaud, p. 510. — *Mémoires de Cosnac,* t. I, p. 15, 20.

« A un âge où la conduite des négociations importantes est, pour l'ordinaire, incompatible avec une grande jeunesse, il s'y rendit si nécessaire, que ce fut lui qui fit à vingt-deux ans la paix de Bordeaux (30 juillet 1653). Cette paix, désirée de la cour et nécessaire à l'État, lui fit un grand honneur, non seulement dans le parti du prince, mais le fit particulièrement connaître du cardinal Mazarin, avec lequel il eut différentes conversations, et auprès duquel il fit plusieurs voyages. »

Il était aidé dans son ambition par une vivacité surprenante, une conversation pleine d'esprit, une éloquence qui ne laissait pas la liberté de douter de ses paroles, « bien que, à la quantité qu'il en disait, il n'était pas possible qu'elles fussent toutes vraies (1). »

Il s'acquittait avec complaisance des missions qui convenaient le moins à un homme de son habit. Lorsque le prince tomba amoureux, à Montpellier, d'une demoiselle de Rochette qu'il avait rencontrée au bal du gouverneur, et qu'il se décida à congédier Mme de Calvimont, ce fut Cosnac qu'il envoya auprès de sa maîtresse pour lui signifier sa rupture, et se débarrasser d'elle moyennant un présent de mille pistoles. Chargé par le prince, après son mariage, de payer ses dettes, qui à Paris seulement montaient à plus de huit cent mille livres, il raconte lui-même dans ses mémoires par quels moyens il sut duper ses créanciers. Il faillit perdre la confiance qu'il avait acquise auprès de lui, en s'opposant d'abord,

(1) *Vie de Cosnac*, t. II, p. 194.

avec sa vivacité accoutumée, à son mariage projeté avec Marie Martinozzi, nièce du cardinal, mariage que Cosnac regardait comme une mésalliance ; mais il se ravisa quand le prince, décidé à y donner suite, se fut engagé à lui procurer le premier évêché vacant (1).

Il se jeta à corps perdu dans ce projet et entretint un commerce assidu avec Mazarin. Il espérait, pour récompense de ses services, l'abbaye de Cluny dont le prince, en se mariant, était obligé de donner sa démission ; mais le cardinal fit si bien qu'il l'empêcha d'avoir ce bénéfice, quoique Cosnac prétendît qu'il lui avait la principale obligation du mariage de sa nièce avec un prince du sang. Enfin, le 24 juin 1654, au moment où il venait de prononcer à Réthel un sermon devant la cour, le brevet de l'évêché de Valence, demandé pour lui par la princesse de Conti, lui fut remis par Mazarin qui lui dit gracieusement : « Le roi vous fait maréchal de France sur la brèche. » Il n'avait que vingt-quatre ans et parvenait ainsi à sortir de cette petite cour du prince de Conti qui, selon l'expression de l'abbé de Choisy, n'était pas assez vaste pour contenir ses idées (2).

(1) *Mémoires de Gourville*, éd. Michaud, p. 511. — *Mémoires de Cosnac*, t. I, p. 15, 20.

(2) *Vie de Cosnac*, dans ses *Mémoires*, t. II, p. 197. — *Mémoires de Cosnac*, t. I, p. 135; t. II, p. 4. Il faut lire, dans son propre récit, avec quelle avidité il se jeta, en quelque sorte, sur cet évêché, pour lequel le prince de Conti se souciait peu de le recommander au cardinal, mais qu'il obtint par la faveur de la princesse, qui voulait se débarrasser de lui (t. I, p. 177). Il était né en 1630 (*Souvenirs du règne de Louis XIV*, par le comte Jules de Cosnac, t. I, p. 6).

Avec un pareil esprit, l'abbé de Cosnac n'avait pas manqué de se faire des ennemis dans la maison du prince. Il convient lui-même que les principaux domestiques lui étaient hostiles. Comme de raison, il met au premier rang Roquette qui, courant la même carrière que lui, lui inspirait, plus que tout autre, des sentiments de jalousie. Le prince, au moment où se négociait son mariage avec la nièce du cardinal, ennuyé de la province, et après avoir congédié Mlle de Rochette, comme il avait fait de Mme de Calvimont, se mit en tête de visiter ses abbayes de Cluny et de Saint-Germain d'Auxerre.

Il arriva à Lyon, où M. de Neuville de Villeroy, abbé d'Ainay, depuis archevêque, le reçut avec de grands honneurs. « L'abbé de Roquette était venu au devant de lui. Il était son domestique depuis cinq ou six ans et grand vicaire de ses abbayes. Il avait reçu de ce prince deux bénéfices de dix mille livres de rente. Il avait été fort agréablement auprès de lui et ne s'en était éloigné, dans le commencement des dernières guerres de Bordeaux, que pour aller à Rome demander le chapeau de cardinal pour ce prince. Il demeura ensuite à Paris, où il trouva le moyen de négocier en plusieurs rencontres pour son maître, avec lequel il entretenait d'étroites correspondances. Il avait pourtant gardé depuis tout ce temps-là de grandes mesures avec Mme de Longueville, ce qui avait un peu diminué la faveur qu'il avait auprès de M. le prince. Mais comme il avait beaucoup de crédit sur son esprit et qu'il était de ma profession, j'eus un peu plus de jalousie contre ce nouveau rival que contre Villars, dont l'ambition n'allait pas le même chemin que la mienne. Je fus donc alarmé de la bonne réception que lui fit M. le prince de Conti et que ma jalousie me fit encore paraître meilleure qu'elle n'était. Dans cette situation, bien loin de songer à nuire à Villars, je crus que je devais m'en faire un ami pour me servir de rempart contre un rival qui me paraissait redoutable. Cette raison m'obligea le lendemain de parler à Larcourt, ami de Villars et entièrement dans mes intérêts. Je lui dis qu'ayant besoin d'amis, s'il croyait que Villars voulût être le mien, je pouvais lui faire donner la charge de premier gentilhomme de la chambre de M. le prince de Conti, après que je l'aurais quittée, c'est-à-dire après le mariage du prince, mais que, ne connaissant point Villars, je voulais que lui, Larcourt, me fût caution de sa fidélité. Il me l'amena bientôt sous les arbres de l'allée d'Ainay. Villars me fit de grandes protestations d'amitié qu'il a quelque temps fidèlement observées ; je lui promis que je lui ferais donner, dans peu de jours, les engagements pour cette charge de premier gentilhomme de la chambre (1).

« Toute cette liaison fut faite avant que M. le prince de Conti fût éveillé ; je m'en allai ensuite à son lever. Il me trouva un peu plus rêveur qu'à l'ordinaire. Il avait remarqué que les longs et particuliers en-

(1) *Mémoires de Cosnac*, t. I, p. 142 et suiv. — Il était contraire aux usages que le prince de Conti, renonçant à l'état ecclésiastique en se mariant, conservât près de lui un premier gentilhomme de la chambre qui n'était pas laïque. (*Note de l'éditeur.*)

tretiens qu'il avait eus, pendant tout le soir, avec l'abbé de Roquette m'avaient donné quelque chagrin. Il eut la bonté de m'appeler auprès de son lit et me dit : « Monsieur l'abbé, assurez le vrai : vous êtes jaloux de M. l'abbé de Roquette. » Je lui répondis avec ma franchise ordinaire qu'il entrait un peu de cela dans mon sérieux, et qu'en effet c'était une chose bien cruelle qu'un homme qu'on pouvait appeler en quelque façon un nouveau venu l'emportât sur moi dans son cœur. Le prince me dit tant de choses obligeantes pour moi et si peu pour l'abbé de Roquette, que tous les nuages de mon soupçon en furent dissipés.

« Il m'assura que toute cette grande conversation qu'il avait eue avec lui n'était que pour apprendre des nouvelles de Mme de Longueville, qu'il avait vue. En effet, un peu après, le monde étant entré dans la chambre, et l'abbé de Roquette aussi, le prince affecta de ne rien lui dire, et l'après-dîner, étant dans le particulier avec nous deux, il dit mille choses avantageuses de moi et d'une manière si tendre et si forte que, quand l'abbé de Roquette aurait eu le dessein de me nuire, je crois qu'il aurait perdu l'espérance d'y réussir. Aussi, dès ce temps-là, il rechercha avec des soins assez grands le moyen d'avoir mon amitié. Il n'y est jamais bien parvenu ; trop de gens et le prince de Conti lui-même m'avaient donné des impressions désavantageuses de sa probité (1). »

(1) *Mémoires de Cosnac*, t. I, p. 144. Cosnac traite Roquette de nouveau venu dans la maison des princes, mais il semble prouvé, par les dates, que ce dernier y avait été admis avant lui.

Sa nomination à l'évêché de Valence, lorsqu'elle fut connue, excita bien des envieux. Dès le lendemain, il se rendit à Paris et courut chez le coadjuteur, le célèbre cardinal de Retz, avec qui il eut une plaisante conversation que l'abbé de Choisy raconte en ces termes : « Le roi, dit Cosnac au prélat, m'a fait évêque, mais il s'agit de me faire prêtre. — Quand il vous plaira — Ce n'est pas là tout; c'est que je vous supplie de me faire diacre. — Volontiers. — Vous n'en serez pas quitte pour ces deux grâces, monseigneur, car, outre la prêtrise et le diaconat, je vous demande encore le sous-diaconat. —Au nom de Dieu, reprit brusquement M. de Paris, dépêchez-vous de m'assurer que vous êtes tonsuré, de peur que vous ne remontiez la disette des sacrements jusqu'à la nécessité du baptême (1). »

Il s'était fait détester de tout le monde par ses brusqueries, son esprit mordant et ses délations. Le marquis de Vardes et le marquis de Villars, à qui il avait consenti, depuis sa nomination, à céder la charge de premier gentilhomme de la chambre du prince, ne perdaient aucune occasion de le discréditer. Il entretenait par de perfides insinuations la jalousie que le prince avait conçue des attentions que témoignait à sa femme Vardes, un des hommes les plus aimables de la cour. Il l'obligea à l'éloigner de sa maison. Le duc de Candole, lieutenant-général de l'armée de Catalogne sous les ordres de Conti et ami de Vardes, ne pouvait le souf-

(1) *Vie de Cosnac,* dans ses *Mémoires,* t. II, p. 201.

frir. L'abbé de Roquette, dit Choisy, et toute la cabale opposée à sa faveur, essayait de le perdre ; mais il se défendait contre eux avec toute la supériorité que lui donnait son esprit. Il savait, selon les circonstances, se brouiller avec les gens, puis revenir auprès d'eux, avec des excuses, des protestations de repentir et des cajoleries (1).

Quoique Cosnac et Choisy aient accusé Roquette d'avoir été un de ses ennemis, ils ne citent à sa charge que des imputations assez vagues, sans lui attribuer un acte qui prouve évidemment la malveillance. « Il n'osait paraître son ennemi, ajoute ce dernier, mais il avait soulevé contre lui la cabale de M. de Vardes, de Villars et des principaux domestiques de la maison. » On ne lui épargnait pas toutefois la raillerie et les portraits les moins flatteurs. « Roquette avait, dit encore l'abbé de Choisy, qui se fait en cela l'écho de Guilleragues, un des esprits les plus fins, mais les plus moqueurs de la cour, tout le caractère que l'auteur de *Tartuffe* a si parfaitement représenté sous le modèle d'un homme faux. Un soir que le prince de Conti s'était masqué, l'abbé de Cosnac lui avait représenté que sa santé ne lui permettait pas de veiller, et, voyant que cette première raison n'avait rien gagné, s'était enhardi à lui dire que, de la taille dont il était, il était impossible qu'il se masquât sans être connu. L'abbé de Roquette entra dans sa chambre comme il était près de sortir avec ceux qu'il avait mis de la

---

(1) *Vie de Cosnac*, dans ses *Mémoires*, t. II, p. 200.

partie, et l'abbé de Roquette, s'adressant au prince de Conti comme s'il eût cru parler au marquis de Vardes : « Monsieur, lui dit-il, montrez-moi Son Altesse, » et puis se retournant du côté de l'abbé de Cosnac : « Monsieur, continua-t-il, dites-moi lequel de ces deux « messieurs est Monseigneur. » Enfin ce fade courtisan fit tant de pantalonnades et affecta tant de souplesse de fade courtisan pour faire croire au prince qu'il était bien masqué, que l'abbé de Cosnac, impatienté, dit assez haut pour que M. le prince l'entendît : « Allez, monsieur de Roquette, vous devriez mourir « de honte ; et quand Son Altesse fait une mascarade « pour se divertir, elle sait bien que la taille de M. de « Vardes et la sienne sont différentes. » Ce discours, dit d'un ton ferme, surprit le prince qui se démasqua, et soit qu'il fît quelque impression sur son esprit, soit qu'il trouvât effectivement ridicule qu'un homme très-bossu puisse être pris en masque pour un homme de belle taille, il sortit et, deux heures après, revint se coucher.

« Le discours de l'abbé de Cosnac pensa diviser la maison, et ce fut la source de la haine que M. d'Autun et lui ont depuis conservée l'un pour l'autre, ce qui fit faire à Guilleragues, ami de l'abbé de Cosnac, le mémoire sur lequel Molière a fait depuis la comédie du faux dévot (1). »

Nous ne pensons pas qu'il soit nécessaire d'insister sur l'invraisemblance d'une pareille anecdote, de remarquer combien la réponse prêtée à Cosnac et

---

(1) *Vie de Cosnac*, dans ses *Mémoires*, t. II, p. 195.

renfermant une allusion désobligeante à la taille contrefaite du prince était déplacée, ou pour mieux dire impossible. Il nous suffira de rappeler le peu de valeur qu'il faut attacher au témoignage de l'abbé de Choisy, roué des plus libertins, écrivain des plus spirituels et des plus frivoles, dont les mémoires, écrits d'après ses souvenirs et publiés dix ans après sa mort, sont connus pour renfermer, selon le mot de Voltaire, des choses vraies, quelques-unes fausses et un plus grand nombre de hasardées. L'abbé prétendait tenir cette anecdote de la bouche même de Cosnac. Mais l'infidélité de ses souvenirs ou son étourderie l'ont trompé, car Cosnac en donna lui-même une autre version. Il met la flatterie attribuée à Roquette sur le compte de l'abbé Esprit qui, étant également un des favoris du prince, était par là même un de ses ennemis. « Esprit, dit-il, entra dans sa chambre, et ayant considéré longtemps le prince avec un étonnement affecté, il s'approcha de moi, et d'un ton extrêmement fort, quoique étouffé, il me demanda : « Qui est celui-là ? » Je sortis de là en m'écriant : « Oh! le lâche flatteur ! » On peut juger si Esprit me le pardonna (1). »

Ce qu'il y a de mieux avéré dans ces commérages de courtisans, c'est l'antipathie que Cosnac et Roquette éprouvaient et conservèrent toute leur vie l'un pour l'autre. Rien n'était, en effet, plus opposé que leur caractère, et rien ne fut plus tard aussi différent que leur conduite dans le gouvernement de leurs

---

(1) *Mémoires de Cosnac*, t. I, p. 204.

diocèses. Saint-Simon, tout en jugeant l'évêque de Valence avec des ménagements qui ne lui étaient pas habituels, a tracé de lui en quelques lignes un portrait qui complète celui que nous devons à l'abbé de Choisy, et dont la publication des mémoires de Cosnac prouve l'exacte ressemblance.

« Personne n'avait, dit Saint-Simon, plus d'esprit, ni plus présent, ni plus d'activité, d'expédients et de ressources, et sur le champ ; sa vivacité était prodigieuse ; avec cela très-sensé, très-plaisant en tout ce qu'il disait, sans penser à l'être, et d'excellente compagnie. Nul homme si propre à l'intrigue, ni qui eût le coup d'œil plus juste ; au reste, peu scrupuleux, extrêmement ambitieux, mais avec cela, haut, hardi, libre, et qui se faisait craindre et compter parmi les ministres (1). »

Introduit à la cour, présenté au roi et à Anne d'Autriche, qui l'accueillirent gracieusement et l'admirent à leur jeu, il ne tarda pas de devenir l'espion du premier ministre dont il savait, dans l'occasion, supporter patiemment les incartades. « Un jour, dit-il, le cardinal me dit cent choses injurieuses et me fit cent menaces ; je n'y fus pas tout à fait si sensible qu'à celle qu'il m'avait faite autrefois de révoquer mon brevet d'évêque. » L'abbé de Choisy raconte qu'en 1660, pendant le séjour de la cour à Saint-Jean-de-Luz, plusieurs prélats, se promenant avec lui, s'échauffèrent à dire du mal de Mazarin, quand tout

---

(1) *Mémoires de Saint-Simon*, éd. Garnier, in-12, t. V, p. 206 et suiv. *Vir*, dit, en parlant de lui, l'abbé Legendre, *lynceis oculis, pervadendæ rei intricatissimæ summe idoneus.*

à coup l'évêque de Valence, qui avait fait chorus avec eux, les quitta brusquement en disant : « Messieurs, je vais conter à M. le cardinal tout ce que j'en ai dit et tout ce que vous en avez dit, car j'aime encore mieux pour vous et pour moi qu'il en soit informé par mes soins que par ceux de l'abbé de Bonzi qui ne manquerait pas de lui en rendre compte (1). »

En 1658, disgracié, depuis un an, par le prince de Conti, il devint premier aumônier de Philippe d'Orléans, frère du roi, dont il célébra le mariage avec Henriette d'Angleterre. Il s'attacha à cette princesse et lui donna de grandes marques de dévoûment. Il chercha à arracher son époux à ses goûts honteux, à sa vie oisive et dissipée, et l'engagea dans une intrigue nouée secrètement avec de nobles Napolitains, et qui ne tendait à rien moins qu'à le faire monter sur le trône de Naples; mais cette intrigue déplut au roi, et il perdit les bonnes grâces de son maître en se mêlant des querelles, sans cesse renaissantes, entre sa femme et lui. Le duc, qui avec un caractère léger et futile était livré au chevalier de Lorraine qu'on accusait d'entretenir ces divisions intérieures, prit Cosnac en haine et l'engagea à vendre sa charge d'aumônier. Comme il n'était pas homme à se laisser patiemment éconduire, il s'en suivit entre le prince et lui des altercations où il n'épargna pas les mots piquants. Le duc s'en plaignit au roi, qui lui ordonna de se retirer dans son diocèse (2).

(1) *Vie de Cosnac*, dans ses *Mémoires*, t. II, p. 209.
(2) *Mémoires de Cosnac*, t. II, p. 329 à 366.

Du lieu de sa retraite, il entretint secrètement une correspondance suivie avec la duchesse. Deux ans plus tard, sur ses instances, et peut-être d'après une lettre qu'elle lui envoya par un exprès, où elle annonçait l'intention de le faire nommer cardinal par l'entremise du roi d'Angleterre, il se décida à enfreindre les ordres du roi et à se rendre auprès d'elle. Il tomba malade en chemin, et eut beaucoup de peine à gagner Paris. Il s'y procura un logement dans un quartier obscur, fut découvert par les espions de Monsieur, arrêté comme faux monnayeur et, malgré ses réclamations, écroué au Châtelet. Il écrivit au roi, qui le fit sortir et lui assigna l'île Jourdain pour lieu d'exil. La mort de la princesse le frappa d'une douleur qui, nous devons en convenir, fait honneur à sa mémoire, et, pleinement dégoûté du monde, il tourna ses vues du côté de son ministère (1).

Revenu, quelque temps après, dans son diocèse, il s'occupa de la conversion des calvinistes et de la démolition de leurs temples. Il apporta dans cet apostolat sa goguenarderie habituelle, et quand les bonnes raisons étaient impuissantes à convertir ses auditeurs, « il leur en donnait souvent, disent les mémoires de Noailles, de proportionnées à leur intelligence, qu'on ne pouvait entendre

---

(1) *Mémoires de Cosnac*, t. II. — Saint-Simon raconte plaisamment comment, au moment de son arrestation, voulant détruire des papiers compromettants, il feignit une colique, fit appeler un apothicaire, et plaça ces papiers au fond du vase, où il rendit le remède qu'il s'était fait administrer. (*Mémoires*, t. V, p. 207.)

sans rire, mais qui convertissaient ces sortes de gens (1). »

Il fut nommé député à la célèbre assemblée du clergé de 1682, puis à celle de 1685. Il sut appuyer avec tant d'habileté les prétentions du roi au sujet de la régale, que Louis XIV, qui souvent choisissait les prélats, moins à raison de leur piété et de la dignité de leur caractère qu'à raison des services qu'ils pouvaient lui rendre dans ses dissentiments avec la cour de Rome et dans l'administration des provinces, l'éleva, en 1687, à l'archévêché d'Aix, sur la recommandation de M. de Harlay, archevêque de Paris, dont il était le valet à tout faire. Il regarda presque cette nomination comme une disgrâce, parce que le revenu de cet archevêché n'était pas considérable et qu'il convoitait celui d'Alby, qui était plus riche et plus rapproché des propriétés de sa famille. Il l'accepta néanmoins et rendit au roi de grands services dans la direction difficile des États de la province. Mais il y afficha les prétentions les plus exagérées, et sut néanmoins arriver presque toujours à son but. « L'archevêque d'Aix, disent les mémoires de Dangeau, a gagné un procès contre toute la province. On ne délivrera aucun mandat qui ne soit signé de lui, et dans les assemblées il aura un fauteuil, et les autres archevêques et évêques seront sur un banc. Il voulait être traité de monseigneur par les députés, mais il n'a pas gagné cet article-là. » Cette présidence lui avait été disputée par l'arche-

(1) *Mémoires de Noailles*, collection Michaud, 3ᵉ série, t. X, p. 17.

vêque d'Arles, frère de M. de Grignan, qui en avait joui après l'évêque de Marseille, et les prétentions de Cosnac faillirent jeter le trouble parmi le clergé et la noblesse de la province (1).

Mme de Sévigné, à qui il avait fait, en 1673, un excellent accueil à Valence, au retour d'un voyage auprès de sa fille, et qui redoutait son esprit caustique et méchant, recommanda à Mme de Grignan de vivre en paix avec lui, et de servir de lien entre lui et tous les Grignan. « L'archevêque, disait-elle, a des grandes pensées ; mais plus il est vif, plus il faut s'approcher de lui, comme des chevaux qui ruent, et surtout ne rien garder sur votre cœur. » Elle l'engageait à ne pas croire sur son compte les Provençaux, qui le détestaient, et à ne pas prendre couleur dans ces démêlés de province que l'on n'aimait pas à la cour. Cela, ajoutait-elle, s'appelle ici éplucher des écrevisses. Mais quand elle apprit que Cosnac, qui ne pouvait se taire sur le mérite de sa fille, ne lui avait pas rendu visite, elle se sentit piquée : « Monseigneur d'Aix, lui écrivit-elle, n'est guère honnête de n'être pas venu vous voir. Quelle folie de vouloir être premier président ! Mais c'est qu'il est fou ; par bonheur, ceux de qui cela dépend ne le sont pas. » Elle vit avec plaisir l'archevêque d'Arles terminer ce différend en n'assistant pas à l'assemblée des États, de peur de s'y trouver à la seconde place

---

(1) L'abbé Legendre, dans ses *Mémoires*, p. 104, représente Cosnac comme un des espions de M. de Harlay, comme un enfant perdu, dont ce dernier se servait dans les assemblées du clergé pour brusquer les affaires qu'il n'osait proposer.

et de reconnaître par là la prééminence du siége d'Aix sur celui d'Arles.

Il eut d'autres querelles avec le parlement et l'université d'Aix, avec les couvents et son chapitre métropolitain. Il y déploya la ténacité de son caractère, les ressources de son esprit, et il en sortit presque toujours victorieux. En 1708, cet homme qui, dit Saint-Simon, peut passer pour illustre, mourut fort vieux dans son diocèse, mais sa tête entière et toujours la même. On trouva dans sa cassette onze mille louis d'or à l'effigie de Louis XIII, qu'il avait gardés, disait-on, à cause de la beauté de la gravure, mais qu'il aurait mieux fait d'employer aux besoins des pauvres. Les Provençaux lui firent, comme on le sait, cette épigraphe ironique : *Requiescat ut requievit* (1).

(1) Voyez ses *Mémoires*, t. II, *passim*, et t. I, notice, p. LXXIX et suiv. On en cite une autre qui se trouve dans les manuscrits de la collection Gaignières :

Ci-gît Cosnac. Voici son sort :
Soit dit sans lui porter envie,
Il fut bon larron en sa vie
Et mauvais larron en sa mort.

V. *Correspondance littéraire*, 5ᵉ année, 1860-1861, p. 9. — *Journal de Dangeau*, t. XII, p. 698. — *Lettres de Mme de Sévigné*, éd. Régnier, t. I, p. 232; t. VIII, p. 240, 279, 288, 345, 412, 421; t. IX, p. 61, 228, 275. — *Mémoires de Saint-Simon*, éd. Garnier, t. XI, p. 22. — *Mémoires du clergé de France*, in-4º, t. IV, p. 1764, 1775. — Il ne fut pas, à ce qu'il paraît, très-soucieux de la réforme de son diocèse. En 1694, il tint son premier synode, qui fut en même temps le dernier, et publia un recueil d'ordonnances que le parlement refusa d'homologuer. (*Mémoires*, t. I, p. xcv.) Quoique la vie de Cosnac soit assez connue depuis la publication de ses *Mémoires*, nous avons jugé à propos de la rappeler, afin que le lecteur puisse la comparer lui-même avec celle de Roquette.

Lenet et Cosnac ont été les ennemis les plus sérieux que Roquette ait rencontrés dans la maison du prince de Conti, et nous venons de montrer, en retraçant leur caractère, avec quelle réserve il convient d'admettre leur témoignage. Mais il y en avait encore d'autres dans cette cour, qui était, comme on l'a dit spirituellement, un nid d'intrigues. Avec sa légèreté et sa faiblesse, le prince s'entourait non seulement de gens d'esprit, mais encore de bouffons qui l'amusaient par des plaisanteries d'un goût souvent équivoque. De ce nombre étaient Marigny et Sarrasin.

Le premier, fils d'un petit seigneur du Nivernais, avait embrassé l'état écclésiastique, et, après un voyage en Italie et en Suède, s'était jeté dans les intrigues de la Fronde. Il avait été l'un des principaux auteurs des *Mazarinades*, et il n'ignorait aucun des contes grivois écrits en français, en espagnol et en italien. Son penchant pour la satire lui attira souvent de mauvaises affaires. En 1662, soupçonné d'être l'auteur de vers remplis des expressions les plus mordantes et les plus haineuses contre le roi et ses ministres, il fut enfermé à la Bastille. « S'il n'était pas coupable, il faisait une pénitence nouvelle d'un ancien péché (1). »

Sarrasin, poète ingénieux, doué d'une verve de plaisanterie qui lui faisait pardonner son audace, s'était séparé d'une femme vieille et acariâtre, pour entrer au service du prince en qualité de secrétaire

---

(1) Lettre de l'ambassadeur Grimani au doge de Venise, du 2 mai 1662, dans les *Archives de la Bastille*, par Ravaisson, t. II, p. 33.

des commandements. Il volait effrontément son maître, qui le traita maintes fois de coquin en présence de ses officiers. Il sortait sans rien dire, puis revenait avec des bouffonneries qui lui obtenaient son pardon. Le prince ayant surpris, un jour, une lettre écrite au cardinal Mazarin, dans laquelle Sarrasin le traitait de petit bossu : « Traître, lui dit-il, tu méri-
« terais que je te fasse jeter par la fenêtre. Va, que je
« ne te voie jamais. » Deux jours après, le père Talon, confesseur du prince, à la prière de Sarrasin, qui pleurait comme une vache, obtint qu'il rentrât et qu'il lui donnât la comédie. Il se mit à bouffonner si plaisamment, que le prince lui sauta au cou. » Mme de Longueville ne pouvait souffrir Marigny et Sarrasin, qui faillirent un jour causer du grabuge dans l'entourage du prince (1).

Marigny avait écrit contre Sarrasin une lettre qui fit éclater le prince et Mme de Longueville. Ils ordonnèrent à Roquette et à tous leurs serviteurs de ne plus le voir et le souffrir. Ils consentirent quelques jours après, sur la demande de Lenet, ami de l'offenseur, à pardonner pour cette fois son insolence, et l'engagèrent à y mettre ordre lui-même, afin qu'elle ne se renouvelât pas à l'avenir. Mais les deux adversaires ne cessant de se menacer, et deux ou

---

(1) *Lettres de Mme de Sévigné*, éd. Régnier, t. III, ép. 243. — Tallemant des Réaux, éd. Monmerqué, in-12, t. VII, p. 92 et suiv. Voyez sur Sarasin, notice de M. Hippeau, dans *Mémoires de l'Académie de Caen*, 1875, p. 397 et suiv. — *Souvenirs du règne de Louis XIV*, par le comte Jules de Cosnac, t. I, p. 140. — Sur Marigny, *Menagiana*, t. I, p. 20.

trois personnes prenant à tâche d'aigrir contre eux le prince et sa sœur, Lenet, dans la crainte de quelque malheur, écrivit au prince de Condé, pour le prier de proposer son arbitrage. Il ne paraît pas que la réconciliation se soit opérée, car Marigny, chassé de la maison du prince de Conti, s'attacha à son frère, le prince de Condé. Il le suivit à Bruxelles, où il s'attira par ses mauvaises plaisanteries des coups de bâton dont il se plaignit hautement dans une lettre à son protecteur. Il se retira ensuite auprès du cardinal avec le même rôle, c'est-à-dire celui de le divertir. Quant à Sarrasin, le prince de Conti, irrité de ce qu'il avait été le principal auteur de son mariage avec la nièce du cardinal, finit par le chasser. Il mourut peu de temps après à Pézénas, empoisonné, dit-on, par un Catalan dont il courtisait la femme (1).

Marigny ne pardonna pas à Roquette sa fidélité aux ordres du prince, et fit de lui le plastron de ses plaisanteries. « Marigny, qui n'avait pas fait de pasquins il y avait longtemps, s'avisa, dit Tallemant des Réaux, de faire une plaisanterie à l'abbé de Roquette, qui

(1) *Mémoires de Lenet*, p. 560, Biogr. Michaud. Cosnac nie que le prince ait frappé Sarrasin à coups de pincettes, et prétend qu'il était incapable d'une pareille violence. Cependant, c'est lui qui nous rapporte les scènes orageuses qu'il s'attira lui-même à propos de son mariage. Le cardinal avait promis à son neveu l'épée de connétable. Cosnac, quand il apprit qu'il n'en était plus question, et que la dot de la princesse se bornait à 20,000 écus, s'écria, en s'adressant au prince : « Monsieur, vous êtes trahi ; on vous marie au denier deux ; » sur quoi le prince, étouffant de colère, prit son aumônier à la gorge et le poussa rudement hors de son cabinet. (*Mémoires*, t. I, p. 149.)

prononça une oraison funèbre pour la reine-mère au Val-de-Grâce. Cet abbé est accusé de longues mains de se faire faire ses pièces. On disait que le père Hercule lui avait fait l'oraison de M. de Candale, et on disait : « Voilà un bel ouvrage ; c'est un des tra-« vaux d'Hercule. » Marigny dit donc qu'il se trouva auprès d'un homme dans une chapelle, qui, en se rongeant les ongles, s'écriait à demi-haut : « Racine, « Racine ! — Que voulez-vous dire? lui dit-il. — C'est, « répondit cet homme, que je connais bien à cette « heure que Racine ait raison d'enrager quand les co-« médiens représentent une de ses pièces. Je ne pou-« vais pas donner la mienne à un homme qui la jouât « si mal que cet abbé Perroquet que voilà en chaire. » Nous verrons dans la suite la valeur qu'il faut attacher à cette bouffonnerie, et si Roquette, dans la chaire épiscopale, aux assemblées du clergé, aux États de la province, eut besoin de recourir pour ses discours et ses improvisations à ce que Jean-Paul Richter appelle plaisamment un valet de cervelle (1).

En 1654, la guerre ayant repris avec les Espagnols sous le commandement de Condé, qui était passé dans leurs rangs, après la défaite de son parti, le prince de Conti, marié depuis peu, reçut le commandement d'une armée en Catalogne et partit sur la fin du mois de mai. Bussy Rabutin avait obtenu de ser-

(1) Tallemant des Réaux, in-12, éd. Garnier, 1840, t. X, p. 239. Le P. Hercule était provincial de la congrégation des Prêtres de la doctrine chrétienne, établie par le P. César de Bus en 1592. Il avait été confesseur de la mère Marguerite.

vir auprès de lui en qualité de lieutenant-général, et fit route de Paris à Perpignan dans son carrosse le plus agréablement du monde, « car, dit-il, outre beaucoup de gens de mérite qu'il avait à sa suite, et entre autres l'abbé de Roquette, depuis évêque d'Autun, il avait encore pour intendant de sa maison le célèbre Sarrasin, dont l'esprit juste et plaisant avait un fonds inépuisable (1). »

Roquette, durant cette expédition, se lia plus étroitement encore avec plusieurs personnages de la suite du prince, entre autres avec le duc de Candale, très-aimé de ce dernier, et jalousé de Bussy à cause de sa faveur. Nous ne savons quelles furent ses occupations pendant cette guerre, que la petite cour du prince égayait par des fêtes et des divertissements dans les intervalles de la paix. Au mois de juin 1655, il vint apporter à la jeune princesse, qui était au château de la Grange, près de Pézénas, une lettre de son mari et lui donner des nouvelles de la guerre.

Elle retourna à Paris avec l'abbé de Roquette et y retrouva l'évêque de Valence qui, peu pressé d'aller résider dans son évêché, continuait d'être un habitué de la maison du prince et d'y poursuivre le cours de ses intrigues. Il nous est resté un recueil de lettres adressées à cette époque par la princesse à son mari et à l'abbé de Lavergne, son confesseur. Elles respirent une tendre affection pour son époux et la piété la plus vive. Elles nous laissent à demi entrevoir les divisions qui régnaient dans cette petite cour dont

---

(1) *Mémoires de Bussy-Rabutin*, éd. Lalanne, t. I, p. 358.

Roquette paraît avoir été la victime préférée. « Tout le monde, dit-elle dans une lettre du 11 mai 1657, dit que l'affaire de l'abbé de Roquette est horrible, entre autres M. Esprit, qui dit qu'il faut écrire pour lui ; mais comme il l'a dit en sa présence, je ne lui dirai pas ; vous savez comme il aime à se mettre bien avec les domestiques. Mais, pour parler plus sérieusement, on dit que c'est une chose qui ne s'est jamais faite. Je crois qu'il n'est pas besoin de vous le recommander ; vous verrez combien vous y êtes intéressé. » Elle ajoutait quelques jours après : « Je crois que vous avez raison de vouloir punir l'abbé de Sainte-Croix, car c'est une horrible insolence que la sienne. Il m'a fait prier que je le voulusse voir pour recevoir ses excuses ; vous pouvez croire si je l'ai voulu. » Et dans une lettre suivante : « J'ai fait merveille dans l'affaire de l'abbé de Roquette ; lui-même vous informera de la chose. Je vous dirai seulement que j'en ai fait bien assez, et qu'il n'a pas voulu voir l'abbé de Sainte-Croix, qui était allé à sa cour pour se justifier (1). »

Deux mois plus tard, elle se plaignait de nouveaux grabuges dans une lettre dont il est difficile de déterminer le sens d'une manière exacte. « Je me servirai du chiffre de milord pour vous mander une nou-

---

(1) Lettres de la princesse de Conti à son mari et à l'abbé de la Vergne, in-4º, Bibliothèque nationale, mss., fonds Gaignières, nº 34982, p. 78, 84, 86. Nous parlerons de cet abbé de Sainte-Croix au chapitre XIV de ce livre, et de ses menées hypocrites auprès de Mme Hausse, qui fournirent vraisemblablement à Molière l'idée de Tartuffe dans la maison d'Orgon. Un choix des lettres de la princesse a été publié par M. Éd. de Barthélemy, in-8º, Didot, 1875.

velle, qui est qu'on a fort crié à l'académie contre la Fortune. Le voyage qu'il a fait auprès de la désabubusée en a été la cause. On le traite d'hérétique et d'intéressé. Vous savez qu'il est autant l'un que l'autre. On a dit mille choses contre la dévotion, et que les dévots aiment leur fin. Je crois qu'on a l'obligation de tout cela à M. de Valence. Il a pourtant semblé que c'est lui qui a empêché que l'on ne se portât à faire des choses contre, comme à l'éloigner ou à le mettre à gages, mais c'est qu'il joue bien la comédie. » Nous ignorons quelle était la personne désignée sous un nom supposé qui s'était attiré la jalousie d'une partie de l'entourage du prince; mais nous n'hésitons pas à reconnaître, sous le nom d'académie, les beaux esprits sceptiques et railleurs qui affichaient la prétention d'y dominer, et dont l'évêque de Valence excitait les cabales et les plaisanteries contre ceux qui se tenaient à l'écart ou dont la conduite était différente (1).

Dans les premiers jours de l'année 1658, le duc de Candale, qui avait obtenu le commandement de l'armée de Catalogne, après avoir servi comme lieutenant-général sous les ordres du prince, fut obligé, à raison du peu de troupes dont il disposait et des pluies continuelles qui empêchaient de tenir la campagne, de rentrer en France. Il arriva malade à Lyon,

---

(1) Lettres de la princesse de Conti, etc., p. 113. Tallemant des Réaux rapporte précisément, à cette année 1657, la tentative de séduction de l'abbé de Sainte-Croix auprès de la fille de Mme Hansse. Cette dame ne serait-elle pas la désabusée dont il est question dans cette lettre ?

où un grand nombre de gentilshommes auvergnats s'étaient rendus à sa rencontre. Il était très-aimé de la noblesse de cette province dont il était gouverneur. « Il y trouva, dit Cosnac, avec son gasconnage habituel, l'abbé de Roquette, auquel il dit beaucoup de bien de moi, et lui conta la manière dont nous avions juré d'être amis, et il se loua fort de la magnificence avec laquelle je l'avais reçu, lui et plus de cent gentilshommes. » Ensuite il se mit au lit et mourut le 27 janvier 1658 (1).

« Il avait été, dit Mme de Motteville, le premier de la cour, en bonne mine, en magnificence et en richesses, celui que tous les hommes enviaient et dont toutes les dames galantes souhaitaient de mériter l'estime, si elles ne pouvaient en faire le trophée de leur gloire. Il fit paraître beaucoup de repentir de ses fautes, et reçut fort chrétiennement tous les sacrements : les prières de Mlle d'Épernon, sa sœur, qui avait préféré le couvent des Carmélites aux duchés que le duc d'Épernon son père lui pouvait donner, attirèrent sans doute une si bonne mort de la miséricorde de Dieu. Elle voulut que l'abbé de Roquette fît son oraison funèbre. S'étant heureusement trouvé à Lyon, il l'avait assisté à sa mort. Il prit pour texte ce verset du psaume 62 : « Tes miséricordes, Seigneur, valent bien mieux que la vie. » Elle fut prononcée au service anniversaire du duc, dans l'église des Grandes-Carmélites, avec tant de grâce, de force et

---

(1) *Mémoires de Cosnac*, t. I, p. 264. — *Gazette de France* du 2 février 1658.

d'éloquence, dit la *Gazette de France*, que l'orateur obtint l'applaudissement de son auditoire d'élite. « C'est, dit à son tour Bussy-Rabutin, la plus délicate et la plus parfaite chose que j'aie vue en ces sortes de sujets. Il avait à parler de l'homme du royaume le plus galant, et, sans blesser la vérité ni la sainteté du lieu, il a fait de lui l'éloge d'un prédestiné (1). »

Au mois de mars 1661, le roi, sur les recommandations du prince de Conti, le fit pourvoir de l'abbaye cistercienne de Granselve, au diocèse de Toulouse, devenue vacante par la mort du cardinal Mazarin. Il tenait déjà de la libéralité de son protecteur le prieuré de Saint-Denis-en-Vaux, au diocèse de Poitiers, et celui de Charlieu, dépendant de l'ordre de Cluny, situé dans le diocèse de Lyon. Il avait le titre de conseiller du roi. Il ne possédait encore à cette époque que l'ordre de diacre. Il paraît avoir passé les années suivantes tout occupé à remplir dans la maison du prince les fonctions que lui imposait la confiance dont il jouissait auprès de lui et de la princesse (2).

Un grand changement s'était accompli dans leur vie. En 1656, le prince se trouvant à Pézénas, où il présidait les États du Languedoc, fut pris d'une maladie qui le retint au lit. Ce fut en recevant la visite

(1) *Mémoires de M*me *de Motteville*, p. 463. — *Mémoires de M*lle *de Montpensier*, p. 282. — *Correspondance de Bussy-Rabutin*, éd. Lalanne, t. II, p. 69, etc. — *Gazette de France* du 22 février 1659.

(2) Lettres de nomination de Gabriel de Roquette, diacre du diocèse de Toulouse, à l'abbaye de Granselve, ordre de Saint-Bernard, quatre pièces datées de Paris, du 10 mars 1661. (Bibliothèque nationale, fonds Gaignières, ms. 249, p. 116 et suiv.) Voyez pièces justificatives.

du pieux Pavillon, évêque d'Aleth, qu'il se sentit saisi de frayeur à la pensée de ses déportements passés. Il s'en ouvrit au prélat et se déclara disposé à faire tout ce qu'il lui prescrirait (1). Malgré l'austérité de sa vie et la sévérité qu'il déployait contre les prêtres scandaleux de son diocèse, Pavillon ne lui recommanda que des moyens de salut proportionnés à sa position et à la faiblesse de son caractère. Il lui conseilla, avant tout, la restitution de ses bénéfices ecclésiastiques, dont le produit s'élevait à trois cent mille livres de rentes, et dont il avait étrangement abusé dans l'intérêt de ses plaisirs. Il s'était débarrassé des ambitieux et des bouffons qui avaient jeté la zizanie dans sa maison, et avait gardé pour aumônier l'abbé Voisin, prêtre d'une vie exemplaire, qui partageait ses journées entre la piété et l'étude (2).

Dans cette ville de Bordeaux, qui avait été témoin de ses désordres passés, il voulut en faire une réparation publique, et « on trouva que la beauté de sa pénitence surpassa de beaucoup la laideur de ses fautes. » Il se jeta en effet, ainsi que sa femme, dans le jansénisme et écrivit contre la comédie et les spectacles, qu'il avait beaucoup aimés, un livre à la composition duquel on pense que l'abbé Voisin ne resta pas étranger. Jaloux de gouverner sa province avec

---

(1) Sainte-Beuve, *Port-Royal*, in-8º, t. IV, p. 424. — L'épitaphe du prince de Conti rappelait en ces termes sa conversion : *Nactus fidelem ac salutarem ducem, Alectensem episcopum, vitæ superioris errores voce damnavit, lacrymis expiavit, factis emendavit.*

(2) Sainte-Beuve, *Port-Royal*, in-8º, t. IV, p. 424, etc.

un zèle tout chrétien, sous la direction de l'évêque d'Aleth, à qui il avait remis le soin de sa conscience, il s'occupa activement de la démolition des prêches qui avaient été établis depuis l'édit de Nantes, de la recherche des crimes commis durant les années précédentes. Il emprisonna ou exila quantité de gentilshommes coupables, chassa les comédiens qui venaient s'établir dans les villes; enfin le roi ayant demandé aux États un nouvel impôt que la province déjà obérée ne pouvait supporter, il envoya à Roquette une lettre destinée à faire connaître ses intentions à Louis XIV, et dans laquelle il annonçait qu'il ne tiendrait pas les États et qu'il renoncerait à son gouvernement si le roi persistait dans sa demande. « Le roi, disait-il, avec le langage d'une ardente charité, voudra bien que Dieu aille le premier, et que je ne serve pas, contre ma connaissance manifeste et évidente, à la ruine d'une infinité de personnes (1). »

Aux passions ardentes et à l'esprit de satire qui avaient signalé les tristes années de la Fronde avait succédé une époque plus calme. Elle permettait à chacun de se reconnaître et de rendre justice aux autres. Mme de Longueville elle-même, après la mort de son époux, préludait par une retraite presque absolue du monde, par la pratique de la religion et les soins de l'éducation de ses enfants, à cette retraite plus austère dans le couvent de Port-Royal

(1) Œuvres de Racine, éd. Didot, in-4°, 1837, p. 487-492. — La Rochefoucault Liancourt, Études morales et littéraires de Racine, in-8°, 1855, 2e partie, p. 146.

que la mort d'un de ses fils lui inspira dix ans plus tard.

En même temps que s'était épuré l'entourage et amendée la vie du prince de Conti, les relations de Roquette s'étaient étendues dans un milieu plus élevé. La sûreté de son commerce et de ses affections avait écarté les nuages que ses ennemis avaient tenté d'élever contre son caractère. Il était lié avec les Jésuites et avec plusieurs théologiens de Port-Royal : Nicole, Singlin, Lemaistre de Sacy, Jacques de Sainte-Beuve. Il connaissait une partie des docteurs de Sorbonne, des communautés religieuses de la capitale et de l'épiscopat français. La reine-mère, le grand Condé, les ministres d'État : Loménie de Brienne, Letellier, Colbert, voyaient en lui un homme digne de la confiance que la famille des princes lui avait accordée (1).

Le 20 janvier 1666, quelques jours après avoir entendu, aux Jésuites de la rue Saint-Antoine, une belle et éloquente prédication faite par l'abbé de Roquette, « avec l'applaudissement de tout son auditoire, » Anne d'Autriche mourut d'un cancer au sein qu'elle avait pendant six ans caché à son entourage. Elle montra dans ses derniers moments un détachement des biens de la terre dont sa piété et les mal-

(1) On voit Mme de Longueville, en 1664, après la mort de Singlin, son confesseur, aller rendre visite à Lemaistre de Sacy, en compagnie de l'abbé Roquette. (Cousin, *Mme de Sablé,* in-8º, p. 429.) — Il existe à l'évêché d'Autun plusieurs consultations de Sainte-Beuve, datant des premières années de l'épiscopat de Roquette. Ce théologien n'était pas précisément de Port-Royal, mais janséniste et ami de Port-Royal. Nous parlerons plus loin de Nicole.

heurs de sa vie lui avaient enseigné la vanité. Sa bonté naturelle lui avait ramené l'affection dont elle avait joui du vivant de Louis XIII et qu'elle s'était aliénée, durant plusieurs années, par sa faiblesse pour Mazarin. Rien n'est plus touchant que le récit de ces derniers moments, retracé avec l'émotion contenue d'une servante fidèle et d'une amie chrétienne par Mme de Motteville. Sa vie était de celles qui peuvent inspirer à la chaire chrétienne les réflexions les plus profondes sur le néant des grandeurs humaines. Marie-Thérèse désigna Roquette pour faire son oraison funèbre. La cérémonie eut lieu le 22 février, devant une cour brillante, dans l'église des Carmélites de la rue du Bouloy. L'orateur s'acquitta de sa mission aux grands applaudissements de l'auditoire; la reine se félicita de son choix. Le discours, dit la *Gazette de France*, était éloquent et judicieux, savant et chrétien (1).

Le 21 février de la même année, Roquette perdit dans le prince de Conti son principal protecteur. Il mourut à Pézénas, à l'âge de trente-six ans, après une courte maladie. Il était tombé dans une dévotion excessive, et l'on prétendit que les austérités avaient achevé de détruire sa santé, qui depuis longtemps

---

(1) *Mémoires de Mme de Motteville*, p. 560 et suiv, — *Mémoires de Mlle de Montpensier*, p. 394. — *Gazette de France* des 9 janvier et 27 février 1666.

L'abbé de la Roquette, assez célèbre,
Prononça le discours funèbre,
Et de tel air s'en acquitta,
Qu'un beau los il en remporta.
(Lettres à Madame, du 28 février 1666.)

était usée par la débauche. Le 1ᵉʳ mai suivant, Louis XIV nomma Roquette à l'évêché d'Autun, devenu vacant par la mort de Louis Doni d'Attichy. Il avait atteint sa quarante-deuxième année, était prêtre depuis quatre ans et docteur en théologie de l'université de Bourges (1).

Les constitutions des papes et un décret du concile de Trente prescrivaient une information minutieuse sur la vie, les mœurs, les doctrines des personnes nommées aux évêchés, de peur que cette dignité tombât entre des mains indignes ou incapables. Cette information se composait de deux parties, l'une relative à la personne du futur évêque, l'autre à la composition de son diocèse, afin que la cour de Rome pût juger, par cette comparaison, s'il était digne de l'épiscopat et si son mérite était en rapport avec les besoins de ce diocèse. Cette enquête n'était au fond qu'une formalité que la faveur ou la complaisance pouvaient rendre illusoire; l'évêque nommé choisissait lui-même ses témoins, joignait sa profession de foi à leur déposition, et envoyait le tout à Rome; mais rien n'empêchait cependant qu'elle fût l'expression de la vérité.

L'information à propos de Roquette fut faite par le nonce du pape, Robert Vittorio, qui reçut sous la foi du serment la déposition de Ferdinand de Neuville, évêque de Chartres; d'Adhémar de Monteil de

---

(1) *Mémoires de Cosnac*, t. I, p. 301. — Enquête sur les vie et mœurs de Mgr de Roquette, du 11 mai 1666. (Archives de l'évêché d'Autun.) Cette enquête s'exprime ainsi à propos de son âge : *Quadragesimum secundum suæ ætatis annum ad minus attingens.*

Grignan, évêque d'Uzès; de Toussaint de Forbin Janson, évêque de Digne; de Jean de Garibal, prêtre de Saint-Sulpice, président au conseil du roi, et de Mathieu de la Font, chanoine de Toulouse, conseiller au parlement de cette ville. Tous ces témoins le connaissaient depuis plusieurs années, et de la Font, son compatriote, l'avait même connu dès son enfance. Ils attestèrent qu'il était de noble famille et qu'il s'était toujours fait remarquer par la régularité de sa conduite et par sa piété, surtout en célébrant le saint sacrifice de la messe. Ils savaient, par les relations fréquentes qu'ils avaient eues avec lui, qu'il était instruit en théologie, en droit canon et dans les affaires ecclésiastiques. Il s'était souvent entretenu avec Garibal des moyens propres à éteindre e calvinisme et le jansénisme, ce qui prouvait son orthodoxie. Il était, selon ce dernier, modeste, pieux, vigilant, animé d'un grand zèle pour la discipline ecclésiastique et d'une grande charité envers les pauvres. Selon l'évêque de Digne, il s'était livré fréquemment à des missions. L'évêque de Chartres et le chanoine de la Font l'avaient entendu prêcher avec succès dans différentes églises, et même devant le roi. Tous faisaient l'éloge de sa modestie et de sa prudence, le jugeaient digne de gouverner le diocèse qui lui était destiné ou tout autre diocèse. Personne même, ajoutait de la Font, n'était, à sa connaissance, plus digne que lui de diriger celui d'Autun, à raison de tous les genres de mérite qu'il possédait (1).

(1) Enquête sur la vie et les mœurs de Mgr de Roquette, etc. L'abbé de Garibal, qui était son compatriote, parlant de sa famille, se sert de

Ce diocèse, était, sinon un des plus riches, du moins un des plus considérables de France. Il était limité au nord par ceux d'Auxerre et de Langres, au midi par ceux de Clermont et de Lyon, à l'ouest par celui de Nevers, à l'est par ceux de Châlon-sur-Saône et de Mâcon. Il comprenait les deux tiers de l'ancien duché de Bourgogne, avec une grande étendue de pays dans le Nivernais, le Bourbonnais, le Mâconnais, le Beaujolais, le Forez, et un petit coin de la Champagne. Neuf bailliages de l'ancien duché, à savoir ceux d'Autun, de Semur en Auxois, de Châtillon-sur-Seine, d'Avallon, d'Arnay-le-Duc, de Nuits, de Beaune, de Bourbon-Lancy et de Semur en Brionnais, en dépendaient, sans parler des présidiaux de Moulins en Bourbonnais et de Saint-Pierre-le-Moutier, qui ressortissaient au parlement de Paris. Il mesurait cinquante lieues de longueur et

cette expression : *Perillustris familiâ.* Il n'est pas inutile de dire un mot des évêques qui servirent de témoins à Roquette. Ferdinand de Neuville de Villeroy, parent d'un archevêque de Lyon du même nom, établit sa juridiction sur tout le diocèse de Chartres, réforma le bréviaire, construisit tout près de sa ville épiscopale un magnifique séminaire, où il voulut être enseveli. Mme de Sévigné loue l'esprit juste, la grande capacité de l'évêque d'Uzès, qui était oncle de son gendre. La Provence était très-agitée par différents débats, et il voulait, dit-elle, mettre la paix partout. Il faut lire, dans Saint-Simon, un magnifique éloge de l'évêque de Digne, plus tard évêque de Marseille et de Beauvais, cardinal, grand-aumônier de France, ambassadeur en Pologne et à Rome. « Cet homme rare et illustre, » ses opinions gallicanes mises à part, était par son mérite, ses vertus, sa charité, ses dons extérieurs, sa fortune, le type de ces grands prélats dont s'honorait l'Église de France. Voyez *Gall. christ.*, t. VIII, p. 1194. — *Lettres de Mme de Sévigné,* éd. Régnier, à la table. — *Mémoires de Saint-Simon,* éd. Garnier, t. XX, p. 8 et suiv.

cent lieues de circuit. On y comptait vingt villes fermées, entre autres Moulins et Beaune, huit cents cures, dix-sept chapitres, plus de cent monastères, dix-huit cents clochers. Il contenait à lui seul plus de paroisses qu'il ne s'en trouvait dans les diocèses réunis, d'Auxerre, de Châlon et de Mâcon. Son étendue, en un mot, était telle que peu d'évêchés de France pouvaient lui être comparés (1).

Différentes prérogatives étaient attachées à l'évêché d'Autun. Son titulaire était premier suffragant de la province lyonnaise et possédait, en vertu d'une décision du pape saint Grégoire-le-Grand, la préséance sur ses collègues dans les assemblées ecclésiastiques de cette province. Il tenait du même pape le droit de porter le pallium, en souvenir de son antique primatie avant la création de l'archevêché de Lyon. Il était administrateur du siége métropolitain durant la vacance. Il s'intitulait président-né et perpétuel des États de Bourgogne. Il était conseiller au parlement de la province, pouvait y entrer quand bon lui semblait, et donner sa voix dans toutes délibérations. Il conférait dans son chapitre cathédral les dignités d'archidiacres d'Autun, de Beaune, d'Avallon, de Flavigny, celles d'abbés de Saint-Pierre-

---

(1) Questions proposées à MM. les gens du roi de la ville d'Autun, touchant l'officialité de Lormes, par Doni d'Attichy, 1652 et 1654. — Avertissement et inventaire de production, donné devant le conseil du roi, par Doni d'Attichy, évêque d'Autun, contre Jacques de Neuchèze, évêque de Châlon, novembre 1657. (Archives de l'évêché d'Autun.) — Inventaire des titres de la ville, in-f°, p. 109. (Archives de l'hôtel-de-ville d'Autun.)

l'Étrier, de Saint-Étienne, de prévôts de Sussey et de Bligny. Il disposait dans plusieurs églises collégiales du diocèse d'un certain nombre de canonicats et de dignités. Plus de soixante cures étaient à sa collation. Il possédait la nomination des recteurs de presque toutes les maladreries et léproseries. Les quatre barons de Luzy, de Couches, de Lamotte-Saint-Jean, de Montperroux étaient obligés, en qualité de vassaux de l'évêché, d'assister à son entrée dans sa ville épiscopale, de tenir les coins du drap recouvrant la chaise sur laquelle il était porté dans son église cathédrale, et de servir sa première messe.

Des propriétés, au nombre de trente-six à trente-huit, dépendaient, en Bourgogne, de son évêché. Les principales étaient celles de Lucenay-l'Évêque, Issy-l'Évêque, Saulieu, Grôme, Touillon, Lucenay-le-Duc, Vaux. Dans quelques-unes il possédait des châteaux et des maisons seigneuriales. Il prenait les titres de comte de Saulieu, baron d'Issy-l'Évêque, seigneur d'Alise. Il existait dans ces fiefs quantité de vassaux qualifiés et de nobles familles qui relevaient de lui. Il avait le droit de succéder *ab intestat* aux prêtres et clercs du diocèse, droit qui paraît antérieur au XIIIe siècle, et que nous voyons encore exercer par Roquette durant son épiscopat (1).

---

(1) Production pour Mgr l'évêque d'Autun et déclaration des droits honorifiques, utiles, et des biens-fonds appartenant à l'évêché d'Autun, fourni par Mgr de Roquette, en exécution de l'arrêt du conseil du 15 décembre 1673. — Lettres de conseiller au parlement de Dijon, accordées à Mgr de Roquette, du 27 août 1667. — Inventaire des pièces qui prouvent la possession de l'évêque d'Autun de succéder aux clercs

Une antique tradition attribuait la fondation de son église à saint Andoche et saint Bénigne, disciples de saint Polycarpe, évêque de Smyrne, martyrisé sous Marc-Aurèle, et qui avait tenu sa mission de saint Jean l'évangeliste. Elle était ainsi une des plus anciennes de France et remontait presque au temps des apôtres. Elle avait été illustrée par une suite d'évêques remarquables dont les uns furent honorés du titre de saint, les autres investis d'une influence considérable dans les affaires de l'Église et de l'État, plusieurs revêtus de la pourpre romaine. Sa ville épiscopale, ancien chef-lieu de la confédération éduenne, avait été une des plus peuplées et des plus célèbres, le centre des arts, de la religion, des lettres, du commerce, au sein des populations gallo-romaines. Elle devait à son antiquité, à ce rôle civilisateur, aux monuments dont les Romains l'avaient embellie, une renommée et un ancien prestige qui faisaient de son évêché l'un des plus connus et des plus enviés de France.

Le chapitre cathédral qui, depuis la mort de son prédécesseur, attendait avec anxiété cette nomination, informé, par une lettre du théologal, occupé à Paris de la poursuite de ses procès, recommanda au doyen qui se trouvait dans la même ville de se

---

et curés morts *ab intestat*, etc. (Archives de l'évêché d'Autun.) — Gagnare, *Histoire de l'église d'Autun*, 1774, in-8º, p. 303. — M. de Sénaux, successeur de Roquette, ayant, en 1708, introduit une instance au sujet de la succession d'un prêtre mort *ab intestat*, abandonna ses prétentions, sur la poursuite de ses héritiers. Nous croyons que, depuis cette époque, les évêques d'Autun renoncèrent à l'exercice de ce droit.

joindre à lui pour aller féliciter Roquette de sa promotion. Les officiers de la ville envoyèrent un échevin lui présenter les respects et les sentiments de joie des habitants. Il obtint ses bulles du pape Alexandre VII et fut sacré au mois d'avril 1667, le dimanche après Pâques, dans l'église du monastère des religieuses de Saint-Dominique dont sa tante, la mère Marguerite, avait été supérieure, par Henri de Gondrin, archevêque de Sens, assisté de Jean de Maupeou, évêque de Châlon, et de Michel de Colbert, évêque de Mâcon, en présence des personnes les plus éminentes de la cour. Le chapitre cathédral fit célébrer, à son intention, une messe du Saint-Esprit au grand autel, et invita les prêtres et les chapelains à en dire chacun une à la même intention. Le clergé et les habitants de la ville furent enchantés de cette nomination qui leur donnait pour évêque un homme vivant dans l'intimité des princes (1).

(1) Reg. cap., 11 mai 1666, 15 avril 1667. — Reg. de la chambre de ville, 1er juin, 9 juillet 1666. — Gagnare, *Histoire de l'église d'Autun*, p. 246. — *Gall. christ.*, t. IV, p. 429.

> Le rare abbé de la Roquette
> Porte sur son habile tête,
> Où ne loge rien de commun,
> La brillante mitre d'Autun.
> De Sens le fameux archevêque
> Sacra dimanche cet évêque
> En un monastère pieux
> Dont la pompe surprit les yeux ;
> Et maints prélats, princes, princesses,
> Du rang des premières altesses,
> Firent en ce sacre nouveau,
> Certes, un concours nombreux et beau.

(Lettres à Madame, du 17 avril 1667, la veille de Pâques closes.)

On lui fit une réception magnifique. Les chanoines de la cathédrale envoyèrent quatre d'entre eux le complimenter à Avallon. La chambre de ville, assistée des notables habitants, « considérant qu'il était un prélat d'un mérite extraordinaire, » lui députa, à Saulieu, le Vierg, un échevin, un syndic, et régla dans ses délibérations la part qu'elle devait prendre à la cérémonie de son entrée. Après être resté quelques jours au château de Dracy, à une lieue de la ville, pendant qu'on en dressait les préparatifs, il se rendit, le 21 du mois d'août, dans l'abbaye suburbaine de Saint-Martin, où il trouva quantité de seigneurs et de gentilhommes de la province qui étaient venus à sa rencontre. Le Vierg Thiroux, accompagné du corps de ville, d'un grand nombre de citoyens les plus considérables, du prévôt de la maréchaussée avec ses archers, après l'avoir complimenté, le conduisit dans l'abbaye plus rapprochée de Saint-Jean-le-Grand, à cheval, suivi de tous les seigneurs et gentilhommes, de ses domestiques, des officiers de justice de son évêché. Il y fit une station sur un trône dressé dans la cour, et le clergé, composé des chanoines de l'église collégiale de Notre-Dame, des curés de la ville et du voisinage, de plusieurs chanoines de la cathédrale, précédés des Cordeliers et des Capucins, marchant en procession, vint le complimenter par l'organe de Claude Saulnier, vicaire général de l'archevêque de Lyon durant la vacance du siége épiscopal. Au sortir de cette abbaye, il trouva dans une plaine voisine la cavalerie et l'infanterie de la milice bourgeoise, rangées en bataille et commandées par un des échevins, qui lui adressa une harangue. Il fut conduit ensuite à la porte de la ville basse, au son de la musique que le chapitre avait envoyée, et des cloches de toutes les églises (1).

On y avait élevé un portique à trois faces, avec des ailes en retour, orné de deux portraits de druides. Les pilastres étaient garnis de festons représentant des fruits et des fleurs. Au milieu de la frise était l'écusson de l'évêque; dans la galerie supérieure, celui du roi, supporté par deux anges. Le tout était complété par une pyramide ornée de trophées d'église, surmontée d'une couronne de comte avec la crosse et la mitre. Le Vierg le complimenta de nouveau au nom de la ville; les échevins lui présentèrent un dais qu'ils portèrent devant lui, et à l'entrée de la place principale connue sous le nom de champ Saint-Ladre, située au centre de la cité, il passa sous un second portique en forme de pyramide haute de vingt pieds, avec des applications de trophées d'église, la figure du dieu Mars à son sommet, et aux côtés de deux grandes arcades garnies de feuillages quatre vases d'où sortaient des flammes, avec différentes peintures et devises. En passant sur le champ Saint-Ladre, il fut salué par l'artillerie de la ville; puis, après avoir traversé des rues étroites, il arriva à la porte des Bancs, qui donnait accès dans sa partie supérieure. Là se dressait un troisième portique plus magni-

---

(1) Registre de la chambre de ville, 31 juin, 2, 16 juillet 1667. — Reg. cap., 4, 17 août 1667.

fique encore que les précédents. Il se composait de pilastres à corniches festonnées, avec une plinthe sur laquelle on lisait plusieurs devises. Au-dessus s'élevait un portique plus petit, contenant le portrait du roi, celui du prince de Condé, gouverneur de Bourgogne, et les armes de l'évêque. Le tympan, portant l'écusson de l'Église, était surmonté d'un ange tenant celui du roi. A droite et à gauche, deux autres anges tenaient des cœurs enflammés.

Il s'arrêta, selon un antique cérémonial observé par ses prédécesseurs, dans une maison dite de la Genetoye, où on lui avait préparé un bain. Pendant qu'il y revêtait ses habits pontificaux, le Vierg Thiroux, en qualité de bailli de l'évêché, fit appeler à haute voix, par le sergent de sa justice, les quatre barons qui étaient tenus d'assister à l'entrée des évêques, et que Roquette avait fait prévenir quelques jours auparavant par un acte notarié. Escorté de ces quatre seigneurs, qui étaient MM. d'Escrots d'Uchon, de Choiseul Traves, de Toulongeon, de Grandvault, comme représentants des barons de Luzy, de Lamotte Saint-Jean, de Montperroux, de Sully, et suivi par tout le clergé, il trouva le chapitre de la cathédrale qui était venu à sa rencontre. Il présenta ses bulles et requit le doyen de lui faire ouvrir une barrière qu'on avait placée près de la maison de la Genetoye, afin de l'obliger à prêter serment de garder les priviléges de l'Église. Il répondit affirmativement à la formule dont on lui donna lecture, en ajoutant ces mots : *Salvo meo jure et communi*. On lui ouvrit ens la barrière, et on le plaça dans une chaise ornée d'un tapis de velours dont les coins étaient tenus par les barons, et sur laquelle quatre chapelains le portèrent, au chant du *Te Deum*, à l'entrée de l'antique basilique de Saint-Nazaire, cathédrale primitive et, selon l'expression du temps, église mère du diocèse. Là, on réclama de lui un second serment qu'il prêta en ajoutant de nouveau: *Salvo meo jure et communi*. Après avoir fait ses prières, pendant que l'on chantait les psaumes en usage en pareil cas, il se plaça sur un des siéges du chœur, donna sa bénédiction au peuple, puis monta dans la chaire pontificale, élevée derrière le grand autel, où les chanoines de la cathédrale vinrent lui demander un troisième serment, qu'il prêta avec les mêmes réserves que les précédents.

Il fut ensuite conduit processionnellement dans l'église cathédrale de Saint-Lazare, et après avoir du haut de sa chaire donné de nouveau sa bénédiction, il célébra les vêpres avec la même solennité qu'aux fêtes quadruples. Depuis le commencement de ces cérémonies jusqu'à la fin, les cloches de toutes les églises n'avaient cessé de sonner, après quoi les quatre barons, les magistrats du bailliage et de la ville le conduisirent dans sa demeure épiscopale (1).

Ces serments répétés, exigés avec une défiance si prononcée par le chapitre, et consistant dans la pro-

(1) Prise de possession de l'évêché d'Autun, en faveur de Messire Gabriel de Roquette, évêque d'Autun, du 21 août 1667, par Hugues Dubled notaire royal et apostolique.

messe de respecter ses anciens priviléges, n'allaient à rien moins qu'à reconnaître sa complète exemption de la juridiction épiscopale. Les chanoines n'avaient jamais consenti à en communiquer d'avance la teneur aux évêques, et n'admettaient pas qu'on pût y faire aucune réserve. Roquette, averti d'avance, et ne voulant pas compromettre ses droits d'évêque, manda, la veille de son entrée, un notaire par lequel il fit dresser une protestation. Il n'était pas juste, disait-il dans cet acte, qu'on l'obligeât à observer des priviléges qui lui étaient inconnus ; mais de peur que le refus d'accomplir cette formalité portât les chanoines à des actes contraires au respect dû à sa dignité et pouvant causer du scandale, il prêtait ces serments comme contraint, et à condition qu'ils ne pourraient nuire aux droits de son évêché. Il renouvela cette protestation le soir du jour de son entrée, en ajoutant qu'il avait fait suivre ces serments des mots : *Salvo meo jure et communi*. Nous ignorons s'il jugea à propos de faire signifier ces actes au chapitre ; mais ils indiquent dans quel esprit il voulait inaugurer son administration et sauvegarder une autorité qu'il consacra jusqu'au dernier moment à la réforme de son diocèse (1).

(1) Protestations faites par Mgr d'Autun contre le serment par lui prêté en sa réception en l'église d'Autun, du 20 août 1667, avec une semblable protestation faite par ledit seigneur, le 21 dudit mois, le jour de son entrée, devant Hugues Dubled, etc. (Archives de l'évêché d'Autun.) Voyez la formule de ce serment aux pièces justificatives.

CHAPITRE II

LE CLERGÉ DE L'ÉGLISE CATHÉDRALE (1657-1680)

Le membre le plus important, ou, comme on disait alors, le plus illustre de son diocèse, était le chapitre cathédral de Saint-Lazare d'Autun. Autour d'une antique église dont l'architecture monastique rappelait les austères pensées de ses anciens clercs, et qui dominait la ville entière échelonnée à ses pieds, s'était formé un quartier habité en grande partie par des ecclésiastiques. Son point culminant, confinant aux montagnes qui bornent au midi l'horizon de la ville, était occupé par une forteresse dont la garde avait passé des ducs de Bourgogne aux rois de France. Une enceinte de murailles flanquées de tours fermait de tous côtés cette partie haute de la ville qu'on appelait le *Château*, et l'isolait de la ville basse qui était occupée par quelques couvents, quelques églises, par une population de marchands, d'ouvriers, de bourgeois, et qui formait, à proprement parler, la ville laïque. Il n'existait dans le château d'autre puissance ecclésiastique, à côté de celle du chapitre, que celle de l'évêque dont le palais, avec ses jardins et ses vergers, formait un clos à part, également entouré d'une enceinte de murs et situé à peu de distance de l'église. Mais cette puissance, qui s'étendait sur le reste du diocèse, était presque nulle vis-à-vis du chapitre, dont la richesse, l'antiquité, la confiance dans ses priviléges consentaient à voir en lui un égal digne de respect, il est vrai, mais non un supérieur ayant autorité pour lui imposer ses déterminations. Une petite église de Notre-Dame, reconstruite au XVe siècle par Nicolas Rolin, chancelier de Bourgogne, s'élevait en face de l'église cathédrale. Son chapitre, composé de douze chanoines, d'un prévôt curé, de quatre habitués, de quatre enfants d'aube, était placé sous le patronage laïque des descendants du fondateur, représentés à cette époque par les de Perne, comtes d'Épinac, qui en conféraient les prébendes. Ses puissants voisins ne s'occupaient guère de ce petit chapitre que pour lui rappeler de temps à autre le respect qu'il devait à leur prééminence.

Une dizaine de rues étroites et irrégulières rayonnaient dans le château autour de l'église cathédrale, au devant de laquelle une rue un peu plus large formait une sorte de petite place appelée le *Terreau*, sur laquelle ouvraient les deux principales portes de la basilique. On y voyait circuler sans cesse son nombreux personnel. C'était là que chanoines, chapelains, habitués, chantres, se promenant ou assis sur des bancs de pierre, attendaient l'heure de l'office et oubliaient parfois dans leurs conversations le service de Dieu. Deux autres églises, situées en face de la cathédrale, celle de Saint-Nazaire et celle de Saint-Jean-de-la-Grotte, qui lui servait de crypte en hiver, dépendaient du chapitre ; elles étaient desservies par des chapelains payés de ses deniers et des revenus attachés à ces églises. Un grand nombre de maisons, dans le Château, lui appartenaient. Les unes étaient affectées à différents services ; les autres étaient louées à vie à des chanoines ; d'autres, par bail temporaire, à des chapelains ; d'autres enfin à des marchands, à des gens de loi, à des gens de métier, que les intérêts multiples de l'église et ses procès continuels avaient engagés à choisir leur demeure dans cette partie haute de la ville, où était établi l'auditoire du bailliage.

L'organisation du chapitre cathédral n'avait pas subi de modifications notables depuis plusieurs siècles. Il consistait en quarante-un ou quarante-deux chanoines titulaires pourvus d'une prébende ; en quarante chapelains et habitués dont faisaient partie quatre sous-chantres solennels, portant l'habit de chanoine et chargés de la direction du chœur ; en un vicaire du chœur faisant l'office les jours de fêtes simples, à l'exception de la messe canoniale, administrant les sacrements et donnant la sépulture aux membres de l'église ; en huit enfants d'aube, avec deux maîtres qui leur enseignaient le latin et le plain-chant. Ce personnel nombreux se complétait d'une quantité indéterminée de choriaux ou chantres gagés, de musiciens, parmi lesquels on voit des joueurs d'orgue, d'épinette, de basse de viole, de contrebasse, de violon, de serpent et de cornet à bouquin.

Ces chantres et ces musiciens, dont quelques-uns étaient prêtres, étaient la plupart étrangers. Ils allaient, d'église en église, louer leurs services pour un temps, comme des ouvriers nomades. Leur nombre s'augmentait encore à l'époque de certaines fêtes solennelles, et surtout au moment de la fête de saint Lazare, patron de l'église et de la ville. Le chapitre redoublait alors de luxe dans les cérémonies religieuses et dans cette montre ou cavalcade qui avait lieu la veille, et qu'il regardait comme une de ses plus glorieuses prérogatives, comme le signe de son antique suprématie sur la ville entière.

Le chapitre comptait dans son sein dix dignitaires : le doyen, le grand-chantre, le prévôt de Sussey, les quatre archidiacres, d'Autun, d'Avallon, de Beaune, de Flavigny, trois autres chanoines portant le titre d'abbés de Saint-Étienne, de Saint-Pierre-l'Étrier, de prévôt de Bligny. La collation de ces huit dernières dignités appartenait à l'évêque.

L'élection du doyen, qui avait lieu avec une solennité particulière, et à laquelle étaient appelés les chanoines même absents de la province, devait réunir la pluralité des suffrages. On choisissait d'ordinaire, pour occuper cette dignité, quelqu'un de famille noble ou de bourgeoisie notable, pouvant par sa naissance, ses relations, ses bonnes manières, son instruction, faire honneur à la compagnie, soutenir les intérêts et les prérogatives de l'église dont il était le chef et le principal représentant. Il officiait aux fêtes solennelles, quand l'évêque était absent, assisté par trois chanoines d'honneur. Il présidait les assemblées capitulaires, les commissions nommées pour l'examen des comptes et des affaires. Il assistait, en qualité de député-né, aux assemblées de la chambre écclésiastique du diocèse. Il allait, accompagné de deux ou trois de ses membres, complimenter de la part du chapitre les personnes de distinction qui arrivaient dans la ville ; il leur présentait des vins d'honneur si c'était un homme, et des confitures si c'était une dame.

Le grand-chantre était également élu à la pluralité des suffrages, mais en recueillant seulement les voix des chanoines qui se trouvaient dans la ville. Ses fonctions, comme son nom l'indique, consistaient à diriger les cérémonies de l'office, le chant et la psalmodie. Il était tenu de porter le bâton cantoral, insigne de sa dignité, toutes les fois que l'évêque ou le doyen officiait.

Les dignités de prévôt de Sussey, d'abbés de Saint-Étienne, de Saint-Pierre-l'Étrier, de prévôt de Bligny, rappelaient d'anciennes fonctions et d'anciennes prérogatives qui avaient disparu à la suite des temps. A part quelques droits de peu d'importance, elles n'étaient que des dignités purement honorifiques. Nous parlerons plus loin de celles d'archidiacre et des modifications auxquelles elles donnèrent lieu.

Le chapitre possédait des propriétés nombreuses dans l'Autunois, le Beaunois, l'Auxois, le Châlonnais, le Nivernais. Elles consistaient en terres, prairies, forêts, vignes des meilleurs crus, tels que Marange, Meursault, Santenay, en étangs, fours banaux, moulins, revenus et redevances de différentes sortes. La collation des cures de ces terres lui appartenait. Il en amodiait les dîmes et la chasse, et payait portion congrue aux vicaires à qui il en confiait la desserte. Les revenus de ces propriétés, évalués à quarante mille livres, consistaient en argent et en objets en nature, c'est-à-dire en grains, vins, bois. Le chapitre, en sa qualité de seigneur, y nommait des officiers pour rendre la justice. Il y envoyait fréquemment un ou deux de ses membres afin de faire les vendanges, d'examiner les réparations à effectuer, les dégâts commis, les marchés proposés, afin de préparer des transactions sur les contestations qui s'élevaient avec les propriétaires voisins, ou de prendre les instructions nécessaires à la poursuite de ses procès. L'étendue de ces domaines lui suscitait des difficultés de toutes sortes, et il ne manquait jamais d'instances à soutenir devant la cour du parlement. Il était sans cesse dans la nécessité d'envoyer des députés recommander ses affaires auprès d'un conseiller, du premier président ou d'un personnage de la cour, car la justice, avec ses lenteurs, ses formalités compliquées, ses faveurs, était souvent une injustice complaisante ou intéressée.

Quatre commissaires de la chambre des comptes, désignés chaque année au chapitre général de la Saint-Thomas, se tenaient au courant des recettes et des dépenses. Ils en rendaient fréquemment compte au chapitre, qui délivrait des ordres ou, selon l'expression du temps, donnait mandement pour faire payer les sommes dues à ses créanciers, à ses fournisseurs, à ses ouvriers, ou qui chargeait le chambrier de faire rentrer celles qui étaient dues par ses débiteurs. Les revenus de l'église consistant en argent et en nature, le chambrier percevait les premiers, tandis que le grenetier et le commissaire aux caves percevaient les grains et les vins. Une partie de cet argent passait dans les frais d'administration des propriétés, dans les dépenses du culte, dans les réparations des églises et des maisons appartenant au chapitre, dans les frais de procès, dans les fréquents voyages nécessités par ses intérêts et par l'envoi de délégués chargés de missions diverses. La richesse du chapitre, cause incessante de soucis pour ses membres, s'amoindrissait ainsi par suite de son administration compliquée, et il n'en revenait, en fin de compte, à chacun d'eux qu'une part assez médiocre.

Les chanoines prêtres, jouissant d'une prébende canoniale, possédaient seuls l'entrée du chapitre et, par conséquent, le droit de concourir à l'administration spirituelle et temporelle de l'église, et de conférer les bénéfices vacants. Une prébende consistait dans une certaine quantité de blé, seigle, vin, avoine, distribuée chaque jour de l'année à ceux qui l'avaient gagnée par leur assistance aux offices, et dans une somme d'argent désignée sous le nom de gros fruits. Le 22 février, jour de la Chaire de Saint-Pierre, on donnait, au chapitre général, lecture du nom des chanoines qui, par une résidence habituelle au chœur, à moins d'absence autorisée ou de maladie, avaient gagné les gros fruits. Leur valeur était proportionnée à l'importance de chaque prébende. Trois gros fruits, provenant de l'amodiation de la terre de Sampigny, étaient chacun de cinquante livres ; trois autres de la même somme provenaient de celles de Perreuil. Dix de vingt livres étaient assignées sur Autun ; sept autres étaient de seize livres, six de neuf livres et sept de sept livres. Un gros fruit, s'élevant à seize livres, était dévolu à l'évêque, ce qui le constituait chanoine et lui donnait le droit d'assister au chapitre, avec voix délibérative, mais sans pouvoir le présider. Le doyen en touchait deux, l'un de vingt livres attaché à sa dignité, l'autre de seize, en qualité de chanoine ; le grand-chantre en recevait un de vingt en cette qualité, un autre de dix en qualité de chanoine. Deux gros fruits étaient affectés à l'entretien de quatre sous-chantres. Ces revenus en argent, insuffisants, comme on le voit, pour subvenir aux besoins essentiels de la vie et complétés par les distributions en nature dont nous venons de parler, n'auraient pas constitué une aisance considérable, si la plupart des chanoines, qui appartenaient à des familles nobles ou bourgeoises, n'eussent cumulé avec eux les secours d'une fortune personnelle qui leur permettait de soutenir honorablement les obligations de leur dignité.

Quoique le chapitre possédât dans le Château un grand nombre de maisons, il avait jugé à propos d'en réserver seulement trente qu'on appelait maisons canoniales. Ceux de ses membres à qui elles étaient amodiées à vie devaient les entretenir en bon état. Le chapitre leur accordait quelquefois des bois et d'autres matériaux pour y effectuer de grosses réparations et des agrandissements qu'il autorisait après une visite faite par ses délégués. Malgré une pareille obligation, il arrivait quelquefois qu'à la mort de leurs détenteurs elles se trouvaient en ruines, et qu'il y avait lieu de réclamer une indemnité à leurs héritiers. Il était interdit aux chanoines habitant ces maisons d'enlever les barreaux des fenêtres, d'y faire sculpter leurs armoiries. Certains priviléges étaient attachés à leur possession, entre autres celui de jouir de trois mois de vacances durant l'année, tandis que les chanoines, habitant des maisons ordinaires, n'avaient que six semaines ; celui d'être considérés comme présents et de toucher leurs revenus en cas de maladie, tandis qu'en pareil cas les autres en étaient privés ; enfin, le droit de faire recevoir dans l'église un habitué ou un chapelain, pourvu qu'il fût porteur d'un titre régulier délivré par l'évêque qui l'avait admis aux ordres. Ainsi existait dans le chapitre une démarcation fâcheuse entre ceux qui possédaient une maison canoniale et ceux qui n'en possédaient pas. Le droit de présentation, appartenant aux premiers, pouvait avoir sur le personnel de l'église une influence déplorable par le choix de mauvais candidats. Aussi, dans le milieu du siècle suivant, alors que les anciens usages étaient battus en brèche, fut-il vivement attaqué par l'un des membres les plus instruits de la compagnie (1).

(1) Mémoire de P.-B. Germain, théologal. Registres capitulaires, *passim*. (Archives de la Société éduenne, à l'hôtel-de-ville d'Autun.) Cette collection, qui devait être considérable, mais dont il ne reste plus que

La collation des canonicats appartenait exclusivement au chapitre, qui les conférait ordinairement à des parents ou à des amis, sans trop s'inquiéter s'ils en étaient dignes par leur caractère et leur genre de vie. Il y avait les chanoines honoraires, les chanoines prébendés et les jeunes chanoines. Les canonicats honoraires, accordés à quelques ecclésiastiques auxquels le chapitre voulait donner un témoignage de sympathie, ne conféraient d'autre droit que celui de porter l'habit qui distinguait les membres de l'église d'Autun et d'occuper, en cas de présence, une stalle dans le chœur. Afin de laisser complètement libre la disposition des canonicats prébendés, on exigeait des chanoines honoraires un serment prescrit par les statuts, en vertu duquel ils devaient renoncer d'avance à toutes prétentions sur ceux qui viendraient à vaquer. A l'exception de ce serment, les cérémonies pour l'installation d'un chanoine prébendé étaient les mêmes que pour un chanoine honoraire. L'élu se présentait au chapitre, prêtait le serment de fidélité à la religion catholique et de foi orthodoxe prescrit par le concile de Trente, jurait d'observer les statuts de l'Église, et était conduit par deux confrères dans la stalle qu'il devait occuper au chœur et dans son siége à l'assemblée capitulaire. Afin de donner une plus grande solennité à cette cérémonie, toutes les cloches sonnaient pendant sa durée, et deux ou trois laïques notables, appelés

vingt-six volumes, parmi lesquels se trouvent ceux relatifs à l'époque dont nous nous occupons, est non moins intéressante pour l'étude des mœurs que pour l'étude du langage.

comme témoins, apposaient leurs signatures au bas de l'acte de prise de possession, qui était revêtu du sceau du chapitre. Le nouveau membre payait, pour son droit de réception, quarante livres qui étaient distribuées par inégales portions à la fabrique, à la chambrerie, aux quatre sous-chantres, au maître de musique, au secrétaire, aux deux marguilliers. Le chapitre quelquefois exemptait le titulaire de ce droit de réception (1).

Afin de se recruter autant que possible dans son propre sein, le chapitre donnait le titre de jeunes chanoines à un certain nombre de jeunes gens que leur famille destinait à l'Église. Ils portaient un habit particulier, étaient tenus d'assister aux offices et de prendre les ordres à l'âge déterminé par les canons. S'ils n'étaient pas suffisamment instruits dans la langue latine, ils allaient, aux frais du chapitre, suivre les classes du collége établi, en 1618, dans la ville par les pères Jésuites, et, de temps en temps, ce dernier chargeait un ou deux de ses membres de s'enquérir du progrès de leur instruction. Ceux d'entre eux qui témoignaient un goût prononcé pour l'étude étaient envoyés prendre des grades en théologie ou en droit dans une université. Ils recevaient une pension que leurs parents s'obligeaient à restituer dans le cas où ils viendraient à quitter l'Église. Ils se préparaient à recevoir le sacerdoce par un stage de six mois, durant lequel ils devaient redoubler d'assiduité aux offices et de régularité dans leur

---

(1) Reg. capit. des 13 et 14 janvier 1673, 6 février 1675, etc.

conduite. Les jeunes chanoines, non promus aux ordres, se tenaient, durant les heures de l'office, debout au devant de leurs stalles dans le bas chœur, à côté des enfants d'aube. Ils n'avaient droit aux fruits d'une prébende qu'après avoir reçu la prêtrise. Mais le chapitre se relâchant, à cet égard, de la sévérité des statuts, leur accordait souvent la jouissance de ces revenus, à condition qu'ils prendraient cet ordre dans l'année. Plusieurs, abusant de cette tolérance, laissaient passer ce délai sans tenir leur promesse; d'autres, une fois revêtus du sacerdoce, satisfaits de toucher les émoluments de leur canonicat, tardaient durant des années de célébrer leur première messe (1).

Dans le but de relever la dignité canoniale qui, vers la fin du moyen âge, lorsque la régularité eut disparu de l'Église, était devenue un objet de brigues et de faveur, et donnée à des fils de familles riches et influentes, le concile de Trente avait décidé qu'elle ne devait plus être conférée en considération des personnes, mais à des hommes vraiment dignes d'en remplir les fonctions. Afin de relever également dans les chapitres les traditions de la science, il avait statué que la moitié au moins de leurs dignités serait réservée à des docteurs, des maîtres, des licenciés en théologie ou en droit canon. Le concordat de 1515, par application des décrets du concile, prescrivit aux gradués qui recherchaient les

---

(1) Reg. capit., 12, 14 janvier 1663; 2 mars, 21 juillet 1670, etc.; 7 juillet, 20 novembre 1671; 2 septembre 1672; 29 juillet 1673.

CHAP. II. — LE CLERGÉ DE L'ÉGLISE CATHÉDRALE.

bénéfices ecclésiastiques de faire insinuer les lettres constatant leur temps d'étude, leur degré d'instruction, et aux collateurs de ces bénéfices d'en tenir compte, de sorte que, s'il y avait concurrence entre plusieurs prétendants, on devait préférer les docteurs en théologie aux licenciés et aux bacheliers de la même faculté, les licenciés et bacheliers en théologie aux licenciés et bacheliers en droit canon, en droit civil et en médecine, les bacheliers en droit canon ou en droit civil aux maîtres ès-arts, enfin les docteurs en théologie aux docteurs en droit canon, les docteurs en droit canon aux docteurs en droit civil, etc. Ces prescriptions, qui gênaient singulièrement l'opinion que le chapitre cathédral avait de son omnipotence, étaient cependant observées par lui avec fidélité.

Sur quarante et quelques chanoines titulaires, il en existait huit ou dix pourvus de grades et appelés par là même à occuper des dignités. Cinq ou six autres chanoines ou prêtres gradués, presque tous étrangers au pays, afin de poser leur candidature aux canonicats qui viendraient à vaquer en faisant valoir ce que l'on appelait l'expectative des gradués, prenaient soin de faire insinuer leurs titres sur les registres capitulaires ; mais la plupart, faute de persister dans leur demande, en étaient déchus et n'obtenaient pas leur entrée dans la compagnie.

L'admission des habitués n'était pas soumise à des conditions plus sévères que celle des jeunes chanoines. Un clerc, c'est-à-dire un jeune homme possédant les premiers éléments ou, selon l'expression du temps, la construction de la langue latine, connaissant le plain-chant des moines, c'est-à-dire la psalmodie, était introduit par un chanoine ayant droit de présentation. Il recevait l'habit de l'église, était conduit par un sous-chantre à la place qu'il devait occuper au chœur et payait, pour droit d'admission, une somme de vingt livres. On l'envoyait au collége continuer ses études. Ceux qui montraient des dispositions particulières, mais c'était le petit nombre, obtenaient des pensions, afin d'étudier dans un séminaire ou dans une université. Du reste, pour obtenir un titre d'habitué, pas plus que pour obtenir un titre canonial, il n'était nécessaire d'être prêtre. De même que les jeunes chanoines promus à la prêtrise ou sur le point de l'être attendaient un canonicat prébendé, de même un habitué ne pouvait prétendre présence, c'est-à-dire avoir part aux revenus, que s'il était revêtu du sacerdoce et s'il y avait place vacante. Ces revenus consistaient, pour les prêtres habitués, dans les distributions en nature dont nous avons parlé, et dans des secours en argent que leur accordait quelquefois le chapitre. Ceux à qui était confiée la desserte d'une chapelle percevaient partie ou totalité des rentes qui y étaient attachées, ainsi que le produit des messes qui leur étaient demandées par les fidèles. Les plus anciens d'entre eux tenaient à location des maisons appartenant au chapitre.

Il existait entre les chapelains, les habitués et les chanoines une ligne de démarcation profondément tranchée. Il arrivait rarement qu'un prêtre habitué parvînt à un canonicat. Cette dignité, objet de l'ambition des classes bourgeoises, était occupée par des ecclésiastiques sortis d'elles. Le chapitre considérait comme un grand honneur qu'elle lui fût demandée par un membre de famille noble ou de famille parlementaire. Il s'empressait alors de lui ouvrir les portes de l'Église dans les termes les plus flatteurs. Les habitués se recrutaient, au contraire, parmi les fils de petits marchands ou d'artisans sans fortune. Une foule d'ecclésiastiques, menant une vie errante, allaient chercher, loin de leur pays, une occupation ou un bénéfice. Le chapitre en admettait quelques-uns qui étaient venus des points les plus éloignés de la France, des diocèses de Vannes, de Cambrai, de Narbonne, etc., les uns parce qu'ils étaient bons chanteurs ou musiciens, d'autres parce qu'ils pouvaient apprendre les éléments du latin aux enfants d'aube, ou rendre différents services.

Les chanoines formaient une classe aristocratique, les habitués et les chapelains une classe inférieure. Tandis que les premiers se traitaient de messieurs et de vénérables, ils désignaient les habitués et les chapelains par le nom de maître un tel, sans autre forme de politesse. Du reste, ces prêtres subalternes qui, trop souvent, entraient dans l'Église pour y trouver un moyen d'existence, n'en étaient pas la partie la plus recommandable ; c'est d'eux que venaient la plupart des désordres et des scandales. La nécessité d'entretenir son personnel au complet et la difficulté de trouver des sujets convenables avaient déterminé le chapitre à recevoir des hommes tout à fait insuffisants. En 1666, un chanoine, possesseur de maison canoniale, ayant présenté un habitué, le syndic fit observer qu'il fallait qu'il possédât les qualités requises et le faire comparaître, afin de savoir s'il était bien stylé au plain-chant. Mais l'assemblée, considérant qu'il y avait place vacante et qu'on n'avait pas usé jusque-là d'une pareille rigueur, l'admit sans plus ample information. Cette tolérance, dictée par des considérations transitoires, dut être modifiée un an plus tard. Les demandes étaient devenues si nombreuses, qu'afin d'obvier aux inconvénients qui résultaient de la présentation d'habitués « incapables de chant, mal appelés à leur vocation, » ne pouvant rendre aucun service parce qu'ils étaient au séminaire, ou tellement pauvres qu'il fallait leur accorder des secours, le chapitre décida de n'en admettre aucun à l'avenir s'il n'était prêtre, d'un caractère sans reproche, capable de faire honneur à l'Église (1).

Nous ne parlerons pas des enfants de chœur ou, comme on disait alors, des enfants d'aube. Ils étaient pris, pour la plupart, dans les familles ouvrières de la ville, élevés durant dix ans à la maîtrise, où ils recevaient des leçons de grammaire, de latin, de musique et de chant, puis envoyés, s'il y avait lieu, terminer leurs études au collége dirigé par les Pères

---

(1) Regist. capit., 22 juillet 1661; 29 décembre 1666; 17 mars, 1ᵉʳ août 1668. On octroie à l'habitué Lazare Demesly une somme de 12 livres pour acheter une soutane ; à Claude Gaugain, 8 livres pour acheter un surplus, 5 juillet 1675; une soutane à Claude Brenier et à Claude Gaugain, 27 août 1664 et 8 août 1665.

Jésuites. Ils étaient appelés ainsi, dès l'enfance, à essayer leur vocation. C'était une pépinière de prêtres et de chantres pour l'Église, mais une pépinière insuffisante, car elle ne lui fournissait pas la vingtième partie de ses membres.

On comprend, avec un pareil mode de recrutement, comment le prêtre, faute d'une éducation régulière, d'une vocation éprouvée, admis aux ordres sans préparation suffisante, n'était souvent qu'un ministre indigne ou ignorant; comment le désir de posséder un bénéfice lui fermait les yeux sur les devoirs que lui imposait son caractère spirituel ; comment, en un mot, la corruption s'était introduite dans le sanctuaire par l'appât des biens temporels.

En effet, ce clergé, grand propriétaire, jouissant d'une position privilégiée, fier de son antique origine, ne reconnaissant d'autre supérieur que lui-même, formant une classe d'élite dans la cité, était atteint d'une dissolution profonde. A part l'assistance aux offices et l'habit qui les distinguait des laïques, on trouvait souvent chez ses membres les vices et les désordres les plus scandaleux. Le chapitre avait une si haute idée de son importance et de sa durée, qu'à peine il pensait que de pareils écarts pussent attirer sur lui la déconsidération publique. Il en a consigné chaque jour le récit dans une foule d'actes, et principalement dans ses registres capitulaires, comme pour montrer, en quelque sorte, dans ses propres confessions, par quelle suite de négligences, de mépris, de prévarications, il était descendu jusqu'au fond de l'abîme.

Quand on lit de pareils aveux, retracés avec une liberté de langage qui ne répugnait pas à nos pères, on se demande comment le nom de prêtre pouvait convenir à des hommes pour qui l'habit ecclésiastique n'était qu'une sauvegarde contre l'impunité. Rien ne ressemblait moins, du reste, même par l'apparence extérieure, que ce clergé du XVIIe siècle, libre, hardi, indépendant, au clergé de nos jours, que nous voyons accomplir avec soumission, sous l'œil de ses supérieurs, sa paisible tâche.

Il se considérait autant comme un seigneur féodal que comme un ministre pacifique de l'autel. Chargé de la défense du Château, il avait, pendant les guerres de religion, endossé la cuirasse, porté l'épée, fait guet et garde sur les remparts, et ces nécessités avaient développé dans son sein des habitudes militantes qui, depuis le retour de la paix, n'avaient pas complètement disparu.

Il existe quelques portraits de prêtres et de chanoines datant de cette époque. Ils sont frappants par le caractère tranché de la physionomie; sévère, hautaine ou sarcastique, c'est toujours le sentiment de la personnalité qui domine. La moustache et l'impériale, dont la mode ne cessa dans le clergé que sous Louis XIV, contribuent à leur donner une sorte d'aspect militaire. On reconnaît des hommes dont l'activité est absorbée par le souci de leur dignité et de leurs intérêts. Ils y apportent la conscience de leur supériorité, et souvent un esprit d'égoïsme et de domination.

Les chanoines prébendés, réunis en chapitre, réglaient l'administration des biens de l'Église, disposaient de ses bénéfices et veillaient à la discipline. Ils ne relevaient, à cet égard, que de leurs statuts. Indépendamment des chapitres ordinaires, dans lesquels on s'occupait des affaires courantes, il y avait, dans l'année, trois chapitres généraux : le jour de la Saint-Thomas, le jour de la Chaire de Saint-Pierre, le jour de la Saint-Jean-Baptiste. Le premier, qui tombait le 29 décembre, était consacré à proroger ou à renouveler dans leurs fonctions le secrétaire, le syndic, les préposés à la garde des archives, à la garde du trésor de l'église, les délégués chargés d'arrêter les comptes de l'année et de vaquer à la décision des affaires qu'on leur renvoyait, un official pour rendre droit dans les causes qui relevaient de leur juridiction, un distributeur des blés et des vins, trois députés au bureau des pauvres, des sous-chantres fériaux dans l'église cathédrale et dans celle de Saint-Nazaire, un ponctuateur chargé de noter ceux qui assistaient aux offices ou qui s'en absentaient, etc. Au chapitre général de la Saint-Pierre, on réglait la répartition des gros fruits. Celui de la Saint-Jean était destiné à rappeler les prescriptions touchant les mœurs des ecclésiastiques et l'ordre du service divin. On lui donnait le nom *de vitâ et moribus* (1).

(1) Les chapitres ordinaires se tenaient dans la salle capitulaire tous les vendredis, et étaient annoncés au son de la cloche. Quand une affaire pressante le demandait, le doyen faisait prévenir les chanoines au chœur de se réunir, après l'office, à la sacristie. On donnait à ces réunions le nom d'assemblées simples. (Reg. capit., 3 septembre 1670.)

Malgré une surveillance quotidienne, malgré des appels fréquents à la régularité, il n'y avait pas de devoirs qui ne fussent mis en oubli, quelquefois par les dignitaires eux-mêmes. Les obligations de la vie ecclésiastique pesaient à ces hommes, qui eussent voulu, s'il était possible, en répudier jusqu'aux signes extérieurs. Quoique le costume des gens d'église fût la soutane, le long manteau de couleur noire, la tonsure, on voyait de jeunes chanoines se promener avec fatuité, par la ville, en habits courts bordés de rubans de couleur, en manteaux violets, avec des bas de couleur, des souliers blancs recouverts de boucles d'argent, à la cavalière, des chemises bouffantes, des cheveux frisés flottant avec coquetterie sur les épaules, et se présenter de la sorte à l'autel (1).

Cette mondanité, à laquelle répugnait la moindre contrainte, inspirait des manières inconvenantes jusque dans le sanctuaire. Il n'y avait de la part de certains clercs ni assiduité ni modestie dans le service de l'église. Des chanoines et des chapelains ne s'y rendaient qu'après le second et quelquefois durant le troisième psaume ; d'autres n'entraient à matines qu'au moment du *Te Deum,* à vêpres qu'au moment du *Magnificat,* à la grand'messe qu'après l'épître ou à la préface. D'autres, sous prétexte de dire leurs messes dans les chapelles des nefs latérales, sortaient au moment le plus solennel et allaient se promener ou s'asseoir sur la place si-

(1) Reg. capit., 22 mars, 4 juillet 1659; 22 juillet 1661, 5 février 1664, etc.; 24 novembre 1673, 26 juin 1674, 26 février 1678, 30 juin 1679, etc.

CHAP. II. — LE CLERGÉ DE L'ÉGLISE CATHÉDRALE. 87

tuée devant l'église. Quelques-uns se dispensaient, sans motifs, d'y assister les jours de dimanche et de fête, même le jour de Noël, malgré la menace d'être privés de leurs distributions. De jeunes chanoines, non encore ordonnés, s'abstenaient de communier aux principales fêtes de l'année (1).

Le personnel de l'église étant nombreux et occupant une partie de la nef centrale, un ordre régulier avait été établi afin d'éviter toute confusion. Mais ces prescriptions restaient lettre morte. Les chapelains et les prêtres, faisant partie des deux chœurs, passaient et repassaient de l'un à l'autre, sous prétexte d'aller dire leurs messes particulières, mais, en réalité, pour en trafiquer entre eux. Ils se tenaient dans des postures inconvenantes, avançaient la tête aux portes du chœur pour voir les allants et les venants, s'appuyaient contre les degrés, un pied en l'air ou sur les formes, conversaient avec leurs voisins d'une voix si élevée que le service était en quelque sorte interrompu. Les quatre sous-chantres laissaient aller le chant à la dérive ; il descendait à chaque instant de plusieurs tons. Ils s'appuyaient sur leurs chapes, à côté de leurs livres jetés pêle-mêle. La plupart des chapelains anticipaient sur les versets, d'un chœur à l'autre, n'observaient pas les mediantes, prononçaient confusément les paroles des psaumes et des hymnes. Les huissiers s'acquittaient de leur charge avec irrévérence, permettaient à des

---

(1) Reg. capit., 13 juillet 1660, 1er janvier 1661, 7 juillet 1662, etc.; 13 juin 1670, 23 octobre 1671, 19 juillet 1672, 20 août 1679, etc.

personnes étrangères de s'immiscer dans l'ornement et la desserte des autels, maniaient sans respect les reliques « ou les laissaient manier par des personnes tellement viles, que la majesté du culte en était avilie. » Ils tenaient dans une si grande malpropreté les ornements qu'ils devaient distribuer aux chanoines et aux chapelains, selon le rang et la dignité de chacun d'eux, « qu'ils étaient dépéris et gâtés. » Les chapelains transportaient au dehors les ornements et les vases sacrés de leurs chapelles, qui se trouvaient dégarnies; plusieurs même s'étaient perdus. De temps à autre, on volait dans l'église, la sacristie et la bibliothèque, des ornements, des linges, des livres et d'autres objets. Certains prêtres montaient sans préparation à l'autel, où l'on avait oublié d'allumer des cierges, balbutiaient les paroles de la messe basse de façon qu'on ne pouvait entendre un mot, puis, aussitôt finie, se hâtaient de sortir de l'église sans faire d'action de grâces. L'habitué Claude Galland, servant la messe du dimanche, fit aux premières paroles du célébrant une réponse inconvenante qui scandalisa les assistants. L'habitué Bonnachin, qui, après plusieurs années d'une vie peu exemplaire, finit par quitter l'Église, sans plus donner de ses nouvelles, s'en fit interdire pendant quelque temps l'entrée, pour y être venu en état d'ivresse et y « avoir vomi une crapule de vin (1). »

(1) Reg. capit., 8 janvier 1666; 18 juillet, 1er août 1668; 29 mars, 6 août, 6 septembre 1669; 29 février 1671, 5 septembre 1673, 19 janvier 1674, 18 janvier 1675; 8 février, 10 août 1676; 16 janvier 1677, 16 juillet 1678, 17 janvier 1681.

Les observations relatives à une meilleure tenue du service religieux n'aboutissaient souvent qu'à des résistances et des querelles. Les chapelains, les habitués, instruments indispensables des cérémonies de l'église, faisaient attendre leurs services; les chantres gagés manquaient presque habituellement au chœur. Ils se moquaient des admonestations et des corrections prononcées contre eux. Ces corrections d'ailleurs, soit faiblesse de la part du chapitre, soit repentir hypocrite de la part des coupables, n'étaient pas toujours appliquées. Le syndic, chargé de les provoquer, ayant un jour invité le sous-chantre solennel, Jacques Lenoble, à chanter en musique, ainsi que le prescrivait une délibération capitulaire, sous le bénéfice d'une pinte de vin supplémentaire, ce dernier refusa avec hauteur d'obéir, en ajoutant : « Ce n'est pas mon dernier gîte que votre église. » De l'habitué Claude Brenier, qu'il engageait à entrer au chœur durant le service, il recevait cette brusque réponse : « J'ai affaire ailleurs. » Il était insulté dans l'église même par l'habitué Mathieu Saladin. Brenier, pour avoir injurié durant le service ce même Lenoble, était condamné à quatre jours de prison, et, sur son refus de subir cette peine, à quatre jours de plus. Gilles Dessertenne reprochait à son confrère Jacquelin de lui avoir fait perdre quinze sols sur ses petites heures, à propos d'une négligence par lui commise, et ajoutait d'un ton de menace qu'il le lui paierait. Edme Masson traitait ce dernier de vieux renard. Un certain nombre d'habitués et de chapelains s'abstenaient de paraître au chapitre général, par dédain pour les exhortations à la régularité. Enfin quelques-uns, mécontents de leur position, s'avisèrent un jour de présenter à la compagnie une requête peu civile et de se cotiser pour plaider contre elle, tentative d'insubordination qu'on se hâta d'étouffer au plus vite (1).

Ces prêtres, « dont beaucoup, selon les paroles d'un acte capitulaire, étaient dans une grande ignorance de leur qualité et de leur caractère, » qui se faisaient un jeu des choses les plus saintes, ne pouvaient, on le pense bien, tenir hors de l'église une conduite édifiante. Une population besoigneuse, habitant l'enceinte du Château et ses alentours, présentait toutes sortes de piéges à ces clercs sans retenue, et vivait à leurs dépens en satisfaisant leurs passions. Ces passions n'étaient pas de ces défaillances dans lesquelles les hommes qui veillent sur eux-mêmes sont parfois sujets à tomber, malgré les protestations de leur conscience ; elles étaient violentes, aveugles, s'étalaient au grand jour, avec cynisme et brutalité. Le chapitre avait beau défendre aux jeunes chanoines, chapelains, habitués, choristes, d'éviter les scandales publics, de ne pas manger de viande en carême, de ne pas tenir à pot et à feu, dans leurs maisons, des filles et des femmes impudiques, « et de demeurer enlacés dans cette infamie, » de ne pas avoir des entretiens avec elles jusque dans l'église, de ne pas fréquenter les caba-

(1) Reg. capit., 13 avril, 23 juin, 3 août 1663; 5, 11, 13 mai 1668; 7 août 1671 ; 3, 10 mars 1674, etc.

rets, les jeux publics, les brelans, les lieux suspects, de ne pas jouer aux cartes et aux dés, en jurant le saint nom de Dieu et en chantant des chansons obscènes, de ne pas paraître la nuit dans les bals et les assemblées de femmes et de filles, de ne pas avoir habitude avec des femmes de mauvaise vie, etc., ces défenses, souvent répétées, et surtout au chapitre général de la Saint-Jean-Baptiste, restaient à peu près inutiles. Il ne passait pas de mois que l'on n'eût à avertir ou à punir leurs infracteurs (1).

Avec cette vie de dissipation et de débauche, le Château, cet ancien asile de l'austérité et de la ferveur, était devenu un lieu de turbulence et un repaire de tapageurs. Rixes, vacarmes nocturnes, scènes de cabarets et de maisons mal famées, il présentait le spectacle qu'offrent ces quartiers des grandes villes où tous les vices se sont donné rendez-vous. Si l'on parcourt les registres capitulaires à dater de 1658, durant les dernières années de l'épiscopat de Doni d'Attichy, jusque vers la fin du siècle, où la réforme introduite par Roquette commença de mettre un frein au débordement des mœurs, on trouve, parmi certains membres de l'Église, l'exemple de tous les désordres et d'une anarchie à peu près complète.

Un chantre étranger était expulsé pour s'être battu à la porte d'une maison, avec jurements du nom de Dieu, pistolets et épée à la ceinture. Deux

(1) Reg. capit., 22 juillet 1661, 25 juin 1663, 13 juillet 1664; 27 janvier, 1er août 1668; 8 mars 1670, etc.; 18 octobre 1672, 30 juin 1679, etc.

musiciens, Claude Brenier et Thomas Thibault, se rencontrant dans une maison de la ville, après s'être apostrophés par des injures, en viennent à jouer des couteaux. Le chapelain Jacques Devironceau, se trouvant pris de vin près d'une des portes du chœur, et ayant demandé sa voix au chanoine Denis Rabyot, afin d'obtenir le vicariat de la cure de Liernais, qui était à la collation du chapitre, et reçu pour réponse qu'il ne l'aurait pas à raison des fourbes qu'il lui avait faites et de ce qu'il n'était pas capable, lui répliqua d'un ton irrité qu'il n'avait que faire de sa voix, qu'il en avait menti, qu'il était un ignorant et un bandit.

Le chapitre ayant eu des difficultés avec un sieur Picard, vicaire de son église de Saint-Jean-de-la-Grotte, et ayant délégué deux de ses membres pour y remplir provisoirement les fonctions curiales, les frères Devironceau prirent son parti avec chaleur et cherchèrent à soulever les paroissiens contre les deux chanoines. Ordre fut donné à l'un d'eux de déloger du cabaret qu'il avait choisi pour demeure. Claude Brenier, fréquemment réprimandé par le sous-chantre solennel Pugeot des fautes qu'il commettait au chœur, l'insultait au sortir de vêpres et lui reprochait que son grand-père avait eu les escarpins à Dijon. Il était accusé par une demoiselle Remme d'insolences commises envers sa personne. Le peu de services qu'il rendait engagea le chapitre à le menacer d'expulsion. L'habitué Jean Méreau, afin de se venger du gagiste Perret, qui avait porté plainte contre lui au chapitre, l'attendit un soir d'hiver, près la porte de l'église, avec un compagnon chirurgien et le valet d'un laïque ; tous trois se jetèrent sur lui, le blessèrent d'un coup d'épée, lui mirent le pistolet sous la gorge et attirèrent par leur bruit un chanoine qui le tira de leurs mains, malgré leurs menaces et leurs blasphèmes. Il avait l'esprit si entièrement tourné au mal, qu'on fut obligé de lui lever l'habit et de lui interdire l'entrée de l'église (1).

Des chapelains fréquentaient une maison mal famée, où les délégués du chapitre firent une descente afin de rechercher son habitante et d'en tirer exemple. Simon avait fait de grands efforts à la porte d'une femme demeurant dans la ville basse, et poursuivi, l'épée à la main, avec d'exécrables blasphèmes, un jeune homme « qui voulait empêcher son mauvais dessein. »

Brenier, rencontré chez une femme avec laquelle il confessait avoir quelquefois bu et mangé, s'en remettait à la miséricorde du chapitre, qui le condamna à faire une retraite dans la maison du curé de Couches. Trois ou quatre de ses confrères allaient, à minuit, faire le tapage à la porte d'une fille, sur la place située devant l'église. D'autres avaient, durant la nuit, cassé des vitres en plusieurs endroits de la ville, et se promenaient dans les rues en chantant

---

(1) Reg. capit., 2 août, 3 décembre 1658 ; 25, 29 octobre, 5 novembre 1660 ; 21 mai, 18 juin, 9 juillet, 26 août 1661 ; 1er, 7 janvier 1661. — Escarpin, instrument de torture avec lequel on serrait les pieds du patient, afin de le punir de son crime ou d'en obtenir l'aveu.

des chansons obscènes. Des chapelains, des musiciens, avec des violons, des trompettes marines, d'autres instruments, avaient mené un grand bruit de fanfare et de mousquetons depuis huit heures jusqu'à onze heures du soir, dans la ville et sur les voûtes de l'église. C'était le 3 décembre, veille de la fête de sainte Barbe, « jour auquel ils avaient habitude de faire de ce lieu très-saint un lieu de divertissement. » La femme du marchand Guy de Cusset accusait le sous-chantre solennel Lenoble de l'avoir, vers dix heures du soir, sans aucune provocation, chargée d'injures atroces et qualifiées, cherché le lendemain matin à l'excéder dans l'église cathédrale, où elle venait entendre la messe, et obligée à prendre la fuite. L'avocat de la Thoison portait plainte de désordres causés dans la rue de Rivault par plusieurs chapelains (1).

D'autres, dans une maison située non loin de l'église, « s'étaient emportés au jeu en jurant et apostrophant le saint nom de Dieu. » L'habitué Noël Chapoulot, qui passait des nuits entières dans les brelans, trouva plaisant, à une procession des Rogations, de chatouiller le nez de Claude Galland, un de ses confrères, avec une ortie, « ce qui lui causa une enflure fort difforme. » Il battit avec Brenier, dans la paroisse de Brion, près d'Autun, des paysans jusqu'à effusion de sang. Jean Deschaulmes retirait dans sa maison, dont il avait fait un cabaret, des

(1) Reg. capit., 25 juin 1663; 29 mars, 5 avril 1664; 6 novembre 1665; 3 février 1668; 27 avril, 4 mai 1663; 18 juillet, 1er août 1671; 7, 13 juillet 1663; 8 mai 1665.

gens débauchés, et prenait avec eux du tabac en fumée. Plusieurs prêtres y passaient au jeu une partie de la nuit, dépensant ainsi le plus clair de leurs revenus. Il allait lui-même chercher du vin dans les caves voisines. Sa servante, qui fournissait des cartes aux allants et aux venants, et qui tenait, après avoir bu, des paroles déshonnêtes, déclara qu'elle avait eu de lui sept enfants et qu'elle était enceinte du huitième. Il vécut durant cinquante ans de cette vie de désordres, malgré les remontrances et les privations de revenus qu'on lui infligeait de temps à autre. Trois ans et demi avant sa mort, il fut pris d'infirmités qui obligèrent le chapitre à lui défendre de célébrer la messe. On lui payait tous les trois mois, « par pure grâce, » une pension dont sa main paralysée ne pouvait plus donner quittance. Gilles Dessertenne, chapelain et plus tard sous-chantre solennel, avait vendu sa soutane pour jouer. Invité à expulser de sa maison une fille qu'il avait retirée, il finit par y installer un jeu public. Il abandonnait les offices, afin de se livrer à sa passion pour les cartes, tenait partie le jour et la nuit, admettait toutes sortes de gens. A de nouveaux et plus sévères reproches, il répondit qu'il n'était pas le seul de l'église qui donnât à jouer à des ecclésiastiques et à des laïques, de l'argent ou des écots de repas. Avec Odet Masson il battit, un jour, son confrère Jacquelin. Claude Chambard, trouvant un serrurier dînant chez son frère, en vint aux mains avec lui et obligea les voisins à les séparer. Il s'emporta, dans la maison de sa mère, au point de casser les vitres et de briser les meubles. Il s'absentait fréquemment du service et refusait de communier les jours de grandes fêtes, sous prétexte que ses parents ne lui rendaient pas ses comptes et ne lui donnaient pas du linge avec lequel il pût paraître décemment à l'église (1).

De temps à autre, un de ces garnements prenait la fuite en emportant ses habits d'église. L'habitué Morizot, après avoir couru le pays en compagnie d'une fille travestie, disparaissait avec elle. Bolessord, maître de musique, et le chantre Gaugain, tous deux directeurs de la maîtrise, se prenaient de querelle avec une femme dans la maison d'un laïque. Les enfants d'aube eux-mêmes, élevés dans l'exemple du désordre, se moquaient de l'obéissance; leur maître ayant voulu les punir d'avoir volé du vin dans une cave, l'un d'eux prit la fuite, et les cinq autres lui présentèrent le poing sous le nez avec de telles menaces, qu'il jugea prudent de battre en retraite. Le chapitre, afin de tirer une punition exemplaire de cette révolte, ordonna qu'ils seraient fustigés trois jours de suite, en présence de trois de ses membres et de quatre habitués. Il n'y avait pas jusqu'au gardien de l'église, « par le ministère duquel ne se commissent des actions tout à fait scan-

(1) Reg. capit., 23 janvier 1666, 18 mai 1668, 2 juillet 1669; 7, 31 janvier 1676; 1er octobre 1678, 9 juin 1679. — Voyez sur Deschaulmes, qui était déjà chapelain en 1652, reg. capit., 21 juillet 1665, 18 août 1668, 6 avril 1669, 4 janvier 1675; 25 janvier, 6, 20, 30 août 1686; 4 février 1689, 4 décembre 1696, 3 décembre 1700, etc.; 23 janvier 1704. — Sentence du 4 février 1669, contre Jean Deschaulmes, chapelain. (Archives de l'hôtel-de-ville.)

CHAP. II. — LE CLERGÉ DE L'ÉGLISE CATHÉDRALE. 97

daleuses, servant d'instrument au péché et retournant au déshonneur et mépris de la compagnie (1). »

A ces hommes de grossière éducation, considérés par le chapitre comme des mercenaires, il fallait des punitions corporelles lorsque les avertissements répétés ne réussissaient pas à les amender. Elles consistaient dans un certain nombre de jours de prison, dans le jeûne au pain et à l'eau, et finalement dans la privation de l'habit d'église. Il était rare qu'on envoyât quelqu'un d'entre eux faire une retraite dans une maison religieuse, pour s'y inspirer de pensées plus sérieuses, car il était rare qu'une pareille retraite portât des fruits, et après tout, la compagnie ne se considérait pas comme solidaire des fautes de ces prêtres subalternes qu'il était toujours facile de remplacer, lorsqu'ils venaient à quitter son service. Ce n'en était pas moins une charge pour elle quand l'un d'eux, attaché comme un chancre à ses flancs, prolongeait jusque dans la vieillesse une vie dépravée, ainsi qu'il arriva à Sébastien Suchault.

Il était sous-diacre lorsqu'il reçut l'habit, et évita de s'attirer de graves reproches jusqu'à ce qu'il eût pris les autres ordres; mais, à partir de ce moment, sa vie n'est plus qu'une suite ininterrompue de fautes et de punitions. Il diffame en public, en sortant de l'église, encore revêtu de ses vêtements sacer-

---

(1) Reg. cap., 5, 26 octobre 1678; 18 mai 1672; 6, 13 avril 1663; 26 février 1672.

7

dotaux, le fils d'un habitant notable d'Autun et sa famille. Il insulte un vieux chanoine qui lui reprochait de ne point porter de soutane. On le trouve, un jour de Sainte-Magdeleine, hors de la ville, avec une fille non repentie. Il se montrait vis-à-vis de tous d'une insolence extrême et s'emportait dans l'église contre quiconque lui donnait un avis. A chacune de ses fautes le chapitre le privait, pendant quelques jours, de ses revenus, puis quelquefois, par charité, levait cette privation; mais ni sévérité ni douceur ne pouvaient tempérer son humeur violente et revêche. Il n'était pas mieux respecté qu'il ne respectait les autres. Par une obscure soirée du mois de janvier, son confrère Brenier, passant devant la porte de l'église Saint-Nazaire, aperçut dans un coin un homme vêtu de noir, s'approcha et reconnut Suchault qui l'apostropha en ces termes : « Que cherchez-vous? Vous êtes bien insolent de me regarder sous le nez! — Un chien regarde bien le roi, repartit Brenier; vous ne m'empêcherez pas de vous regarder. » La querelle s'échauffa ; Suchault ayant levé son bâton, son confrère le lui arracha et prit la fuite, poursuivi par Suchault, le couteau à la main. Arrivé à la porte de sa maison, Brenier se retourna, lui déchargea trois ou quatre coups sur les épaules et s'enferma, en le laissant faire d'inutiles efforts pour entrer. Il s'en allait nuitamment à la porte d'une fille et menaçait de l'enfoncer si on ne lui ouvrait. Il souffletait, sur la place de l'église, un pâtissier. Il intervint dans une querelle entre sa mère et celle d'un cordonnier, et porta des coups à cette dernière.

On l'accusait souvent de crimes, expression assez vague, mais par laquelle on désignait d'habitude les fautes les plus graves. Afin de faire paraître des témoins pour sa justification, il demande quelque argent au chapitre, « attendu sa notoire pauvreté. » On lui avait interdit de célébrer la messe; mais peu de temps après, en exposant son impossibilité de pouvoir subsister sans cette ressource, et en protestant de vivre désormais en bon chrétien, il obtint de reprendre son service à l'église. Cependant ses crimes avaient fini par l'amener dans les prisons du chapitre. Il en sortit après l'expiration de sa peine, obtint l'absolution de l'official, et, ses habits de chœur pliés sur le bras, selon l'usage employé autrefois dans les monastères, il demanda pardon au chapitre et se répandit en belles promesses. Mais, huit mois plus tard, il était retombé plus avant dans le désordre. Les officiers de la temporalité ayant tiré de la maison qu'il habitait et emmené dans les prisons de l'église une fille prostituée, Suchault, aveuglé par la colère, les suivit en proférant des injures et des menaces, et ne se retira que devant l'official, appelé par les gens de justice à leur aide. Il revint pendant la nuit et chercha à forcer la porte de la prison. Le chapitre lui fit pour la cinquième ou sixième fois son procès, et finit par lui lever l'habit. A dater de ce moment, son nom n'apparaît que par intervalles dans les registres capitulaires. Gueux, râpé, hargneux, aigri, il subsista jusqu'à sa mort des aumônes de l'église, à qui son dénuement et son inconduite étaient doublement à charge (1).

Si la discipline morale était déchue à ce point chez des prêtres qui, par leur éducation et leurs fonctions, occupaient une position subalterne dans l'église, peut-être croira-t-on qu'elle était du moins respectée par les membres du chapitre qui, appartenant à des classes plus élevées, étaient pourvus d'une instruction plus étendue et tenaient de leurs familles des habitudes de politesse. Il n'en était rien. Leur moralité n'était pas plus pure, leurs relations plus convenables et plus pacifiques. L'absence de vocation chez plusieurs d'entre eux, la jeunesse de quelques-uns, l'attachement à leurs revenus avaient introduit, au sein même du chapitre, une démoralisation profonde. Ils ne cessaient de plaider à propos de leurs prébendes, de leurs maisons canoniales, des statuts de l'église, que chacun voulait interpréter à sa façon. Ils s'attaquaient réciproquement sur leur caractère, leur probité, la manière dont ils s'acquittaient de leurs fonctions. Des insultes et des menaces, on en venait parfois à lever la main et à souffleter, de part et d'autre, la dignité canoniale. Ils s'intitulaient *vénérables frères* et n'étaient ni dignes de vénération, ni pénétrés du senti-

(1) Voyez reg. capit. du 29 décembre 1659 au 20 mai 1672. — Sentence du 8 août 1673 contre Sébastien Suchault. (Archives de l'hôtel-de-ville.) Dans une délibération du 23 mars 1675, on lit que les entrepreneurs des ouvrages de l'église Saint-Nazaire logeaient dans la maison qu'habite maître Sébastien Suchault, ci-devant habitué de l'église. Le 7 mars 1676, on lui décerne mandement de quatre boisseaux de froment, « par charité. »

ment de confraternité. Il existait entre plusieurs des inimitiés qui se perpétuaient durant des années. Le chapitre, pour l'honneur de la compagnie autant que par cet esprit de charité qui recommande le pardon des injures, cherchait en vain à les étouffer; elles s'apaisaient pendant quelque temps, puis éclataient de nouveau comme un feu qui couve sous la cendre et qui se ranime au moindre souffle.

De profonds dissentiments régnaient dans les assemblées capitulaires, soit à propos de l'intérêt général, soit à propos d'un intérêt particulier. Il arrivait fréquemment que des membres refusaient de sortir de cette assemblée, selon la règle portée par les statuts, quand il fallait discuter une question qui les concernait, et plusieurs s'en firent interdire l'entrée à la suite d'une pareille désobéissance. Le secret des délibérations était divulgué à des séculiers, au mépris du serment juré par les chanoines, serment qu'on était obligé de faire renouveler pour obvier au retour de pareils abus. La contrariété des opinions, la prolixité, quelquefois même la violence des discussions, obligeaient à lever la séance. Certains membres avaient pris à tâche de faire à leurs confrères une opposition presque continuelle. Ils trouvaient mal tout ce qui n'était pas conforme à leur sentiment; ils se moquaient des observations et des mesures disciplinaires. Du reste, le désordre qui régnait dans ces assemblées était la conséquence du désordre qui régnait dans la vie privée des chanoines, et il est difficile d'en présenter séparément le tableau (1).

Gilles Grusot était un des membres les plus instruits du chapitre, un homme de foi, assurément, puisqu'il avait écrit un ouvrage sur *La Vérité, la nécessité et l'éternité du Sacrement de l'Eucharistie.* Il affectait d'y prendre une certaine autorité ; mais cette autorité, souvent contestée, dégénérait en esprit de domination et d'insolence. Ses remontrances au sujet des mœurs n'étaient pas prises au sérieux, et on aurait pu lui répondre par ce proverbe : « Médecin, guéris-toi toi-même. » On l'avait nommé distributeur, c'est-à-dire chargé de surveiller et de consigner par écrit les distributions du vin et des grains qui se faisaient aux membres de l'église. Le syndic et plusieurs de ses confrères l'accusèrent de malverser et d'user de friponnerie dans ces fonctions. Il délivrait du vin nouveau au lieu de vin vieux ; il en vendait secrètement à différentes personnes. On fut obligé de lui faire représenter ses feuilles, de vérifier le contenu des caves, d'ôter les clés au chapelain à qui il les avait confiées pendant son absence, contrairement à l'usage qui prescrivait de les remettre à un chanoine. Il répondit, un jour, par un soufflet à un chapelain qui se présentait pour recevoir sa pinte de vin. Ce reproche de malversation à propos des vins, il le retourna lui-même contre le chanoine Joseph Petit, à propos des grains. Le chapitre, fatigué de leurs récriminations, chargea

(1) Reg. capit., 4 janvier 1672, 7 août 1674, 23 juillet 1680, etc.

deux de ses membres de les engager à étouffer leurs inimitiés, les mit tous deux hors de cause, et leur ordonna de se tenir pour gens de bien et d'honneur (1).

Il avait l'habitude de causer si souvent du tumulte dans l'assemblée, que plusieurs fois on fut obligé de réclamer son expulsion et la privation de ses revenus durant un certain temps. Il interrompait les lectures et l'avis des capitulants; il se livrait à des invectives et à des injures; il les accusait d'avoir des fantaisies. Le syndic lui ayant un jour imposé silence, il répondit qu'il était un infâme, un criminel, un homme indigne d'exercer une charge dans l'église et d'entrer dans la chambre des comptes. Le chapitre ayant nommé comme gardien, afin d'expulser les pauvres et les chiens de l'église, un homme que l'on accusait de se livrer à des pratiques déshonnêtes, il se permit de dire que l'on voulait des entremetteurs à gages. Invité à expliquer ces paroles, il répondit qu'il n'avait voulu faire allusion ni à la compagnie en général, ni à aucun de ses membres en particulier. Le syndic l'engagea à opiner en toute convenance et avec moins de chaleur, faute de quoi il y serait pourvu. Il reprocha à ses confreres d'agir avec un esprit de vexation et de mauvaise foi qui était condamné de toute la ville, en faisant signer aux héritiers d'un chanoine décédé un traité par lequel ils s'engageaient à payer une somme de deux cent quatre-vingt-quatre livres,

---

(1) Rég. capit., 17, 21, 28 février; 5 septembre, 5, 12 décembre 1659.

pour effectuer à la maison que ce chanoine avait habitée des réparations qui n'en valaient pas cinquante. Exclu pour trois mois du chapitre à raison de cette offense, il refusa de se soumettre et déclara en appeler.

Il conserva toute sa vie ce caractère indépendant et hargneux, prenant les libertés les plus injurieuses, ne tenant aucun compte des usages de l'église et des décisions capitulaires. Il emportait chez lui les registres de la chambre des comptes qu'il était interdit de déplacer, altérait le billet affiché à la sacristie, sur lequel était inscrit l'ordre des messes. Pressé, pendant deux ans, d'expulser de sa maison deux jeunes filles d'une conduite douteuse, il éluda cette défense, et, interdit de l'entrée du chapitre, il s'obstina à vouloir y paraître. Frappé d'une nouvelle interdiction d'un mois pour insultes à son président et à ses membres, plutôt que de se soumettre et d'aller passer quelque temps dans une maison religieuse, il préféra résigner son canonicat et quitter la compagnie qu'il avait, jusque dans un âge avancé, fatiguée par ses habitudes dominatrices et par une vie dont la moralité, selon les apparences, n'était pas à l'abri de reproches (1).

Le membre le plus ancien du chapitre ayant, en traversant le chœur de l'église et tenant à la main

(1) Voyez, sur Grusot, reg. capit., 27 décembre 1658, 7 février 1659, 28 janvier 1668, 1er février 1674, 1er décembre 1679 ; 19 juin, 12 juillet 1680 ; 26 avril, 2, 10, 16, 23 mai 1681. Le 11 février 1682, son canonicat est donné à Jacques Tribolet. — Information par l'official de l'église cathédrale, Barthélemy Thiroux, contre Gilles Grusot, du 8 août 1681. (Archives de l'hôtel-de-ville d'Autun.)

le livre des Évangiles, fait la révérence aux deux jeunes chanoines Chifflot et Syrot, ceux-ci viennent le trouver dans sa maison, l'accablent d'injures, et se retirent en proférant des paroles de mépris et des menaces. Pierre Lallemant, chanoine semainier, invité par le grand-chantre Georges Dechevanes, chargé de la direction des offices, à ne point commencer les vêpres, la veille de l'Épiphanie, dans l'église cathédrale, mais à les chanter dans celle de Saint-Nazaire, ainsi que le chapitre l'avait décidé, lui répond qu'il n'avait rien à lui commander, et qu'il ne lui appartenait pas de parler ainsi. Barthélemy Thiroux, ayant reçu du président l'ordre de ne pas interrompre la lecture des actes adoptés dans la réunion précédente et de garder le silence, lui répliqua « qu'il s'ordonnait à lui-même de parler » et obligeait à donner lecture du statut *contra tumultuantes*, c'est-à-dire ceux qui faisaient du tapage dans l'assemblée. Joseph Petit, à propos d'une somme de quarante livres allouée au maître de musique pour avoir nourri pendant six mois un enfant d'aube, se permettait de dire que c'était trop rebattre sur une même proposition, que la compagnie se déterminait facilement pour quelques repas à des conclusions préjudiciables aux intérêts de l'église. Il l'accusait de se décider par d'autres motifs que la raison, et n'évitait d'être interdit de l'entrée du chapitre qu'en demandant pardon à l'assemblée en général et à chacun de ses membres en particulier (1).

(1) Reg. capit., 7 octobre 1658; 10 janvier, 7, 22 novembre 1659; 14 février 1660.

On avait reproché à Grusot d'avoir malversé dans les fonctions de distributeur ; un reproche de partialité fut adressé, l'année suivante, à Nicolas Bourgeois, à propos des mêmes fonctions. par quatre de ses confrères, sur la dénonciation de l'official Lagueune. Il agissait, disaient-ils, avec passion vis-à-vis des uns, avec affection et déférence à l'égard des autres. Il ponctuait les premiers comme absents, lors même qu'ils étaient présents, et, en cas d'absence, il refusait de recevoir leurs justes excuses ; il ne ponctuait pas les seconds quand ils s'absentaient sans motifs légitimes. Afin de prévenir le retour de pareils abus, on lui donna pour adjoint Chifflot, un de ses confrères ; on avertit les membres de l'église qui devaient s'absenter de les prévenir tous deux d'avance ; on invita les deux distributeurs à présenter chaque semaine leurs feuilles, qui devaient être paraphées par deux chanoines. Bourgeois, blessé au vif, en appela comme d'abus au parlement de Bourgogne. Trois autres se joignirent à son appel, et l'un d'eux, Étienne Chappe, substitut du syndic, donna sa démission de cette charge, afin de s'occuper de la poursuite du procès. Dans une réunion où la question était discutée, Bourgeois, invité à se retirer, selon l'usage, répondit d'un ton de mépris qu'il ne sortirait pas. Prévenu par le chanoine Descrots qu'il parlait brutalement à la compagnie, il demanda justice de cet avertissement comme injurieux, tandis que Descrots réclamait de son côté « acte de l'action agressive, du son de voix incivil, des paroles de mépris du sieur Bourgeois, coutumier de semblables indécences. » Chappe et Bourgeois ayant obtenu un arrêt qui interdisait à tout autre qu'à ce dernier de se mêler de la ponctuation, le chapitre s'opposa à son exécution et ordonna au ponctuateur adjoint de continuer ses fonctions. Quatre chanoines plaidaient à la fois pour se faire adjuger une prébende vacante. Le fabricien, Jean Bourgeois, plaidait pour obtenir le remboursement d'avances dont il ne pouvait justifier avec exactitude dans ses comptes, et le chapitre, fatigué de cette procédure, finit par faire avec lui une cote mal taillée. Étienne Chappe se pourvoyait au parlement contre cinq ou six actes capitulaires, entre autres contre la nomination des officiers, faite au chapitre général de la Saint-Thomas. La guerre était déclarée entre la plupart des membres de l'église et finit par soulever les plaintes les plus vives (1).

Au chapitre général de la Saint-Jean-Baptiste de 1660, le grand-chantre Georges Dechevanes, qui le présidait, rappela que l'union et la charité devaient régner parmi leur corps, « l'un des plus célèbres du royaume, qui, au contraire, se voyait affligé par une division qui en blessait les intérêts et en affaiblissait les forces contre ceux qui l'attaquent et en font comme une pièce décisive de leur cause. » Il les invita à réunir leurs cœurs afin de concourir unanimement à la défense des droits de leur église. Le syndic, Guillaume Pigenat, se plaignit des scandales qui se commettaient au chœur, des désordres

---

(1) Reg. capit., 13, 21, 28 février, 1er, 6 mars, 23 juillet 1660, etc.

qui avaient pris racine à la faveur de la discorde, et qui ne pouvaient cesser si cette discorde elle-même n'était étouffée et la discipline rétablie. Il engagea les membres du chapitre à opiner désormais avec le respect et l'honnêteté qu'ils se devaient mutuellement, sans mépris ni invectives. Les capitulants promirent d'une voix unanime d'étouffer ces divisions, source des maux et des pertes que l'église avait soufferts, d'épouser à l'avenir des sentiments plus religieux et plus avantageux pour elle. Ils signalèrent les abus à corriger et décidèrent que les statuts seraient relus une fois par mois (1).

Malgré ces doléances répétées quelques jours plus tard, les membres du chapitre étaient partagés sur toutes les questions, même sur la question capitale qui concernait son indépendance, à savoir sa prétendue exemption de la juridiction épiscopale. Doni d'Attichy, voyant avec douleur la décadence dans laquelle était tombé le membre le plus illustre de son diocèse, revenait plus vivement que jamais à l'attaque de cette exemption. Mais son zèle, qui demandait trop à la fois, ne fit qu'augmenter l'esprit de résistance et amener de nouvelles querelles. En 1657, il avait prescrit par une ordonnance à ceux qui aspiraient aux ordres de se soumettre à un examen plus sévère que par le passé et de s'y préparer par une retraite de dix jours. Deux jeunes chanoines, Denis Rabyot et Antoine Jacquin, craignant, pour bonnes raisons, de n'être pas

---

(1) Reg. capit., 3 juillet 1660.

reçus aux ordres supérieurs s'ils se présentaient devant l'évêque, obtinrent du chapitre des dimissoires, c'est-à-dire des lettres qui les autorisaient à aller recevoir ces ordres dans un autre diocèse. Ce droit, attribué par les conciles à l'évêque diocésain lui seul, le chapitre prétendait le posséder en vertu de ses anciens priviléges. Dans les premiers mois de 1660, au moment où d'Attichy célébrait les ordinations dans sa cathédrale, ils quittèrent le royaume et allèrent demander, l'un la prêtrise, l'autre le diaconat, à l'archevêque de Besançon, qui, prévenu par une lettre de l'évêque d'Autun de la nullité de ces dimissoires, refusa de les admettre. Ils se rendirent de là au château de Porentruy, où Conrad, évêque de Bâle, leur conféra ces deux ordres sans les obliger à un examen (1).

D'Attichy lança contre eux une sentence d'excommunication. Ils en appelèrent comme d'abus au parlement de Dijon, et le chapitre, blessé dans une de ses prérogatives, adhéra à cet appel. L'évêque ayant obtenu, par son influence et par celle de l'assemblée du clergé, qui regarda la cause comme intéressant l'épiscopat tout entier, l'évocation du procès devant le conseil privé, les deux chanoines alléguèrent qu'ils ne pouvaient se défendre contre une si

---

(1) Le concile de Trente, rappelant l'ancienne discipline de l'Église, avait défendu aux abbés, communautés et chapitres, « même de cathédrales, quelques priviléges qu'ils pussent alléguer, » d'accorder des dimissoires à ceux qui étaient sous leur juridiction ; mais le chapitre d'Autun ne tenait aucun compte de cette défense. (Voyez reg. capit., 23 mars 1652, 11 avril 1653 ; 8 avril, 15 décembre 1656, 14 mars 1657, 10 octobre 1660, etc.)

grande puissance, que le droit contesté était le droit du chapitre, et demandèrent, qu'étant mis hors de cause, la compagnie seule prît l'affaire en main (1).

Cette proposition ranima les vieilles haines. Les chanoines Barthélemy Thiroux et Joseph Petit déclarèrent y former opposition. Invités, ainsi que Rabyot et Jacquin, à sortir de l'assemblée au moment où l'on examinait leurs objections, tous quatre se prirent de querelle dans la nef de l'église. Thiroux et Jacquin s'adressèrent des reproches touchant leur naissance, et malgré l'intervention de l'official Lagueune, Thiroux donna un coup de pied à Jacquin, qui riposta par un soufflet. Le chanoine Chifflot, attiré par le bruit, ayant eu la malencontreuse idée de dire à Thiroux qu'il avait mauvaise grâce de former opposition à la défense des droits de l'Église, ce dernier, pour toute réponse, lui appliqua deux coups de poing qui lui mirent la bouche en sang. Rabyot saisit Thiroux au collet et l'accula contre un mur. Chifflot, rentrant dans l'assemblée, se plaignit des coups de poing reçus; Thiroux et Jacquin formèrent plainte l'un contre l'autre; Petit se plaignit d'avoir eu le nez tiré par Rabyot, qui cria à la calomnie. La preuve de ce fait n'étant pas établie, et Petit convenant lui-même que Rabyot l'avait

(1) Reg. capit., 3, 4 avril, 14, 15 mai, 25 juin, 31 décembre 1660; 17, 21 janvier 1661. — On trouve dans la *Collection des procès-verbaux des assemblées générales du clergé*, in-folio, 1770, t. IV, p. 681 et suiv., et dans les *Actes et mémoires du clergé*, in-4°, p. 479 à 504, un exposé qui montre quelle importance l'assemblée de 1660 attacha à la cause de l'évêque d'Autun, ainsi que la lettre adressée par elle au pape pour se plaindre de l'évêque de Bâle.

touché par mégarde, tous deux furent mis hors de cause (1).

On entendit sous serment l'official Lagueune, le prêtre Crépin qui faisait l'office de portier du chapitre, d'autres témoins, et l'assemblée, considérant que l'agression de Thiroux contre Chifflot et Jacquin était avérée, que Jacquin, se sentant frappé, n'avait pas eu la patience de se contenir et s'était emporté à frapper de même, prononça sa sentence. Elle condamnait Thiroux à tenir prison pendant quinze jours dans la maison du vicaire. Ses revenus étaient dévolus aux pauvres de la ville. Il était interdit pour six mois de l'entrée du chapitre, devant lequel il devait demander pardon à ses membres et à Chifflot en particulier. La prison et la privation de revenus prononcées contre Jacquin se réduisaient à quatre jours, et son interdiction à trois mois. Il devait également se présenter devant le chapitre et se réconcilier avec Thiroux. Tous deux ayant encouru, par ces violences, l'excommunication, étaient tenus d'aller immédiatement demander leur absolution à l'official. Jacquin exécuta sa condamnation ; mais Thiroux prit le parti de s'en moquer et refusa de se faire absoudre. Intelligent, résolu, appartenant à une des meilleures familles de la ville, influent dans la compagnie, il faisait partie de cette minorité qui se montrait disposée à appuyer les réclamations de Doni d'Attichy touchant la juridiction épiscopale et à contester l'exemption du chapitre. Il paraissait dans

---

(1) Reg. capit., 21 janvier, 5 août 1661, etc.

l'église en habit de chanoine; il se promenait dans les rues en habit court, avec bottes et éperons. Il interjeta appel de sa condamnation, et obligea par là ses confrères à publier son excommunication au chanton de l'église et à l'afficher à ses portes. Il était interdit de toutes fonctions ecclésiastiques ; défense était faite de le fréquenter ; il se trouvait, en un mot, sous le coup d'une excommunication majeure, privé de l'entrée de l'église, de la communion des fidèles, des suffrages de l'Église universelle (1).

Deux camps s'étaient formés, à propos de ces débats, dans la compagnie. Une partie, qui avait refusé de prendre part à la condamnation de Thiroux, demandait acte de son abstention, afin d'en laisser la responsabilité à ceux qui l'avaient prononcée. Douze chanoines se joignirent à l'opposition qu'il avait formée au sujet de la poursuite, par le chapitre, du procès des dimissoires. Ils blâmaient avec des expressions parfois injurieuses les défenseurs de ses prétendus privilèges, et particulièrement Guillaume Pigenat, député à Paris pour ses procès. Les défenseurs de l'Église exaltaient, de leur côté, l'expérience, la capacité, le dévoûment, les sacrifices dont ce dernier faisait preuve depuis plus de trente ans dans la conduite de

---

(1) Reg. capit., 28, 29, 30 janvier, 2, 4, 5, 18, 25 février 1661. On voit, dans les années suivantes, Thiroux occuper les fonctions de théologal et de syndic du chapitre. — Chanton, nom donné par les chanoines au jubé qui séparait le chœur d'avec la nef de l'église. (Gagnare, p. 627.)

leurs affaires, malgré son âge avancé ; ils lui adressèrent copie de cette délibération, dans laquelle ils l'appelaient « le bouclier de la défense de l'Église (1). »

La majeure partie de ses membres ne prenait pas, du reste, au sérieux l'excommunication portée contre Thiroux. Ils continuaient de se promener avec lui, se souciant peu d'encourir par là l'excommunication mineure. Lui-même n'épargnait rien pour sa défense. Il fit cause commune avec l'évêque, présenta requête afin d'obtenir que son procès fût joint à la demande formée par d'Attichy au sujet des dimissoires. Il alla jusqu'à signer un acte dans lequel il déclarait que la sentence prononcée contre les deux chanoines était juste, que le droit de délivrer des dimissoires n'avait jamais appartenu au chapitre, déclaration qu'un de ses membres signala comme mensongère, comme contraire au serment de fidélité juré par les chanoines au moment de leur réception, « comme une tache éternelle sur un homme qui en faisait partie depuis plus de vingt ans et qui seul, de cinquante confrères, osait s'associer à ceux qui cherchaient à détruire le pouvoir de sa mère nourrice (2). »

Un arrêt du conseil qui confirmait la sentence d'interdiction prononcée par l'évêque contre Rabyot et Jacquin, un second arrêt qui rétablissait Thi-

---

(1) Reg. capit., 5, 12, 22 août 1661. Cette querelle ayant amené effusion de sang, il fallait, d'après les règles canoniques, réconcilier l'église cathédrale. D'Attichy consulta à ce sujet de Harlay, archevêque de Rouen.

(2) Reg. capit., 12, 22 avril 1661.

roux dans les fruits de sa prébende, vinrent compliquer les difficultés. Chifflot, ce même chanoine souffleté par Thiroux, ayant refusé à ce dernier ses distributions, on fut obligé de nommer pour lui seul un ponctuateur particulier. Le chapitre, au moment de délibérer sur l'opposition à former contre cet arrêt, ayant invité à se retirer les membres qui ne devaient pas en connaître, ne put se faire obéir. Le chanoine Lallemant présenta un résumé de l'affaire et des moyens de plaidoirie contre lesquels Thiroux s'inscrivit, comme faux, calomnieux, contraires à son honneur. Il protesta de prendre à partie Lallemant qui, de son côté, protesta d'obtenir réparation de Thiroux pour s'être servi de qualifications semblables (1).

D'autres contrariétés surgirent du côté de l'évêque. Un nouvel arrêt qui, sans préjuger le fond de la cause, permit à Rabyot et à Jacquin de se faire absoudre provisoirement de leur excommunication par l'official du chapitre, ainsi que leur rentrée dans l'église, blessèrent profondément Doni d'Attichy. Il avait annoncé, quelques jours auparavant, l'ouverture d'un jubilé accordé par le Souverain-Pontife. Elle devait avoir lieu par une procession générale, une prédication, une exposition du Saint-Sacrement sur le grand autel de la cathédrale. Les curés de la ville, les ordres religieux avaient été convoqués à cette cérémonie. Mais, à la réception de l'arrêt qui rétablissait Jacquin et Rabyot dans leurs fonctions,

(1) Reg. capit., 5, 12, 19 août 1661.

l'évêque, révoquant ses ordres, invita les curés et les religieux à s'abstenir, et les chanoines durent se contenter de faire la procession autour de leur église, en y appelant les magistrats, les avocats, les procureurs, les bourgeois, les marchands, les artisans, en aussi grand nombre que possible (1).

Il alla plus loin et menaça d'interdire l'église elle-même, tandis que de leur côté ses adhérents, au nombre de treize, le grand-chantre Dechevanes à leur tête, taxaient de nullité le rétablissement des deux chanoines. Les défenseurs du chapitre accusaient l'évêque de diffamer la compagnie en répandant le bruit que l'opposition qui lui était faite provenait du ressentiment de ceux de ses membres qu'il avait voulu retirer de leur mauvaise conduite. Jamais personne, disaient-ils, n'avait porté plainte contre un seul d'entre eux. Leur conduite, conforme de tout point à leur profession, était exempte de reproches. Ils s'étaient épuisés pour la satisfaction d'un évêque qui, aujourd'hui, attaquait à la fois leur droit et leur honneur, et qui prétendait réformer les mœurs même de ceux qui embrassaient son parti, tandis qu'il négligeait de pourvoir aux désordres qui se passaient dans son propre palais. Ils demandaient réparation de ces calomnies et menaçaient de rendre leurs plaintes publiques. Ils autorisèrent leur syndic à se pourvoir à la cour, afin d'empêcher d'Attichy de gaspiller les revenus de l'évêché, en faisant des coupes de bois ex-

---

(1) Reg. capit., 22, 24, 28 octobre 1661.

traordinaires sous prétexte de réparations urgentes, afin de l'obliger à justifier de l'emploi des deniers qu'il avait tirés des coupes précédentes, afin d'obtenir la réduction des émoluments attachés à son sceau, etc. (1).

De son côté, l'évêque refusait son visa aux vicaires nommés par le chapitre dans les cures à sa collation, et leur fermait sa porte sans vouloir ni les entendre, ni donner acte de son refus. Il joignit, à l'instance qui était pendante devant le conseil privé, de nouveaux chefs de demande tendant à obtenir sur les chanoines une juridiction souveraine que ceux-ci traitèrent d'oppression et de sophisme, et auxquels ils résolurent de s'opposer « avec toute la généreuse vigueur qui leur restait. » Puis, quand ils reçurent la nouvelle que le procès Rabyot et Jacquin était perdu sur tous les points, qu'un nouvel arrêt du 28 mars 1662 ordonnait à ces derniers de se faire absoudre par l'évêque, défendait de prendre les ordres dans un diocèse étranger sans un dimissoire délivré par lui, et au chapitre d'en délivrer à l'avenir, ils changèrent de langage séance tenante. Ils firent appel à la concorde, de peur que la division causât de nouveaux préjudices à leurs intérêts, de peur que l'évêque fût engagé à se prévaloir plus rigoureusement des avantages que cette décision lui conférait. Ils résolurent « d'y apporter, s'il était possible, quelque tempérament, et députèrent neuf chanoines au révérend pour lui faire d'humbles

---

(1) Reg. capit., 4 novembre 1661.

remontrances, lui représenter que le chapitre étant, de temps immémorial, fondé en droit et possession du sujet contesté entre eux, il était naturel de recourir à une défense permise, pour le supplier de ne pas oublier son bon naturel, la tendresse qu'il avait pour son église et pour ses membres, pour l'assurer enfin qu'ils ne s'écarteraient jamais des respects et obéissance filiale qu'ils devaient à sa paternité, à son mérite, à son caractère, et lui en donner les assurances pour le général et le particulier. » Afin d'effacer, autant que possible, la trace de ces discordes, ils décidèrent que les frais du procès, s'élevant à sept mille livres, seraient pris dans le trésor du chapitre, sans qu'aucun de ses membres y contribuât à raison de son intervention, et qu'en marge des délibérations prises contre quelques-uns d'entre eux et contre Thiroux en particulier, on écrirait qu'elles avaient été cassées par l'arrêt du 28 mars (1).

Ainsi, tandis que l'évêque cherchait à ramener le chapitre au droit commun, c'est-à-dire à l'obéissance envers le chef du diocèse, afin d'en corriger les mœurs, ce dernier prétendait, dans ses discussions avec lui, qu'elles étaient conformes à la profession ecclésiastique et convenait, dans ses actes capitulaires, que la discipline avait grand besoin d'être rétablie. La vérité est que l'esprit de libertinage et d'insubordination dépassait toutes les bor-

(1) Reg. capit., 20, 23 novembre, 26 décembre 1661 ; 13 janvier, 12 avril, 2, 5 mai ; 23 juin 1662. (Gagnare, p. 242.)

nes. Nous avons parlé des habitués et des chapelains ; mais, au-dessus d'eux, certains chanoines, entraînés par la fougue de la jeunesse, protégés par leur position et par la complicité de leurs confrères, se croyaient tout permis, parce que tout leur était facile. Si nous parcourons, durant une période de quarante ans, les délibérations capitulaires, nous en voyons se dégager, surtout parmi les plus jeunes membres du chapitre, de singulières figures dans lesquelles l'odieux le dispute au ridicule.

Jean Ovolat et Simon Duprey étaient de ces chanoines qui, le pied posé sur le seuil de l'Église, ne pouvaient se décider à y entrer et usaient leur jeunesse dans les débauches et les querelles. En 1658, le chapitre avait payé la pension d'Ovolat pour le faire étudier chez les oratoriens de Beaune, puis au collége d'Autun dirigé par les Jésuites. De vocation religieuse, il n'en avait aucune. Averti de communier au grand autel le jour de la Pentecôte, plutôt que d'accomplir ce devoir, il préféra sortir de la ville. On le surprit, lui et Duprey, volant du vin dans la cave d'un hôtelier. Ce dernier, véritable rôdeur de nuit, flairant les bouges où logeaient les femmes d'une humeur facile, obligeait les chanoines à fermer dans sa maison une porte qui servait à un commerce honteux. Il éveillait un soir tout le voisinage, en faisant tapage à la porte d'une nommée Simonne Bobin ; il s'attaquait durant une soirée d'hiver, dans la rue de Rivault, à la femme d'un tonnelier, « et la molestait grandement. » Il présenta requête au chapitre afin d'obtenir remise de la peine prononcée contre lui, et ne l'ayant pas obtenue, il se répandit en paroles injurieuses contre son honneur. Il en témoigna du repentir, demanda humblement pardon ; mais on ne se fiait pas à ses protestations hypocrites, et il fut privé pour huit jours de plus des revenus de son canonicat, « sans espérance d'aucun rétablissement. » Il reçut plus d'une fois ce qu'il donnait libéralement aux autres. On lui appliqua, par une soirée d'hiver, au moment où il venait de souper en ville, une volée de coups de bâton, dans cette même rue où il avait molesté une femme. Un an plus tard, vers dix heures du soir, il entrait de force dans une maison avec des jurements du nom de Dieu, et en tirait une fille de mauvaise vie qu'il emmenait dans son domicile (1).

Ovolat, pressé de corriger sa conduite et de prendre les ordres dans l'année, présentait des excuses toujours admises et toujours sans résultat. Il rencontra un jour l'habitué Suchault, lui donna un soufflet qui lui mit la bouche en sang, le jeta à terre à coups de poing et le foula sous ses pieds. Appelé à rendre compte de cette brutalité, il demanda pardon les larmes aux yeux, et obtint de n'être condamné à la privation de ses revenus que pendant huit jours, durant lesquels il devait tenir prison dans la maison du vicaire de l'église, jeûner trois fois, puis « faire offrande d'un cierge pour luire devant Saint-Lazare. » Il s'était brouillé avec Duprey, qui

---

(1) Reg. capit., 1er mars 1658 ; 30 mai, 9, 14, 22, 28 novembre 1659 ; 17 novembre 1662 ; 5 février 1664.

avait choisi un autre compagnon de débauche et qui réclamait la nomination d'un official afin de juger leurs différends. Tous deux, animés d'une haine mortelle, fatiguaient le chapitre de leurs procès. Duprey accusait Ovolat d'excès envers sa personne; Ovolat accusait Duprey d'impiétés et de crimes énormes (1).

En attendant, le chapitre leur appliqua à tous deux une correction pour avoir paru en public avec des habits courts. Correction inutile! Six mois plus tard, Duprey s'étant présenté au vestiaire pour prendre le costume de sous-diacre, un vieux chanoine l'invita à se retirer à cause de ses cheveux longs et hors de bienséance; un autre ajouta qu'ils ressemblaient plutôt à ceux d'un pendard qu'à ceux d'un prêtre; que, portant des moustaches et pas de tonsure, il ne pouvait dire l'épître, à quoi Duprey ayant ironiquement répondu qu'il avait mal au cœur que ce chanoine ne fût son juge dans son procès contre Ovolat, ce dernier répliqua que son procès était devant le lieutenant criminel, juge des pendards. Il perdit son instance devant l'official, fut condamné à faire réparation d'honneur à la compagnie, à recevoir correction, à faire brûler un cierge de trois livres devant Saint-Lazare. Peu de temps après, on le vit passer à cheval devant l'église, un pistolet à l'arçon de sa selle, en habit de cavalier. Condamné devant le lieutenant criminel, il n'obtint qu'à force

---

(1) Reg. capit., 5 janvier, 26 février, 16, 22 juin 1663; 2 décembre 1662; 5, 8 février 1664.

de témoignages de repentir le rétablissement de ses revenus qui avaient été séquestrés durant l'instance (1).

Deux ans plus tard, il est poursuivi de nouveau par l'official du chapitre et par le lieutenant criminel, avec un laïque, le sieur de Roussillon, à raison d'excès commis sur la personne d'un pâtissier. Le Vierg Thiroux fait informer contre Ovolat et contre le chapelain Lazare Pidey, pour avoir joué aux cartes en habits séculiers, prononcé des blasphèmes et jurements du nom de Dieu, à des heures de nuit, en présence de plusieurs personnes de qualité, dans un cabaret où ils avaient soupé, au mépris des ordonnances de police. Il s'emporte, dans la maîtrise de l'église Notre-Dame, contre le maître de musique, est condamné à faire une retraite de six semaines au séminaire de Dijon. L'official lui reproche d'être allé à la campagne avec une longue perruque, des habits laïques, ceint d'une écharpe à laquelle étaient passés une épée et des pistolets. Il s'attire de tous côtés, par ses provocations, des insultes qui retombent sur l'honneur du chapitre (2).

Il s'était réconcilié avec Duprey, et tous deux avaient repris, de compagnie, le cours de leurs folies. L'official du chapitre lui inflige une retraite de quinze jours dans un séminaire, le jeûne et la

(1) Reg. capit., 18 juillet ; 16, 23 août 1664.
(2) Reg. capit., 15 octobre 1666. — Information contre le chanoine Ovolat et Pidey, sur les débauches scandaleuses par eux faites nuitamment dans un cabaret, du 17 juin 1667. — Reg. capit., 27 janvier, 25 février 1667.

récitation, pendant trois jours de la semaine, des psaumes de la pénitence, pour avoir soupé dans un cabaret la veille de la Pentecôte, et commis des excès envers une femme. Il les condamne tous deux à la prison à propos d'insultes faites à un habitant de la ville basse, et de jurements du nom de Dieu dans la salle du jeu de paume. Au lieu de subir décemment leur peine, ils sortaient à volonté et égayaient leur captivité en composant des vers lascifs. On prit enfin le parti de se débarrasser de ces deux garnements, qui ne laissaient de repos ni au tribunal séculier, ni au tribunal du chapitre. Une sentence de l'officialité, les déclarant incorrigibles, leur ordonna de se défaire, dans un délai de six mois, de leur canonicat, leur interdit l'entrée de l'église, condamna Duprey à un mois de prison, Ovolat à huit jours, au jeûne, à la récitation des psaumes de la pénitence, à une retraite dans un séminaire.

Ils en appelèrent au parlement de Dijon qui, réformant la peine relative à la privation de leurs bénéfices, se contenta de leur appliquer des mesures disciplinaires. Il leur ordonnait de se présenter à la première réunion du chapitre, en soutane et en longs manteaux, afin de demander humblement pardon. Ils devaient, pendant les trois jours suivants, se tenir dans le même costume, un cierge allumé à la main et à genoux aux côtés du grand autel, durant la messe canoniale et les vêpres, récitant les psaumes de la pénitence et les litanies des saints, puis se retirer, Duprey pendant deux ans, Ovolat pendant un an, dans un séminaire, afin d'y vaquer aux exercices qu'on leur prescrirait. Ils demeuraient suspendus de leurs fonctions ecclésiastiques, l'un pendant un an, l'autre pendant six mois. Ovolat se soumit à cette pénitence, fit une retraite de six mois dans la maison du curé de Couches, puis fut admis à rentrer au chapitre ; mais Duprey préféra se démettre de son canonicat (1).

Après s'être occupé, pendant quelques années, des intérêts temporels de l'Église, il retomba dans ses anciennes fautes. Il se glissa, un soir, dans la chambre du procureur Roux, son beau-frère, qu'il trouva endormi, et lui tira le nez de telle façon qu'il fit sortir le sang. Il lui porta des coups de poing sur la tête, des coups de bâton sur le corps ; il l'aurait assommé si des voisins n'étaient venus à son secours. Le chapitre prononça son interdiction, et Roux obtint son incarcération préventive à Dijon. Élargi sous caution, afin d'être confronté avec des témoins assignés à sa requête, il osa se présenter au chœur vêtu de ses habits d'église. Averti par le syndic, avec toute la charité possible, de s'abstenir d'une pareille offense envers la compagnie qui le regardait comme une personne laïque et déchue de ses priviléges, il s'obstina à y rentrer et demeura effrontément à sa place jusqu'à la fin de la grande

---

(1) Sentence rendue par P. Fevret, conseiller au parlement de Bourgogne, entre les vénérables et les sieurs Ovolat et Duprey, chanoines, du 18 septembre 1668. (Archives de l'hôtel-de-ville d'Autun.) — Reg. capit., 28 février, 3 novembre 1668 ; 7 janvier 1669 ; 3 janvier 1670. Ovolat avait été refusé aux séminaires d'Autun, de Lyon et de Langres ; 3 mai 1669.

messe. En butte aux plaintes de ses confrères, qui le déclaraient incorrigible et attestaient à la cour qu'ils n'avaient jamais manqué l'occasion de sévir contre lui, abandonné par eux au bras séculier, il fut enfin obligé de résigner son canonicat et de quitter l'église qu'il avait pendant plus de vingt ans affligée par ses désordres (1).

Philibert Anthouard n'était pas d'une nature aussi violente, mais il était incapable de corriger la légèreté vaniteuse de son caractère. C'était un mondain qui se plaisait dans la société des laïques et ne demandait à l'Église que des honneurs, sans se soucier d'en remplir les devoirs. Il possédait, en qualité de prévôt de Bligny, la dixième et dernière dignité du chapitre. Cette dignité ne conférait d'autres priviléges qu'un revenu de trente-six livres affecté sur la terre de ce nom. Il prétendit, bien qu'il ne fût encore que sous-diacre, qu'elle lui donnait le droit de marcher avant les chanoines prêtres et dans le rang numérique qu'elle occupait, contrairement à l'usage établi. Il portait des habits courts, des cheveux longs; il faisait des entrées et des sorties continuelles pendant le service divin, malgré les invitations qu'on lui adressait de se conduire avec décence et d'occuper la place qui lui était assignée au chœur et aux processions. Il se prit un jour de dispute, près de la porte de l'église, avec Grusot, qui avait été chargé de faire une enquête sur les

---

(1) Reg. capit., 8 mai 1671; 16 octobre 1678; 15, 16 avril, 14 juillet 1679; 3 mai 1680, etc.

particuliers qui fréquentaient les bals publics. « Vous devriez, monsieur, lui dit-il, user de votre commission avec moins de passion; vous êtes un brave chanoine, mais votre zèle est parfois indiscret. » Le reproche frappait juste. « Je vous ferai faire votre procès, » répartit le vieux chanoine impatienté. Sur quoi Anthouard, suivant Grusot à travers l'église jusqu'au vestiaire, le traita de larron d'horloge et de faiseur de faux serments. Pressé, à raison de son âge, de prendre les ordres, il répondit que, s'il ne l'avait pas fait jusque-là, ce n'était pas par désobéissance aux ordres de la compagnie, mais par humilité et par respect pour le caractère sacré. Il continuait de s'asseoir au chœur sur les siéges destinés aux chanoines prêtres, et s'y tenait dans des postures inconvenantes. Il négligeait l'assistance aux offices, ne communiait pas même les jours de fêtes quadruples et solennelles. Le jeudi saint, il refusa d'aller adorer la croix. Il fréquentait avec Rabyot et Rolet, deux de ses collègues, les quartiers de femmes et de filles, les académies, les jeux publics. En vain promettait-il de vivre plus régulièrement, d'entrer dans un séminaire à Paris, à Lyon ou ailleurs; après avoir passé dans l'Église une jeunesse dissipée, il finit par résigner son canonicat, sans avoir pu se décider à prendre les ordres (1).

De tous ces jeunes chanoines, tapageurs et déver-

---

(1) Reg. capit., 6 novembre 1663; 31 décembre 1664; 9 janvier, 7 juillet 1665; 28 janvier, 17 février, 17 mars, 13 avril, 18 juillet, 22, 23 décembre 1668; 29 mars 1670; 21 février, 7 mars 1671;

gondés, le plus singulier dans son dévergondage était Jacques Syrot. Son caractère emporté, le cynisme de ses mœurs, la vanité qu'il apportait dans le soin de ses vêtements et de sa coiffure, l'hypocrisie avec laquelle il cherchait à dissimuler ses fautes les plus évidentes, les infirmités qu'il contracta de bonne heure en sacrifiant à ses passions, forment de lui un étrange personnage qui rappelle certains héros de basse comédie. Il semblait né plutôt pour jouer sur des tréteaux le rôle d'un bouffon que pour occuper une place dans l'église. Tour à tour sévère et indulgent à son égard, le chapitre était, en fin de compte, obligé de prendre en pitié cet homme contrefait et maladif, à qui ses infirmités servaient de prétexte pour se dispenser de l'assistance aux offices, sans l'empêcher de courir les rues de la ville.

Il avait, dès son admission dans la compagnie, affiché une complète indépendance à l'égard du costume ecclésiastique. Il se promenait journellement, ainsi que Odet Rolet, son confrère, en court manteau, avec des cheveux longs, poudrés et frisés, des habits à la mode, des bas de couleur. Ramenés tous deux par la privation de leurs revenus à la sévérité de l'habit clérical, ils le reprenaient à contre-cœur, puis quelques mois plus tard revenaient aux élégances d'un vêtement mondain. Il était d'une si grande

20 juillet 1672; 28 avril, 1er juillet, 26 août, 2 septembre, 9 décembre 1673; 23 février 1677. Le 10 mars 1681, son canonicat est donné à Hubert de Morey.

ignorance et d'une conduite tellement scandaleuse, qu'avant de lui permettre de se présenter au sous-diaconat, on avait été obligé de lui demander de subir un examen et la promesse de changer de vie. Il s'y refusa et alla prendre cet ordre dans un diocèse voisin, sans avoir obtenu, selon l'usage, un dimissoire au chapitre. Quand il voulut se faire administrer le diaconat et la prêtrise, il présenta requête, avoua humblement qu'il avait pris l'ordre de sous-diacre sans avertir ses confrères, mais qu'il n'avait eu par là aucun dessein d'attenter à leurs droits et priviléges, que c'était simplement ignorance des devoirs et des obligations qu'il leur devait, et qu'il était disposé à faire à ce sujet la déclaration qu'ils jugeraient raisonnable. Il finissait par les supplier de lui accorder le dimissoire nécessaire pour être promu à ces deux ordres. On lui ordonna de répondre aux questions qui lui seraient adressées, afin de savoir s'il était capable, et sur son refus de se soumettre à cet examen, on lui intima défense d'aller plus loin, jusqu'à ce qu'il se fût mis en règle. Quand l'huissier du chapitre lui porta la signification de cette défense, il ne le trouva pas à son domicile, et son valet répondit qu'il était parti pour aller aux champs, « il ne savait en quel lieu (1). »

Il revint en moins de quinze jours, avec des lettres attestant qu'il avait été ordonné prêtre par l'évêque de Nevers. Il réclama, comme dûment quali-

(1) Reg. capit., 20 juin 1659 ; 12, 18 mars, 2 avril 1660.

fié, l'entrée du chapitre, afin de jouir des priviléges dont jouissaient les chanoines prêtres. Mais, attendu son refus de subir un examen et la défense de se faire ordonner sans dimissoire, on décida qu'il y avait lieu, afin de savoir si on pouvait lui appliquer une peine, de consulter le conseil du chapitre à Dijon, au moyen de ce que l'on appelait un cas posé. Il avait, par cette entrée frauduleuse dans la compagnie, soulevé une grande querelle, car les chanoines Rabyot et Jacquin, s'autorisant de son exemple, allèrent, peu de temps après, recevoir les ordres de l'évêque de Bâle, sans un dimissoire de l'évêque d'Autun; de là le procès intenté par ce dernier au chapitre et la guerre intestine que nous avons racontée (1).

En attendant, il se jeta dans une vie plus dissipée que jamais. Vingt jours après son ordination, le chanoine Grusot, chez qui il était logé, revenant un soir de confesser un malade dans la ville basse, le rencontra dans la rue, précédé de son valet, armés chacun d'une épée. Il passa outre, attendit son jeune pensionnaire jusqu'à onze heures, se mit au lit et entendit le valet rentrer seul vers minuit. Le lendemain, il adressa quelques reproches à Syrot qui, au lieu de s'excuser, lui répondit : « Je vous mettrai la tête en feu et vous couperai les oreilles. » Grusot dénonça ces faits au chapitre et se plaignit en même temps que, durant une retraite qu'il avait passée chez les pères Jésui-

---

(1) Reg. capit., 3, 4 avril 1660.

tes, Syrot et Duprey avaient souillé sa maison canoniale, en y tenant, la nuit et le jour, deux filles de mauvaise vie. Syrot répondit que cette accusation était fausse et n'était inspirée à Grusot que parce qu'il lui avait réclamé de l'argent qu'il lui devait.

Le lendemain, Grusot déposa au chapitre une plainte nouvelle. Indigné de l'accusation portée la veille contre lui, Syrot, disait-il, s'était emparé de la clé de sa maison. Rentré vers minuit, en compagnie d'un inconnu, il était venu heurter à la porte de sa chambre avec l'intention de le maltraiter, en proférant des menaces et des jurements du nom de Dieu. Grusot s'était barricadé, et Syrot, furieux de ne pouvoir exécuter son mauvais dessein, avait déchargé une arme à feu. Il s'était retiré ensuite dans sa chambre avec l'inconnu, et tous deux avaient passé une partie de la nuit à chanter des chansons obscènes. Le plaignant terminait en priant la compagnie de faire sortir Syrot de son logis, où il ne se trouvait plus en sûreté, « ayant même été obligé de le menacer de prendre un fusil et de le décocher contre lui s'il cherchait à enfoncer la porte de sa chambre. » Le jeune chanoine répondit que cette accusation était pure calomnie et provenait, comme la précédente, de ce qu'il avait fait assigner Grusot devant l'official au sujet de leurs comptes. Il demanda acte de la menace faite par Grusot de prendre un fusil pour le tirer contre lui. Grusot répliqua qu'il était prêt à payer Syrot, s'il lui devait quelque chose. Le chapitre chargea un chanoine d'arranger leur compte, d'inviter Syrot à quitter la maison de Grusot, et prescrivit une enquête (1).

On entendit trois témoins. Un d'eux confirma l'introduction par Syrot et Duprey de deux filles dans la maison du Grusot, pendant neuf jours. Un second déposa que les deux chanoines l'avaient sollicité, avec menaces, de leur porter des lettres, et que, n'ayant voulu le faire, elles n'en étaient pas moins arrivées ; qu'ayant aperçu l'une d'elles dans la chambre et lui ayant demandé ce qu'elle faisait, elle avait répondu qu'elle attendait « que le sieur Syrot vînt lui donner du blé ; » qu'étant, un matin, dans la maison, Duprey parut avec une de ces filles, lui ordonna de la reconduire, et, sur son refus, lui mit le pistolet sur la gorge, en menaçant de le tuer, avec force jurements de la mort et tête-Dieu. Un troisième raconta qu'étant entré dans la cuisine de Grusot, il y avait vu une femme, le visage caché sous une coiffe de taffetas, et que, n'ayant pu la reconnaître, il avait demandé qui elle était au petit valet de la maison, qui lui répondit que c'était une grande p... qui se trouvait là depuis le départ de son maître. Quelques jours après, ce témoin avait rencontré Syrot qui lui dit : « Madame, si je me fusse trouvé au logis quand vous y êtes venue, vous n'en seriez pas sortie comme vous y êtes entrée. » Ces faits s'étaient passés vers le jour de la Purification de la Vierge (2).

(1) Reg. capit., 6, 7 avril 1660.
(2) Reg. capit., 16, 21, 29 avril 1661.

Le chapitre condamna Syrot à demander pardon, à la privation, durant deux mois, de la moitié de ses revenus, et durant une année de l'entrée du chapitre. Duprey, qui n'avait pas encore cette entrée parce qu'il n'était pas prêtre, subit la même retenue et devait faire une retraite de trois mois chez Dodun, curé de Couches. Mais tous deux, taxant de fausseté ces accusations, déclarèrent interjeter appel et prendre Grusot à partie. En attendant, Syrot prit plaisir à l'insulter de nouveau. L'ayant rencontré dans la maison d'un chanoine, il le traita de coquin, de b... d'âne, de gueux, qui avait chaussé les mules. Le même jour, à une procession, il l'outragea avec des injures tellement violentes que, par respect pour la compagnie et à cause de l'horreur qu'elles lui inspiraient, Grusot n'osa les répéter. Enfin, au sortir de vêpres, encore revêtu de ses habits d'église, il se rua sur lui à coups de pied et à coups de poing, et lui arracha les cheveux (1).

Il en appela effectivement au parlement de Dijon, et contre Grusot et contre le chapitre, dont il savait blesser au vif, par cet appel, les sentiments et les usages, « car lorsqu'il y avait lieu, dit une délibération capitulaire, de corriger la licence et le manquement de quelques particuliers, l'Église, qui est une bonne mère, procède avec douceur, sans observer les formalités qu'exige la justice séculière,

---

(1) Reg. capit., 21, 29 avril, 6 mai 1660. — Chausser ou ferrer les mules, friponner, faire un profit illicite.

afin d'éviter le blâme que les coupables pourraient encourir par une procédure publique, afin de leur donner sujet de réprimer leurs désordres et de recevoir, avec soumission, une correction qui a pour fondement la charité paternelle. » Mais lorsqu'il vit la compagnie décidée à vider les griefs qu'elle avait contre lui, il assura au syndic qu'il était sensiblement touché d'être en procès avec ses confrères, et le pria de vouloir bien terminer leurs différends. Une transaction fut ratifiée pour le bien de la paix. A sa lecture, Grusot s'écria que certains membres trahissaient la compagnie, et Duprey en profita pour demander et obtenir la même grâce que son confrère. Syrot se fit oublier durant le procès de l'évêque avec le chapitre; il avait acquis une maison canoniale, mais il continuait d'user, dans la débauche, une vie qui ne devait pas se prolonger au-delà de l'âge mûr (1).

Accusé d'avoir, au su et au vu de chacun, emmené une comédienne en croupe, sur son cheval, au village de Saint-Forgeot, voisin de la ville, il traita cette accusation de calomnie, demanda une information, puis, se ravisant aussitôt, consentit à recevoir correction, en exprimant le regret de l'avoir encourue. Il accusa devant l'official le chapelain Brenier d'avoir voulu tuer son père et insulté en public une fille d'honneur. Prêtre depuis plusieurs années, il refusait de célébrer la messe et était privé, pour ce fait, des revenus de sa prébende. On l'avait

(1) Reg. capit., 16 juillet, 9 août, 3, 4, 10 septembre 1660.

dispensé, à raison de ses douleurs, d'assister aux matines pendant l'hiver, et il en profita pour s'abstenir pendant six mois de la grand'messe et des vêpres. En revanche, on le rencontrait à toutes les heures de la journée, se promenant devant l'église avec un justaucorps violet, une mouche sur le visage, une grande perruque blonde, ou traversant les rues de la ville, droit et ferme sur son cheval, allant à la campagne. Un cloutier dont il avait insulté la femme dans leur maison, s'étant pourvu devant le lieutenant criminel, le chapitre chargea le doyen de répéter Syrot comme son justiciable (1).

Voyant que les plaintes portées contre lui compromettaient notablement l'honneur de la compagnie, il résolut d'examiner son homme de plus près, et un de ses membres demanda s'il savait dire son bréviaire. Il réputa cette demande pour une injure, menaça de prendre à partie le malencontreux questionneur qui, sans s'émouvoir de sa jactance, se contenta de réclamer l'épreuve du bréviaire. On en apporta deux, l'un à l'usage du diocèse d'Autun, l'autre à l'usage du diocèse de Rennes, et on l'invita à dire, à son choix, l'un ou l'autre. Il refusa, en prétextant qu'il était indisposé, qu'il tombait en eau, que le cœur lui faisait mal ; « mais son ton de voix, qui paraissait fort élevé, et sa couleur qui était fort vermeille, démentaient son excuse. » Le doyen lui ordonna de demeurer et offrit de lui faire apporter du

---

(1) Reg. capit., 11, 14, 18 septembre 1663; 20 juin 1664; 29 mai, 8 août 1665; 21 avril 1666.

vin. Il refusa de nouveau, sortit de la salle, dévoilant ainsi une désobéissance formelle, une ignorance grossière, et fut privé des émoluments de sa prébende jusqu'à ce qu'il eût prouvé « qu'il savait bien dire le bréviaire (1). »

Peu disposé à le ménager, le chapitre fit informer devant son official des excès commis par lui contre la femme du cloutier, l'avertit de communier à Pâques et d'assister aux principaux offices, sauf, s'il était indisposé, comme il le prétendait, à prendre place dans les basses stalles ou à se retirer dans une chapelle, près du grand autel, dans laquelle se plaçaient les malades, afin de ne pas rompre l'uniformité que l'on devait observer au chœur. On lui ordonna de quitter son justaucorps violet, de porter l'habit long, de corriger sa conduite, sous peine d'être déclaré incorrigible (2).

Lorsque cette déclaration lui fut signifiée par le secrétaire du chapitre, il demanda à faire insérer sa réponse en marge du registre. Il disait, dans un exposé prolixe et patelin, qu'il avait été prévenu de communier le jour de Pâques, mais non au grand autel, l'usage étant que les chanoines malades communiassent à une messe de leur choix, ainsi que, depuis plus de deux ans, il avait été permis de le faire à son confrère, maître Charles d'Arlay, et à lui-même; qu'il avait communié effectivement l'année dernière à une messe particulière, dans l'église

---

(1) Reg. capit., 30 avril, 14 mai 1666.
(2) Reg. capit., 30 avril 1666.

Saint-Nazaire, et le lundi de Pâques de la présente année, à une autre messe célébrée à son intention par l'habitué Claude Brenier ; que même il s'était fait accompagner par un serviteur l'aidant à s'agenouiller et à se relever, après avoir reçu le sacrement de l'autel. Il était notoire à chacun, ajoutait-il, qu'il était le plus incommodé de tous les hommes vivants, puisque, depuis sept ans qu'il avait l'honneur d'être membre de cette auguste compagnie, il avait été malade à ce point qu'on avait presque toujours désespéré de sa vie. Ses longues souffrances excitaient la compassion de tous ceux qui le connaissaient, quoiqu'il n'eût rien négligé pour se guérir, ayant fait trois saisons à Bourbon-Lancy. Affligé plus que jamais depuis dix-huit mois, Messieurs avaient eu, néanmoins, la justice et la charité de le tenir pour présent et de ne point le priver de ses revenus. Ils l'avaient même chargé de quelques commissions lorsqu'il s'était trouvé en état de les servir par son assistance. Si on l'avait vu sur sa monture dans les rues et même à la porte de l'église, c'était afin de pouvoir y entrer avec l'aide de quelqu'un et de ses crosses, vêtu d'un habit noir, avec des souliers coupés et rattachés pour empêcher qu'ils lui sortissent des pieds. Comme il était obligé de porter une quantité de fourrures qui ne pouvaient entrer sous une soutane, il avait dû s'habiller d'un justaucorps violet, fort large. Depuis cette époque, la chaleur étant venue, il avait quitté une partie de ces fourrures et n'en conservait plus qu'une sur l'estomac, une autre sur le bras droit, un gant fourré à la main droite. Il avait fait voir d'ailleurs, au secrétaire du chapitre, la notable différence qui existait entre son bras droit et son bras gauche. Le premier était exténué, sans chaleur, et il ne pouvait, en aucune façon, s'aider de sa main. Sa cuisse gauche était de moitié plus menue que la droite, de sorte qu'il ne marchait qu'à grande peine. Il suppliait Messieurs de le faire visiter par des médecins, chirurgiens et apothicaires, afin d'attester ses infirmités, de le dispenser du service de l'église cathédrale et de l'autoriser à aller dans celle de Saint-Nazaire, quand sa santé le permettrait. Si on venait à l'apercevoir par les rues, à cheval, ou se traînant méchamment avec un bâton, c'est que les médecins lui avaient ordonné de prendre l'air ; mais il ne sortirait plus désormais qu'en soutanelle fort longue, conformément aux statuts. Il demandait enfin qu'on voulût bien informer à charge et à décharge sur les plaintes portées contre lui, afin qu'il pût prouver qu'elles n'étaient pas fondées (1).

Le chapitre ne se laissa pas endormir par cette piteuse apologie. Comme il continuait de paraître dans les rues en habit court, avec un bâton à la main, « dont il se jouait, » on lui signifia l'ordre de réformer son costume, d'assister au service, de venir dire son bréviaire. Il répondit par les mêmes doléances sur sa santé. Il était, disait-il, si peu véritable qu'il se portât bien, « qu'il n'avait pu aller, ce présent mois de mai, à Bourbon-Lancy, attendu sa

---

(1) Reg. capit., 30 avril 1666.

trop grande chaleur de foie que les médecins lui ont dit devoir être retranchée par l'usage du lait. » Il réclama de nouveau une visite, se soumettant à ce que décideraient ensuite les vénérables. Il exhiba pour la seconde fois, au secrétaire du chapitre, son bras droit, sa main sèche et sans chaleur faute de prendre de nourriture, ses fourrures sur le bras et sur l'estomac. Quant à la lecture du bréviaire, il déclara qu'il interjetait appel. Le chapitre lui répondit par deux délibérations dans lesquelles on lui réitérait l'ordre de comparaître dans la quinzaine, et, deux fois, il renouvela sa déclaration d'appel qu'il refusa de signer, en prétextant qu'une fluxion survenue à sa main l'empêchait de tenir la plume. Il ne pouvait même plus, ajoutait-il, se tenir sur ses jambes pour avoir voulu assister au service, et il avait été obligé de reprendre ses crosses, ainsi qu'il le faisait certifier au bas de sa réponse par deux témoins, Pierre Barbotte, apothicaire, et Lazare Poillot, messager. Mais le syndic, qui le surveillait de près, remontra qu'il était si peu incommodé, qu'un jour de fête précédent, on l'avait vu, au lieu de venir à l'office, se promener, en compagnie de demoiselles, dans le jardin du Petit-Montjeu, appartenant à Jeannin de Castille, et situé à une plus grande distance de son domicile que ne l'était l'église. A de nouvelles invitations de venir dire le bréviaire, il répondit que ses ennemis devaient être amplement satisfaits des procès qu'ils lui avaient suscités ; que cette animosité provenait des plaintes élevées par lui à propos du paiement fait au moyen d'une somme de dix mille livres prise dans le trésor du chapitre, de dettes contractées par plusieurs chanoines, et qu'il interjetait appel (1).

Ces contestations semblaient assoupies depuis quelques mois, lorsqu'il s'avisa lui-même de les réveiller. Il entra un jour au chœur, pendant les vêpres, « coiffé d'une perruque blonde, annelée, frisée, battant sur les épaules, à la mode d'un courtisan. » Cette perruque, avec laquelle il se pavanait par la ville, attira l'attention du vicaire général de l'archevêque de Lyon, qui administrait le siége épiscopal vacant par la mort de Doni d'Attichy. Il lui fit défense d'entrer avec elle dans l'église. « Il accommoda cette défense à sa dévotion et n'y mit plus le pied. » On le prit sur un autre point, et comme il était prêtre depuis longtemps, on lui ordonna de dire sa première messe. Il répondit « qu'il n'avait pas de plus grand regret que celui de ne pouvoir célébrer la sainte messe, à cause de l'indisposition qu'il avait sur le bras et la main droite, laquelle ne lui permettait pas de se coucher, manger, faire aucune chose sans un gant. » Il en revint, comme toujours, à la description de ses infirmités, de ses fourrures, à sa visite de médecins, chirurgiens et apothicaires, aux dettes payées par le chapitre, en ajoutant qu'en le privant de ses revenus depuis deux ans, on voulait le réduire au désespoir. Il protesta que, dès qu'il aurait recouvré la santé, il entrerait dans un séminaire, afin de se préparer à célébrer le saint sacrifice (2).

---

(1) Reg. capit., 7, 14, 21, 29 mai; 23 juillet, 15 octobre 1666.
(2) Reg. capit., 1er, 17, 22 juillet 1667.

L'animosité entre lui et le chapitre s'envenimant de plus en plus, il alla passer quelques mois à Dijon, et sollicita auprès du parlement le rétablissement des revenus de sa prébende. De retour à Autun, il demanda communication des pièces nécessaires à son procès à Messieurs du chapitre, qui le reçurent fort mal ; quelques-uns même, à ce qu'il prétend, le menacèrent, s'il entrait dans l'église, d'y faire cesser le service divin. Comme on revenait à l'attaque de sa perruque, il répondit que depuis deux ans il la portait à Autun, qu'il l'avait portée à Dijon, « au conspect de toute la cour du parlement ; » qu'elle n'était pas blonde, frisée, annelée, comme on l'avait prétendu, mais aussi courte que possible, n'ayant par côté et par derrière que quelques boucles, et pourvue au sommet d'une couronne ou tonsure assez large ; qu'il l'avait représentée à l'official du chapitre ; qu'il s'en rapportait d'ailleurs à l'avis des chirurgiens, apothicaires et perruquiers, et que si ces derniers y trouvaient quelque chose à redire, il était prêt à la quitter pour prendre une calotte à oreillons. Il déclara qu'il n'entrerait plus dans l'église qu'accompagné de témoins, afin que, s'il lui était fait quelque injure, il pût porter plainte à la cour. A propos de sa première messe que, depuis sept ans, on lui ordonnait de célébrer, il se rejeta de nouveau sur ses infirmités, assura qu'il s'en était fait enseigner les cérémonies par un chapelain, demanda que ses confrères voulussent bien, sur l'attestation d'un médecin, lui accorder dispense, et les supplia de lui faire seulement l'honneur de prier Dieu pour lui.

Quoique la privation de ses revenus entraînât, de droit, son exclusion des assemblées capitulaires, il s'obstinait à vouloir y paraître, et on était, en quelque sorte, obligé de le mettre à la porte (1).

Il finit par se lasser de cette guerre ouverte ou plutôt de la privation de ses revenus. Il témoigna son repentir au syndic et se désista de l'appel qu'il avait interjeté à Dijon. Le chapitre, mu par un sentiment de miséricorde, le rétablit dans les revenus de sa prébende qui devaient lui être comptés à partir du jour de sa suspension. Il arrêta les poursuites dirigées contre lui, le dispensa d'assister aux matines à raison de ses infirmités, et désigna deux de ses membres devant lesquels il devait essayer de dire le bréviaire. De son côté, il annonça l'intention de se retirer dans le séminaire que Roquette venait de fonder, afin de se préparer à célébrer sa première messe. Il s'attira encore quelques remontrances pour avoir manqué de respect à un membre du chapitre, puis fut saisi sérieusement par la maladie dont il s'était fait un prétexte pour se moquer de ses devoirs et de ses confrères (2).

Sa grotesque odyssée se termine par ces mots funèbres, inscrits sur les registres capitulaires : « Du 13 janvier 1671, Messieurs ont permis d'ouvrir la terre pour la sépulture de vénérable maître Jacques Syrot, dans la grande nef, proche l'autel de Sainte-Anne. » Aussitôt après son enterrement, les chanoi-

---

(1) Reg. capit., 4 août, 16 septembre 1667.
(2) Reg. capit., 5 novembre, 9 décembre 1667; 18 mai 1668; 3 janvier, 7 février 1670.

nes, réunis dans la salle de leurs délibérations, conférèrent son canonicat à Jean Garnier, vicaire du chœur, bachelier en théologie, qui avait bien mérité de l'église, et qui consentit quelque temps après à accepter les fonctions peu recherchées de théologal (1).

Nous venons de passer en revue quelques-uns de ces habitués et chapelains, de ces jeunes chanoines qui déshonoraient l'Église par leurs mauvaises mœurs. Ce n'est pas à dire que les autres fussent des modèles de régularité. Parmi les premiers, les Martenne, les Boulot, les Demesly, les Pierre, les Alain, les Jabœuf, les Crépin, les Bertier ; parmi les seconds, les Rabyot, les Cortelot, les Chifflot, les Rolet, les d'Arlay, les Pigenat et d'autres encore, ressemblaient à des écoliers étourdis qu'il fallait surveiller et corriger sans interruption. Le chapitre était continuellement en information sur leur conduite, leur rappelait l'obligation d'assister aux offices, de communier aux principales fêtes de l'année, de porter l'habit de l'église, de prendre le sacerdoce à l'âge compétent, etc. Le désir de vivre, leur jeunesse les retenait pendant des années sur le seuil du sanctuaire, dans une position intermédiaire entre l'Église et le monde, dont ils conservaient les habitudes, et dans lequel ils apportaient trop souvent leurs passions et leurs vices.

(1) Voyez encore, sur Syrot, information de l'official de l'église cathédrale, Adrien Bourguignet, contre Jacques Syrot, au sujet de Jeanne Finot, du 25 novembre 1666. (Archives de l'hôtel-de-ville d'Autun.)

Quoique le chapitre ne cessât pas de protester contre ces désordres, en avertissant les coupables et en prescrivant des mesures, aux chapitres généraux de la Saint-Jean, pour les éviter à l'avenir, son autorité disciplinaire était tellement affaiblie qu'elle restait, la plupart du temps, sans efficacité. Il semblait d'ailleurs envisager habituellement les fautes de quelques-uns de ses membres comme le résultat de la faiblesse humaine, et il ne s'en inquiétait pas bien vivement pour l'honneur de l'Église et pour la religion elle-même, à laquelle il croyait rendre, par le nombre et la solennité des cérémonies, un hommage suffisant. La position inférieure des habitués et des chapelains, la jeunesse de certains chanoines passaient, jusqu'à un certain point, à ses yeux pour une excuse. A l'égard des ecclésiastiques plus âgés, il tolérait ce qu'il ne pouvait empêcher, pourvu que le scandale ne fût pas trop public.

Mais quand une faute grave, commise par un dignitaire, était divulguée, l'émotion était d'autant plus vive qu'un pareil scandale tendait à déconsidérer un de ceux qui devaient, plus que tout autre, donner le bon exemple.

Georges Dechevanes était un de ces dignitaires, puisqu'en sa qualité de grand-chantre il venait immédiatement après le doyen. Il était intelligent, instruit, gradué en théologie et en droit, et les registres capitulaires le traitent de « vénérable et scientifique personne. » Sa famille, appartenant à la vieille bourgeoisie d'Autun, était lettrée, savante, et passait à cette époque pour une des illustrations de la Bourgogne. En 1659, il fit, en l'absence du doyen, l'ouverture du chapitre général de la Saint-Jean-Baptiste par de salutaires remontrances sur la réforme des mœurs et l'avancement des affaires temporelles. Il présida également ceux de 1660 et 1661, prononça des exhortations édifiantes sur les devoirs des prêtres, le respect dû au service divin, la concorde qui devait régner entre les membres de l'Église, la nécessité pour chacun de contribuer au retranchement des abus qui s'étaient glissés, tant dans le service du chœur que dans leur vie privée. Il faisait partie de cette minorité qui appuyait les prétentions de Doni d'Attichy, et cet évêque, à cause de son érudition dans le droit ecclésiastique, l'avait nommé son official ; mais il était encore jeune, et les sermons qu'il adressait aux autres, il aurait pu se les adresser à lui-même. Comme plusieurs de ses confrères qui ne l'égalaient pas en mérite, il portait l'habit mondain et l'épée ; il fréquentait les maisons suspectes (1).

On le trouva, le jour de la fête de saint Pancrace, dans la chambre de Pierrette Nicole, femme de mau-

(1) Reg. capit., 4 juillet 1659, 13 juillet 1660, 22 juillet 1661, etc. Son père, Nicolas Dechevanes, s'était établi comme avocat à Dijon, où il possédait une grande réputation de jurisconsulte et d'érudit. Son frère aîné, Jacques Dechevanes, capucin, a composé des oraisons funèbres et plusieurs ouvrages religieux. Un autre frère, Auguste Dechevanes, était, comme son père, savant en droit et versé dans les langues grecque et latine. Edme Thomas, grand-chantre, auteur d'une histoire d'Autun, son oncle maternel, avait, en 1656, résigné la grande-chantrerie en sa faveur. (Voyez Papillon, Courtépée, Bouhier, *Coutume de Bourgogne*; biographie Michaud, etc.)

vaise vie, caché derrière la ruelle du lit avec une fille débauchée, au moment où le peuple descendait en foule pour aller recevoir la bénédiction dans l'église de ce nom. Le fait fut bientôt connu de toute la ville, et Barthélemy Thiroux, syndic du chapitre, accompagné du secrétaire, se rendit sur les lieux afin de procéder à une enquête. Ils apprirent que Dechevanes était resté dans cette maison depuis cinq heures du matin jusqu'à cinq heures du soir. Des voisins, les ayant surpris, les avaient expulsés et hués ; ils avaient même battu la fille, qui en était encore malade. Il chercha à se justifier par un récit mensonger. Il prétendit qu'allant en habit court à Saint-Symphorien, paroisse située à peu de distance de la ville, il avait été arrêté par la femme Nicole, chez laquelle son valet avait, par mégarde, porté du linge à blanchir. Étant resté quelque temps dans la maison, des voisins, survenus en quantité, s'étaient scandalisés de sa présence et l'avaient obligé d'en sortir. Plus tard, il avait appris qu'il s'y trouvait une fille ; mais il ne l'avait pas vue, et la porte était restée ouverte durant tout le temps de sa visite. Il déclara se soumettre à ce qu'il plairait à la compagnie d'ordonner, et demanda pardon de ce qu'elle se trouvait mal édifiée à son sujet. Le syndic Barthélémy Thiroux représenta que ses excuses n'étaient pas valables ; qu'il avait été surpris publiquement, caché dans la ruelle du lit avec la fille, « qu'il ne pouvait se laver du soupçon d'avoir abusé d'elle, s'étant trouvé chez une mauvaise femme, en habit indécent, en plein jour, au moment où le peuple allait en dévotion à l'église Saint-Pancrace, lui qui était constitué en dignité ! » Il demanda qu'il fût condamné à huit jours de prison dans la maison du vicaire de l'église, à jeûner durant trois jours, à réciter les sept psaumes de la pénitence. Le chapitre, après avoir entendu la réplique du coupable, adoptant une décision moins sévère, le condamna à se retirer jusqu'au vendredi suivant dans sa propre maison, qui lui était assignée pour prison, et à recevoir une correction de la bouche de son président (1).

Une semblable indulgence n'était guère propre à modérer la fougue de Dechevanes. Un an plus tard, en sortant la nuit d'une maison, dans une des rues principales de la ville, il se jeta sur un charpentier et lui porta un coup d'épée. Il paraît, cette fois, s'être assuré l'impunité, grâce à ses fonctions de grand-chantre et d'official de l'archevêque, car il obtint la récusation de l'official chargé par le chapitre d'informer; un autre désigné pour le remplacer refusa d'accepter cette mission, même en présence d'une menace de privation de ses revenus, et nous ne voyons pas dans les registres qu'il ait été donné suite à cette affaire. Un proverbe dit : « Tel maître, tel valet; » ce proverbe pouvait s'appliquer à Dechevanes. Par une soirée de novembre, deux de ses domestiques portèrent des coups à noble Jean d'Arlay, lieutenant de la chancellerie. Le lieutenant criminel et le Vierg commencèrent chacun une information. Le

(1) Reg. capit., 14 mai 1666.

chapitre ordonna au procureur de sa temporalité de poursuivre les coupables qui, demeurant dans l'enceinte de son cloître, appartenaient à sa justice. Il décida que l'on ferait une perquisition dans la maison de leur maître, afin d'expulser les personnes scandaleuses qui pouvaient s'y trouver. Il invita le syndic à s'informer par toutes les voies possibles, même par monitoire, de la vie et des mœurs du grand-chantre. Mais quand l'officier du temporel voulut avoir la preuve des excès commis contre d'Arlay, il ne trouva personne pour les attester, et Dechevanes obtint l'abandon des poursuites en témoignant son repentir et en promettant de se retirer, pendant trois mois, au séminaire de Saint-Magloire (1).

Les limites étroites du quartier habité par le clergé de l'église cathédrale, les relations continuelles qu'ils avaient entre eux, la communauté de leurs habitudes, ne permettaient guère à leurs fautes de passer inaperçues. Une fois dénoncées par la rumeur publique ou par un des membres du chapitre, le syndic, à qui incombait leur poursuite, prenait la parole devant l'assemblée, et celle-ci chargeait l'official d'entendre les témoins qui pouvaient éclairer sa religion. Mais ces informations, conduites souvent avec mollesse, avec le désir de les voir avorter, les coupables cherchaient à les entraver, à les étouffer,

---

(1) Reg. capit., 8, 18, 19, 20 juin 1667; 11, 19 novembre, 24 décembre 1672. — Le monitoire était une ordonnance du juge ecclésiasique, enjoignant à toutes personnes ayant connaissance d'un crime de venir le révéler.

en demandant des contre-enquêtes, en obtenant, pour cause de parenté ou d'inimitié personnelle, la récusation du syndic et de l'official. Du reste, la fréquence ou plutôt la continuité du désordre décourageait souvent de sa répression. On craignait, en le châtiant, de lui donner un plus grand retentissement et d'augmenter les inimitiés qui existaient au sein du chapitre. Nous en trouvons un exemple dans un mémoire que nous citerons textuellement :

« Le dimanche 25 février 1657, sur huit ou neuf heures du soir, trois chanoines, Rabyot, d'Anchement et Duprey, ayant fait dessein d'enlever la servante d'un serrurier nommé Médoquin, la prirent tous trois ensemble et l'enlevèrent en la couvrant d'un manteau. Rabyot lui mit un mouchoir à la bouche pour l'empêcher de crier, et comme ils l'avaient déjà transportée à cinquante ou soixante pas, une douzaine de femmes, se rencontrant là par hasard, se jetèrent sur les chanoines et, avec le serrurier, reprirent la servante, laquelle, échappée de leurs mains, commença à leur crier des injures, disant que depuis plus de six mois Rabyot était après elle pour tâcher de la suborner et que, ne l'ayant pu avoir d'amitié, il la voulait avoir de force ; que, sur une plainte portée par son maître à l'évêque d'Autun, et sur la menace d'en porter une au lieutenant criminel, les trois chanoines étaient entrés de nuit chez lui, l'avaient battu, ainsi que sa femme, avec d'autres menaces.

« Quelques jours plus tard, après avoir par flatteries, menaces, argent, tâché d'empêcher ce serrurier de se pourvoir en justice et de rendre sa plainte publique, ils entrèrent nuitamment, sous prétexte de demander à boire, dans son logis, où il vendait vin, et Duprey, dès qu'on lui eut ouvert la porte, se jeta dedans, suivi des autres qui étaient cachés. Ils éteignirent la chandelle et battirent extraordinairement le mari et la femme jusqu'à la prendre à la gorge, laquelle, se voyant ensanglantée, appela les voisins à son secours en criant : « Au feu ! au feu ! » Un voisin, nommé de Sercy, accouru au bruit, poursuivit les trois chanoines jusqu'à ce qu'ils entrassent chez le sieur Cortelot qui était de la partie, et il s'en fallut peu qu'un des dits chanoines ne fût percé par lui d'un coup d'épée. » Au revers de ce mémoire, on lit ces mots qui pouvaient s'appliquer à d'autres actes du même genre : « Des faits contenus audit mémoire, il n'y a eu ni recherche, ni information, ni correction (1). »

Lorsqu'il était donné suite à l'affaire et qu'il y avait lieu de prononcer une peine, cette peine était graduée, à la fois, selon la gravité de la faute et selon la qualité du coupable. En pareil cas, les habitués et les chapelains se ressentaient encore de leur infériorité dans l'Église. Les châtiments portés contre eux étaient plus fréquents, plus sévères, plus humiliants, appliqués avec plus d'exactitude. Ils consistaient à faire le chandelier, c'est-à-dire à rester, pendant huit jours au plus, durant les grandes

---

(1) Mémoire de l'enlèvement d'une fille fait par quelques chanoines d'Autun, les 25 et 27 février 1657, écrit de la main du sieur de la Forest, chanoine de la cathédrale. (Arch. de l'hôtel-de-ville d'Autun.)

messes, au pied du candélabre placé au milieu du chœur, en face du grand autel, dans la privation des distributions quotidiennes et des revenus dont nous avons parlé. Ils subissaient l'emprisonnement dans les prisons du chapitre. Enfin, quand on était décidé à se débarrasser d'eux, on leur interdisait le port de l'habit, l'entrée de l'église, et on prononçait leur expulsion. Nous avons fait connaître celles qui s'appliquaient aux chanoines. Leur prétendue prison ne consistait souvent qu'en une retraite de quelques jours dans la maison d'un de leurs confrères, leur expulsion dans une sorte de réprobation morale qui, jointe à la privation de leurs revenus et à d'autres pénitences, les obligeait, à la longue, à s'exclure eux-mêmes de la compagnie. Quoique déplorant des excès qui, selon l'expression des registres, tournaient au déshonneur de Messieurs, à un abandon ou plutôt à une destruction du service divin, propre à attirer sur l'Église la colère de Dieu, le chapitre usait d'une longanimité presque sans limites. Il pardonnait des fautes qui, de nos jours, avec un sentiment plus vif de la moralité, frapperaient le prêtre d'une sorte de flétrissure.

Un redoublement de dévergondage signala les années qui s'écoulèrent durant la vacance du siége depuis la mort de Doni d'Attichy jusqu'à l'entrée de Roquette dans sa ville épiscopale. Certains membres du clergé avaient, plus effrontément que jamais, abjuré toute pudeur et entraîné une partie de la population laïque dans des désordres qui nécessitèrent l'intervention des magistrats. Les deux chanoines placés par l'archevêque de Lyon à la tête du diocèse, Claude Saulnier en qualité de vicaire général, et Georges Dechevanes en qualité d'official, furent obligés d'adresser, à ce sujet, de sévères remontrances. Le 18 septembre 1666, Dechevanes, sur la requête qui lui avait été présentée par le syndic de la ville, publia un monitoire destiné à être lu aux prônes des églises, trois dimanches de suite, par les curés et vicaires, sous peine d'excommunication. Il y signalait « certains malfaiteurs et malfaitrices qui, menant depuis plusieurs années une vie débauchée et scandaleuse, avaient séduit plusieurs filles, fait avorter leur fruit au moyen de fréquentes saignées ou d'autres remèdes, et quand ces remèdes n'avaient pu opérer les avaient fait accoucher en secret dans des maisons de campagne appartenant à eux, à leurs parents, à leurs amis, puis s'étaient débarrassés des enfants en donnant la mort aux uns, en exposant les autres dans les rues de la ville; ceux qui entretenaient publiquement des filles et des femmes veuves, les avaient fait accoucher dans des maisons de campagne où ils les ont tenues masquées, et on ne sait ce que sont devenus leurs enfants; ceux qui ont enlevé des comédiennes, en ont fait trophée, ont fait porter des repas à leur logis, passé des nuits entières et commis des crimes avec elles; ceux qui vivent à pot et à feu avec des femmes mariées, prostituées par leurs maris qui en ont pour récompense de l'argent et des charges; ceux qui sont allés nuitamment dans des lieux infâmes, armés d'épées, de pistolets, de poignards, ayant maltraité et menacé d'assassiner ceux qui les avaient vus, dans le cas où ils en témoigneraient quelque chose; ceux qui, pour cacher leur commerce avec des femmes et des filles débauchées, les ont travesties avec des habits d'homme et même des habits ecclésiastiques; ceux qui ont commis des incestes avec leurs proches parentes, proféré des blasphêmes, des paroles impies, etc. » Toutes personnes ayant directement ou indirectement connnaissance de ces crimes devaient en faire part au prêtre de la bouche duquel elles entendraient la lecture de ce monitoire, ou au juge du lieu, sous peine d'encourir les censures ecclésiastiques (1).

Comme par un esprit de haine et de mépris envers l'autorité épiscopale et la mémoire du précédent évêque, qui n'avait cessé de plaider contre le chapitre, on avait introduit la débauche jusque dans son palais. Dechevanes, à la requête de Claude Thiroux, procureur du temporel de l'évêché, signala, dans un second acte, de la même date que le précédent, ceux qui, depuis le décès de Doni d'Attichy, « avaient profané cette demeure par une vie lubrique, scandale qui avait eu du retentissement non seulement dans la ville, mais dans toute la province (2). »

De son côté, Claude Saulnier adressa aux chanoines une interpellation au sujet des abus qui existaient dans leur église. Elle n'était que le résumé des faits que nous avons rapportés plus haut. Sous prétexte d'une prétendue exemption, ils toléraient

---

(1) Monitoire de Georges Dechevanes.
(2) A la suite du précédent.

des désordres parmi eux et parmi leurs chapelains et habitués. Les chanoines se présentaient au chœur au commencement des matines, des messes et des vêpres, puis, les laissant achever par les chapelains, allaient se promener dans la nef ou sur la place de l'église. Ils supprimaient une partie des cérémonies de la grand'messe, commettaient des immodesties durant les heures canoniales, assistaient au chœur ou marchaient dans la ville avec des habits indécents et sans tonsure, fréquentaient les cabarets, les bals, commettaient à des heures indues des actions violentes ou scandaleuses. Le chapelain Jean Deschaulnes nourrissait dans sa maison les enfants qui étaient le fruit de ses débauches. L'un d'eux le servait à la sacristie, accompagnait les reliques, recevait les oblations (1).

Attaqué à la fois par les représentants de l'archevêque et par les officiers de la ville, le chapitre ne se tint pas pour battu. Il répondit aux seconds « que ce n'était pas la première fois qu'ils lui faisaient ressentir leur passion, mais toujours à leur propre confusion et sans succès. » Le monitoire décerné à la requête du syndic de la ville était un empiètement sur leur juridiction qu'ils ne pouvaient tolérer et dont ils appelleraient comme d'abus. La preuve qu'il était inspiré par un esprit de vexation, c'est qu'il était conçu en des termes généraux dans lesquels on entendait comprendre les membres du chapitre, tan-

---

(1) Interpellation de Claude Saulnier à MM. les chanoines, du 27 septembre 1666.

dis qu'en réalité il ne devait s'appliquer qu'à des séculiers. Ils répondirent au vicaire général en accusant ses intentions et en cherchant à se disculper des reproches qu'il leur adressait. Ils ne pouvaient concevoir, disaient-ils, que, sur la fin de la régale, il eût attaqué si ouvertement les immunités du chapitre. « Cette action éclatante, pour ne pas dire téméraire, » n'avait d'autre but que de se maintenir dans le grand vicariat qu'il s'était donné tant de peine pour obtenir, au prix de sa santé et des fatigues d'un long voyage, après le décès de Doni d'Attichy. Moins que jamais on avait à se plaindre de leur conduite. Les désordres passés avaient été heureusement réparés. Depuis quelques années, ils assistaient régulièrement aux heures canoniales. Si quelques-uns se trouvaient par hasard, pendant leur durée, sur la place de l'église, c'est qu'ils avaient affaire avec les procureurs et les avocats qui s'y réunissaient en ce moment. Ils niaient les promenades dans la nef durant l'office, le retranchement d'une partie des grandes messes, l'assistance immodeste au chœur, l'habitude des vêtements indécents, la fréquentation des cabarets et des jeux publics, les tapages nocturnes. Quand de pareils désordres étaient venus à leur connaissance, ils en avaient fait justice. S'il en existait de nouveaux, ils n'en avaient pas reçu avis. Ils interpellaient Saulnier de leur signaler ceux qui en avaient commis et se disaient disposés à en faire un châtiment mérité, non par appréhension de ses réglements et de ses menaces, mais dans le désir de servir Dieu et de donner bon exemple au public. En cas contraire, ils déclaraient qu'ils se trouveraient tous compris dans une accusation générale, et, après lui avoir reproché son manque de charité à l'égard de ses confrères, ils l'accusaient d'avoir perçu des droits qui ne lui étaient pas dus et qui étaient onéreux à l'Église (1).

Ce libelle diffamatoire causa une certaine perplexité au grand vicaire. Il en référa par deux lettres à Roquette, qui lui ordonna d'envoyer une seconde sommation au chapitre. Il commença par lui reprocher d'avoir cédé à l'animosité que quelques particuliers entretenaient à son égard, plutôt que d'essayer de répondre au contenu de sa première sommation qu'ils savaient être véritable et connu de toute la ville. Parmi les désordres qu'il avait signalés, on n'avait pourvu qu'à un seul en fermant une porte dérobée dans la maison du chanoine Duprey; mais il en restait plusieurs autres, et pour justifier la vérité de ses assertions, il indiquait un certain nombre de personnes qui se trouvaient placées en ce moment, par le fait de quelques chapelains et jeunes chanoines, dans une position embarrassante (2).

Binier, secrétaire de l'évêché, revenant sur les

---

(1) Réponse de MM. les chanoines, etc., en date du 9 octobre 1666. — Claude Saulnier, docteur ès lois, petit-neveu de l'ancien évêque du même nom, mort en 1697, est auteur d'une histoire ecclésiastique d'Autun, sous le titre d'*Autun chrétien*, in-4º, 1686.

(2) Lettres de Saulnier à Roquette, des 10 et 17 octobre 1666; sommation du même aux chanoines, du 3 novembre 1666.

mêmes détails dans une lettre adressée à Hugues de Sabatier, vicaire général de Roquette, ajoutait : « En voilà trois dans un mois, *absque eo quod intrinsecus latet.* » Si Saulnier, écrivait-il à l'évêque en lui envoyant copie de cette pièce, n'avait appréhendé d'irriter son chapitre, il aurait pu ajouter les accusations suivantes : plusieurs chanoines et chapelains avaient des portes dérobées donnant accès dans leurs maisons. Quelques chanoines, même des plus anciens, entretenaient de longue main des liaisons criminelles. Presque tous s'abstenaient de porter le costume ecclésiastique, de psalmodier au chœur, trouvant que c'était assez d'y assister et laissant le soin de chanter aux habitués de leur église. Sur quarante qui étaient prêtres, quatre ou cinq seulement célébraient la messe, comme si les autres eussent été suspendus de leurs fonctions. Ils se confessaient à un habitué qui était d'une ignorance grossière, incapable de distinguer, selon l'expression des casuistes, « *lepram à non leprâ.* » Il donnait l'absolution sans savoir ce qu'il faisait, et perpétuait ainsi l'abus du sacrement. Aucun d'eux n'assistait aux leçons que le théologal devait faire deux ou trois fois la semaine, d'après les prescriptions du concordat et les arrêts rendus l'année précédente. « Quelques-uns, nourrissant depuis longtemps une haine immortelle, devaient recevoir l'ordre de se réconcilier et de vivre en frères et en serviteurs d'une même église, étant de mauvaise édification qu'en se donnant la paix à l'autel, ils conservassent la guerre allumée dans le cœur. » Il fallait obliger Syrot à dire son bréviaire ou le déclarer incapable de son canoninat ; placer Duprey, pendant deux ou trois ans, dans une maison de piété, pour faire pénitence de la vie libertine qu'il menait depuis qu'il était chanoine, « si mieux il n'aimait se défaire de son bénéfice. » Il fallait défendre la fréquentation des cabarets qui étaient des écoles de vices, enlever de leurs maisons des peintures indignes de la chasteté d'un prêtre, des tableaux de dévotion en apparence, mais avec des visages de femmes et de filles aimées, placées là afin de s'en repaître la vue, et qui faisaient servir la piété de prétexte et de couleur à la lubricité. « Pour mettre fin au scandale que le public reçoit de ce que quelques particuliers tiennent à louage certains jardins où sont de petites loges, ils cesseront de les tenir et de les fréquenter (1). »

Tel était le tableau qu'un homme qui devait s'associer de toute son activité, pendant quarante ans, à la réforme du diocèse traçait au nouvel évêque du clergé de la cathédrale, quoique, selon l'expression d'une de ses lettres, « ce fût un méchant régal

(1) Lettre de Binier à Sabatier, du 30 septembre 1666. Copie d'une lettre de Binier à Roquette, du 8 novembre 1666. — On voit, par des délibérations capitulaires datant du XVe siècle, que les chanoines, chapelains et habitués avaient obtenu du doyen la permission de choisir leur confesseur. Elles nous révèlent, du reste, un état moral semblable à celui que nous venons de retracer, sinon encore pire, à raison des mascarades, des danses, des querelles jusqu'à effusion de sang qui accompagnaient la célébration de la fête des Fous, de celles du roi Hérode, des Innocents, dont le chapitre eut grande peine à obtenir, plus tard, la suppression, malgré les prescriptions du concile de Bâle et la pragmatique-sanction. (Gagnare, *Histoire de l'église d'Autun*, p. 461, 627.)

à lui faire. » Hugues de Sabatier, grand vicaire de Roquette, Claude Saulnier, grand vicaire de l'archevêque, le Vierg Claude Thiroux étaient d'avis qu'il fallait prendre d'énergiques mesures contre une corruption qui dépassait toutes les bornes. Tous trois convenaient que l'exemption du chapitre en était la la principale cause. « On avait si mal usé de cette exemption par le passé, disait Binier, qu'ils mériteraient d'être réduits au droit commun. Ils ont traité avec tant de douceur et de faveur le crime, que l'impunité l'a rendu comme héréditaire, et ils l'ont fait passer à leurs successeurs en leur résignant les prébendes (1). »

(1) Lettre de Binier à Sabatier, du 17 octobre 1666. (Archives de l'évêché.)

CHAPITRE III

LE CLERGÉ DU DIOCÈSE (1654-1695).

Le clergé paroissial du diocèse était, sous le rapport de la moralité et de l'instruction, dans un état déplorable. Si les idées d'indépendance introduites par la Réforme avaient amené chez certains prêtres le relâchement des mœurs, la plupart, et surtout ceux des campagnes, s'y étaient laissé entraîner faute d'éducation religieuse, et par suite de ce penchant qui porte l'homme à satisfaire ses appétits matériels. Les précédents évêques n'avaient cherché que faiblement à y porter remède. Pierre Saulnier, dont l'épiscopat avait été traversé par les guerres de religion, n'eut guère le temps de s'en occuper, et la vacance du siége, durant neuf années, rendit la tâche encore plus lourde pour ses successeurs. Claude de la Magdeleine de Ragny, homme du monde et de dépenses, ne se sentant pas le courage nécessaire pour l'entreprendre, se contenta de favoriser l'établissement d'un grand nombre de communautés religieuses. Doni d'Attichy fit au contraire de persévérantes tentatives pour s'en acquitter, mais ses procès avec le chapitre cathédral étaient venus paralyser son activité. Il gémissait de l'état d'abandon dans lequel avait été laissé son diocèse, « où, disait-il, les prêtres avaient vécu dans une licence et un libertinage extraordinaires, sans que, depuis quarante ans et plus, il y ait été fait aucune correction (1). »

Cette longue impunité avait tellement autorisé le vice, qu'il était passé en coutume. Les actions les plus scandaleuses étaient réputées innocentes. Les prêtres ne voulaient pas entendre parler de changement de vie. La loi du célibat était fréquemment mise en oubli. Ils tenaient dans leurs maisons des femmes et les enfants qu'ils en avaient eus, élevaient ces derniers, les faisaient servir comme clercs à l'autel, les

(1) Philibert d'Ugny, évêque de 1550 à 1557, publia, un an avant sa mort, des statuts synodaux pour la réforme de son clergé, qui ne lui attirèrent que des contestations et la haine de son chapitre. Les troubles de l'Église et de l'État paralysèrent la bonne volonté de ses successeurs. M. de Ragny trouva commode de se débarrasser de son administration sur André Guijon, un saint homme, qu'il nomma son grand vicaire. « Il le pria de se charger de cet emploi, et lui dit qu'il lui ferait un sensible plaisir et qu'il l'obligerait extrêmement ; que son diocèse avait un extrême besoin de sa conduite et de sa prudence ; qu'il lui donnerait sans réserve tous ses pouvoirs ; qu'excepté le nom et sa qualité d'évêque dont il ne pouvait pas se défaire, il lui laissait tout le reste, et avec la liberté d'en disposer comme il lui plairait. » (Vie d'André Guijon, par le P. Perry, dans *Mémoires de la Société éduenne*, 1873, p. 252.) Durant la vacance du siège, le diocèse avait été administré par Nicolas Jeannin, doyen du chapitre cathédral, frère de l'illustre président, 1612-1621. L'épiscopat de M. de Ragny dura trente années. Il vécut en parfaite intelligence avec les chanoines de la cathédrale, laissant à ses successeurs le soin de les corriger. Aussi, l'historien de l'église d'Autun, chanoine lui-même, n'a pas manqué de lui donner des éloges que démentent les documents contemporains. (Gagnare, p. 208, 228, 233.)

mariaient et leur constituaient des dots. Quand on interrogeait sur la conduite de ces ecclésiastiques les habitants des paroisses, ils répondaient d'ordinaire qu'ils vivaient bien. Si on leur objectait qu'ils entretenaient des femmes et des enfants illégitimes, ils répliquaient que ces femmes et ces enfants vivaient doucement, sans bruit, et qu'en conséquence il n'y avait pas de mal, ayant été tellement habitués à voir leurs prêtres ainsi, qu'ils croyaient que ce genre de vie leur était permis. Ils s'estimaient heureux, ajoutaient-ils, quand ces femmes ne leur suscitaient pas de contrariétés.

La fréquentation des tavernes leur était habituelle. Ils y proféraient des blasphêmes, des paroles obscènes, y commettaient des actions indécentes, s'y prenaient de vin avec un tel excès, qu'ils se rendaient souvent incapables de l'administration des sacrements. « Plusieurs étaient tombés à ce sujet dans des accidents qu'on n'oserait répéter. » D'autres, et c'était là une de leurs occupations les plus innocentes, couraient les foires, devenaient les agents et presque les valets des seigneurs, afin de trouver dans leur protection un abri contre leur inconduite. L'instruction du peuple était entièrement négligée. Des curés s'absentaient de leurs paroisses durant la semaine, et se contentaient de dire une messe basse les jours de dimanche, à la hâte, tantôt de bonne heure, tantôt à une heure plus avancée, selon les exigences de leur négoce.

Dès les premiers temps de son épiscopat, Doni d'Attichy avait fait appeler devant lui plusieurs de ces prêtres, et les avait exhortés à changer de vie ; mais le mal était tellement invétéré que les coupables le regardaient comme un droit acquis. Afin d'agir contre eux par des voies de justice, il institua dans sa ville épiscopale un official et un promoteur qui, à leur grand étonnement, leur dressèrent des procès. Le parlement de Dijon lui prêta son appui, en décidant qu'il serait passé outre, nonobstant les appels au moyen desquels on cherchait à entraver les poursuites. Il requit les juges subalternes de prêter main forte à l'exécution des prises de corps et des jugements rendus contre les coupables, sans y apporter retard, connivence ou dissimulation ; mais l'évêque fut très-mal secondé par ces auxiliaires (1).

Dans la partie du diocèse qui était du ressort du parlement de Paris, telle que Lormes, Moulins, et dans laquelle le désordre était plus grand encore, à cause de l'éloignement de la ville épiscopale, d'Attichy institua des officiaux particuliers qui devaient procéder contre les prêtres scandaleux de la même manière que l'official d'Autun ; mais aucun d'eux, soit indifférence pour des abus qu'ils avaient vu subsister de tout temps, soit considération envers les coupables qui étaient leurs voisins, leurs amis, les protégés des seigneurs, n'eut le courage de remplir sa mission. Pendant une durée de deux ans, les officiaux de Moulins et de Lormes ne dressèrent chacun qu'une procédure, et encore portaient-elles

(1) **Arrêt du 26 février 1659, inséré à la requête du promoteur de l'évêché d'Autun, dans les registres capitulaires, à la date du 30 novembre 1666.**

l'empreinte de la corruption et de la passion. L'un, pour justifier un prêtre taré, avait reçu de l'argent ; l'autre, pour favoriser la haine de leurs parents, fit emprisonner des ecclésiastiques innocents. La difficulté était grande de trouver des hommes capables de remplir de pareilles fonctions. Dans la partie du Nivernais qui dépendait du diocèse d'Autun, aucun ne possédait l'intelligence et la pratique suffisantes ; aucun n'avait l'autorité et le courage nécessaires, « ni la force de résister à une tentation de deux pistoles. » La même faiblesse laissait subsister les mêmes abus dans le Bourbonnais. L'évêque avait eu le projet de demander l'autorisation de faire instruire par son official d'Autun contre les mauvais prêtres dans toute l'étendue du diocèse, sauf à laisser l'appel de la cause au parlement dans le ressort duquel se trouvait le lieu de leur résidence ; mais ce projet, comme la plupart de ceux qu'il avait formés, n'avait pas abouti (1).

Les prescriptions relatives au costume ecclésiastique et à la résidence des curés étaient mises en oubli dans plusieurs endroits du diocèse. En 1665, Claude Saulnier, vicaire général de l'archevêque de Lyon, rappela aux prêtres qu'ils devaient marcher avec des habits convenables à leur profession et avec la tonsure cléricale. Il leur défendit de célébrer la messe, d'administrer les sacrements, de faire au-

(1) Questions proposées à MM. les gens du roi de la ville de Paris, touchant les officialités de Lorme en Nivernais et de Moulins (vers 1654.) (Archives de l'évêché.) — Voyez, sur l'official de Moulins, la lettre d'Anne d'Autriche, aux pièces justificatives.

cunes fonctions sans être revêtus de la soutane. Malgré les défenses portées par les lois de l'Église et de l'État, les chapitres, les communautés, les abbés, les ecclésiastiques qui possédaient des cures les donnaient à bail, comme un bien profane, à des vicaires amovibles, sorte de mercenaires qui négligeaient le service divin et le soin de leur troupeau. Doni d'Attichy ayant obtenu, quelque temps avant sa mort, du parlement de Dijon un arrêt qui ordonnait à ces communautés d'y instituer des vicaires perpétuels, Saulnier leur enjoignit d'y établir en cette qualité, après les avoir présentés à l'archevêque ou à ses grands vicaires, des prêtres capables, sous peine de voir ces derniers y pourvoir eux-mêmes. Mais cette prescription n'avait pas été obéie, car une ordonnance rendue quatre mois plus tard par Joseph du Regon, grand archidiacre d'Autun, renouvela aux curés primitifs l'ordre de rentrer dans leurs paroisses et d'y résider, sans pouvoir se décharger du soin des âmes sur les vicaires qu'ils avaient établis de leur chef ou au moyen de résignations en cour de Rome qui n'avaient pas été régularisées. Il engageait de nouveau les chapitres et communautés à présenter des vicaires perpétuels et révoquait les approbations précédemment données. Les chanoines possédant à la fois une cure et un bénéfice étaient mis en demeure d'opter entre l'une ou l'autre. Défense était faite à tous les ecclésiastiques qui, possédant des cures unies à leurs bénéfices, les avaient quittées, d'y exercer les fonctions curiales sans une approbation nouvelle. Les archiprêtres étaient chargés de signaler les contraventions à cette ordonnance, afin qu'il fût procédé contre les coupables par la voie des censures, même par la privation de leurs bénéfices (1).

Quelque juste que fût une pareille mesure, rappelée fréquemment par les conciles et par les ordonnances des rois de France, son application entraînait la suppression d'un abus qui possédait en sa faveur l'autorité du temps et de la coutume. Le chapitre de l'église cathédrale fut le premier à réclamer contre elle. Il représenta que sur six cures unies au corps de son église, quatre étaient déjà pourvues de vicaires perpétuels, et qu'il s'occupait de trouver des prêtres capables de desservir les deux autres. Quant à l'injonction concernant les chanoines possédant des cures d'opter entre elles et leurs autres bénéfices, il se retrancha derrière ses priviléges, qui leur permettaient de cumuler à la fois un titre curial et un canonicat. Il prétendit que trois de ses membres seulement se trouvaient dans ce cas, et il obtint un délai de trois mois afin de se mettre en mesure d'exécuter l'ordonnance. Mais, comme d'ordinaire, il trouva le moyen de l'éluder en traînant la chose en longueur. L'abus de la non résidence dans les cures à sa collation ne prit fin que sous l'épiscopat de Roquette, et surtout quand Louis XIV eut fait exécuter l'édit de 1686, qui ordonnait l'établissement de vicaires perpétuels dans toutes les pa-

---

(1) Ordonnances imprimées du 29 novembre 1665 et de mars 1666. V. *Mém. du clergé de France*, in-4º, t. XIV, p. 823 et 1678.

roisses du royaume et fixait à trois cents livres leur portion congrue, c'est-à-dire la somme que les seigneurs laïques ou ecclésiastiques, qui percevaient les grosses dîmes, étaient obligés de leur payer (1).

Les anciens conciles, et celui de Trente en particulier, dont les canons sur ce point avaient été fréquemment renouvelés, recommandaient aux évêques de visiter tous les ans une partie au moins de leurs diocèses, et de comprendre dans cette visite les églises paroissiales possédées par des séculiers ou des réguliers, situées même dans des abbayes et des monastères, afin de veiller partout au maintien de l'orthodoxie, de réprimer les hérésies et les mauvaises mœurs, d'engager les populations à la vertu et à la paix. Mais une foule de mesures prises par Roquette avaient, durant la première année de son épiscopat, selon le témoignage de Bussy-Rabutin, tellement fatigué sa santé, qu'il n'avait pas eu le temps de faire sa première visite. Au commencement de 1668, il pria M. de Maupeou, évêque de Châlon, qui était en tournée pastorale à l'occasion du jubilé, d'évangéliser en son nom plusieurs paroisses du Charolais. Ce prélat, plein de vertus et d'activité, qui exerçait une étroite surveillance sur ses prêtres, se prêta à cette demande en se faisant aider par deux hommes apostoliques : Loppin, archidiacre de Beaune, et Dodun, curé de Couches, que nous

(1) Requête du chapitre d'Autun à Mᵐᵐ l'archevêque, etc., 12 avril 1666. (Arch. de l'évêché.) — *Mém. du clergé*, in-4°, t. XIV, p. 156, 499, 1187, 1678. — Gagnare, p. 426.

verrons tous deux jouer un rôle important dans la réforme du diocèse (1).

Au mois de septembre 1668, il put commencer enfin lui-même ses tournées pastorales. Il les annonça par un mandement dans lequel il en exposait les motifs. Il désirait, disait-il, établir parmi son clergé un renouvellement qui en fît un peuple saint et véritablement chrétien. Il fallait, pour atteindre ce but, pourvoir aux besoins des églises et aux besoins des âmes. Il suppliait ses prêtres de l'entretenir en particulier avec une entière confiance, leur promettant un secret inviolable, afin qu'il pût rémédier aux abus, tout en conservant la paix et la charité à l'égard des fidèles et entre les fidèles. Il envoya d'avance dans les paroisses les plus importantes des religieux et des prêtres de mérite, parmi lesquels nous trouvons Loppin et Dodun, afin de préparer le peuple par leurs prédications à recevoir le sacrement de confirmation.

---

(1) Nous trouvons dans une note manuscrite l'éloge suivant de M. de Maupeou : « Il édifiait par la régularité de ses mœurs et par sa modestie. Il ne voulait pas qu'on l'appelât Monseigneur et qu'on lui portât la queue. Sur la fin de sa vie, il obligea chacun de ses prêtres à trois ou quatre mois de séminaire; ne donnait aucun dimissoire; n'accordait à ceux ayant charge d'âmes la permission de confesser que d'une année à une autre, ce qui les obligeait à étudier et à bien vivre. Il obligea les bénéficiers à prendre leurs visa en personne, en différant leur expédition jusqu'à ce qu'il eût obtenu des mémoires secrets sur leur vie et réputation. C'est faute de ces précautions que les prélats voient leurs diocèses remplis d'ecclésiastiques déréglés et libertins qu'ils ne peuvent que très-difficilement ranger au devoir par les voies de justice, et ce moyen serait bien le plus expédient et fort à la décharge de conscience des prélats. »

Il partit d'Autun accompagné de Hugues de Sabatier, son vicaire général et official, de plusieurs ecclésiastiques, de ses officiers ordinaires, et commença par Alise-Sainte-Reine, que nous laisserons en ce moment pour y revenir plus loin. Il visita, dans l'espace de trente-huit jours, trente paroisses des archidiaconés de Flavigny, Semur et Avallon. Il était reçu, dans les petites villes possédant des magistratures ou des communautés religieuses, avec un cérémonial qui avait été déterminé par différents arrêts et réglements. Dans celle de Semur en Auxois, chef-lieu de bailliage, qui comptait deux paroisses, un chapitre collégial et plusieurs communautés, il arriva au couvent des Carmes, monta sur un siége élevé dans la cour, et là, le clergé séculier et régulier vint le trouver en procession. Le prieur de l'église Notre-Dame lui adressa une harangue; le maire, assisté des officiers de la ville, une autre; après quoi il fut conduit processionnellement devant le portail de l'église. Il revêtit le pluvial, l'étole et la mitre, reçut l'encens du curé, et alla au grand autel donner la bénédiction au peuple. Il se retira ensuite dans le logement qu'il avait pris au prieuré de Saint-Jean, et reçut la visite des officiers du bailliage. Le lendemain, le clergé et les magistrats vinrent le prendre avec le dais qui était porté par quatre échevins, et le conduisirent à l'église, où il célébra la messe et donna sa bénédiction. Se conformant à une touchante coutume qu'il observa dans toutes les paroisses, il se rendit ensuite sur le cimetière et pria solennellement pour le repos des morts.

Ces visites embrassaient l'inspection de l'état matériel et moral de la paroisse. L'évêque commençait par s'assurer d'abord de la tenue de l'église. Il examinait les autels du chœur, le sanctuaire, les chapelles, le tabernacle, le calice, le ciboire, l'ostensoir, les burettes, les chandeliers, la lampe du sanctuaire, les corporaux, le voile du calice, les nappes de l'autel et de la communion, les tableaux de l'évangile et du canon, les reliquaires, le dais, le vaisseau des saintes huiles, etc. Il entrait ensuite dans la sacristie, se faisait ouvrir l'armoire qui renfermait les ornements, les passait en revue, ainsi que la croix processionnelle, les bannières, l'encensoir et sa navette, la croix pour l'extrême-onction, le bénitier portatif, l'aspersoir et la lanterne. Il s'informait des fondations et des confréries établies dans l'église, si on faisait des quêtes et des processions. Il s'assurait de la bonne tenue des registres de baptême, de mariage et de décès, des livres de recettes et de dépenses, de la conservation des titres concernant les propriétés et les revenus ; il s'enquérait de l'emploi des fonds de la fabrique.

En sortant de la sacristie, il parcourait le chœur, les nefs et les alentours de l'église. Dans le premier, il portait son attention sur son état d'entretien, sur le clocher et les cloches, sur les livres d'office: missel, graduel, psautier, antiphonaire, processionnel, rituel, sur la balustrade séparant le chœur de la nef, sur la chaire à prêcher, sur les tableaux et statues qui s'y trouvaient, parmi lesquels il n'était pas rare de rencontrer des représentations profanes indignes du lieu saint, sur les armoiries et les litres que les fondateurs ou bienfaiteurs de l'église avaient obtenu le droit d'y placer, sur l'état des siéges et des bancs. Les nefs présentaient à son inspection leurs murs, leurs voûtes, leurs pavés, leurs chapelles, leurs vitraux, leurs portes, les confessionnaux, les fonts baptismaux, la piscine, le bénitier. Il se rendait dans le cimetière et s'assurait s'il était clos, si on avait élevé une croix au milieu. Il visitait ensuite le presbytère, les chapelles rurales et domestiques, les hôpitaux, les communautés.

Après cet examen du matériel commençait l'examen plus délicat et plus difficile de la conduite du curé, de ses vicaires, de leurs domestiques, des habitants de la paroisse. Les prêtres portaient-ils le vêtement ecclésiastique et la tonsure? Adressaient-ils des instructions à leurs paroissiens? Faisaient-ils des catéchismes? Quel était le nombre des communiants? Existait-il dans la paroisse des hérétiques, des inimitiés, des scandales? Des renseignements particuliers étaient donnés sur les personnes occupant dans le lieu une position notable, ou exerçant certaines fonctions, telles que le patron de la cure, le seigneur, les décimateurs, le bailli, le procureur d'office, les fabriciens, les maîtres et maîtresses d'école, les sages-femmes (1).

---

(1) Voyez, sur le cérémonial et les détails de ces visites, « Avertissement des choses qu'il faut préparer et tenir en état pour recevoir Msgr l'illustrissime et révérendissime évêque d'Autun, et des cérémonies qui se doivent observer en sa première visite dans une ville ou dans une église, » 13 pages d'impression in-4º, sans date et nom d'imprimeur,

Cette première visite de Roquette, l'une des plus importantes qu'il ait faites pendant la longue durée de son épiscopat, nous donne de l'état des églises et du clergé une idée qui répond assez exactement aux plaintes élevées par Doni d'Attichy, et que nous verrons d'ailleurs confirmées par les visites des archiprêtres qui furent organisées, les années suivantes, sur un plan régulier. Quoique, d'après le témoignage de l'historien de l'église d'Autun, cet évêque eût fait lui-même avec exactitude les visites de son diocèse et qu'il eût fourni généreusement, de ses deniers, des calices et des ornements aux églises pauvres, un grand nombre d'entre elles étaient dans le délabrement, et les objets destinés aux saints mystères sales et sordides. Roquette trouva les tabernacles grossièrement peints en rouge, non doublés d'étoffe à l'intérieur, remplis de toiles d'araignées. Les ciboires en cuivre, laiton ou étain, ne fermant pas ou fermant avec une cheville de bois, étaient noircis par la crasse. Les saintes huiles étaient tenues dans des vases malpropres, les fonts baptismaux remplis d'ordures, les linges de l'autel et jusqu'au corporal, sur lequel on posait le corps du Christ, malpropres et déchirés. Il trouva des hosties consacrées qui commençaient de pourrir. Des autels manquaient de consécration ou de marque de consécration. Des reliques étaient jetées pêle-mêle dans des vieux reliquaires, sans étiquettes. Les prêtres des paroisses, interrogés sur leur authenticité, n'en possédaient pas les titres et ne la connaissaient que par une vague tradition. Des fondations établies dans les églises° et les chapelles manquaient également des leurs. Des confréries avaient été instituées sans autorisation. Les registres de baptême, de mariage et de décès étaient tenus sur des feuilles volantes, sans mention de témoins et sans signatures. La plupart des cimetières étaient dépourvus de clôtures, abandonnés au bétail qui errait dans le village. Dans les uns on faisait des dépôts de bois, on laissait séjourner des voitures, on jouait aux quilles, on dansait. D'autres étaient traversés par un chemin public. Dans celui de Semur en Auxois, on avait donné permission de construire une chambre à de pauvres gens qui le remplissaient de débris et d'ordures. On portait aussi peu de respect à la présence de Dieu vivant sur l'autel qu'aux restes des morts dans la terre bénite.

Roquette prescrivit partout la réparation des tabernacles, leur doublure avec une étoffe de soie, le remplacement des vases de cuivre ou d'étain par des vases d'argent quand les ressources de la fabrique le permettaient, la recherche des titres intéressant l'histoire et les revenus des églises. Il fit enlever, comme inconvenants ou contraires à la vérité de l'histoire, des tableaux, des statues de bois ou de pierre auxquels la dévotion populaire donnait le nom de bons saints, mais qui, par leur indécence ou leur laideur, étaient loin d'offrir un sujet d'édification.

Ici c'était une image de saint Jean-Baptiste toute difforme; là un reliquaire de laiton contenant quelques fragments d'*Agnus Dei* et des pierres enveloppées dans un morceau de taffetas, avec un billet attestant que ces prétendues reliques avaient été données par un cordelier. Dans quatre ou cinq églises c'était une statue de saint Éloi, sous la figure d'un maréchal avec ses outils, forgeant sur l'enclume, ou tenant à la main un pied de cheval. Il fit enterrer ces statues grotesques dans les cimetières (1).

Presque partout le culte était célébré avec une incurie attestant de la part du prêtre l'ignorance de sa dignité, l'habitude de la routine et un attachement grossier aux intérêts temporels. Une pareille négligence ne se rencontrait pas seulement dans de pauvres églises de campagne, dépourvues de ressources, mais dans des églises largement dotées, possédées par des communautés religieuses ou par des chapitres de chanoines. A celle de Notre-Dame de Semur, en Auxois, remarquable par son architecture, était annexé un couvent de Bénédictins. Le prieur remplissait les fonctions de curé, mais il ne s'occupait pas de son église, et les convenances du culte laissaient grandement à désirer. Roquette trouva un ciboire plein de toiles d'araignées, un

---

(1) L'église de Saint-Thibault, dans l'archiprêtré de Semur, en Auxois, passait pour très-riche en reliques. Le curé montra, en 1667, à l'archiprêtre visiteur : deux côtes de saint Thibault, une côte de saint Blaise, une épine de la sainte couronne, du lait de la Sainte-Vierge dans une petite bouteille, un caillou du martyre de saint Étienne enveloppé dans du taffetas, un doigt de saint Hugues, abbé de Cluny, un pouce de saint Denis. Il ne put représenter les procès-verbaux de ces reliques qui étaient, dit-il, entre les mains de Simon de Villers-Lafaye, prieur commendataire de son église. Reg. de visite de l'archidiaconné de Flavigny, en septembre 1667, par Nicolas Joudon, archidiacre, chanoine d'Autun, etc. (Arch. de l'évêché.)

corporal rongé de poussière, les fonts baptismaux malpropres, les ornements en lambeaux, des autels sans consécration. Le service des pauvres n'était pas mieux traité à l'hôpital que ne l'était l'honneur de Dieu à l'église. Le maire l'avait placé sous la direction d'un vigneron qui s'y était installé dans deux chambres avec son frère, sa femme et ses enfants. Les revenus, s'élevant à quinze cents livres, avaient été affermés à un habitant de la ville qui ne donnait rien aux pauvres lorsqu'ils étaient malades. Ils ne recevaient de secours que de quelques personnes charitables. Dans l'unique salle affectée à leur service, on voyait sept châlits garnis d'une paillasse, d'une mauvaise couverture, de haillons. Les draps avaient été usés ou avaient servi à ensevelir les morts. Le mobilier consistait en quelques marmites, chaudières, en un poêle et un tonneau pour faire la lessive.

Dans une petite paroisse voisine, celle de Corcelles-les-Semur, dont l'église offrait l'aspect sordide que nous avons signalé plus haut, l'évêque trouva un curé ignorant à qui il jugea convenable de faire subir un interrogatoire. Il lui demanda, entre autres questions : « Qu'est-ce que la communion des saints ? — C'est la société des fidèles. — Combien y a-t-il de volontés en Jésus-Christ ? — Il n'y en a qu'une. — Est-elle divine ou humaine ? — Je crois qu'elle est divine. — Comment s'explique ce texte de l'Évangile : *Transeat à me calix iste, non tamen sicut ego volo, sed sicut tu ?* — C'est de la théologie et trop relevée pour moi ; j'estime néanmoins que le fils de Dieu voulut que la volonté du père fût accomplie, et non la sienne, comme fils de Dieu. — Que faut-il nécessairement pour bien administrer le sacrement de pénitence? — L'intention. » Interrogé si l'on sanctifiait dans sa paroisse les jours de fêtes, il répondit que les paysans allaient quelquefois au labourage et au travail. Roquette, après avoir prescrit les changements à faire dans son église, ordonna à ce prêtre peu habile de se rendre dans son séminaire et d'y rester le temps nécessaire à son instruction. Il agit de la même manière avec un curé qui, desservant à la fois les paroisses de Rouvray et de Sainte-Magnance, ne faisait jamais de catéchismes et laissait ses paroissiens dans l'ignorance des vérités premières de la religion. Interrogé lui-même sur le nombre de personnes en Jésus-Christ, il répondit qu'il n'y en avait qu'une seule, mais qu'il ignorait si elle était divine ou humaine.

Saint-Branché et Villarnoux étaient deux églises desservies par un ecclésiastique nommé Charles Saury, qui laissait tomber en ruines jusqu'au tabernacle de l'autel. Il n'était jamais dans sa maison et obligeait ses paroissiens à s'adresser à un curé voisin pour administrer les sacrements aux malades. L'évêque ordonna de joindre le procès-verbal de sa visite au procès criminel que son official dressait en ce moment à ce mauvais prêtre. Il trouva dans le bourg de Montréal une belle église ornée de sculptures curieuses, de belles stalles, pourvue de riches ornements. Il ordonna la clôture du cimetière, le remplacement, par un tabernacle, de la colombe de cuivre suspendue au-dessus du grand autel, dans laquelle, selon un ancien usage, on conservait les espèces eucharistiques, la recherche de quelques vieux titres. Mais si l'église était irréprochable, le chapitre collégial qui la desservait ne l'était pas complètement. Sur dix chanoines, deux menaient une mauvaise vie. L'un, nommé Estiot, se livrait dans les cabarets à la débauche, à des juremenls, à des violences et demeurait dans une profonde ignorance des choses du salut. L'autre, nommé Humbert, s'adonnait également au vin, et il existait une preuve vivante de son inconduite. Il les interrogea, obtint des aveux, les suspendit de leurs fonctions pendant six mois, avec ordre de se présenter devant lui à l'expiration de ce délai, afin d'être interrogés sur la science ecclésiastique et chrétienne.

Dans la ville d'Avallon, qui comptait quatre églises, il prescrivit d'enlever de celle de Saint-Lazare, qui était desservie par un chapitre de douze chanoines, l'ampoule de cuivre contenant les espèces eucharistiques, et enjoignit au chapitre de lui envoyer ses statuts. Il ordonna dans les autres des mesures de propreté, la suppression d'images et de statues inconvenantes.

Il termina sa visite par une toute petite paroisse, celle d'Athie, près Montréal, attiré par la détestable réputation du curé, Michel Regnard, qu'il avait fait arrêter à Avallon. « Il trouva le tabernacle, en forme de vieille armoire, sale, pourri, percé de tous côtés, rempli d'araignées et d'ordures ; le saint-sacrement dans un méchant ciboire de laiton très-malpropre, posé sur une serviette pourrie et rompue; l'autel et les images couverts de poussière; les saintes huiles dans une semblable armoire, mal tenues dans un vaisseau d'étain; un calice d'étain malpropre et fort noir, sa patène fendue; une bourse, voile et palle du calice déchirés; un voile de camelot, deux corporaux, un purificatoire tout pourri; pour tous ornements, une seule chasuble de camelot rouge fort tachée, deux petits missels, et tout le reste de l'église dans un grand désordre et dernier abandon. » Il entendit les plaintes portées contre le curé par deux fabriciens et confirmées sous la foi du serment par huit paroissiens.

Quoique Michel Regnard fût pourvu depuis vingt ans de la cure d'Athie, il n'avait cessé, jusqu'à l'année dernière, d'habiter Montréal où il possédait un canonicat. Il s'absentait quelquefois durant quinze jours, sans se donner de remplaçant. Ses paroissiens manquaient souvent de messes les jours de dimanches et de fêtes. Il ne leur adressait jamais d'exhortation et ne faisait pas de catéchismes. Durant ces absences, plusieurs personnes étaient mortes sans confession. Quand on venait le chercher pour administrer les sacrements à un malade, il répondait : « Je n'ai pas le loisir; j'irai demain; rien ne presse; il n'est pas aussi mal que vous pensez. » Et par suite de ces retards, des malades étaient morts sans viatique, des enfants nouveaux-nés sans baptême.

Ses mœurs étaient à l'avenant de son zèle. Il avait amené de Montréal une jeune servante de mauvaise réputation, avec un enfant âgé de deux ans, et il ne s'était décidé à la congédier qu'à la nouvelle de la visite de l'évêque. Elle avait eu un second enfant qui était mort, et elle se trouvait en ce moment enceinte du troisième. Il l'avait tenue à pot et à feu dans le presbytère, où on ne voyait qu'un lit et une couchette d'enfant. Cette servante, assez bien faite de sa personne, se montrait arrogante, agissait et parlait en maîtresse, comme pourrait le faire une femme légitime « en la maison et pour les affaires de son mari. » Le presbytère était digne de son habitant : deux chambres ruinées et entièrement démolies ; dans l'une, dépourvue de carrelage, se trouvaient un lit, treize ou quatorze tonneaux qui l'encombraient, de sorte qu'on avait peine à s'y remuer, « le tout dans un grand désordre et confusion (1). »

Sur la fin de l'année 1669, il visita quelques paroisses voisines d'Autun et parcourut une partie du Charolais. Il trouva l'hôpital de Paray dans un complet dénûment. Il n'y avait, à l'usage des voyageurs et des malades, que de mauvais châlits avec une paillasse. Les draps et les couvertures faisaient défaut. Il servait de repaire à une foule de gueux et de voleurs qui se livraient à la débauche. Celui de Marcigny, dépourvu de recteur et de revenus, se composait de deux chambres : dans l'une on logeait les passants ; l'autre était habitée par deux vieilles

(1) Reg. des cures de Mgr d'Autun, visitées aux mois de septembre, octobre et novembre 1668. Ces visites embrassent trente paroisses dans les archiprêtrés de Flavigny, Semur, Avallon.

filles. La plupart des églises manquaient du nécessaire (1).

Il arriva au mois de décembre dans la ville de Moulins, où le clergé et les habitants lui firent une réception solennelle. Il reconnut que la paroisse de Saint-Pierre, l'une des plus importantes et qui comptait plus de trois cents feux, ne possédait ni maison presbytérale ni cimetière. Les morts qui n'étaient pas assez riches pour acheter une sépulture dans l'église étaient portés dans le cimetière de la paroisse d'Yseure, situé à une demi-lieue de là. Les marguilliers se plaignaient de l'incapacité de leurs vicaires ; aussi les fidèles abandonnaient cette église pour celles des religieux, où ils trouvaient à satisfaire plus commodément leur dévotion (2).

L'état de la cure d'Yseure accusait une grande négligence de la part de maître Mathieu de Matignon, qui cumulait sa desserte avec celle de Saint-Pierre. Au préjudice d'un acte passé entre ses prédécesseurs et les marguilliers, il s'attribuait sur les revenus une somme destinée à l'entretien de deux vicaires et n'en tenait qu'un seul. Comme il lésinait sur ses appointements, il ne pouvait se procurer des sujets possédant les qualités nécessaires

---

(1) Registre des visites de Monseigneur, du 25 septembre au 6 décembre 1669.

(2) Visite de Saint-Pierre de Moulins, 7 décembre 1669. L'évêque n'entra pas dans l'église collégiale de Notre-Dame, parce que le chapitre, méconnaissant sa juridiction, voulut lui faire signer une reconnaissance de ses priviléges. Les chanoines se contentèrent de se joindre au cortége des habitants.

pour l'instruction et l'édification des fidèles. Il se pourvoyait de prêtres vagabonds, ignorants, de mauvaise vie, qui passaient leur temps à boire et à se battre dans les cabarets. Ces vicaires, réduits à de maigres émoluments, faisaient commerce des sacrements, exigeaient, pour leur administration et pour droits d'enterrement, des sommes exorbitantes. Le sieur Vernoy, actuellement en exercice, s'enivrait souvent, était presque toujours en colère. Il avait refusé de porter l'extrême-onction à une femme malade, en répondant qu'il n'en serait pas payé. Il ne faisait ni prônes, ni catéchismes. On l'avait vu frapper une personne dans l'église, jurer le nom de Dieu en administrant le baptême, se retourner à l'autel, durant la messe, pour dire à des enfants qui faisaient du bruit : « Retirez-vous de là, coquins ! » Il s'était trouvé pris de vin le jour de la fête de saint Mayeul, à Souvigny. Une autre fois, il était demeuré toute une journée dans un repas de noces, et quand le soir on l'engagea à souper : « Venez-moi aider, répondit-il, à aller à table. » Le jeudi saint, trois bourgeois de la ville étant venus à l'église chanter ténèbres, il leur ordonna de se taire, en ajoutant qu'ils ne lui apprendraient pas son métier. Puis il tomba à terre pour avoir trop bu, et il fallut le remettre sur ses jambes. L'évêque obligea le curé à placer sans retard deux vicaires dans la paroisse d'Yseure et quatre dans celle de Saint-Pierre, possédant les qualités requises (1).

(1) Procès-verbal de visite à Yseure, 12-19 décembre 1669.

Il existe de nombreux registres renfermant les procès-verbaux des visites de paroisses que Roquette confia aux archiprêtres de son diocèse. Bien qu'ils n'embrassent pas la totalité de ces paroisses, qui étaient réparties entre vingt-cinq archiprêtrés, c'est dans ces procès-verbaux et dans les questionnaires adressés par l'évêque à ces délégués qu'il faut chercher le tableau fidèle de l'état du clergé des villes et des campagnes. Nous pouvons juger par ce qu'ils nous révèlent sur certains pays de ce que pouvaient être ceux sur lesquels les renseignements nous font défaut.

Dans l'archiprêtré d'Autun, à peu de distance de la ville épiscopale, le curé de Cordesse, homme incapable, tenait son église dans un état de malpropreté révoltante. Celui d'Igornay était d'une ignorance plus que médiocre. Celui de Saisy, presque toujours absent, laissait mourir les enfants sans baptême, les malades sans sacrements. Le jour de la fête de Sainte-Croix, il fit si bien la débauche en ville, qu'il eut peine à regagner sa cure et à dire la messe le lendemain. Le curé de la Chapelle-sous-Uchon couchait dans les cabarets, jouait aux quilles et aux cartes les jours de fêtes, était soupçonné de mauvaises mœurs. Celui de Saint Léger-sous-Beuvray, qui avait été autrefois marié, logeait tous ses enfants au presbytère. On accusait celui de Villapourçon de relation intime avec une de ses paroissiennes. Plusieurs ne portaient pas la soutane, n'avaient aucun soin de leur église. Nul d'entre eux ne méritait l'éloge que l'on voit adressé au curé d'Auxy :

« Il entend bien le jardinage, la musique, la sculpture, les mathématiques, etc. » Une foule d'églises manquaient de confessionnaux, de livres de chant, de chaire à prêcher, de linges d'autel, de pavés, de vitraux, de sacristie, de fabrique, d'instituteur. Les tabernacles étaient malpropres, les vases sordides, les cimetières sans clôtures (1).

Les curés de la ville eux-mêmes, placés sous l'œil de l'évêque et de ses grands vicaires, s'acquittaient sans respect de leur ministère. Dans quelques paroisses on ne disait pas de grandes messes, on ne chantait de vêpres que les jours de fêtes solennelles, on n'enseignait le catéchisme aux enfants que durant le carême. On ne signalait point à l'évêque ou à ses vicaires généraux les clercs qui se dispensaient d'assister aux offices ou qui tenaient une conduite scandaleuse. Plusieurs curés célébraient la messe sans modestie, avec précipitation, n'étaient pas assidus au confessionnal la veille des grandes fêtes, ne prémunissaient pas leurs paroissiens contre les danses publiques. Quelques-uns serraient des objets profanes, tels que des mouchoirs de poche, des lettres, des billets, dans la layette où l'on mettait le corporal. D'autres s'adonnaient à la chasse, aux jeux de cartes, aux collations et petites buvettes, négligeaient le soin des malades, se montraient d'une grande liberté dans leurs conversations avec les femmes,

---

(1) Procès-verbaux des visites faites par les archiprêtres du diocèse d'Autun, 1671. — Procès-verbal de visite dans l'archiprêtré d'Autun, par M. de Challonge, 1671. — Mémoire des choses nécessaires dans les paroisses de la ville.

d'une morale relâchée, rudes et sévères dans l'exaction de leurs droits curiaux. Le prévôt de la collégiale de Notre-Dame, qui exerçait en même temps les fonctions de curé, n'avait jamais demandé à l'évêque de *visa*, c'est-à-dire l'institution nécessaire pour exercer ces fonctions. Il n'habitait pas sa paroisse, faisait de continuelles absences à propos des procès et des affaires de son chapitre. Quoique les limites de cette paroisse fussent assez éloignées de la ville, il se passait de vicaires. Le curé de Saint-Pierre-Saint-Andoche se contentait de faire les choses dont il ne pouvait se dispenser, et, sous prétexte que sa sœur logeait avec sa fille au presbytère, il y souffrait l'assemblée de toute la jeunesse de la ville; « il y avait quartier jour et nuit. » Il s'était rendu méprisable en faisant des gens de basse naissance sa compagnie habituelle (1).

Le vieux curé de Saint-Pantaléon, dans le faubourg, commençait à radoter, et n'ayant plus une idée exacte de la dignité des sacrements, était le confesseur banal de tous les vauriens de la ville. Celui de Saint-Jean-l'Évangéliste, fort sujet au vin, causait un grand scandale quand il était ivre, tombait tous les ans en démence pendant quelques mois, avait par négligence laissé mourir deux de ses paroissiens sans confession. Celui de Saint-Jean-le-Grand passait les jours de fêtes à la ville et s'emportait au moindre prétexte. Son voisin, le curé

(1) Avis particuliers pour MM. les curés d'Autun, 1689. — Avis généraux pour MM. les curés d'Autun, 1689. — Notes sur l'archiprêtré d'Autun.

de Saint-André, traitait avec fierté ses paroissiens, s'éloignait des pauvres malades, n'habitait pas son presbytère, disait les vêpres trois ou quatre fois seulement dans l'année, omettait quelquefois les grandes messes, et se reposait sur un jeune clerc du soin de faire le catéchisme. Le curé de Couhard, à peu de distance d'Autun, n'allait dans sa paroisse que les dimanches matin, envoyait ses paroissiens aux églises de la ville et courait les boutiques, comme un homme désœuvré, sous prétexte de s'occuper des affaires de sa famille (1).

Le clergé de la ville de Beaune, une des principales du diocèse, donnait, en général, l'exemple de la régularité. Il y avait été maintenu par un de ces hommes d'élite qui s'étaient imposé la tâche difficile de le relever de son abaissement : Jean Loppin, archidiacre et chanoine de l'église collégiale de Notre-Dame. Il faisait passer des examens aux prêtres sur des questions posées d'avance, en les renvoyant pour les étudier à des livres désignés d'un commun accord avec l'évêque. Il les obligeait à rédiger des compositions sur des sujets qu'il développait devant eux. Ces examens avaient lieu en présence d'un conseil composé de l'archidiacre, du théologal et du supérieur de l'Oratoire. Tout ecclésiastique qui demandait le renouvellement de son approbation était tenu de s'y soumettre. Mais, en général, leur ignorance était si grande, et il fallait user d'une telle

(1) Avis particuliers pour MM. les curés d'Autun, 1689. — Avis généraux pour MM. les curés d'Autun, 1689. — Notes sur l'archiprêtré d'Autun.

tolérance, qu'afin de ménager les incapables et de chercher à réveiller entre eux un peu d'émulation, Loppin se vit obligé d'instituer des conférences ayant pour objet les vérités les plus élémentaires de la religion. Il gémissait sur la disette de prêtres dignes et intelligents, sur les sacriléges commis chaque jour dans la réception des sacrements par suite de la défiance que certains confesseurs inspiraient à leurs pénitents, ou par suite de l'indifférence et de l'ignorance de ces confesseurs eux-mêmes (1).

Sur une cinquantaine d'ecclésiastiques composant le clergé de la ville, dont vingt-huit appartenaient au chapitre de Notre-Dame, la plupart s'acquittaient avec piété de leurs fonctions. Quelques-uns même possédaient les deux vertus qui sont le couronnement de toutes les autres, à savoir la charité et l'humilité chrétiennes. Mais cinq ou six étaient entachés de mondanité et de légèreté dans leur conduite. Un prêtre nommé Forest logeait dans sa maison un garçon de naissance qui était le plus dévergondé de toute la ville, et y introduisait toutes sortes de désordres. Forest lui-même s'enivrait jusqu'à perdre la raison. D'habitude il n'avait pas le sens commun et ne pouvait dire un mot aux conférences (2).

(1) Lettres de MM. Loppin et Dodun à Roquette et au grand-vicaire Sabatier, des mois de février et avril 1668. Loppin, archidiacre de Beaune dès 1629, mourut en 1681 dans un âge très-avancé, après une carrière très-laborieuse. (Gandelot, *Hist. de Beaune*, p. 201, 311.)

(2) Lettre de Loppin à Sabatier, du 5 avril 1668. Mémoire du clergé de Beaune, comprenant les ecclésiastiques, religieux, religieuses, hôpitaux, 1692.

Le clergé des paroisses rurales, malgré les tentatives de Loppin et de Brunet, son successeur, était loin de présenter partout l'exemple de la régularité. En 1668, Loppin qualifie le curé de Bierry de misérable, ne sachant pas un mot de latin, de seul concubinaire public qui existât dans l'archidiaconé. Celui de Champignole partageait son temps entre la chasse et le cabaret ; quelques autres se dispensaient de la résidence. Onze ans plus tard, Brunet signale le curé de Bessey-en-Chaume comme suspect de mauvaises mœurs. Celui de Bouillan, hôte habituel du château de Savigny, refusait de confesser les jours ouvrables. Les habitants de Combertaut accusaient le leur de négliger ses devoirs et de se conduire sans gêne avec des femmes et des filles. Ceux de Chevigny et de Corberon donnaient des soupçons sur leur moralité. Celui de Corcelles, toujours en procès avec ses paroissiens, désignait dans ses prônes les gens dont il croyait avoir à se plaindre. Celui de Corgoloin est stigmatisé par le visiteur en deux mots : « Peu capable, négligeant son devoir, indigne de son ministère, méprisé de ses paroissiens. » « Il parle beaucoup, disait le même visiteur à propos de celui de Crugey ; je le crois un peu effronté sur ce point. » La vieille servante du curé de Magny se montrait fort insolente, et lui-même était sujet au vin. Celui de Saint-Aubin plaidait depuis plus de vingt ans contre ses paroissiens, qui lui reprochaient une liaison secrète. Celui de Villy, libre et immodeste dans son extérieur, entretenait une trop grande familiarité avec une de ses voisines (1).

Quoique l'ivrognerie chez les hommes, le luxe et la vanité chez les femmes, fussent très-ordinaires dans le Charolais, les ecclésiastiques composant le chapitre collégial de l'église Saint-Nizier de Charolles, au nombre de dix, si on en excepte un ou deux portés au vin, tenaient une conduite régulière. Quelques-uns étaient édifiants, d'autres distingués par leur mérite. Mais maître Pierre Michel, l'un de ces ivrognes, pilier de cabaret, était comme un lion dangereux quand il se trouvait en état d'ivresse. On ne pouvait dire que la réputation des membres du chapitre de Saint-Hilaire de Semur en Brionnais fût tout à fait mauvaise; cependant elle n'était pas aussi édifiante qu'elle aurait dû l'être. A Paray, le service de la paroisse était rempli par un curé qui montrait peu d'attachement à ses fonctions, mais, en revanche, beaucoup d'estime de lui-même, et par huit prêtres mépartistes qui vivaient exemplairement, à la grande confusion des protestants de cette petite ville. Tout le bien qui s'y faisait venait de ces sociétaires; mais sur le nombre il en était un, avare à l'excès, pratiquant l'usure, courant les foires et les marchés; un autre, pilier de cabaret, souvent ivre, « n'ayant d'humain que l'apparence. » Le cimetière, qui n'était pas clos, servait de paissance aux pourceaux. A Marcigny, un sieur Joly, sorti du séminaire d'Autun sans avoir

---

(1) État des paroisses de l'archiprêtré de Beaune, etc., par Jos. Brunet, archidiacre, 1679-1680

reçu les ordres, s'avisa d'exercer les fonctions ecclésiastiques (1).

Dans les archiprêtrés de Charolles et de Perrecy, la plupart des églises rurales manquaient du nécessaire ; les curés avaient à peine de quoi vivre. Le nombre des honnêtes gens était en minorité. A côté de quelques prêtres de bonne volonté, on ne voyait que des curés malpropres, habitués des cabarets, « faisant plus de commerce pour acquérir les biens de la terre que de bonnes œuvres pour acquérir les biens du ciel. » Le curé de Saint-Symphorien-les-Charolles, très-ignorant, un des moindres sujets qu'on pût voir, passait pour s'être enrichi suffisamment dans la vente du bétail. Celui de Fontenay, qui possédait un canonicat à Charolles, sous prétexte que les revenus de sa cure étaient très-minces et qu'il n'existait pas de presbytère, n'allait y dire la messe que deux fois par mois, quand ses paroissiens voulaient bien lui envoyer un cheval. Il ne leur avait peut-être jamais dit qu'il existait un Dieu, et il se reposait sur ses voisins du soin de leur administrer les sacrements. Le curé de Saint-Aubin, d'un caractère rustique, sans éducation honnête, s'occupait d'amasser du bien au lieu d'orner son église et de rebâtir son presbytère, qui tombait en ruines. La

---

(1) Visite de l'archiprêtré de Charolles en 1681. État de l'archiprêtré de Charolles, mars 1689. Mémoire sur les sociétaires de Paray, sans date. Lettre de M. de la Souche, primicier de Charolles, à Roquette, sans date. Mémoire pour la visite de Paray, sans date, etc. Requête du 13 juillet 1699, portant défense au sieur Joly de faire aucunes fonctions.

multiplicité des cabarets, les préoccupations de la vie matérielle, les habitudes de la chicane et du trafic, rabaissaient en général le clergé et la population de ce pays de pâturages, de foires, de commerce de bétail, dans lequel l'instruction était peu répandue (1).

A Monétay, dans l'archiprêtré de Pierrefitte en Bourbonnais, on célébrait tous les ans un service le jour de sainte Marguerite. Ce service, auquel étaient invités de nombreux prêtres du voisinage, se faisait très-mal, la plupart de ces curés s'attachant plutôt à la cuisine qu'au service. En 1675, il s'y trouva dix-sept prêtres, et les vigiles furent chantées seulement par cinq d'entre eux, les autres étant restés à la cure ou au cabaret à faire des choses inutiles, pour ne pas dire pires. Le curé d'Avrilly, sous prétexte de maladie, ne venait pas au synode de l'archiprêtre. Il ne portait pas la soutane, se livrait au commerce du bétail, dans lequel il avait amassé plus de huit mille livres, se dispensait d'enseigner le catéchisme, laissait son église dans la malpropreté. L'archiprêtre visiteur tira d'un tabernacle, rempli d'ordures, un ciboire portatif destiné à resserrer les hosties qui servaient pour l'administration de l'eucharistie aux malades. Il demanda au curé s'il ne contenait rien, et, sur sa réponse négative, l'ayant ouvert, il y trouva une quantité de fragments des saintes espèces qui étaient réduites en poussière pour avoir été longtemps portées dans la

(1) Voir la *note* de la page précédente.

poche du curé. Celui de Saint-Léger-les-Bruyères, « grand musicien et petit curé, » ne faisait pas le bien qu'il pouvait faire; on ne savait s'il confessait. Le vicaire de Pierrefitte, « bouffon, railleur, antimoine, fréquentant les hommes de jubilation, » n'avait pas l'esprit ecclésiastique (1).

Dans l'archidiaconé d'Avallon, ainsi que dans d'autres parties du diocèse, les enterrements étaient une occasion de ripaille. Quand un chef de famille venait à décéder, ses parents priaient le curé d'inviter huit ou dix confrères du voisinage à ses obsèques, et de célébrer pour le repos de son âme un office des morts, consistant en trois grandes messes et trois messes basses. Les curés ne manquaient pas de se rendre à cette invitation, mais la plupart avec des habits malpropres et rompus, avec des soutanelles si courtes, qu'étant revêtus de leurs surplis ils semblaient ne pas en avoir. Dès que la première messe était achevée, celui qui l'avait dite sortait de l'église et courait au cabaret; le second en faisait autant; le troisième avait souvent peine à trouver un clerc pour le servir à l'autel. Le service fini, tous allaient se mettre à table, se portaient des santés et, dans la chaleur du vin, s'émancipaient en toutes sortes d'impertinences (2).

---

(1) État et mémoire de l'archiprêtré de Pierrefitte, 1675. Visite par J.-B. Leblanc, archiprêtre de Pierrefitte, 1681.

(2) Sommaire d'une partie des désordres à corriger au diocèse d'Autun, et particulièrement dans l'archidiaconé d'Avallon, dressé par ordre de Mgr d'Autun, par l'archidiacre d'Avallon, 9 septembre 1667.

Il existait, dans l'archiprêtré de Vézelay, un petit canton de huit à neuf paroisses, dépendant de cette antique abbaye, à laquelle avait succédé un chapitre qui se disait exempt de la juridiction épiscopale. Leurs curés, prétendant n'appartenir à aucun diocèse (*nullius diocesis*), mais à la *poté* ou papauté de Vézelay, refusaient de recevoir la visite des archidiacres. L'ordre de Malte possédait à Pontaubert, près d'Avallon, une petite commanderie. Le curé de Pontaubert et celui de Vaux, après avoir toléré pendant quelques années cette visite, reçurent des chevaliers défense de la permettre à l'avenir. L'un d'eux s'avisa même de faire, de son autorité privée, des mariages clandestins. Le fait fut dénoncé à Roquette, qui ordonna de procéder à une information et de dresser ensuite « le procès à ces gens-là, quoiqu'ils fussent dépendans des chevaliers de Malte (1). »

En 1669, les chanoines de la collégiale de Chatel-censoir, près de Vézelay, procédant au remplacement d'un abbé ou supérieur, qui était en même temps curé de la paroisse, portèrent par moitié leurs voix sur un homme dont l'élection se trouva ainsi en suspens. Ce candidat était d'une telle espèce, que des gens bien intentionnés, redoutant sa nomination, écrivirent à l'évêque pour l'engager à lui refuser, s'il était élu, l'approbation compétente. Il se nommait Piretuy et, du temps qu'il avait été receveur des tailles, il s'était rendu coupable de concussions, de vols et

---

(1) Voir la *note* 2 de la page précédente.

d'incendies. Le juge délégué pour lui faire son procès l'avait condamné à être pendu ; mais le procureur général près le parlement de Paris, trouvant la peine encore trop douce, en appela *à minimâ*. Il resta pendant deux ans incarcéré au Châtelet et finit par obtenir son élargissement, grâce aux sollicitations de ses parents et moyennant une taxe qui lui fut imposée. Afin d'éviter de payer, il fit donation de son bien, et pour se soustraire à une prise de corps et se créer des ressources, il embrassa l'état ecclésiastique. Malgré sa détestable réputation, il mettait tout en œuvre afin d'obtenir l'abbaye de Chatelcensoir (1).

Dans cet archiprêtré de Vézelay, le curé d'Asnières, se voyant sous le coup d'une poursuite de la part de l'official, à cause de ses folies, s'enfuyait du diocèse et cherchait à traiter de la vente de sa cure par voie simoniaque. Dans celui d'Avallon, le curé de Magny exigea pendant quelque temps qu'on lui donnât pour les mariages une poule et des gants. Celui d'Aneau, maître Lazare Rongeot, se rendit célèbre par un procès criminel dont nous parlerons plus loin. Dans l'archiprêtré de Quarré-les-Tombes, le curé de Dun-les-Places laissait mourir les malades sans confession, portait quelquefois le viatique à cheval sans nécessité, fréquentait les cabarets et était « grand brelandier. » Une enfant née d'une fille qui tenait un cabaret près de la cure venait souvent trouver celui de Saint-Germain-des-Champs

---

(1) Lettre de M. Compain à Roquette, du 19 avril 1669.

au presbytère, et jusque sur les marches de l'autel. Il en tirait vanité et la caressait devant ses paroissiens. Vindicatif à l'excès, il en avait outragé plusieurs, poursuivi d'autres le fusil à la main, avec des blasphèmes, percé un d'un coup d'épée. Il avait voué une haine irréconciliable à ceux qui lui reprochaient ses désordres, et cherchait à leur nuire par toute sorte de moyens. Ces violences obligèrent ses paroissiens à faire informer contre lui par les juges des lieux. Il jouait aux quilles sur le cimetière et ne portait pas la soutane. Le curé de Bussières-Cordois attirait chez lui la jeunesse pour faire la débauche jusqu'après minuit. Il était en procès avec quelques-uns de ses paroissiens, et avait à ce sujet, et au sujet d'une femme, de fréquentes querelles (1).

Dans l'archiprêtré de Corbigny, le curé de Vauclaix maltraitait ses paroissiens, les tenait en aversion. Celui d'Empury, adonné au vin, ne faisant jamais d'instruction, laissait mourir les enfants sans baptême, les malades sans sacrements. Celui de Montceau-le-Comte était sujet aux blasphèmes et à « s'imbiber de vin. » En cet état il disait fort brusquement la messe. Il existait à Cervon une ancienne et jolie église, occupée par un chapitre de dix chanoines. Ils en avaient confié la cure à un vicaire perpétuel. En 1667, le visiteur s'étant enquis de leurs noms et de

---

(1) Procès-verbaux des visites faites par les archiprêtres du diocèse d'Autun de l'année 1671. Visite de l'archidiaconé d'Avallon, par Ant. Tixier, 1667. Registre de visite de l'archidiaconé d'Avallon en 1671, · r ·hi rêtrés de Corbigny, Saulieu, Quarré, Anost.

la manière dont ils remplissaient leurs fonctions, ils lui firent répondre que sa visite ne les regardait pas et qu'ils ne voulaient rien lui dire. Il en aperçut un qui traversait l'église, vêtu d'un justaucorps, sans soutane, et mâchant du tabac (1).

Dans l'archiprêtré de Saulieu, on reprochait au curé de Manlay son esprit processif et des fréquentations inconvenantes ; celui de Monlay, d'un caractère prompt et intéressé, se livrait également à la chicane ; celui de Villers s'adonnait au vin ; celui de Missery, passionné et violent, scandalisait le voisinage par ses querelles avec le curé de Mont-Saint-Jean, qui lui-même montrait trop d'attachement pour le jeu. Celui de Censerey manquait de modération dans « le boire » et laissait ses paroissiens dans une déplorable ignorance (2).

Dans l'archiprêtré d'Anost, on dansait sur le cimetière de Moux, et des colporteurs, même huguenots, y étalaient leurs marchandises à certaines fêtes de l'année. Le curé d'Arleuf, assez bonhomme, mangeait dans les cabarets, et aux repas de noces et d'enterrements. Il était sujet à s'imbiber de vin, et un jour, se trouvant en cet état, il tomba dans le feu et gagna des brûlures dont il portait les marques au visage. En 1692, le visiteur signale cette paroisse comme étant pleine de débauches. La danse y faisait peine à un curé, successeur plus digne de celui dont nous

dame de la Tournelle, à qui appartenait la seigneurie de la paroisse. Un vieux curé d'Anost, mis à la retraite, nommé Dimanche Tixier, et André Bigeard, son successeur, tous deux suppôts de cabarets, s'étaient voué une haine irréconciliable. Ils blasphémaient dans leurs querelles le nom de Dieu, ne s'accordaient pas même dans l'église au sujet de leurs fonctions, et troublaient le service divin. Le vieux curé, dans un accès de colère, interrompit un jour le sermon d'un cordelier, avec une opiniâtreté qui scandalisa les assistants. Interdit de ses fonctions, il n'en continuait pas moins de dire la messe et d'administrer les sacrements. Plusieurs curés de cet archiprêtré couraient les foires ou passaient leur temps à la chasse (1).

L'archidiaconé de Flavigny, situé à l'extrémité nord du diocèse, semble avoir été un de ceux où l'immoralité était le plus répandue parmi le clergé des campagnes. Dans l'archiprêtré de Flavigny, le curé de Civry-en-Montagne fréquentait un cabaret où se trouvait une femme mariée, dont le père s'était déterminé à porter plainte. Dans l'archiprêtré de Pouilly, la paroisse de Commarin était, en 1694, dans un état déplorable. L'église tombait en ruines, et le vicaire qui la desservait laissait vivre ses ouailles à leur fantaisie. « Les désordres, dit l'archiprêtre chargé de sa visite, étaient devenus si atroces que le papier en rougirait. » Ce vicaire avait pour amis deux jeunes seigneurs du château de Commarin, qui te-

(1) Visites des paroisses de l'archiprêtré d'Anost, 1692. Procès-verbaux des visites des archiprêtrés de Saulieu, Quarré, Anost, 1672.

naient enfermées deux jeunes filles et leur mère, avec lesquelles ils tournaient la religion en ridicule, prêchaient et pratiquaient l'immoralité. Le curé d'Essey labourait lui-même à la charrue, disant que c'étaient les terres de sa cure qu'il faisait valoir. Il existait dans cette paroisse plusieurs religionnaires. Son prédécesseur, homme instruit, avait grandement contribué à convertir l'un d'eux, le comte de Blé; mais le nouveau curé, très-ignorant et grand chasseur, était devenu le jouet de ceux qui restaient. Le curé de Chailly « était plutôt à visiter que son église » et ne portait pas la soutane. Celui du Fête traitait fort mal son oncle, le curé de Foissy, et rebutait les gens qui s'adressaient à lui pour la confession. Il ne faisait jamais d'instruction, laissait souvent les morts durant trois jours sans sépulture, les ornements de son église devenir la proie des rats. Le desservant de la chapelle de Chazilly, annexe de Sainte-Sabine, après une petite messe le dimanche, passait le reste de la semaine au cabaret. Le curé de Vandenesse, originaire de l'Auvergne, se disputait continuellement avec sa sœur, qui logeait au presbytère; il ne faisait jamais de catéchismes, jurait et s'emportait à tout propos; il ne portait pas la soutane et mettait un cotillon pour dire la messe. Aux vêpres du dimanche, il ouvrait le saint-ciboire, et, prenant une petite hostie entre les mains, il la montrait au peuple pour l'adorer, usage qui n'était pratiqué dans aucun endroit du diocèse. Il faisait du reste, dans son église, toutes les cérémonies qui lui passaient par la tête. Le curé de Créancé, paroisse considérable, ne s'acquittait d'aucune des fonctions de son ministère. Celui de Thoisy était d'un accès et d'une parole si rudes et si farouches, que ses paroissiens n'osaient l'avertir quand il y avait des malades. Il les traitait de coquins et d'autres injures. Le curé de Gissey, qui n'avait jamais possédé de soutane, était très-violent, « jurait terriblement, buvait extraordinairement, » scandalisait le pays par ses querelles avec le seigneur du lieu. *Sacerdos non pacificus*, dit le visiteur, *sed miles furiosus*. Celui de Chaudenet, homme fort avare, s'était fait léguer par une de ses pénitentes une somme de douze cents livres, au préjudice de ses parents qui mendiaient. Dans six paroisses de cet archiprêtré le visiteur conseillait de faire murer des portes qui, donnant accès de l'église dans la cure, « étaient des portes de fornication. » Plusieurs curés fréquentaient les foires et les marchés, allaient à la chasse, plaidaient. La plupart des églises étaient pauvres, sans confessionnaux, les chapelles sans autels consacrés, les paroissiens sans instituteurs (1).

L'archiprêtré de Duesme, situé dans le bailliage de la Montagne ou de Châtillon-sur-Seine, se montrait, à raison de son éloignement, plus rebelle que tout autre à la réforme. Un curé d'Étalant s'était fait condamner plusieurs fois par les officiaux, à raison de ses anciennes habitudes avec une de ses voisines. L'archiprêtre chargé de le visiter, de 1686

(1) Procès-verbaux des visites faites par les archiprêtres d'Autun en l'année 1671. Procès-verbaux des visites de Pouilly en 1694 ; id. en 1695, par François Henri, curé et archiprêtre, etc.

à 1695, et dont le langage atteste une véritable douleur, faisant allusion aux impuretés dans lesquelles quatre ou cinq curés vivaient depuis nombre d'années, leur inflige l'épithète de « vieil pécheur. » A côté de ceux qui méritaient un pareil reproche, il en était peu qui ne fussent chasseurs, avares, négligents. Celui de Jours est peint tout entier dans les lignes suivantes : « Ayant publié à son prône un billet par lequel M. du Chastellet (seigneur du lieu) ordonnait de mettre des bâtons au col des chiens, M. de Spindevaux, gentilhomme, dit : « Monsieur le curé en devrait mettre un à son chien « de chasse. » Ce qu'ayant appris ledit sieur curé et rencontrant ledit gentilhomme à un apport de Saint-Honoré, en présence de plusieurs personnes, il lui fit une insulte scandaleuse, l'appelant chien, bête, animal, pique-assiette, meurt de faim, vilain, et puis, sortant, alla dire la messe sans se confesser, dont on fut très-mal édifié. Le dimanche suivant, faisant l'eau bénite, il trempa l'aspersoir tout plein et le jeta audit gentilhomme, qui eut sa perruque, son visage et sa cravate toutes mouillées. Il est presque toujours en campagne après les procès, et toujours extrêmement superbe (1) »

Le jour du synode, tenu le lendemain de *Quasimodo* par l'archiprêtre, sept curés se concertèrent pour ne répondre à aucune question et faire avorter le but de la réunion. « On doit se mettre peu en peine, lui dirent-ils, de ce que vous mandez à

(1) Procès-verbaux des visites, etc. État fidèle de l'archiprêtré de Duesme, du 25 avril 1686, par Oriesme, archiprêtre, curé de Jours.

Autun, car les supérieurs n'y ajoutent point foi. Ce que nous avons à dire, nous le manderons nous-mêmes. » Ils affectèrent de se porter des santés durant tout le dîner, malgré les remontrances de l'archiprêtre, puis allèrent au cabaret continuer de boire. Le curé de Quémigny, grand chasseur, ne manquait pas, en allant administrer les sacrements dans les hameaux, de prendre avec lui ses quatre chiens de chasse et de passer à travers les bois et les fourrés. Ayant conduit un jour ses paroissiens en procession dans une paroisse voisine, il les quitta en chemin, les laissa s'en aller seuls et entra dîner chez un confrère. Il répondait par des injures aux conseils de l'archiprêtre. Le curé de Gilly jouait et buvait dans les cabarets les jours de fêtes, trafiquait dans les foires, expédiait ses vêpres à la chandelle, laissait mourir un malade sans confession, faute de vouloir quitter une partie de pêche, traitait ses paroissiens de coquins et de canaille, tirait la barbe à l'un, arrachait l'oreille à un autre, et portait, même en disant la messe, « une perruque frisée, coquillée et toute mondaine. » Le curé de Chaulme, un de ces vieux pécheurs dont nous venons de parler, « se troublait de vin, était sensuel, recherchait les viandes les plus délicates, les vins les meilleurs et les plus chers. » On le croyait sujet au mal caduc, et, ajoute l'archiprêtre, il est indévot; voilà son caractère (1).

(1) Procès-verbaux des visites, etc., et état des vies et mœurs de MM. les curés, etc., en l'archiprêtré de Duesme, pour les années 1692 et 1695, par Bossu, curé de Baigneux-les-Juifs.

Dans l'archiprêtré de Touillon, composé de douze paroisses, le vicaire de la succursale de Béringe, âgé de soixante-dix ans, passait pour ivrogne, « cabaretier, jureur du nom de Dieu. » Celui de Bussy-les-Forges, « ivrogne, arquebusier, tirant de cette arme aux jeux publics, affichait le faste et la présomption de sa science. » Il avait pour vicaire un prêtre plus âgé que lui, également adonné au vin, sans respect ni dévotion. Le curé du Faira manquait à ses catéchismes pour « visiter et festiner ses voisins. » Le vicaire de Seigny, à l'âge de quatre-vingts ans, menait une vie déréglée. Le curé de Lucenay-le-Duc, homme de bonne chère, autrefois grand chasseur, ami des cabarets, frappait ses paroissiens jusque dans l'église. Celui de Menetreux-le-Pitois, enchérissant sur ces vices, abandonnait sa paroisse pour aller dans le voisinage faire la débauche, qui était fréquente, même en carême, parmi les curés voisins. « Je l'ai vu en colère, dit l'archiprêtre, battre un de ses paroissiens à coups de bâton. Il est accusé de vanité, d'intempérance au vin et de voir une veuve dans sa paroisse. Il parle à l'autel sans respect et y prononce le nom du diable par imprécation. Le curé de Vénarey est méprisé de ses paroissiens, qui méprisent ses instructions et sa personne, parce qu'il est fier à l'extérieur, paresseux, aimant mieux dormir que de dire la messe les jours ouvrables, et qu'il fréquente une demoiselle au château quand la dame n'y est pas. Lui et celui d'Arcey sont des gens de bonne chère et des joueurs de cartes. La plus grande partie des prêtres de cet archiprêtré sont sans foi, sans zèle et sans crainte de Dieu (1). »

Nous ne nous arrêterons pas plus longtemps sur des détails que l'on trouve en grand nombre dans les documents contemporains. Lorsque les fautes avaient un caractère scandaleux, difficile à guérir par la voie des conseils, et qu'il fallait en tirer un châtiment exemplaire, le coupable, traduit à la requête du promoteur devant le tribunal ecclésiastique, était frappé de peines sévères. Lenoir, curé de Combertaut, dans l'archidiaconé de Beaune, convaincu de voies de fait, d'emportements, d'habitude de chasse et d'irrévérence dans ses fonctions, était condamné à faire pénitence durant trois mois dans la maison du curé de Couches, à jeûner trois jours de la semaine, à réciter chaque jour à genoux et tête nue, dans l'église, les sept psaumes de la pénitence et le *Pange, lingua*. Bouillet, curé de Broye, dans l'archidiaconé d'Autun, convaincu d'avoir eu de tout temps des relations coupables, de se livrer à des jurements et à des violences habituelles, de ne point porter la soutane, de laisser mourir ses paroissiens sans confession, était condamné à la prison pendant dix ans, déclaré incapable d'occuper un bénéfice, obligé de jeûner trois fois par semaine et de réciter tête nue les sept psaumes de la pénitence. Nous verrons plus loin, en parlant des procès dressés contre les curés Perrot, Champde-

---

(1) Visite de l'archiprêtré de Touillon, 1681. Mémoire de cet archiprêtré, 1693, et état des paroisses du même, 1694.

moulin, Rongeot, comment la justice séculière elle-même était obligée, en certains cas, d'intervenir; mais nous en avons dit assez pour montrer combien le sens moral et religieux était affaibli dans une partie des prêtres du diocèse (1).

Ce sensualisme grossier tenait à différentes causes. Il provenait en premier lieu du manque d'éducation dans le jeune clergé. Élevé, au hasard, par des instituteurs laïques, par des curés de campagne assez ignorants eux-mêmes, ou dans des collèges de petites villes, il n'avait pas reçu de bonne heure des idées de respect et de confraternité. Il n'avait existé jusqu'alors, pour les jeunes gens qui se destinaient à l'état ecclésiastique, ni maisons communes, ni exercices réguliers, ni études appropriées à leur état. Ils vivaient dans le monde selon leur gré, sans être astreints à aucune règle. Il existait, à la vérité, dans les cathédrales et dans quelques communautés religieuses, des chaires de théologie où l'on enseignait le dogme; mais celui de la morale était à peu près négligé. On ne connaissait ni les examens, ni les retraites propres à les préparer à l'ordination.

D'un autre côté, les véritables vocations étaient rares. On entrait dans l'église pour se créer une carrière et jouir des avantages temporels qu'elle présentait, sans qu'aucune épreuve sérieuse en éloignât, par le refus des ordres, les sujets indignes. Il

(1) Sentence de l'officialité contre maître Chrétien Lenoir, du 6 août 1685; id. contre Louis Bouillet, curé de Broye; Jean Granger, curé de Saint-Symphorien de Marmagne; Charles Sachey, curé d'Antully, du 28 avril 1693.

tenait encore au mode de collation des cures, dont les patrons, chapitres de chanoines, supérieurs de communautés religieuses et seigneurs laïques présentaient à l'évêque les sujets, souvent étrangers au diocèse, qu'ils voulaient pourvoir, sans que l'évêque eût pu s'assurer d'avance de leur capacité et de leurs bonnes mœurs. Une autre cause de cette décadence consistait dans le droit de posséder des bénéfices sans résider, droit qui permettait au titulaire de se faire remplacer par des hommes de son choix auxquels il cédait une portion de revenus souvent insuffisante pour les faire subsister dans des paroisses généralement pauvres et dépourvues de ressources. Une dernière cause enfin était l'affaiblissement de l'autorité épiscopale, que le concile de Trente avait bien cherché à relever, mais qui ne parvint que plus tard à ressaisir tous les éléments de son action, à l'aide des assemblées du clergé de France et du concours que lui prêta l'autorité royale pendant le règne de Louis XIV.

Afin de remédier à cet état de choses, il fallait rétablir l'éducation cléricale sur une base uniforme, et exercer sur les ecclésiastiques une surveillance assez active pour que les plus éloignés du chef-lieu se sentissent toujours sous l'œil de leurs supérieurs. De là la nécessité de leur adresser des instructions sur chacun de leurs devoirs, de les réunir pour leur donner des avertissements et leur suggérer des sujets d'édification. Cette réforme, à laquelle nous voyons s'attacher les évêques les plus éminents de cette époque, aucun d'eux ne la poursuivit, à travers des obstacles de toute sorte, avec plus d'habileté et de persévérance que l'évêque d'Autun.

On trouvait dans les chapitres collégiaux du diocèse des hommes d'esprit et d'instruction. Mais si on en excepte quelques-uns, comme le liturgiste Bocquillot, l'hagiographe et sermonnaire Pierre Forestier, appartenant tous deux à celui de Saint-Lazare d'Avallon, la plupart ne s'occupaient que de belle littérature, composaient de petits traités de morale, moitié profane, moitié religieuse, des harangues d'apparat, des oraisons funèbres de commande, des poèmes académiques, des vers d'agrément. Cette classe aristocratique du clergé, qui ne possédait, du reste, qu'une médiocre influence sur la population, prétendait se distinguer du clergé inférieur par la nature même de ses occupations ; elle recherchait plutôt les élégances de l'esprit que l'utilité chrétienne (1).

Ce clergé inférieur, qui eût pu trouver un aliment à sa charité et à sa piété dans le soulagement d'une foule de misères, ne présente guère, à cette époque, qu'un seul homme à qui la vénération du peuple ait frayé, en quelque sorte, le chemin de la sainteté, et dont la vertu nous touche d'autant plus qu'elle fut exclusivement consacrée à l'instruction et au soin des pauvres ; nous voulons parler de Jean de Lhôpital, encore honoré aujourd'hui dans le Bourbon-

---

(1) Voyez, dans Papillon, Bibliothèque des auteurs de Bourgogne, in-f°, les articles : *Champion, Donet, Maumenet, Morelet*, etc. Le même auteur signale deux curés poètes : André Bauldry, curé de Villaines, et Pierre Durand, curé de Pommard.

nais sous le nom de bienheureux Jean de Lesme. Il naquit à Bourbon-Lancy en 1662, acheva le cours de ses études, mais, par humilité, ne put ne résoudre à prendre les ordres et voulut rester simple clerc. Le supérieur du séminaire d'Autun, Rigoley, chercha en vain à décider sa vocation; il se déclara indigne du sacerdoce et se contenta du modeste titre de chapelain de Saint-Mayeul.

Sa vie fut des plus cachées et des plus utiles. Il allait de paroisse en paroisse faire le catéchisme aux enfants, et la douceur convaincue de sa parole produisait sur plusieurs d'entre eux une si profonde impression, qu'on les remarquait entre tous par leur pieuse conduite. N'ayant d'autres revenus que les modestes honoraires qu'il retirait de cet enseignement, il en consacrait néanmoins une partie à leur donner des récompenses, afin de les porter à l'instruction et à la vertu. Il réservait le surplus pour le soulagement des pauvres et des malades. Honorant en eux, selon le mot de l'Évangile, les membres souffrants de Jésus-Christ, il les pansait à genoux et, par une vertu héroïque que l'on raconte de plusieurs saints, on le surprit souvent la bouche appliquée sur leurs plaies. Afin de retracer l'exemple des saints, il lisait chaque jour leur vie à genoux, la tête découverte, dans l'attitude d'un profond recueillement.

Deux pieuses femmes dont il habita la maison, et qui ont dicté une relation de sa vie, tracent de lui le portrait suivant : « Il était tout d'honneur, de cœur et de tout service à l'égard de leurs familles. C'était un homme simple, droit, craignant Dieu, éloigné de tout mal. On pouvait dire avec raison qu'il avait fait un pacte avec ses yeux pour ne jamais regarder aucune femme. Il conservait la fleur de sa virginité par une mortification constante et universelle, une abnégation parfaite et un continuel anéantissement. Il se dérobait, autant qu'il le pouvait, à la vue de toutes les créatures, avec lesquelles il ne se lia jamais d'affection humaine. »

Il était aussi doux et aussi compatissant pour son prochain qu'il était dur envers lui-même. Ayant vu un jour un homme ivre tomber dans un torrent, il résolut de ne boire jamais de vin, même lorsque les médecins lui en prescriraient l'usage dans la maladie. Il s'abstenait de toute nourriture le vendredi de chaque semaine, jeûnait pendant l'avent et pendant la semaine qui précédait les principales fêtes de l'année, observait un silence qui n'était interrompu que par les instructions qu'il donnait aux enfants dont il s'était chargé. Il mourut à l'âge de trente-trois ans, dans la paroisse de Lesme, près de Bourbon-Lancy, à genoux, les yeux levés au ciel, les mains jointes, dans une sorte d'extase. On le trouva revêtu d'un cilice armé de pointes de fer qui perçaient sa chair sur la poitrine et derrière le dos. Une religieuse de la Visitation de Bourbon fit placer sur sa sépulture une tombe de marbre avec cette inscription : « Ci-gît M. Jean de Lhôpital, grand serviteur de Dieu, mort en odeur de sainteté, le 6 avril 1695. »

A partir de ce moment, la pauvre et petite paroisse où il avait été enterré devint pour les populations voisines un lieu de pèlerinage, malgré les tentatives des évêques d'Autun pour interdire un culte qui n'était pas reconnu par l'Église. On venait, on vient encore aujourd'hui demander à son tombeau la guérison des maladies. Ceux qui ne trouvaient pas de soulagement aux eaux de Bourbon-Lancy ne manquaient pas d'invoquer son intercession, et plusieurs, à ce qu'on assure, furent miraculeusement exaucés dans leurs demandes. On prétend aussi que la reine Marie-Antoinette, enceinte de la Dauphine, y eut recours, en 1778, afin d'obtenir une heureuse délivrance. Mais sa réputation, toute populaire, est restée en quelque sorte cachée, comme l'avait été sa vie, dans le pays où, pauvre et obscur, il avait voulu dérober à la vue des hommes le prodige de son ardente charité et de son amour pour Dieu (1).

Ce serait manquer à la vérité que d'omettre dans ce tableau des mœurs du clergé un trait qui en rachète en partie le côté honteux. Malgré l'affaiblissement de la foi et la dissolution des mœurs, le sentiment

---

(1) Copie de la vie de M. Jean de Lhôpital, clerc tonsuré et chapelain de Saint-Mayeul, écrite le 13 novembre 1726 par Benoît Aumaître, notaire à Bourbon-Lancy, sous la dictée des dames Chalmoux et de Siry, pensionnaire et religieuse de la Visitation. Procédure relative à la réputation de sainteté, des miracles, et de l'état actuel du corps de Jean de Lhôpital, par ordre de Mgr l'évêque d'Autun, du 9 mai 1862. Dossier de l'église de Lesme. (Archives de l'évêché.) Jean de Lhôpital s'intitulait chapelain de Saint-Mayeul, d'une chapelle de ce nom existant dans le prieuré clunisien de Saint-Nazaire de Bourbon-Lancy. Ses austérités et son refus de prendre les ordres l'ont fait soupçonner, à tort ou à raison, de jansénisme. Courtépée, t. IV, p. 47, signale Adrien Gagnare, curé de Pouilly-en-Auxois, comme mort en odeur de sainteté, en 1688.

de la charité était resté vivant dans les cœurs. Il semble qu'on n'eût pas oublié cette parole d'une charte du moyen âge : « Les aumônes du pécheur sont la rédemption de son âme. » La misère et les maladies sollicitaient de tous côtés l'accomplissement d'un devoir que l'Église a toujours considéré comme un de ses premiers devoirs. Les prêtres qui avaient eu une conduite indigne de leur caractère, comme ceux qui avaient vécu sans reproche, se faisaient une obligation, au moment de la mort, de laisser un bienfait aux pauvres, aux hôpitaux, aux églises. Dans cet usage presque universel, l'exemple et les traditions de famille entraient sans doute pour une grande part, mais aussi le sentiment de la charité, les préceptes de l'Évangile, qui faisaient regarder les pauvres comme les membres de Jésus-Christ, comme les fils déshérités de l'Église dont la tutelle lui était spécialement confiée (1).

Les nombreuses communautés du diocèse présentaient, comme le clergé séculier, le même constraste de faiblesses et de vertus. Les anciens monastères penchaient la plupart vers leur décadence. Les conciles avaient fréquemment recommandé aux évêques et aux supérieurs d'y rétablir la discipline régulière, et les rois eux-mêmes interposèrent leur autorité, non pas avec la prétention de leur donner des règles, mais afin d'obtenir l'observation de celles que l'Église leur avait données. Le conseil privé, les

---

(1) Voyez aux archives de l'hôpital d'Autun de nombreux actes de donations, fondations, etc.

parlements rendirent, dans ce but, quantité d'arrêts, et quelquefois même désignèrent des commissaires ecclésiastiques pour procéder à cette réforme en l'absence des supérieurs. En 1667, Louis XIV fit adresser au premier président Brulart et au procureur général près le parlement de Bourgogne un arrêt de réforme rendu par le parlement de Paris, en les engageant à en obtenir un semblable de leur compagnie, afin de remédier aux abus qui pouvaient exister dans les maisons religieuses dépendant de son ressort. Il chargeait en même temps Bouchu, intendant de la province, de leur faire connaître ses intentions à ce sujet. Mais ni cette tentative ni celles précédemment essayées n'avaient amené de grands résultats (1).

Parmi les abbayes bénédictines situées dans la ville épiscopale, celle de Saint-Martin était une des plus anciennes et des plus considérables, quoiqu'elle ne fût habitée, à cette époque, que par dix religieux. Elle se montrait hostile à la réforme qu'y avait introduite, en 1652, la congrégation de Saint-Maur. Les anciens religieux, au nombre de huit, en admettant ceux qui, en nombre égal, étaient venus l'apporter, stipulèrent qu'ils vivraient comme par le passé, séparés et indépendants. L'abbaye était possédée en commande par René Bonneau, conseiller et aumônier du roi, qui, ne pensant qu'à en accaparer les revenus, laissait les moines man-

---

(1) *Mémoires du clergé de France*, in-4º, t. XIV, p. 1000. — *Lettres du P. Brulart*, publiées par M. de la Cuisine, t. II, p. 65.

quer du nécessaire. Il passait ses journées à jouer aux cartes avec son voisin, le curé de Saint-Pantaléon. Homme d'esprit et grand viveur, il traitait magnifiquement, dans son logis abbatial, la noblesse de l'Autunois. Roquette, dans une lettre adressée à un de ses collègues, ami de cet abbé, signale sa conduite comme étant d'un fâcheux exemple sur le clergé, et principalement sur celui de la cathédrale. On n'avait pu savoir de lui s'il était dans les ordres, et jamais on ne l'avait vu porter la soutane. L'évêque, après l'avoir, durant des années, repris avec charité, menaçait d'en venir à des moyens plus sévères s'il ne changeait de conduite (1).

L'abbaye de Flavigny, située à une des extrémités du diocèse, et soumise également à la réforme de Saint-Maur, donnait l'exemple d'une grande régularité. Les huit religieux qui l'habitaient étaient, par leurs vertus et leurs prédications, l'édification du voisinage. Roquette envoyait quelquefois faire une retraite dans cette maison les prêtres dont il avait à se plaindre. On n'en pouvait dire autant du prieuré de Notre-Dame de Semur en Auxois, qui avait dépendu autrefois de Flavigny. La communauté, qui devait se composer de dix religieux, se trouvait réduite à cinq par l'avarice du prieur Philibert Donet, qui, depuis plus de trente ans, s'était approprié trois prébendes. Les bâtiments tombaient en ruine; les moi-

---

(2) Traité pour la réforme, etc., du 6 novembre 1652. Copie de lettre de Roquette.

nes avaient à peine de quoi vivre. Il ne faisait aucun service dans l'église et s'en débarrassait sur le sous-prieur. Cette négligence ne l'empêchait pas de prendre la moitié des revenus de la fabrique et d'obliger les religieux à se pourvoir, à leur compte, des linges et des ornements nécessaires. Il jouissait d'un revenu de plus de cinq mille livres et possédait un capital de soixante mille, fruit de ses économies. Avec cet argent, il faisait élever ses parents, recevait les bourgeois de la ville, donnait à jouer aux cartes et au trictrac, logeait dans le prieuré ses sœurs, une servante, un cocher, et tenait un somptueux carrosse. Il y admettait les femmes de la ville et n'épargnait pas les présents aux personnes dont il espérait la protection. Il n'existait pas de conventualité dans la maison, chaque religieux logeant et vivant en son particulier (1).

L'évêque, sans tenter une réforme qui n'eût pas sans doute abouti, puisque, dans les premières années du siècle suivant, les religieux demandèrent leur sécularisation, se contenta de pourvoir aux premières nécessités. Il leur recommanda l'assiduité au service divin. Il enjoignit au prieur de donner une prébende à deux prêtres, en attendant l'augmentation du nombre des religieux ; de célébrer lui-même les messes conventuelles et celles des jours de fête ;

---

(1) On a de ce prieur mondain : *Harangue funèbre de Messire le Bourgeois, comte d'Origny, gouverneur de Semur, mestre de camp du régiment de Champagne et maréchal de camp ès armées du roi*, prononcée dans l'église de Notre-Dame de Semur. Dijon, Palliot, 1645, in-4°, 60 pages.

de pourvoir la sacristie de linges, de livres et d'ornements, sous peine de confiscation des revenus de la maison. Il interdit l'entrée des lieux réguliers aux laïques et aux femmes, et prononça l'expulsion de ceux qui s'y trouvaient. Il prescrivit aux religieux de prendre leurs repas en commun avec une lecture spirituelle, rétablit la tenue du chapitre, défendit l'aliénation des biens et commanda la recherche, même par voie de justice, de ceux qui avaient été aliénés (1).

La réforme de Saint-Maur n'avait pas mieux réussi dans le prieuré de Paray, appartenant à l'ordre de Cluny, que dans l'abbaye mère. En 1652, sous l'administration de dom Braconnier, un religieux qui se prétendait réformé, mais qui était habituellement dans l'ivresse, jurant et blasphémant le nom de Dieu, avait pris la fuite sous l'inculpation de viol, d'assassinat et de fabrication de fausse monnaie. Ses successeurs, au nombre de deux religieux anciens et de cinq religieux réformés, ayant plus de revenus (neuf à dix mille livres) « qu'il n'en faudrait pour quinze bons ouvriers dans la vigne du Seigneur, » vivaient, du temps de Roquette, dans une complète indifférence et sans garder la clôture. Un d'eux, en revenant du sermon dans l'église paroissiale, prenait galamment deux demoiselles par la main et les reconduisait chez elles. Le petit prieuré de la Madeleine de Charolles était desservi par un moine de Cluny, nommé Udalric Belriand, qui était sans

(1) Visite de Roquette en 1668.

cesse au cabaret avec son habit de religieux « et s'y enivrait presque tous les jours. » Le prieuré de Perrecy devait, vers les dernières années du siècle, recevoir du sous-prieur, Louis Berrier, ancien conseiller clerc au parlement de Paris et ami de Rancé, une réforme austère qui porta jusqu'à trente le nombre des religieux, pour tomber plus tard, à la suite de procès, dans une complète décadence et voir la conventualité supprimée par ordre du roi. Celui de Saint-Vivant de Vergy ne passait pas pour garder l'observance, et on y laissait entrer facilement des personnes du sexe. Il existait dans la paroisse de Mesvres, non loin d'Autun, un petit prieuré clunisien dont les moines avaient rendu durant le moyen âge de grands services à la pauvre population du voisinage. Louis-Roger Dansse, conseiller et aumônier du roi, chanoine de la Sainte-Chapelle de Paris, abbé de Saint-Nicolas de Bar-sur-Aube, le possédait en commende. Il n'y venait guère que pour toucher ses fermages. Homme du monde et homme d'esprit, sachant adresser aux dames des contes et des madrigaux, il fréquentait, durant son séjour dans le pays, les châteaux de Toulongeon, de Chaseu et de la Roche-Milay. Le prieuré n'était plus habité que par un seul religieux. Ivrogne à l'excès, il retirait dans son logis plusieurs curés du voisinage, qui s'y livraient au jeu et à la débauche. On l'avait vu souvent pris de vin dans la soirée, et même le lendemain en montant à l'autel. Sa conversation était malpropre, et on doutait qu'il récitât son bréviaire. Il avait installé dans les dépendances du prieuré un cabaret dont il était, avec le curé de la paroisse, l'habitué le plus assidu (1).

La réforme introduite vers le milieu du siècle dans les anciens monastères de femmes était venue également échouer contre des abus invétérés et contre la coutume des familles nobles et bourgeoises d'y déverser le trop plein de leurs maisons, sans demander à leurs filles, à peine adultes, un libre consentement, encore moins une vocation véritable. L'abbaye de Saint-Jean-le-Grand, dans un faubourg d'Autun, dont la fondation remontait au temps de la reine Brunehaut, était suffisamment dotée et possédait une abbesse à la nomination du roi. Quoique ces supérieures n'eussent jamais repoussé l'autorité de l'évêque, elles n'avaient pu parvenir, avec son concours, à maintenir la régularité, et quelques-unes l'avaient détruite elles-mêmes. En 1521, le vicaire général fut obligé d'interdire de son administration Claude de Rabutin, qui s'était rendue célèbre par sa vie déréglée. Depuis cette époque, une liberté complète régnait au sein de la communauté. En 1642, l'abbesse, Anne de la Madeleine de Ragny, sœur de l'évêque de ce nom, appela à Saint-Jean des religieuses de Montmartre qui, au bout de quelques mois, voyant leurs peines perdues, se cru-

---

(1) Instruction sur les prétentions du prieur de Paray, 1654. — État de l'archiprêtré de Charolles au mois de mars 1689. — Feller, Biogr. univ., art. *Berrier*. — Procès-verbal de visite en 1671, par M. de Challonge. — *Correspondance de Bussy-Rabutin*, t. I, p. 234, 452; t. II, p. 430; t. V, p. 121. — *Mémoires de la Société éduenne*, t. IV, p. 65 et suiv. — Selon les annotateurs de Boileau, Dansse était le chanoine Évrard du *Lutrin*.

rent obligées, dans l'intérêt de leur salut, de rentrer dans leur monastère. L'abbesse, décidée, malgré cet insuccès, à ne point laisser tomber sa maison, obtint d'Anne d'Autriche qu'elle lui envoyât, en qualité de coadjutrice, Antoinette d'Estrade, religieuse du Val-de-Grâce, et quatre de ses compagnes, afin de tenter un nouvel essai de réforme avec le concours de l'évêque et de Boucher de Floigny, grand-prieur des religieuses réformées de l'abbaye royale de Moutier-Saint-Jean (1).

En 1653, elle présenta à Doni d'Attichy une requête par laquelle elle le priait de la recevoir, elle et ses religieuses, sous son obéissance, ainsi qu'un projet de constitutions, conforme à la règle de saint Benoît. Ce réglement, entre autres dispositions, obligeait les religieuses à porter le scapulaire, signe distinctif du costume bénédictin, et à garder sévèrement la clôture. C'étaient de dures conditions pour des femmes qui avaient eu jusque-là la prétention de conserver dans le cloître une sorte de moyen terme entre la vie religieuse et la vie du monde.

Aussi, en 1643, après le départ des religieuses de Montmartre, deux sœurs avaient brisé les serrures des portes de l'abbaye et obligé le roi à désigner un commissaire pour les rétablir, en même temps

---

(1) Sentence du 18 août 1521 contre Claude de Rabutin, abbesse de Saint-Jean-le-Grand. — Antoinette d'Estrade fit profession à l'âge de vingt-un ans; Marie de Carbonnières et Catherine de Médavy, qui lui succédèrent, à l'âge de dix-sept ans. — Voyez *Gall. christ.*, t. IV, p. 482, et sur l'âge requis par le concile de Trente et les parlements, *Mémoires du clergé de France*, in-4°, t. IV, p. 1747.

qu'ordre était donné à l'évêque de sévir contre elles. L'une d'elles, Yolande de Malain, retirée dans une maison du faubourg, ne voulait ni se soumettre à la pénitence imposée par l'abbesse, ni céder à l'invitation de l'évêque qui l'engageait à obéir ou à retourner chez ses parents. Elle consentit enfin à rentrer dans la communauté; mais dès que la nouvelle réforme y fut introduite, sous prétexte d'aller aux eaux de Bourbon-Lancy, elle retourna dans le monde, et comme, disait-elle, ce n'était point sous ce nouveau régime qu'elle avait passé contrat pour son admission, elle déclara qu'elle ne rentrerait plus dans l'abbaye et réclama le paiement de sa prébende claustrale, en ajoutant que son séjour dans la maison de son père ne lui faisait pas moins d'honneur que son séjour dans sa maison de profession (1).

Un mémoire contenant l'indication des religieuses qui avaient souscrit à la réforme nous révèle le triste tableau des misères entretenues par le manque de vocation dans cette communauté, qui était plutôt un repaire de discordes qu'un asile de paix et de religion. Sur vingt-cinq professes, il s'en trouvait à peine sept méritant le nom de bonnes religieuses, c'est-à-dire habituées à la régularité, malgré les défauts qui, d'ailleurs, les rendaient assez désagréables.

(1) Requête d'Antoinette d'Estrade, du 1er février 1653. — Lettres-patentes du roi de sept. 1645. — Inventaire de production pour Antoinette d'Estrade contre Yolande de Malain, 1643. — Inventaire de procédure pour Marie de Carbonnières contre la même, du 23 décembre 1650.

« L'abbesse, Marie de Carbonnières de la Capelle Biron, d'un naturel fâcheux, abondait dans son propre sens, ne prenait conseil de personne, manquait de discernement dans les avis qu'on lui donnait, de charité dans les corrections qu'elle infligeait à ses sœurs. Elle négligeait sa perfection et celle des autres. Elle laissait aller de mal en pis l'administration spirituelle et temporelle. La prieure, Mme de Saudaucourt, avec un caractère ombrageux, ne pouvait entendre dire un mot de bien de la communauté sans le tourner de travers. Elle changeait d'avis en un clin d'œil. Comme la division régnait parmi les sœurs, elle était du parti de l'abbesse, approuvant celles que cette dernière approuvait, accusant les autres sans prudence et réflexion. Bonne religieuse en son particulier, elle n'était pas propre à faire une supérieure. La sœur Bourguignat des Anges, sous-prieure et économe, assez régulière, d'un esprit éclairé, mais paresseux, souffrait les désordres des domestiques, en qui elle montrait plus de confiance qu'en son confesseur, perdait son temps à des conversations avec des laïques qu'elle introduisait dans la maison, parlait aux sœurs avec mépris et d'un ton bourru. »

« La sœur Munier de Saint-François, bonne religieuse, mais facile à s'inquiéter et à recevoir toutes les impressions, était du parti des mécontentes et s'entretenait d'amitiés particulières. La sœur Lebret de Saint-André, esprit turbulent, emporté, rebutant, n'observait ni silence ni régularité. La sœur Saunier de Saint-Joseph ne pouvait rien souffrir, croyait les autres dans le désordre et, indulgente pour elle et pour sa sœur, blâmait les choses les plus innocentes. La sœur Durey de la Croix, ancienne religieuse, dispensée de l'observance à raison de son âge et de ses infirmités, était dédaigneuse, s'abstenait des offices et, sous prétexte de charité, était trop souvent avec les séculiers. La sœur Durey de Sainte-Cécile, bonne, judicieuse, douce, charitable, allant haut la main, gardait son ressentiment des mois entiers sans adresser une parole. Ainsi que sa sœur aînée, elle avait des relations trop fréquentes avec les gens du monde. La sœur Saunier de Saint-Maur, esprit rude, intime avec la sœur dont nous venons de parler, toujours avec elle, souvent au parloir, blâmait et désapprouvait les autres. La sœur Gargan de Sainte-Scholastique, aigrie, mécontente, aimant son corps, taxait de jansénisme tout ce qui parlait de mortification. Esprit embrouillé, murmurateur, habituée aux petites gens, elle était souvent au parloir et ne s'occupait que de bagatelles. La sœur de Fuligny de Sainte-Placide, esprit faible, inquiet, sombre, fâcheux, plaintif, d'une pauvre conduite, vivait à sa fantaisie, prenait des directeurs à sa mode, ne pouvait souffrir de correction, adressait des injures à ses sœurs. La sœur de Ganay de Saint-Claude, d'un esprit médiocre, d'une humeur prompte et sensible, était arrêtée à son sens, et passait néanmoins pour une bonne religieuse. La sœur Cointereau de Saint-Grégoire, lunatique, imaginaire, irrégulière, donnait de la peine en certains moments. La sœur Thiroux de Saint-Émilien, esprit simple, était arrêtée à son sentiment. La sœur de Roussillon de Sainte-Thérèse, naturel rude et emporté, piquait et croquait les autres, s'éloignait des lettres. La sœur de la Goutte de Saint-Pierre, bonne religieuse, avait l'esprit sombre, couvert, peu endurant. La sœur Jacquinot de Sainte-Melchtilde, bonne religieuse, était néanmoins d'un caractère rude, murmurateur, emporté. La sœur Jacquinot de Sainte-Colombe, un peu moins emportée que sa sœur, bonne religieuse, était d'un naturel doux, mais murmurait facilement. La sœur Brunat de Saint-Hildephonse, esprit blessé, hypocondre, ne pensait qu'à bien nourrir son corps, se plaignait sans sujet, et ne souffrait pas qu'on lui prêchat la régularité qu'elle ne pratiquait aucunement. La sœur Duplessis de Sainte-Agnès, esprit dissipé, aigre, badin, sans consistance, murmurait facilement. La sœur de la Capelle Biron de Sainte-Aldegonde, bon esprit, mais aigre, emporté, arrêté à son sens, avait à charge l'obéissance et s'était relâchée beaucoup de la régularité dans laquelle elle avait vécu autrefois : son humeur était devenue mélancolique et choquante. La sœur Charreau de Sainte-Catherine, esprit vif, sans prudence, sans intérieur, porté au murmure. La sœur Lesage de Sainte-Reine, esprit prompt, brusque, d'ailleurs assez bonne. La sœur Thiroux de Sainte-Gertrude, esprit dissipé, emporté, bouillant, adressait des paroles injurieuses aux sœurs. La sœur Bourguignat de Sainte-Madeleine, esprit assez simple, fort hargneux, accusée de médisance, murmurait et ne voulait souffrir de correction. » Il existait dans la communauté cinq sœurs converses sur lesquelles le pénétrant et sévère examinateur se contente de porter ce jugement : « Elles n'ont pas grand esprit, bonnes religieuses. On se plaint qu'elles n'emploient pas le temps à ce qu'elles doivent (1). »

Un dernier détail complète ce portrait de la religieuse ayant en dégoût sa vie du cloître et restée accessible à des faiblesses dont la tiédeur de sa foi était impuissante à la préserver. Il y avait un confesseur appartenant à un ordre qui n'est pas désigné. Il allait et venait dans toute la maison, y demeurait des jours entiers, prenait des remèdes quand il était malade, du vin pour sa communauté. Il s'était rendu nécessaire et ne permettait pas qu'on se servît d'autres personnes pour les affaires. Il se mêlait de l'économie intérieure, avait fait engager mal à propos des procès coûteux, emprunté de l'argent dont on ne voyait pas l'emploi, se faisait payer des frais de voyage entrepris dans l'intérêt de sa propre communauté. Loin d'avoir une conversation édifiante, il tournait en ridicule la religion et les commandements de l'Église. Il prenait certaines religieuses par la taille, les couchait sur le carreau,

---

(1) Pièce sans titre ni date. Dans cette pièce sont dénommées dix-huit religieuses, qui figurent dans l'acte d'installation de Marie de Carbonnières Biron, comme abbesse, en 1658. — Une religieuse du nom de la Croix, appartenant, selon l'abbé Blache, au monastère de Saint-Andoche d'Autun, remplit un assez vilain rôle dans les intrigues de M. de Harlay, archevêque de Paris. — Voyez un extrait des mémoires de cet abbé dans la *Correspondance de Bussy-Rabutin*, t. V, p. 612.

passait ses mains dans leurs manches, les asseyait sur ses genoux.

Avec une d'elles principalement il avait de grandes privautés. Elle se couchait sur lui ; ils se baisaient, folâtraient ensemble..... Ils observaient cependant de grandes précautions. Le gros de la communauté ne s'en apercevait point ; une seule religieuse l'avait remarqué. Tout cela se passait dans une petite chambre que ce moine avait fait arranger loin du principal corps de logis, sous prétexte de conférer avec la supérieure. Il y prenait ses repas, changeait de chemise, se faisait habiller par deux ou trois sœurs qui venaient l'y trouver. Il arrivait le matin et ne sortait qu'à la nuit. Le grand vicaire de l'évêque, prévenu par quelques religieuses, ordonna au supérieur de ce religieux d'y mettre ordre. Ce supérieur vint dans la communauté, fit grand bruit, obtint des sœurs une justification écrite de la conduite de son moine qui, à partir de ce moment, fréquenta la maison plus que jamais. Afin de couvrir son jeu, il parlait sur un ton de mépris de la religieuse avec laquelle il avait des privautés, sachant qu'elle n'était pas aimée. Il disait hypocritement que, si ce n'était de la communauté, il ne remettrait pas les pieds dans la maison. On craignait qu'il ne portât cette religieuse à des sacriléges (1).

Tel était l'état moral de l'abbaye de Saint-Jean-

---

(1) Note à la suite de la pièce précédente, sous ce titre : « On demande si on est obligé de croire qu'un religieux qui a entrée dans une maison de religieuses, sous prétexte d'y rendre service, est exempt de mauvaise conduite, faisant ce qui suit. »

le-Grand, une des plus célèbres du diocèse. Nous verrons, à propos des procès de Roquette touchant la juridiction épiscopale, ce que valait celle de Saint-Andoche d'Autun, qui ne lui cédait ni en antiquité ni en renommée.

Le prieuré de Marcigny, fondé vers le milieu du XI° siècle par saint Hugues de Cluny, et destiné à recevoir gratuitement quatre-vingts religieuses de familles nobles, était tombé dans la division depuis quelques années. Le titre de fondation n'était plus observé; les religieuses, réduites au nombre de trente, ne possédaient pas la qualité requise. Les biens étaient dissipés, et sous prétexte de priviléges et d'exemption, on laissait la porte ouverte aux abus. En 1671, sur la demande de l'évêque d'Autun, les États de la province prièrent le roi, dans leurs cahiers de remontrances, de nommer des commissaires et de donner des ordres pour y faire observer les intentions du fondateur et la discipline. En 1693, le cardinal de Bouillon, abbé général de Cluny, essaya d'une tentative de réforme. Il supprima la dignité de prieur, instituée dans le principe afin d'administrer les sacrements aux religieuses, mais dégénérée plus tard en bénéfice, et dont les titulaires, pourvus en commende, avaient profité pour s'emparer de l'administration du temporel, au détriment de la communauté (1).

Parmi les anciennes abbayes du diocèse, nous n'en

(1) Cahier de remontrances des États de Bourgogne de 1671, p. 14. (Archives du département de la Côte-d'Or.) — Reg. des insinuations, t. XVII, p. 41. (Arch. de l'évêché.)

trouvons guère que trois ou quatre dans lesquelles la réforme récemment introduite ait produit des fruits de vertu et de sainteté. Les religieux de Sept-Fonts, dépendant de l'ordre de Cîteaux, avaient vécu pendant plusieurs années dans des désordres portés jusqu'au scandale, lorsque Eustache de Beaufort fut nommé abbé en 1654. Après avoir eu lui-même une conduite mondaine, touché par une de ces conversions héroïques qui n'était pas rares à cette époque, il en entreprit la réforme, malgré l'opiniâtreté des religieux, qui, après avoir pillé la maison, finirent par se retirer dans d'autres monastères de Cîteaux. Il rebâtit les lieux réguliers qu'ils avaient laissés en ruines, et y réunit en peu de temps une nombreuse famille à laquelle il imposa une obéissance semblable à celle que l'abbé de Rancé avait introduite à la Trappe. On disait en parlant de ces deux asiles monastiques : « La Trappe a plus de réputation ; mais Sept-Fonts est plus austère. » Il le gouverna pendant plus de quarante-cinq ans, avec un succès digne de l'époque héroïque du monachisme, et mourut en 1709, laissant cent vingt religieux au lieu de trois ou quatre qu'il y avait trouvés (1).

L'abbaye du Lieu-Dieu, de l'ordre de Cîteaux, transférée à Beaune en 1637, et réformée par Marie Suyreau, religieuse de Port-Royal, était dans sa ferveur primitive. En 1674, la supérieure de l'abbaye de Saint-Dizier, au diocèse de Châlons-sur-Marne, se

---

(1) Biogr. univ. de Feller, art. *Beaufort*. — *Gall. christ.*, t. IV, p. 501.

trouvant impuissante à y introduire la réforme, résigna en faveur d'une dame de la Roche, abbesse du Lieu-Dieu, qui, avec le concours de sa sœur et de l'ancienne abbesse, essaya de soumettre les religieuses révoltées. Les mauvais traitements qu'elles eurent à endurer les obligèrent à venir à Port-Royal-des-Champs chercher un nouvel appui dans l'austère pratique de sa règle. Elles s'y firent toutes trois remarquer par leur ardeur pour apprendre et leur zèle pour observer ce qu'elles devaient mettre en usage dans leur communauté (1).

L'abbaye de Saint-Léonard de Corbigny, relevée de ses ruines, après les dévastations des huguenots, par Hérard de Rochefort, qui était en même temps abbé de Vézelay, et placée par le prince Armand de Bourbon Conti sous la réforme de Saint-Maur, vécut dans la régularité jusqu'en 1694, époque où en fut pourvu René Pucelle, conseiller au parlement de Paris, homme de mérite que Louis XV exila plus tard, pour le punir d'avoir voulu faire soutenir par sa compagnie les miracles du diacre Pâris. Il introduisit le jansénisme parmi ses moines et les poussa à la révolte contre le Saint-Siége, en protestant contre la bulle *Unigenitus* (2).

Celle de Reconfort, de l'ordre de Cîteaux, près de Lormes, fut relevée en 1634 de ses ruines et repeuplée par Angélique de Vièvre de Launay, professe de

---

(1) *Mémoires de Port-Royal-des-Champs depuis la paix de l'Église en 1668*, t. I, p. 563. — Courtépée, t. II, p. 394.

(2) Biogr. univ. Michaud, art. *Pucelle*. — *Gall. christ.*, t. IV, p. 500.

Faremoutier, et les deux abbesses qui lui succédèrent continuèrent d'y donner les exemples de piété qu'elles avaient puisés à son école (1).

Le protestantisme et les guerres de religion avaient fait au clergé français de profondes blessures en introduisant dans son sein des idées de liberté et des habitudes d'indifférence. Mais la sève religieuse, stimulée par les besoins de l'Église, était tellement vigoureuse, qu'au moment où le monachisme semblait menacé dans son existence, des ordres nouveaux s'étaient presque partout établis, et des maisons religieuses multipliées dans des proportions jusqu'alors inconnues. La plupart de ceux qui étaient répandus dans la chrétienté furent introduits en France durant les premières années du siècle. « Ce qui frappe dans cette invasion de moines et de religieuses, c'est la prédominance de l'élément agissant sur l'élément mystique et solitaire; c'est la passion de l'enseignement, du soulagement de ceux qui souffrent, de l'utilité de la vie active. De nombreux hôpitaux, des écoles presque sans nombre s'élèvent. Il y a trois couvents d'Ursulines pour un couvent de Carmélites. » Les prédécesseurs de Roquette, Pierre Saulnier, Claude de la Magdeleine de Ragny, Doni d'Attichy, s'étaient associés à ce mouvement régénérateur. Douze maisons d'Ursulines, sept de la Visitation, trois de Dominicaines et de Claristes, six de Capucines, deux de Minimes, une de Cordeliers, une de Récollets, une de Chartreux,

---

(1) *Gall. christ.*, p. 507.

s'étaient établies sous le seul épiscopat de M. de Ragny (1622-1652) (1).

Les nouvelles communautés d'hommes pullulaient dans le diocèse. Il n'était guère de villes et de gros bourgs où on n'en trouvât plusieurs qui venaient en aide aux prêtres séculiers. La ville d'Autun, divisée en sept paroisses et comptant deux chapitres, était celle qui en possédait le moins grand nombre. Ses habitants semblent avoir été hostiles au développement exagéré des congrégations religieuses. En 1625, les Minimes ayant demandé à s'y établir, on fut d'avis qu'avant de leur donner un consentement ils seraient tenus de justifier des ressources nécessaires pour cet établissement. Cinq ans plus tard, les Récollets ayant présenté une pareille demande, l'assemblée générale des habitants décida qu'on représenterait au roi qu'il y avait assez d'ecclésiastiques dans la ville, « qu'elle était trop pauvre pour entretenir un plus grand nombre de besaces, » et que finalement on s'opposerait à l'établissement des Récollets. Les communautés d'hommes se bornaient aux deux ordres mendiants des Cordeliers et des Capucins. Les premiers, fondés vers la fin du XV° siècle, étaient très-instruits et offrirent, en 1617, d'établir dans leur maison une classe de philosophie et deux régents ; mais la ville préféra traiter avec les Jésuites de la direction de son collége. Les seconds, établis par l'évêque, Pierre Saulnier, et subsistant

---

(1) H. Martin, *Hist. de France*, t. XII, p. 62. — Gagnare, *Hist. de l'église d'Autun*, p. 604. — Saulnier, *Autun chrétien*, p. 71.

des aumônes qu'ils envoyaient recueillir dans les localités voisines, se montraient, dans les temps de calamités publiques, très-zélés pour administrer les secours spirituels aux malades (1).

Les Chartreux de Moulins-sur-Allier vivaient non seulement d'une vie exemplaire, mais, malgré la modicité de leurs revenus, répandaient de nombreuses aumônes. Nous ne possédons sur les autres communautés de la même ville, à l'époque de l'épiscopat de Roquette, que des documents incomplets ; mais dans un état dressé vers le milieu du siècle suivant, on voit que la plupart étaient dans un désordre qui datait vraisemblablement d'un grand nombre d'années. Les Minimes donnaient lieu, par leur fréquentation assidue avec le monde et surtout avec les femmes, à des histoires scandaleuses. Les Jacobins dansaient sur les promenades publiques, prenaient des repas avec les femmes ; un d'eux, dans une dispute, eut la jambe cassée. Les Augustins, coureurs de cabarets et de maisons suspectes, possé-

(1) Inventaire des titres de la ville, p. 166 à 168. Carton des Cordeliers aux archives de la ville, etc. — Dans une délibération capitulaire de l'église cathédrale d'Autun, du 21 juillet 1673, il est question d'une information criminelle faite contre le Père David, Cordelier de cette ville, sans autre explication. Le développement des ordres religieux durant la minorité de Louis XIV, l'accroissement des biens de mainmorte, la richesse de quelques-uns, qui possédaient la meilleure partie des terres et des revenus, la pauvreté de certains autres, qui étaient obligés d'abandonner leurs biens à leurs créanciers, engagèrent le roi, en 1659 et 1686, à défendre de nouveaux établissements sans lettres-patentes, etc. *Mémoires du clergé de France*, in-4º, t. IV, p. 472 et suivantes. — Isambert, *Anciennes lois françaises*, t. XVII, p. 370 ; t. XVIII, p. 94.

daient une réputation détestable, qui, à la suite de l'assassinat commis par deux d'entre eux, en 1761, sur le père Pougeard, amena la ruine de leur maison. Les Capucins, par leurs mœurs relâchées, donnèrent longtemps prise à la critique avant de revenir à une vie plus édifiante. Les Carmes, au contraire, qui avaient toujours été dirigés par de bons prieurs, s'adonnaient à la prédication, confessaient, possédaient une conduite et une doctrine sans reproche. Les Capucins de Bourbon-Lancy, vivant d'aumônes insuffisantes pour leur entretien et celui de leur église, se dispersaient dans les campagnes, afin d'aider les curés dans leur ministère et disaient la messe dans les châteaux (1).

Dans la ville de Beaune existaient également plusieurs communautés d'hommes. Les Capucins avaient acquis l'estime du peuple et du clergé par leur vie pénitente et mortifiée. Ils se livraient à la prédication, s'étaient chargés, en 1628, du soin des pestiférés, avec un zèle qui rendit l'un d'eux victime de la contagion. Ils se montraient pleins de courage dans les incendies, et toujours prêts à rendre des services aux habitants. Les Cordeliers et les Jacobins, pauvres, relâchés, rarement fournis de sujets de mérite, portaient les morts en terre. Les pères de l'Oratoire, au nombre de six ou sept régents, professaient avec autant d'habileté que de désintéressement les classes du collége, depuis la sixième jusqu'à la physique. Les

---

(1) Ach. Allier, *Ancien Bourbonnais*, t. II, p. 84, 100, 112, etc. — État des maisons de religieux du diocèse d'Autun, sans date, etc.

Minimes, obligés de vivre du produit de leurs quêtes, confessaient les personnes du monde les moins réglées en apparence et se livraient à la prédication, principalement durant l'avent et le carême. Doni d'Attichy, qui appartenait à cet ordre, choisit sa sépulture dans leur église, leur laissa sa bibliothèque et une somme de quatre mille livres. Les Capucins de Nuits étaient des auxiliaires très-utiles pour le clergé des campagnes. Ils avaient montré un tel courage en portant des consolations, des vivres, des remèdes aux malades, durant la peste de 1636 et 1637, que les magistrats, par reconnaissance, leur achetèrent des maisons, des jardins, et leur donnèrent une somme considérable afin d'achever la construction de leur église et de leur cloître (1).

Les Carmes de Semur en Auxois, dont la maison datait du XIVe siècle, formaient une des communautés les plus importantes du diocèse. Il en était sorti quantité de docteurs distingués dans la prédication et dans l'épiscopat. Plusieurs d'entre eux avaient su, par leur zèle et leur talent, préserver le pays de l'envahissement du calvinisme. Ils dirigeaient avec succès le collége de cette petite ville et enseignaient les langues grecque et latine, depuis les premières classes jusqu'à la rhétorique. Les frères de la Doctrine chrétienne professaient toutes les classes, la philosophie comprise, dans le collége d'Avallon, et faisaient chaque dimanche, dans la

---

(1) Gandelot, *Hist. de Beaune*, p. 163 à 167. — Courtépée, t. II, p. 293. — Vienne, *Essai historique sur la ville de Nuits*. Dijon, in-8°, 1845, p. 153.

paroisse, des catéchismes et des instructions. Parmi les Capucins se trouvaient des religieux exemplaires et d'autres qui l'étaient moins. En 1636 et 1637, les Minimes avaient montré pendant la peste un dévoûment absolu, et quatre avaient succombé à la maladie. Ils possédaient un noviciat avec des cours de philosophie et de théologie. Les Cordeliers de Vézelay se livraient à la prédication, ne vivaient que d'aumônes et de la desserte de quelques paroisses de campagne (1).

Dans le Charolais, les frères du tiers-ordre de Saint-François, dits Picpus, établis au chef-lieu du bailliage, et ceux de Digoine, qui leur furent plus tard réunis, formant en tout une dizaine de religieux, vivaient, avec des revenus modestes, dans une parfaite régularité. Ils passaient pour des collaborateurs indispensables du clergé des campagnes et remplaçaient, en cas d'absence ou de maladie, les curés, qui n'étaient ni assez nombreux ni pourvus d'une instruction et d'une vertu suffisantes. Ceux de Charolles, installés dans une maison fort agréable, se montraient fermes dans leur ministère et au tribunal de la pénitence. Leurs prédications étaient très-goûtées, et, en 1689, l'archiprêtre proposa à l'évêque de leur écrire pour les engager à combattre dans leurs sermons le luxe et l'ivrognerie. Les Récollets de Marcigny, vivant de quêtes et d'aumônes, se prêtaient également aux besoins du clergé sécu-

---

(1) Courtépée, t. III, p. 475, 608. — *Annuaire de l'Yonne*, 1846, p. 353.

lier. Les Jésuites de Paray, au nombre de quatre, dirigeant un petit collége, prêchaient trois fois par semaine, afin d'instruire le peuple et de combattre dans cette ville la propagande calviniste (1).

Nous ne pousserons pas plus loin l'énumération des communautés d'hommes qui étaient établies sur tous les points du diocèse. Le plus grand nombre datait du commencement du siècle, lorsque le retour de la paix avait fait sentir la nécessité de rappeler aux idées religieuses les esprits ébranlés par les troubles du calvinisme. S'il existait des abus et quelquefois des scandales dans leur sein, ils ne l'emportaient pas moins de beaucoup en régularité, et surtout en utilité, sur les anciens Bénédictins, qui étaient devenus pour la plupart des membres inutiles de l'Église. Ils se vouaient à la prédication, à l'instruction, à l'administration des sacrements, à la pratique de la charité. Ils se mêlaient activement à la vie du peuple, qui trouvait toujours chez eux un soulagement dans ses misères. Quelques-uns même, dans les villes de second ordre, possédaient des bibliothèques précieuses par le nombre des volumes et la valeur des manuscrits. Mais l'indépendance dans laquelle ils étaient placés vis-à-vis de l'autorité diocésaine, la passion de plusieurs d'entre eux pour l'accroissement de leurs revenus et pour les belles constructions, constituaient une cause de décadence qui les poussa sur le penchant de leur ruine dans le cours

(1) État des communautés de religieux qui sont dans la ville de Charolles et dans les environs, etc. — Visite de l'archiprêtré de Charolles au mois de mars 1689.

du siècle suivant. Quelques-unes enfin de ces communautés, composées seulement de deux à quatre membres, impuissantes à subsister et à observer leur règle, végétaient dans une obscurité qui finit par amener ou faire désirer leur suppression (1).

Il existait un antagonisme prononcé entre le clergé séculier, qui était la proie de la corruption et de l'ignorance, et quelques-unes de ces communautés religieuses, qui se montraient chaque jour plus jalouses de leur agrandissement. « Les moines, dit un mémoire datant des premières années de l'épiscopat de Roquette, dans l'intérêt de leur besace et du couvent, souhaitent que tous les curés soient ignorants ou vicieux, et c'est la raison qui les a obligés de faire passer les uns et les autres à l'examen, pour se rendre nécessaires et attirer les dévotes en leurs chapelles, avec lesquelles ils savent faire leur compte. Les moines, qui sont seulement troupes auxiliaires de l'état hiérarchique, ont toutefois pris une telle autorité sur les curés et en font si peu d'état, que le moindre *frater* serait bien fâché de leur avoir cédé le dessus du pavé. Aussi tâchent-ils par tous les moyens de les mettre à bas, en leur ôtant la réputation ou leurs paroissiens. Ils obtiennent journellement de Sa Sainteté des indulgences plénières qui se gagnent, à divers jours de l'année, dans leurs chapelles où le saint-sacrement est exposé, et il y a prédication. Outre ce, ils ont diverses confréries du saint Rosaire, du saint

(1) État des maisons, etc.

Scapulaire, dont les solennités se font ordinairement les jours de dimanche et aux heures des messes paroissiales, en sorte que leurs chapelles sont remplies et les églises désertes, et que les curés font leurs prônes aux murailles (1). »

Les Cordeliers d'Autun donnaient tous les dimanches, après vêpres, la bénédiction du saint-sacrement, et peu d'habitants assistaient à celles de leur paroisse. Ils avaient établi des confréries d'artisans qui faisaient dire une messe chaque dimanche et qui offraient le pain bénit. Ils sollicitaient les familles à prendre leur sépulture dans leur église, afin d'y attirer des fondations, des dévotions, et ils plaidaient à ce sujet avec les curés de la ville. Les religieux de Moulins, les Carmes à leur tête, prétendaient avoir le droit de donner la bénédiction aux femmes relevant de couches et d'en percevoir les émoluments. Condamnés par l'official à s'abstenir de cette cérémonie, ils ne continuaient pas moins d'en perpétuer l'abus.

Une foule de prêtres distingués étaient sortis de différents points du diocèse, les uns occupés aux recherches de l'érudition, à la culture des lettres, à l'étude de l'histoire et de la théologie; d'autres à celle des sciences, à la controverse, à la prédication, aux missions étrangères; mais la plupart cherchaient

(1) Sommaire d'une partie des désordres à corriger au diocèse d'Autun, et particulièrement dans l'archidiaconé d'Avallon, dressé par ordre de Mgr l'évêque par l'archidiacre d'Avallon, 9 septembre 1667. — Mémoires des choses à régler dans les paroisses de la ville d'Autun. — Allier, *Ancien Bourbonnais*, t. II, p. 84, 100, etc.

dans des corporations religieuses, telles que les Oratoriens, les Jésuites, les Bénédictins, les Minimes, un aliment à leur piété, à leur besoin d'instruction, et plusieurs parvinrent aux premières dignités de leur ordre. Le diocèse s'appauvrissait ainsi de ses hommes d'élite, et il n'y restait qu'un nombre malheureusement trop restreint de curés, de chanoines, de religieux, occupés à lutter contre la décadence qui s'était emparée du clergé paroissial (1).

Les nouvelles communautés de femmes se distinguaient par l'austérité de leur observance. En général, elles étaient pauvres et avaient peine à vivre. Les principales étaient les Ursulines, les Visitandines et les Carmélites. Les Ursulines d'Autun, occupées de l'enseignement des jeunes filles, possédaient une sève d'expansion qui, dans l'espace de quelques années, leur permit d'établir ailleurs des maisons comptant un nombre assez considérable de religieuses. Elles étaient cependant si pauvres, qu'elles ne subsistaient que des aumônes de leurs parents, ne possédaient que leurs bâtiments qui n'étaient pas payés, et d'où on menaçait de les expulser. Celles de Beaune ouvrirent également des

(1) Voyez Gagnare, *Hist. de l'église d'Autun*, p. 562 à 574, et dans Papillon, Bibliothèque des auteurs de Bourgogne, in-fº, les articles : *Claude Bretagne, Charles Clémencet, Claude Estiennot, Dom Machureau, Jean Thiroux, Bénédictins; Antoine Girard, Louis Laguille, Étienne Thiroux, François Vavasseur, Jésuites; Claude Mallemans, Claude Masson, Claude Seguenot, Oratoriens; Jacques Sallier, Valentin Lemulier, Minimes; François Lachère, Cordelier; Jacques Decheranes, François Micaud, Capucins; Raymond Breton, Dominicain*, etc.

écoles publiques, et, ajoute l'historien de cette ville, la jeunesse, qui s'était ressentie jusque-là des déréglements du siècle précédent, commença, par les soins des Ursulines et des Oratoriens, à mener une vie plus chrétienne. L'évêque envoyait chez celles de Montcenis les religieuses qu'il fallait rappeler par le bon exemple à l'esprit de leur vocation. Celles de Marcigny étaient en grande réputation pour l'observance de leur règle; celles de Paray, au contraire, n'étaient pas à l'abri de reproches, et on n'osait leur confier l'éducation des jeunes filles protestantes récemment converties. La Visitation de Moulins, malgré quelques vocations chancelantes, était restée, depuis la mort de Mme de Montmorency, un asile de sainteté. Celle d'Autun, encore pleine des souvenirs de Mme de Chantal, et celle d'Avallon, qui toutes deux avaient eu pour première supérieure la mère Hélène de Chastellux, édifiaient par la ferveur de leurs prières et de leur observance. Dans celle de Paray, peuplée de saintes filles, la piété tendre et illuminée de la sœur Marguerite-Marie Alacoque assurait avoir reçu du ciel la mission de répandre la dévotion du sacré cœur de Jésus dans la chrétienté tout entière. Les Carmélites de Moulins et de Beaune donnaient l'exemple d'une austère pénitence et d'une vie angélique plutôt qu'humaine. On avait admiré à Moulins la mère Denise de Jésus, une des douze premières Carmélites de France; à Beaune, la mère Anne de Jésus, compagne et confidente de sainte Thérèse. La sœur Marguerite Parigot, âme extatique, d'une vive charité envers les pauvres, offrant à

Dieu sa vie mortifiée comme une victime pour l'expiation des péchés des hommes, avait établi, vers le commencement du siècle, la dévotion à la sainte enfance de Jésus, qui fut bientôt adoptée dans une partie du royaume. Un souffle ardent d'ascétisme animait la plupart de ces communautés, qui, malgré les privations que leur imposaient la sévérité de leur institut, l'exiguité de leurs revenus, la nécessité d'élever des bâtiments et des églises, trouvaient encore le moyen de nourrir les indigents dans les temps de disette (1).

On comprend qu'abandonnée presque exclusivement à la direction du clergé séculier, la population laïque en ait partagé souvent les imperfections

(1) Des lettres-patentes en date du 11 octobre 1720 ayant prescrit une enquête sur les communautés religieuses du royaume, voici quel en fut le résultat dans le diocèse d'Autun. Sur trente-trois communautés de femmes, renfermant 1,247 personnes, presque toutes présentaient un excédant de dépenses. Le total de cet excédant s'élevait à 10,359 livres 3 sols 3 deniers. Dans leurs charges n'étaient pas compris les frais de nourriture, de sorte qu'il s'en fallait d'autant que ces religieuses eussent de quoi vivre ; elles subsistaient au moyen d'emprunts. L'évêque défendit aux supérieures de recevoir de nouvelles postulantes à profession. Dans les états de ces maisons ne figurent pas ceux des monastères qui, se prétendant exempts de la juridiction épiscopale, avaient refusé d'en fournir. Bien qu'on pût assurer que ces monastères ne fussent pas sujets à réduction, tout ce qu'ils pouvaient faire, c'était de pourvoir à l'entretien de leurs religieuses. (Lettres de l'abbé Tribolet et du Père recteur des Jésuites de Paray à l'évêque d'Autun, du mois de novembre 1699.) — Mémoire concernant les religieuses du diocèse d'Autun, du 5 novembre 1720, avec états à l'appui. — Allier, *Ancien Bourbonnais*, t. II, p. 115. — Gandelot, *Hist. de Beaune*, p. 165. — L. de Cissey, *Vie de Marguerite du Saint-Sacrement*, in-12. — *Vie de la B. Marguerite-Marie*, 2 vol., in-8, etc.

et les vices. La plus grande partie du peuple du diocèse, et en particulier celui des campagnes, ignorait les principaux articles de la foi nécessaires au salut, « par la négligence des curés qui n'en voulaient pas prendre la peine et qui, en faisant leur prône chaque dimanche, le prononçaient avec tant de vitesse et si peu distinctement, qu'il était impossible de comprendre ce qu'ils disaient, quand même on y aurait été très-attentif. » Si la foi chrétienne, mais une foi de routine et d'ignorance, régnait en général dans les âmes, si le nombre des libres penseurs était une rare exception, les idées superstitieuses y occupaient en revanche une large place. On croyait aux fréquentes possessions démoniaques, aux sortiléges, aux déguisements du diable sous une forme humaine, au nouement de l'aiguillette. Les pratiques du culte étaient observées avec une fidélité presque universelle. Les curés signalent rarement, dans leurs paroisses, des abstentions de la communion pascale, l'habitude du travail les jours de dimanche et de fêtes, des ménages dans lesquels la séparation du mari et de la femme avait un caractère scandaleux; mais les mœurs n'étaient pas à l'abri du libertinage et de la débauche (1).

Le nombre des cabarets et surtout celui des débits de vin paraît avoir été, eu égard au chiffre de la po-

(1) Sommaire d'une partie des désordres à corriger au diocèse d'Autun, et particulièrement dans l'archidiaconé d'Avallon, dressé par l'ordre de Mgr d'Autun par l'archidiacre dudit Avallon, 9 septembre 1667. — *Annales de la Société éduenne*, 1862, p. 22. — Vie manuscrite de J. Dodun, curé de Couches, par Dulandois, etc.

pulation, assez considérable. Il l'était surtout dans les villes et les bourgs qui comptaient un grand nombre de gens d'église, soit que leur clientèle se recrutât dans leur entourage, soit qu'elle se composât des étrangers que les établissements ecclésiastiques, chapitres, abbayes, prieurés, attiraient dans le lieu où ils existaient. Quoique les conciles eussent ordonné aux évêques de réduire le nombre des fêtes chômées, quoique les ordonnances et les arrêts eussent défendu aux seigneurs séculiers et ecclésiastiques d'autoriser la tenue des fêtes baladoires, celle des foires et des marchés, les jours de dimanche et de fêtes, l'habitude des populations, l'intérêt des seigneurs et des marchands protestaient contre les recommandations et les défenses (1).

Les repas de confrérie étaient une occasion fréquente de tapage, de rixes et d'ivrognerie. Dans la ville de Corbigny, malgré la représentation de l'archiprêtre, les jeunes gens avaient coutume d'accom-

---

(1) Nous voyons, dans les registres du chapitre de l'église cathédrale, que le quartier des gens d'église était plein de cabarets et de débits de vin. A Vézelay, il y avait six cabarets et trente-huit débits de vin ; à l'Isle-sous-Montréal, où existait un chapitre collégial, cinq cabarets et vingt-trois débits de vin. (Ann. de l'Yonne, 1846, p. 238, tableau annexé.) — Voyez, sur les fêtes chômées et sur les fêtes baladoires, « une des choses, disait l'évêque de Châlon à l'assemblée de 1685, dont la Bourgogne recevait le plus de scandale, » *Mémoires du clergé de France*, in-4º, t. V, p. 1239; t. XIV, p. 759 et suiv.; sur les pèlerinages, même ouvrage, t. XIV, p. 1163. — Reg. des délibérations de l'hôtel-de-ville d'Autun, t. XXVII, p. 14. — Inventaire des titres de la ville, p. 699.

pagner le saint-sacrement à la procession avec armes et tambours, le chapeau sur la tête. Le jour de la fête patronale, ils faisaient venir des violons pour jouer dans l'église durant le service divin, et le reste de la journée ils s'en servaient pour donner un bal. Aussitôt la procession terminée, ils entraient dans les cabarets, passaient leur temps à boire, à tirer leurs armes, à battre du tambour. Ils allaient trouver les filles pieuses qui, pour ne point profaner ce jour de fête, se réfugiaient dans l'église, et les entraînaient de force à la danse (1).

Il existait sur une foule de points du diocèse, et principalement sur des sommets élevés, de petits oratoires ou chapelles rurales dans lesquels on se rendait, à certaines époques de l'année, sous prétexte de dévotion. Indépendamment des pratiques païennes et superstitieuses dont elles avaient conservé la tradition, ces réunions donnaient lieu à des danses, à des scènes d'ivrognerie prolongées jusqu'à la nuit, à des promenades à travers les bois et les campagnes, qui étaient une occasion de libertinage. L'abus des pèlerinages lointains tels que Saint Jacques de Compostelle et Notre-Dame de Lorette, connus dans le diocèse d'Autun comme ailleurs, était une cause fréquente de vagabondage, de vols, de débauches, de bigamie, et plusieurs édits et déclarations du roi les avaient interdits, sous des peines sévères, sans une permission écrite de l'évêque et un

---

(1) Lettre sans date de Montlevrin, archiprêtre de Corbigny, à l'évêque pour le prier d'empêcher ce scandale. (Arch. de l'évêché.)

certificat délivré par les magistrats du lieu de la résidence (1).

Cette dévotion intéressée, qui s'attache quelquefois à la religion comme une lèpre, une certaine classe d'hommes l'exploitait hypocritement à son profit. En divers lieux du diocèse et jusque sous les murs d'Autun, s'étaient établis des gens qui avaient revêtu l'habit érémitique, sans permission des supérieurs. Ils n'affectaient la retraite et la solitude que pour couvrir une vie licencieuse, peu conforme à leur profession apparente, et pour abuser de la charité des âmes simples. En 1665, le vicaire général, Claude Saulnier, prescrivit aux curés de lui signaler les ermites et les solitaires qui s'étaient établis dans leurs paroisses, et de leur intimer défense de faire aucune quête et de célébrer la messe, à moins qu'ils ne fussent pourvus d'une approbation de l'évêque diocésain. Il annonçait en même temps l'intention de prendre des mesures sévères à l'égard de ceux qui menaient une vie scandaleuse (2).

(1) Oratoires où l'on venait à certaines époques de l'année : le mont Beuvray, la montagne d'Essertenne, près d'Autun; Faubouloin, près de Corancy; Saint-Franché, près de Saint-Brisson, etc. Isambert, *Anciennes lois françaises,* t. XVIII, p. 436; t. XIX, p. 537.

(2) La vie érémitique n'excluait pas, chez ceux qui avaient la fantaisie de s'y livrer, la possession d'une certaine fortune. En 1703, « frère Martin Bordot, natif de Cirey, près Nolay, ermite dans l'ermitage dit la Maladrerie, près des murs de la ville d'Autun, voulant se dépouiller en faveur des pauvres du peu de bien qu'il a plu à Dieu de lui donner par ses sueurs et travail, » donne à l'hôpital général : 1° plusieurs dettes actives, s'élevant 1,800 livres, pour faire apprendre un métier à un pauvre de ses parents ou désigné par ses parents; 2° une maison

Le mysticisme, qui dans les communautés nouvelles produisait des merveilles de sainteté, détraquait parfois dans le monde la cervelle de certaines béates dépourvues de bon sens et de sage direction. En 1670, la fille d'un cordonnier de Nolay, nommée Jeanne Gros, égarée par la lecture des vies de saint François d'Assise, de sainte Brigitte, de sainte Catherine de Sienne, de sainte Thérèse et d'autres livres ascétiques, se fit passer pour être en communication immédiate avec Dieu. A la suite d'oraisons prolongées, elle tombait en extase, devenait insensible à l'application de fers chauds sur les mains et les bras. Au sortir de cet état, elle récitait des discours en latin, des prières en français, et débitait des choses merveilleuses empruntées à un ouvrage du père saint Jure, intitulé *Le Chrétien intérieur*. Elle se ceignit les reins avec une ceinture de fer, se fit des stigmates avec un canif et s'administra la discipline. Elle communiait fréquemment, passait une partie de ses journées à l'église et ne manquait pas d'y rester durant la nuit du 25 au 26 de chaque mois, époque à laquelle reparaissaient ses stigmates, qu'elle affectait de montrer, malgré la défense que lui en avait faite son confesseur. Elle prétendit que dans la nuit du vendredi saint elle avait éprouvé une

---

située à Autun, une rente au principal de 180 livres, une somme de 50 livres, à la charge d'une messe hebdomadaire pour le repos de son âme, etc. (Invent. des titres de l'hôpital d'Autun, p. 101, etc.) Nous verrons plus loin Roquette témoigner, dans une lettre à Bussy-Rabutin, son aversion pour cette sorte de gens, qui, dit-il, se laissaient presque tous aller au mal.

sueur de sang. Bientôt, ne se contentant plus de ce rôle de miraculée, elle se donna comme prophétesse et se mit à annoncer l'avenir d'après l'inspiration de l'Esprit-Saint.

Elle abusait ainsi, depuis quelques mois, de la crédulité du peuple, lorsque Roquette jugea à propos de faire procéder à une enquête, dans laquelle furent entendus cent trente-quatre témoins. Sur la preuve de son imposture, le tribunal de l'officialité diocésaine la condamna à être renfermée dans le monastère de la Visitation d'Autun. Elle y fit une confession qu'elle consentit à rendre publique et, après deux années d'épreuve, on procéda à la cérémonie de sa rétractation. On éleva dans l'église cathédrale deux trônes, l'un à la porte d'entrée, l'autre à l'extrémité du chœur, près du sanctuaire. Une foule considérable, dans l'attente de la cérémonie qui allait s'accomplir, encombrait les rues voisines. L'évêque, revêtu de ses habits pontificaux et précédé du chapitre en chape, prit place sur le siége dressé à la porte de l'église, au pied duquel l'illuminée, tenant une torche à la main, vint se prosterner, demandant, les larmes aux yeux, pardon de son imposture et la grâce d'être admise à la pénitence. L'évêque lui répondit par une allocution sur la nécessité de cette pénitence, sur la grandeur de son crime, sur la bonté de l'Église, qui était plus touchée de son humiliation présente qu'elle ne l'avait été de ses désordres passés.

Cette cérémonie, employée autrefois à l'égard des grands coupables, mais qui était tombée en désuétude, produisit une émotion à laquelle l'évêque ne put échapper lui-même. Il fut interrompu dans son discours par les larmes qui coulaient de ses yeux et de ceux des assistants. Le chœur chanta sur un mode lugubre le psaume *Miserere,* puis le prélat récita sur la pénitente prosternée les oraisons indiquées par le pontifical romain. Elle lut ensuite sa rétractation. Elle déclara que les écrits qu'elle avait produits comme dictés par l'Esprit-Saint se composaient d'extraits tirés de divers auteurs ; que ses extases étaient simulées ; que sa chemise montrée au public pour faire croire à une sueur de sang avait été trempée dans le sang d'une bête ; que ses stigmates au côté, aux pieds et aux mains provenaient d'un instrument tranchant ; qu'en un mot, dans tout ce qu'elle avait fait paraître, elle avait voulu tromper le peuple et satisfaire son orgueil. L'évêque, après une seconde allocution, lui imposa pour pénitence la privation de la communion pendant un certain temps, l'obligation de rester à la porte de l'église durant la célébration des saints mystères, des prières, des jeûnes, des mortifications, et prononça ensuite sur elle les paroles de l'absolution. Jeanne Gros s'acquitta durant quelques mois de cette expiation dans le monastère des Visitandines, puis se retira à Paris, où elle tomba dans l'oubli. Mais le curé de Nolay, qui s'était laissé duper par ses impostures, ne trouva pas grâce aux yeux de Roquette et fut obligé de résigner son bénéfice (1).

(1) Gandelot, *Hist. de Beaune,* p. 189. — *Défense de la discipline qui s'observe dans plusieurs diocèses de France, touchant l'imposition de la pénitence publique,* in-12. Sens, 1677, p. 306.

Une autre fille du même pays, nommée Jeanne Boisson, après avoir été guérie à l'hôpital de Beaune d'un hoquet convulsif, était rentrée dans sa famille. Elle y menait une vie austère et se retirait dans une grotte voisine où elle se livrait à la prière, au jeûne et aux mortifications. Elle communiait fréquemment, et quand elle ne pouvait se rendre à l'église, le curé lui portait l'eucharistie dans cette grotte ou dans la maison de son père. Au lieu de se prétendre, comme Jeanne Gros, inspirée par l'Esprit-Saint, elle se prétendait possédée du démon. Elle ne pouvait recevoir le corps et le sang du Christ sans que l'esprit malin ne se mît en révolte et ne lui causât d'affreuses convulsions. Le grand vicaire de l'évêque, Dufeu, étant venu célébrer la messe dans le pays, mit fin à cette supercherie. Il prit dans le calice deux hosties et n'en consacra qu'une seule qu'il cacha dans le corporal. Au moment de la communion, il donna celle qui n'était pas consacrée à la prétendue démoniaque, dont les convulsions recommencèrent aussitôt. Sortant l'hostie consacrée, et la présentant au peuple, Dufeu signala avec éloquence l'imposture de cette fille qui, couverte de honte, se retira dans le voisinage de Nolay, où elle mourut obscurément (1).

Des marchands étrangers, en compagnie de femmes qu'ils avaient racolées dans leurs voyages, colportaient de ville en ville, avec leurs merceries, des images de dévotion et des lettres superstitieuses. Une de ces lettres, imprimée à Autun et vendue avec les *dévotes*

---

(1) Gandelot, p. 192.

oraisons de sainte Brigitte, recueil de prières empreintes d'une mysticité bizarre, exhortait les fidèles à judaïser, c'est-à-dire à s'abstenir de travail le jour du sabbat, promettant bonheur à ceux qui seraient fidèles à cette observance, menaçant de malheur ceux qui l'enfreindraient. Dufeu se transporta avec les marchands chez l'imprimeur et fit dresser procès-verbal (1).

D'autres croyances, non contraires à l'enseignement de l'Église, mais néanmoins peu compatibles avec la dignité de la foi, témoignent encore combien était grande à cette époque la simplicité du peuple. « Je vous donne avis, écrivait à Dufeu le curé de Vaux de Lugny, que, dans la paroisse de Pontaubert, il apparaît une vierge dans un buisson, proche d'une chapelle qui a été profanée. Le monde y accourt de toutes parts, et cette vierge n'apparaît qu'à des enfants. Je ne sais ce que c'est que tout cela, mais tous les enfants la montrent au doigt, sans que personne la puisse voir. Si les choses se manifestent plus, je vous en donnerai avis. » Dans l'église de Reclesnes, près d'Autun, il existait une dévotion dont la naïveté éveilla les scrupules du curé. On y montrait une statue de Notre-Dame qui était en vénération depuis des siècles. Les femmes enceintes venaient devant elle déposer des offrandes et demander la grâce d'un

---

(1) Procès-verbal de M. Dufeu contre deux vendeurs d'images, etc., du 14 janvier 1691. (Arch. de l'évêché.) — *B. Brigittæ, orationes quindecim de passione Domini,* 1530, in-8°. Souvent réimprimées e traduites en français, avec un préambule qui fut condamné par la Congrégation de l'*Index.*

heureux accouchement. Elles faisaient, à cette intention, dire une messe, chanter le *Salve Regina* et réciter certaines prières. Jusque-là, tout était bien ; mais le prêtre ouvrait ensuite la poitrine de cette statue, qui était de carton, et on voyait apparaître l'enfant Jésus dans le sein de sa mère. Après l'avoir laissée quelque temps ouverte, on la refermait en récitant les mêmes prières qu'auparavant. Roquette ordonna de faire cesser cette superstition, et le curé fut obligé de placer une bande de fer sur la statue, afin d'empêcher de l'ouvrir. On trouvait dans les reliquaires de quelques paroisses une petite fiole cachetée de cire, contenant une sorte de résidu blanchâtre, avec cette étiquette : *Lait de la Sainte-Vierge*. On montre encore aujourd'hui près de Bethléem une grotte taillée dans le tuf, où la tradition rapporte que la Vierge se cacha au temps de la persécution d'Hérode et allaita l'enfant Jésus ; elle porte le nom de crypte de l'allaitement. Les pèlerins grattaient quelques parcelles de cette craie blanchâtre et les rapportaient en leur pays comme un précieux souvenir de leur voyage. Mais les paroissiens de campagne, et peut-être plus d'un curé, ne doutaient pas que le résidu de cette fiole, au lieu d'être la poussière des parois de cette crypte, ne fût en réalité le lait de la Vierge mère. Dans la paroisse d'Issy-l'Évêque, une coutume superstitieuse empêchait les habitants de travailler le samedi ; l'évêque ordonna au curé de l'abolir. Par un usage emprunté à la fois au paganisme et au christianisme, on plaçait une pièce de monnaie et une croix de cire dans la main des morts avant de les ensevelir. Le curé déclarait ignorer le sens que ses paroissiens attachaient à cet usage ; mais Roquette lui répondit nettement : « Il est très-bon d'y pourvoir (1). »

(1) Lettre de M. Courtot, curé de Vaux, à Dufeu, du 23 avril 1683. — Requête de Charles Berthault, curé de Reclesnes, à Mgr de Roquette, etc. — Mémoire concernant les curés de l'archiprêtré d'Autun. — Registre de visite de l'archidiaconé de Flavigny, par Joudon, archidiacre de Flavigny, en 1667, paroisses de Saint-Thibault et de Brémur. — Mémoire du curé d'Issy-l'Évêque, 1694. (Arch. de l'évêché.)

CHAPITRE IV

RÉFORME DU DIOCÈSE (1667-1704)

Depuis que le concile de Trente avait rappelé au clergé la sainteté du sacerdoce, la subordination hiérarchique et décrété des mesures pour l'éducation des clercs, une révolution était en voie de s'accomplir dans l'Église. Des évêques remplis de zèle avaient fait leurs efforts pour la relever de sa décadence. Mais, d'une part, les guerres de religion, de l'autre l'ignorance, l'indocilité, la corruption dans lesquelles le clergé vivait depuis de longues années, opposant à leurs tentatives de réforme d'énergiques obstacles, ils avaient dû se contenter de choisir, autant que possible, pour remplir les principaux bénéfices, des hommes d'une moralité et d'une instruction suffisantes; mais ces choix n'étaient que des exceptions, et aucune institution n'était venue, dans nombre de diocèses, préparer et mettre à l'épreuve les jeunes gens qui se destinaient à la carrière ecclésiastique.

A l'égard du chapitre de la cathédrale et de ceux qui se prétendaient exempts de la juridiction épiscopale, le rôle de l'évêque d'Autun, presque nul, se bornait à des avertissements et à des conseils. Il ne lui était pas permis de s'immiscer d'une manière efficace dans leur discipline. Chef du diocèse, possédant pleine autorité sur la majeure partie de ses prêtres, il n'en possédait presque aucune sur les membres de ces chapitres. Celui de la cathédrale l'accueillait avec le respect dû à sa dignité; mais, en ce qui concernait son gouvernement intérieur, il n'était qu'un simple chanoine. Il possédait une prébende qui lui conférait le droit d'assister aux assemblées capitulaires et d'y donner sa voix; mais il ne les présidait pas. S'il venait à s'absenter, il ne pouvait toucher ses revenus qu'en faisant attester par son vicaire général les motifs légitimes de son absence. Lorsqu'il officiait pontificalement, il se rendait à l'église accompagné de huit dignitaires en chape qui formaient sa cour épiscopale, du diacre, du sous-diacre, de quatre clercs revêtus de tuniques et de dalmatiques, de ses deux chanoines d'honneur, l'un portant sa mitre, l'autre le bougeoir, de deux chapelains avec leurs chapes. L'office était alors plus solennel et accompagné de certaines cérémonies; mais le chapitre n'était point obligé d'envoyer au devant de lui quelques-uns de ses membres, et, s'il le faisait d'ordinaire, c'était uniquement par déférence. Ce droit d'officier dans l'église cathédrale se bornait, du reste, aux fêtes de Pâques, la Pentecôte, la Fête-Dieu, l'Assomption, la Toussaint et Noël. Quand il assistait aux prédications, on plaçait pour lui, en face de la chaire, un fauteuil. Le doyen s'asseyait à sa droite, sur un banc, avec les autres chanoines; mais après son départ, ce fauteuil était enlevé, afin de ne pas laisser dans l'église un symbole de son autorité. Il lui appartenait d'instituer les prévôts de Sussey et de Bligny, les quatre archidiacres, les deux abbés de Saint-Étienne et de Saint-Pierre-l'Étrier; mais c'était le chapitre qui les mettait en possession. Ce dernier nommait lui-même le vicaire du chœur, les ecclésiastiques desservant les cures nombreuses qui étaient à sa collation. Il était seulement obligé de les présenter à l'évêque afin de recevoir de lui charge d'âmes, c'est-à-dire le pouvoir d'exercer le ministère pastoral et d'administrer les sacrements (1).

Cette indépendance, basée sur une antique possession, défendue avec ténacité par le chapitre, l'évêque, en l'attaquant, s'exposait à voir diminuer sa propre influence. Roquette était trop habitué au maniement des hommes, il avait, au sein des vanités et des passions de la cour, acquis une expérience trop prudente pour s'exposer, dès le principe, à des conflits qui auraient paralysé ses meilleures intentions. L'exemple de son prédécesseur était, du reste, bien propre à lui inspirer des ménagements, s'il ne les eût déjà trouvés dans son caractère.

Louis Doni d'Attichy, appartenant à une famille florentine attachée à la fortune des Médicis, après avoir passé quelques années dans l'ordre des Minimes dont il devint provincial, avait été pourvu de l'évêché de

---

(1) Gagnare, *Hist. de l'église d'Autun*, p. 295, 301, 402. — Reg. capit., 9 janvier 1667.

Riez. Nourri dans les austères principes de la vie religieuse, versé dans la connaissance de l'histoire et du droit ecclésiastique, écrivain érudit, orateur éloquent aux assemblées du clergé et aux États de la province, il avait consumé sa vie dans d'inutiles tentatives, avec le zèle et la ténacité d'un esprit qui possède un vif sentiment de la justice, de la régularité, mais qui connaît mal les hommes. Il plaida contre les chanoines de Riez, contre les religieux de Valensolles, contre le prince de Conti, supérieur de ce prieuré en qualité d'abbé général de Cluny, contre sa propre famille. Transféré, en 1652, à l'évêché d'Autun, il ne réussit pas mieux dans cette nouvelle résidence, en attaquant sur tous les points la juridiction du chapitre cathédral. Durant dix années, il soutint avec lui des procès qui, selon les chanoines, s'élevaient au nombre de trente, et qui lui attirèrent dans les registres capitulaires et dans des mémoires les réponses les plus injurieuses. Tel était le ressentiment des chanoines à son égard qu'on crut le voir se perpétuer après sa mort, et que son neveu et héritier, M. de Marillac, conseiller d'État, leur intenta un procès sous prétexte que, ne célébrant pas son service funèbre, pour lequel il leur avait légué cinq cents livres, ils manquaient de respect envers sa mémoire (1).

(1) Gagnare, p. 246. — Reg. capit., 1er août, 11, 25 octobre, 14, 18 novembre 1664 ; 15 mai, 21 juillet, 27 août, 12 octobre 1665. — L'évêque d'Autun était fils d'Octavien Doni, seigneur d'Attichy en Valois, intendant des finances, et de Valence de Marillac, sœur de Michel, garde des sceaux, et de Louis, maréchal de France. Il était

CHAP. IV. — RÉFORME DU DIOCÈSE. 251

Il n'y avait donc pas lieu pour le nouvel évêque, s'il voulait arriver au bien, d'entamer la guerre de haute lutte, de discuter les droits des chapitres et des communautés prétendus exempts. Aussi, dès les premiers jours de son arrivée, Roquette porta sa sollicitude sur la réforme du clergé, le soulagement des pauvres, le rétablissement de la bonne harmonie dans sa ville épiscopale. Il s'occupa d'une foule de réglements disciplinaires, de la création d'un hôpital général, de la pacification des différends qui existaient entre les chanoines et les officiers de la ville et du bailliage, et principalement de la fondation d'un séminaire, tâche multiple et laborieuse dont le succès est un honneur éternel pour sa mémoire.

On sait en quels termes le concile de Trente avait décidé l'établissement dans chaque diocèse d'une maison religieuse destinée à élever les jeunes gens qui se destinaient au sacerdoce, et avec quel enthousiasme les Pères accueillirent cette proposition, qu'ils regardaient comme le gage de la régénération future de l'Église. « Les jeunes gens, disait le décret de réformation rendu dans la vingt-troisième session, s'ils ne sont élevés dans les principes de la religion, se laissent entraîner à suivre les mauvais exemples du siècle. Ils ne peuvent s'entretenir et persévérer dans la discipline ecclésiastique, s'ils n'ont été formés à la

---

frère de la célèbre comtesse de Maure, cousin de Mme Legras, petite-fille du garde des sceaux, et allié, par le mariage d'Anne d'Attichy, avec la famille du duc de La Rochefoucaud. (Notes mss. de l'évêché d'Autun; éd. de Barthélemy, *La comtesse de Maure*, 1863, in-12; Jal, *Dictionnaire critique de biographie*.)

piété avant que les habitudes du vice les aient pervertis. » Le concile ordonnait, en conséquence, que toutes les églises cathédrales et métropolitaines seraient tenues d'élever un certain nombre de jeunes gens de la ville, du diocèse ou de la province, dans un collége que l'évêque devait établir près de son église ou dans un lieu convenable. Il prescrivait de n'y admettre que des enfants légitimes, âgés d'au moins douze ans, sachant lire et écrire, annonçant une vocation religieuse. Il conseillait de choisir principalement les enfants des pauvres, sans exclure cependant ceux des riches. On devait, à leur entrée, leur donner la tonsure, l'habit clérical, leur apprendre la grammaire, le chant, le comput ecclésiastique, puis les appliquer à l'étude de l'Écriture sainte, des homélies des Pères, les instruire de la manière d'administrer les sacrements, des rites et des cérémonies de l'Église. L'assistance quotidienne à la messe, la confession mensuelle, la réception de la sainte communion, le service dans l'église cathédrale aux jours de fêtes complétaient l'ensemble des prescriptions relatives à ces colléges, qui devaient être une pépinière, « un perpétuel séminaire pour le service de Dieu. »

Quoique le pape Pie IV eût le premier donné l'exemple d'une pareille fondation qu'il plaça sous la direction des Jésuites, quoique les assemblées du clergé de France et les ordonnances royales eussent porté des dispositions touchant l'établissement, la dotation et le gouvernement des séminaires, ces dispositions avaient été laissées en oubli dans une foule de diocèses. Les troubles civils et religieux, les occupations ou l'incurie de certains évêques, l'opposition des chapitres, la répugnance des jeunes gens à se cloîtrer dans une maison ecclésiastique, l'habitude de fréquenter les anciens colléges, en avaient fait ajourner l'exécution. Quelques-uns de ces établissements, soit qu'on y eût admis des sujets inhabiles à l'état ecclésiastique, soit que les supérieurs à qui la direction en avait été confiée fussent incapables d'en assurer le succès, s'étaient éteints d'eux-mêmes ou avaient dégénéré en colléges. La réussite d'une pareille œuvre qui avait échoué entre les mains des pères de l'Oratoire était réservée, comme on le sait, à M. Olier, fondateur de la congrégation de Saint-Sulpice, et à ses successeurs.

En 1660, Doni d'Attichy eut l'heureuse idée de confier l'éducation des jeunes clercs aux chanoines réguliers de Sainte-Geneviève, introduits par son prédécesseur, Claude de la Magdeleine de Ragny, dans l'antique prieuré de Saint-Symphorien, dont il était commendataire. Ses vieux bâtiments, reconstruits à neuf, s'élevaient sur un cimetière dont les antiques tombeaux rappelaient le souvenir des premiers chrétiens d'Autun. Tout, dans ces lieux consacrés par une vénération séculaire, parlait de cette époque héroïque où le combat de la foi naissante et persécutée avait été soutenu jusqu'à la mort. C'était une touchante inspiration que de placer sous l'invocation du jeune martyr qui le premier avait donné son sang pour le Christ l'éducation des jeunes lévites appelés à régénérer le clergé du diocèse. Cependant d'Attichy avait échoué dans cette tentative. Il éprouva une vive résistance de la part du chapitre cathédral, avec lequel il était, en ce moment, au plus fort de ses démêlés, quoique, par esprit de ménagement et de prudence, il n'eût demandé à ceux de ses membres qui consentiraient à entrer dans ce séminaire ni un long séjour, ni une retraite sévère. Ce fût même à cette occasion, et en invitant les deux chanoines Rabyot et Jacquin à y demeurer pendant quelque temps, afin de se préparer aux ordres, que ceux-ci se décidèrent à aller les demander à l'évêque de Bâle et soulevèrent le procès des dimissoires.

Au mois de décembre 1666, Louis XIV, dans le but de généraliser la prompte exécution des décrets du concile de Trente et des ordonnances des rois ses prédécesseurs, enjoignit à tous les évêques de France de fonder des séminaires dans leurs diocèses et de pourvoir à leur dotation par la réunion de bénéfices ou d'autres moyens. Il exemptait leur établissement des formalités exigées pour les corporations religieuses, c'est-à-dire de l'octroi de lettres-patentes, dont la délivrance demandait une instruction préalable imposée par la nécessité de restreindre le développement trop considérable de ces communautés qui, dans certains pays, possédaient la meilleure partie des terres et des revenus, tandis que dans d'autres, n'ayant pas de quoi vivre, elles étaient obligées d'abandonner leurs maisons à leurs créanciers (1).

(1) *Mémoires du clergé de France*, t. XIV, p. 1554. — Sur les difficultés qui s'opposaient à l'établissement des séminaires, voyez Rohrbacher, *Hist. univ. de l'Église*, 2e édit., t. XXV, p. 245 et suiv.

Dès le mois d'octobre 1667, quelque temps après son entrée à Autun, Roquette reprit en mains le projet qui avait échoué entre celles de son prédécesseur. Il l'annonça par une ordonnance aux ecclésiastiques et aux fidèles de son diocèse. Il insistait sur sa ferme volonté d'introduire dans le clergé une discipline régulière. Il rappelait, dans un style plein d'élévation, les redoutables devoirs attachés au caractère sacerdotal, et invitait les fidèles à coopérer de leurs deniers à la construction du vaste édifice qu'il désirait élever. « Les saints Pères, disait-il, pleins de la lumière du ciel et de la doctrine divine, ont toujours regardé la collation des ordres que N.-S. Jésus-Christ a institués pour le culte divin et le service de l'Église comme une action périlleuse pour les prélats qui les donnent, et dangereuse pour ceux qui les reçoivent. Ils ont toujours enseigné que les fonctions sacrées des ministres établis dans l'Église demandaient une vocation singulière, une science très-grande, une piété extraordinaire ; et pour examiner cette vocation, inspirer cette science et les vertus en ceux qu'on jugera dignes de ce ministère si sublime, ils ont ordonné l'établissement des séminaires. Voulant de tout notre cœur suivre leurs vestiges et exécuter leurs saints décrets, aussitôt que nous avons été chargé de la conduite de ce grand diocèse et que nous avons été dans le siége que tant d'illustres saints et martyrs ont consacré par leur sang et par leurs mérites, nous avons pensé à cet établissement comme au seul et unique moyen de faire des ordinations fructueuses, de rendre les ministres de l'autel capables de servir l'Église, et répandre partout la science, la piété et la discipline ecclésiastique et chrétienne (1). »

Il fit part de son projet à la chambre du clergé qui se composait de trois députés du chapitre cathédral, du prévôt de la collégiale de Notre-Dame, du prieur de l'abbaye de Saint-Martin et du sous-prieur de Saint-Symphorien. La chambre, le remerciant des soins qu'il prenait pour la réforme de son diocèse, le pria d'accepter la somme de deux mille cinq cents livres, sauf, après vérification de ses ressources, à en accorder une plus considérable. En attendant qu'il pût commencer la construction d'un édifice répondant par son étendue aux besoins du diocèse, il loua près de l'église cathédrale une maison canoniale dans laquelle devaient être inaugurés les premiers exercices. Le chapitre permit de célébrer les offices pour les élèves et de faire les ordinations dans son église de Saint-Jean-de-la-Grotte, sans que cette permission dût préjudicier à ses droits sur cette église. Il autorisa son théologal à donner des leçons aux jeunes gens qui se disposaient à recevoir les ordres, et recommanda aux chapelains d'y assister sous peine de privation de leurs revenus. Au mois de décembre suivant, Roquette obtint du roi des lettres-patentes qui, en confirmant la fondation du séminaire, autorisaient l'évêque et la chambre du clergé à porter une imposition annuelle de trois mille livres sur tous les bénéfices du diocèse, les cures exceptées,

---

(1) Archives du petit séminaire d'Autun.

et permettaient à la maison de recevoir des donations, d'acquérir des biens de toutes sortes, de posséder les bénéfices qu'on jugerait à propos de lui annexer (1).

Roquette en fit l'ouverture dès le mois de novembre 1667, par une réunion à laquelle furent invités le chapitre et d'autres membres du clergé. Il avait déclaré dans une ordonnance qu'il ne recevrait à l'avenir aucun clerc au sous-diaconat, au diaconat, au sacerdoce, à moins qu'il n'eût séjourné pendant un an dans ce séminaire, aux ordres mineurs à moins qu'il n'y eût subi des examens et assisté pendant au moins dix jours aux exercices. Afin d'étendre le bienfait de cette institution jusqu'aux prêtres eux-mêmes, il exhortait tous ceux du diocèse, pourvus d'un bénéfice simple ou d'un bénéfice avec charge d'âmes, et particulièrement les curés, à venir y faire des retraites spirituelles, à y rester aussi longtemps que son vicaire général, directeur provisoire de la maison, le jugerait convenable. Ceux qui seraient appelés plus tard à des bénéfices devaient, avant de prendre possession ou immédiatement après, s'y initier, durant trois mois, aux devoirs de leurs fonctions, et prier Dieu de leur accorder les grâces nécessaires pour accomplir leur ministère, en connaître la grandeur et la dignité. De peur de compromettre l'avenir de cette institution en y mêlant un élément cor-

(1) Reg. de la chambre du clergé, délib. du 9 novembre 1667, p. 1 et suiv. (Arch. du grand séminaire.) — Reg. capit., 16, 18 novembre, 9 décembre 1667

rompu, il refusa d'y admettre les jeunes chanoines de la cathédrale nés dans un autre diocèse, les chanoines déjà prêtres, et surtout les habitués, enfants perdus du chapitre, que ce dernier condamnait parfois à un châtiment en punition de leurs méfaits. Il lui répugnait de faire de cette maison, sur laquelle il fondait les plus belles espérances, une sorte de pénitentiaire ecclésiastique. Il préféra les voir entrer, comme par le passé, dans des établissements plus anciens et disciplinés de longue main.

Les jeunes chanoines, qui n'étaient point préparés à prendre les ordres, et à qui le chapitre infligeait une retraite, continuèrent de se rendre au séminaire de Saint-Magloire, à Paris, à celui de l'Oratoire de Lyon, quelquefois même dans cet asile de discipline et de miséricorde qu'un homme saint et instruit, Dodun, curé de Couches, avait ouvert dans sa maison, afin d'y morigéner les sujets ingouvernables qui lui étaient adressés par le chapitre (1).

Il essaya de restaurer, pour ce dernier, une autre source d'instruction, en rétablissant les fonctions de théologal. Malgré les recommandations du concile de Latran de 1215, rappelées par les conciles de Bâle, de Trente, par le concordat de 1515, par les ordonnances d'Orléans et de Blois, qui avaient

---

(1) Reg. capit., 14, 18 novembre, 9 décembre 1667; 28 mars, 27 novembre 1668; 2 mai 1670; 20, 23 juillet 1672; 6 octobre 1673. — Inventaire du spirituel de l'évêché, in-fo, p. 100. (Arch. de l'évêché.) — Ce refus d'admission indisposa le chapitre contre l'évêque; il prétendit que le séminaire ne lui était d'aucune utilité.

étendu à toutes les églises cathédrales, collégiales et monastiques l'obligation d'entretenir un théologien chargé d'expliquer l'Écriture sainte, malgré les peines portées contre les théologaux qui négligeraient de faire leurs leçons et contre les chanoines qui refuseraient d'y assister, cet enseignement était tombé en désuétude. Personne ne se souciait d'accepter la prébende à laquelle ces fonctions étaient attachées, ou de les remplir après l'avoir acceptée.

Le chanoine Philibert Tixier, qui en était pourvu depuis 1658, ayant été requis de prêcher chaque dimanche et de faire deux leçons par semaine, avait menacé d'en interjeter appel comme d'abus, puis avait oublié la promesse de remplir ses obligations. Occupé presque continuellement à poursuivre à Paris et à Dijon les procès de la compagnie, il faisait faire ses prédications par un suppléant, et quant à ses leçons de théologie, il n'en était pas question depuis plus de quatre ans. En 1664, un chanoine ayant présenté des observations à ce sujet, le chapitre passa outre, en les déclarant frivoles. En 1667, le vicaire général de l'archevêque de Lyon, durant la vacance du siége, signifia à Tixier d'avoir à opter entre une cure qu'il possédait dans le diocèse et sa prébende théologale, et, dans le cas où il se déciderait pour cette dernière, de s'acquitter des leçons et prédications auxquelles elle l'obligeait; mais ni le chapitre ni Tixier n'avaient tenu compte de cette ordonnance. Au moment de l'ouverture de son séminaire, Roquette le décida à commencer enfin ses prédications. Il obtint, quelques années plus tard, à la mort de Tixier, que sa prébende fût donnée à son vicaire général, Sabatier, homme de zèle et d'intelligence. Il remercia le chapitre dans les termes les plus reconnaissants; mais bientôt Sabatier, absorbé lui-même par d'autres occupations, résigna en faveur de Jean Garnier, ancien vicaire de l'église, qui s'acquitta avec exactitude de ses fonctions et se fit remplacer, en cas d'absence, par un Jésuite. Un enseignement régulier fut ainsi rétabli pour le clergé de la cathédrale, qui n'en entendait pas d'autre que les prédications faites pendant l'avent et le carême par des prédicateurs étrangers (1).

Les premières bases de la discipline pouvaient être considérées comme rétablies. Le chapitre, touché du zèle actif et conciliant de l'évêque, soumettait sans résistance à son examen les membres de l'église qui se présentaient aux ordinations; il acceptait volontiers ses refus, ses ajournements, lorsqu'il jugeait à propos d'en prononcer, et il en profitait pour devenir plus pressant et plus sévère à l'égard de ceux qui ne cherchaient pas à s'en rendre dignes. Dans le chapitre général de la Saint-Jean-Baptiste de 1668, destiné à la réforme des mœurs, et le premier tenu depuis l'installation de Roquette, ainsi que dans des chapitres particuliers de la même époque, il s'attacha à signaler avec de minutieux détails les abus qui nuisaient à la majesté et à l'édification du service divin. Il tint en même temps à donner des

(1) Reg. capit., 11 juillet 1658; 28 octobre, 9, 18, 26 novembre 1661; 11 janvier, 7 novembre 1664; 9 décembre 1667; 4 janvier, 3 mars 1669; 3 avril, 13 novembre 1671, etc.

preuves particulières de respect envers le chef du diocèse. En 1671, le chanoine Thiroux ayant laissé échapper, aux États de la province, des paroles inciviles contre Roquette, la compagnie, sur la plainte de ce dernier demandant une réparation, ordonna au coupable d'aller jusqu'à Beaune et plus loin, s'il le fallait, lui présenter des excuses. Enfin elle ne craignit point d'accepter ses conseils pour le rétablissement d'une discipline qui laissait beaucoup à désirer, et l'assura d'un concours dévoué et sévère. L'évêque ayant adressé au doyen quelques blâmes sur la conduite de certains prêtres, elle lui écrivit la lettre suivante :

« Monseigneur,

« Nous avons bien de la joie d'apprendre par le retour de M. notre doyen l'état de votre santé et vos bontés pour notre compagnie ; cela nous oblige à des sentiments de reconnaissance que nous ne saurions vous exprimer, car, puisque nous nous pouvons assurer de l'honneur de votre protection, nous n'avons désormais rien à craindre de nos ennemis ; nous aurons plus de loisir de veiller au service divin et de nous occuper solidement de la correction des mœurs de ceux qui dépendent de notre église, et à y maintenir la discipline avec toute la sévérité, ce que reconnaissant, un grand évêque de Paris, Anselin, en fondant l'église collégiale de Vergy, jugea qu'il ne pouvait rien faire de plus avantageux que de la soumettre à la direction de l'église d'Autun comme la mieux ordonnée qui fût en France... Ce même esprit nous ayant été transmis par nos prédécesseurs, nous avons tâché de le conserver, et vous êtes témoin, Monseigneur, que quelques-uns de la compagnie étant tombés dans quelques manquements, on a fait une justice si rigoureuse que, ayant été une appellation interjetée, les juges députés du parlement ont été contraints d'y apporter de la modération et réformer la sentence rendue par l'official du chapitre en plusieurs chefs. Nous pouvons vous assurer, Monseigneur, qu'il en a été ainsi dans toutes les occasions qui se sont présentées, tant au fait de la corrective que de la contentieuse, dont il y a mille exemples dans nos registres. Néanmoins, Monseigneur, nous avons appris avec douleur que quelques personnes vous avaient voulu insinuer qu'il restait encore quelque chose à faire pour la correction de quelques particuliers, à quoi voulant remédier et profiter de vos charitables avis, on a résolu de procéder d'une manière que rien ne nous pourra être imputé. C'est ce dont nous vous supplions très-humblement de vouloir être persuadé (1). »

A part ce ton de complaisance qui était habituel au chapitre en parlant de lui-même, un pareil langage ne s'éloignait pas beaucoup de la vérité. Si nous en jugeons par les registres capitulaires, les fautes graves, à partir de cette époque, sont plus exactement réprimées. Les bontés pour la compagnie, dont parle cette lettre, la protection dont l'avait assu-

(1) Reg. capit., 18, 25 juillet, 1er août 1668; 7, 14 juillet 1671 ; 10 décembre 1672.

rée Roquette, c'était l'intervention que, dès les premiers jours, il lui avait offerte pour arranger les procès qu'elle soutenait avec les officiers populaires au sujet de sa justice temporelle dans la ville haute, « un des plus beaux droits de son église. » Mais dans la tâche difficile de réformer les mœurs de ses prêtres, elle était peut-être trop tentée de revenir à ses tolérantes habitudes pour qu'il fût inutile de lui donner de nouveaux encouragements.

« Messieurs, répondit l'évêque, j'ai été très-aise d'apprendre par la lettre que vous avez pris la peine de m'écrire que M. le doyen, vous ayant proposé, comme je l'en avais prié, les avis que j'ai reçus contre quelques-uns de votre corps dont la conduite n'est pas ecclésiastique, vous avez résolu d'y mettre ordre et de vous appliquer à renouveler cette ancienne ferveur qui a fait parler autrefois si avantageusement de l'église d'Autun Anselin, évêque de Paris. Vous pouvez croire que je ne souhaite rien avec tant d'empressement que de voir, dans ce temps-ci, parmi le clergé de mon diocèse, cette pureté de discipline qui attira, en ce temps-là, au chapitre d'Autun les louanges et l'estime de cet illustre prélat. Je vous conjure que nous travaillions de concert à l'établir. Rien n'y peut contribuer davantage que l'exemple de votre compagnie, pour laquelle vous me ferez justice de croire que j'aurai toujours beaucoup de considération. »

Le chapitre, en témoignage de la bonne harmonie qui régnait entre lui et son évêque, et comme gage de ses promesses pour l'avenir, ordonna l'insertion de ces deux lettres sur ses registres (1).

Dans le cours de l'année 1675, Roquette posa la première pierre du bâtiment de son nouveau séminaire. Il était situé près des murs de la ville, sur un terrain dépendant du domaine de l'évêché. Il forma pour asseoir l'édifice une vaste esplanade d'où l'œil embrassait une partie de la vallée semi-circulaire au sommet de laquelle Autun est placé, et d'où l'on apercevait les restes les plus remarquables de ses anciens monuments. C'étaient, au midi, sous un sombre rideau de montagnes boisées, la pyramide de Couhard, que la tradition regardait comme le principal tombeau du polyandre qui s'étendait à ses pieds ; au levant, le théâtre et l'amphithéâtre romains ; au nord, les portes de Saint-André et d'Arroux, précieux spécimens de l'art gréco-romain dans le centre de la France. Une partie de la ville se profilait au couchant, avec la tour du vieux château des ducs de Bourgogne, l'immense flèche de la cathédrale dominant les églises, les couvents, les habitations échelonnées à ses pieds. L'œil, se promenant sur la plaine, découvrait, de tous côtés, des villages, des hameaux, des bois, des prairies, des étangs, des châteaux, d'antiques abbayes, des ruines et des voies romaines, aspect varié et plein de souvenirs qui rehaussait l'admirable situation de l'édifice (2).

(1) Reg. capit., 10 décembre 1672.
(2) Les officiers et les principaux habitants de la ville, convaincus des avantages qu'elle devait retirer de cet établissement, avaient ex-

Le plan des constructions était l'œuvre de Daniel Gittard, architecte d'Anne d'Autriche, à qui on doit le chœur, les bas côtés, la plus grande partie de la croisée et le portail de gauche de Saint-Sulpice, le portail de Saint-Jacques-du-Haut-Pas. Il fut exécuté sous la surveillance d'un architecte entrepreneur nommé Totin. Ces constructions s'élevèrent avec rapidité et, malheureusement, il faut le dire, aux dépens du théâtre et de l'amphithéâtre romains, qui en étaient voisins et dont les ruines, encore imposantes, ne furent pas plus épargnées qu'elles ne l'avaient été dans les temps barbares (1).

L'édifice, vu du côté de la route de Paris à Lyon, qui passait à ses pieds, devait se composer de trois corps parallèles, enfermant deux cours de grandeur égale; mais deux seulement furent terminés, et celui du couchant ne fut ébauché que par des constructions moins élevées qui attendent encore leur achèvement. L'aile centrale renfermait au rez-de-chaussée une chapelle. A l'extrémité et au premier étage de celle de gauche, le prélat se

primé à l'évêque le désir qu'il fût construit dans son enclos. Mais la difficulté d'y trouver un terrain assez vaste décida à le placer en dehors. (Reg. de la chambre du clergé, p. 67, 73; reg. capit., 8 février 1676.)

(1) Gittard fut le quatrième des huit architectes qui composèrent l'académie d'architecture, lors de sa fondation par Colbert, le 31 décembre 1671. Il fit construire à Paris les hôtels de la Meilleraye, de Saint-Simon, la maison de Lulli, etc. Voyez une notice sur cet architecte dans les *Archives de l'art français*, t. VI, p. 97, et dans le *Bulletin de la Société archéologique de Seine-et-Marne*, 1865, p. 131. Reg. de la chambre du clergé, p. 230.

ménagea un appartement particulier, où l'on arrivait par un escalier demi-circulaire dont la coupe et la légèreté sont un modèle d'élégance. Il en orna les murs de portraits de religieux et d'ermites, dus à des peintres habiles. Une grille de fer, surmontée de fleurs de lys et du chiffre de Louis XIV, avec la couronne royale, fermait cette cour intérieure, qui était précédée du côté de la voie publique par un vaste espace en pente, avec un tapis de gazon au milieu, des bosquets de charmille, des jets d'eau à droite et à gauche. La façade du côté du levant s'élevait sur une esplanade ornée de parterres, d'arbustes taillés en différentes figures, et terminée par une demi-lune avec un jet d'eau aux bords gazonnés, aux deux côtés duquel étaient placés des cabinets à portiques, composés de piliers dorés, ornés de guirlandes et de festons, surmontés d'un dôme doré, avec de riches ornements. Ces bosquets, ces parterres avaient été tracés par Lenôtre. Au midi, sur toute la longueur du bâtiment et de l'esplanade, s'étendait un jardin potager. Son enceinte était fermée par des murs bas et flanqués de fossés, qui ne dissimulaient rien à la vue. Durant plusieurs années, Roquette entra lui-même dans les détails de la construction, indiqua ses propres idées et fit venir de Paris des ouvriers pour les exécuter (1).

Pour mener à bonne fin cette œuvre qui dotait

(1) Description du séminaire d'Autun par Baudry, in-4º. Autun, François Perdrix, 1699. Arch. du petit séminaire. — *Correspondance de Bussy-Rabutin*, t. VI, p. 235.

son diocèse d'un établissement précieux et sa ville épiscopale d'un magnifique édifice, il sut trouver de nombreux encouragements. La chambre du clergé, qui lui avait accordé à trois reprises différentes une somme de sept mille livres pour l'entretien du séminaire, n'hésita pas, une fois les constructions commencées, à s'imposer de nouveaux sacrifices. En 1674, elle s'engagea à fournir vingt mille livres, indépendamment de l'imposition annuelle établie par les lettres-patentes sur les bénéficiers du diocèse. Quatre ans plus tard, afin de ne pas laisser, disait-elle, un si grand ouvrage imparfait, elle en vota de nouveau vingt mille. En 1689, le total des sommes accordées par elle s'élevait à soixante-six mille livres. En 1694, elle fit don de deux mille cinq cents livres à l'occasion de la cherté des vivres. Elle alloua une pension de mille livres qui fut payée, même après la mort de Roquette, et jusqu'à l'extinction d'une pension de même somme créée en faveur de l'abbé de Sainte-Croix sur le prieuré de Saint-Denis-en-Vaux, au diocèse de Poitiers, que Roquette, qui en était commendataire, avait cédé au séminaire, et qui produisait un revenu de trois mille cinq cents livres. Nous n'entrerons pas dans le détail de ses libéralités pendant le cours du siècle suivant. Roquette lui-même avait, dès le principe, donné à la maison une somme de dix mille livres, et une autre de quatre mille provenant d'une quête faite pour la délivrance de l'île de Candie, qui était restée sans emploi entre les mains du receveur du clergé. Enfin, en **1701**, il lui fit unir le prieuré du Val-Saint-Benoît, près d'Autun (1).

Les bienfaits de Louis XIV et des princes furent non moins considérables. En 1672, le roi, qui s'était réservé la disposition de tous les bénéfices dépendant de l'ordre de Cluny, voulant punir les moines d'avoir élu comme abbé général de leur congrégation Henri Bertrand de Beuvron, candidat de ceux d'entre eux qui avaient accepté la réforme de Saint-Maur, tandis qu'il désirait lui-même pourvoir le cardinal de Bouillon de cette dignité à laquelle était attaché un riche traitement, fit casser cette élection par deux arrêts du conseil et nomma Paul Pélisson, maître des requêtes, administrateur général de l'ordre de Cluny au temporel. L'abbaye resta vacante durant onze années. A deux reprises différentes, le roi accorda à Roquette une somme de cinquante-cinq mille livres sur la manse abbatiale, qui fut soldée intégralement, malgré les réclamations des moines. Il lui permit de prendre dans les forêts de la couronne des bois de construction pour une valeur considérable (2).

En 1688, Marie, duchesse de Guise, petite-fille du Balafré, qui mourut sans postérité, laissant une fortune évaluée à plus de vingt millions, dans laquelle

(1) Reg. de la chambre du clergé, p. 3, 23, 36, 73, 112, 136, 150, 274, 289 verso, 307, 314 ; mss. Lestre, p. 420. — Le prieuré du Val-Saint-Benoît avait été donné, en 1690, à Henri-Auguste de Roquette, neveu de l'évêque, puis, après sa mort, à M. de Sénaux, son vicaire général. (Archives du grand séminaire.)

(2) Registres de la chambre du clergé, délibération du 5 mars 1688, p. 289.

figuraient plusieurs terres situées en Bourgogne, légua à Roquette vingt-cinq mille livres pour achever la construction du séminaire et pour d'autres bonnes œuvres. En 1696, l'évêque ayant besoin de nouvelles ressources, fit appel à la générosité du roi et de Mme de Maintenon, et recommanda sa demande à Henri de Bourbon, prince de Condé, qui lui-même lui avait fait don de dix mille livres. « Le roi, lui écrivit ce dernier, m'a donné ses ordres chez Mme de Maintenon sur les affaires qui vous regardent. Il m'a parlé de vous avec beaucoup de bonté. Il m'a dit qu'il y avait longtemps qu'il lui avait promis de me parler et qu'il l'avait oublié. Je crois que vous ne doutez pas que je n'exécute avec beaucoup de joie et d'empressement les ordres du roi sur lesquels je vois une nécessité absolue de vous entretenir, et que vous ne veniez dès que vous pourrez pour en concerter les moyens avec vous, à cause de toutes les raisons que vous savez. Cependant je crois que vous devez écrire au roi pour lui faire vos remercîments et que vous devez écrire aussi à Mme de Maintenon. » En effet, sur une lettre du prince, qui leur intimait à ce sujet les ordres du roi, les élus de la province accordèrent une somme de trente mille livres en faveur du séminaire et de l'Hôpital (1).

---

(1) Lettre du prince, datée de Versailles du 8 février 1696, et délibération des élus de la province du 31 décembre suivant, avec notes de la main de Roquette. (Arch. du petit séminaire.) — Inventaire des titres de l'hôpital d'Autun, p. 532. (Arch. de l'hôpital.) — Reg. de la chambre du diocèse, p. 289, verso.

Il ne négligeait aucune occasion de rappeler au roi l'emploi qu'il faisait de ses générosités, et l'importance de cette œuvre qu'il lui représentait comme étant son œuvre à lui-même. A mesure que le bâtiment s'avançait, il augmentait le nombre des cellules et des pensionnaires. En 1680, après avoir laissé jusque-là la direction du séminaire à Dufeu, son vicaire général, il s'adressa à M. Tronson, supérieur de la congrégation de Saint-Sulpice, dans laquelle il devait former par son expérience de la vie spirituelle tant de prêtres utiles à l'éducation ecclésiastique. De tous côtés les évêques qui avaient fondé des séminaires lui adressaient de pareilles demandes, et, faute de sujets, il ne pouvait suffire à leur empressement. Roquette passa avec lui un traité par lequel il se réservait la juridiction spirituelle et temporelle sur la maison, et remettait sa direction à la congrégation de Saint-Sulpice, qui s'engageait à y tenir constamment cinq ecclésiastiques, l'un comme supérieur, les quatre autres comme professeurs, avec trois domestiques laïques. Le supérieur général pouvait les changer quand il le jugerait à propos et quand l'évêque le demanderait lui-même. Ils devaient observer les prescriptions données par ce dernier, ne rien enseigner qui lui fût désagréable, suivre les usages du diocèse, réciter le bréviaire d'Autun, se conformer aux ordonnances synodales, sauf leur règle intérieure, qui était celle de Saint-Sulpice.

Deux mille cinq cents livres, à prélever sur les revenus de la maison ou sur les deniers imposés au clergé, étaient affectées à leur entretien et à celui des serviteurs. Les ecclésiastiques admis payaient pour frais de nourriture et autres dix sols par jour. Cette somme, suffisante en temps ordinaire, pouvait être augmentée du consentement de l'évêque, en cas de cherté des subsistances. Le surplus des revenus, s'il en existait, devait être employé dans l'intérêt général de la maison et dans celui des pensionnaires. Par reconnaissance pour les libéralités de Louis XIV, Roquette demandait, à son intention, une messe quotidienne, une autre messe pour lui-même, le 1er de chaque mois, en souvenir de l'union du prieuré de Saint-Denis-en-Vaux. Enfin il s'engageait, dans un dernier article, à payer ou à faire payer par le clergé, sans que les prêtres de Saint-Sulpice pussent être inquiétés à ce sujet, les dettes, qui s'élevaient à une somme de quatre mille livres (1).

Le premier supérieur, envoyé par les Sulpiciens, fut un abbé Rigoley, d'une famille du parlement de Dijon, docteur en théologie, grand homme de bien, dit Bussy-Rabutin, et qui employait un patrimoine considérable aux besoins des séminaristes. Mais l'intérêt porté par Roquette à cet établissement, qu'il signale dans ses lettres et ses mandements comme une œuvre de bénédiction, lui faisait désirer de voir à sa tête un des premiers sujets de la con-

---

(1) Copie du traité d'union du séminaire de Saint-Sulpice avec celu d'Autun. (Arch. du petit séminaire.) Avant cette union, le supérieur du séminaire était Dufeu; Gévalgé, théologal d'Avallon, et David étaient professeurs, Nectoux, économe.

grégation. Il avait jeté les yeux sur Gabriel Bardon, un des signataires du traité dont nous venons de parler. Né près du Puy-en-Velay, entré à Saint-Sulpice d'après le conseil de M. de Lantages, supérieur du Puy, Bardon était devenu l'homme de confiance de M. Tronson, qui ne reconnaissait à aucun de ses disciples plus de lumières, d'habileté et de prudence. Il l'envoyait diriger pendant quelque temps les séminaires qui dépendaient de la congrégation. En 1685, étant supérieur de Clermont-Ferrand, il vint à Autun prêcher une retraite pastorale. Son mérite, partout connu, n'avait pas échappé à Roquette. En 1690, Mme de Maintenon ayant fait nommer à l'évêché de Chartres Godet des Marais, son confesseur, disciple de Tronson, en reconnaissance des conseils pleins de sagesse qu'il lui avait donnés pour la rédaction des réglements de la maison de Saint-Cyr, cet évêque, d'un extérieur froid et austère, d'une modestie poussée jusqu'à la défiance de lui-même, n'accepta qu'à la condition que Bardon viendrait l'aider de ses conseils pendant les premiers mois de son épiscopat. Tronson écrivit à Bardon, supplia dans les termes les plus pressants l'évêque de Clermont de ne pas mettre obstacle à son départ, et engagea Roquette à céder à ce dernier Rigoley pendant quelque temps, lui promettant de lui envoyer Bardon dès qu'il pourrait quitter l'évêque de Chartres.

Mais quand Mme de Maintenon vit Bardon à l'œuvre dans ce diocèse, elle conçut pour lui une si vive estime, qu'elle résolut de l'y fixer et de l'enlever à la congrégation de Saint-Sulpice. Elle en fit part à Tronson, qui se trouva très-embarrassé entre ses prières et la promesse faite à l'évêque d'Autun. Roquette alla le trouver et lui rappela sa parole. « Je vous prie, lui dit-il, de faire savoir à Mme de Maintenon que je la crois trop pleine de religion pour vous obliger à me manquer de parole, et pour vouloir charger sa conscience et répondre devant Dieu des maux qui arriveront dans mon diocèse faute de secours. » Afin d'agir sur l'esprit de Mme de Maintenon, Tronson écrivit à Fénelon, son élève, qui était alors précepteur du duc de Bourgogne. Mais le jeune abbé, tout dévoué à l'évêque de Chartres et à sa protectrice, entra au contraire dans leurs vues. « Manquez une étude de M. le duc de Bourgogne, lui écrivait-elle, je vous en conjure, pour voir M. Tronson ; n'oubliez rien pour le persuader en faveur de l'évêque de Chartres ; j'aurai une grande part à la reconnaissance. Vous savez, et M. Tronson aussi, les bonnes raisons que j'ai de vouloir aider M. de Chartres. N'oubliez rien pour réussir, je vous en conjure ; je m'en vais prier Dieu de s'en mêler. »

Malgré ces instances, Tronson ne pensa pouvoir se dégager de sa promesse envers Roquette qu'autant que celui-ci y consentirait lui-même. Mme de Maintenon crut alors avoir levé tous les obstacles. « J'espère, écrivit-elle au supérieur de Saint-Sulpice, que M. d'Autun se rendra à la prière instante et positive que je lui ferai de céder M. Bardon. » Mais elle éprouva une opposition à laquelle elle ne s'était pas attendue. Dans une lettre respectueuse, mais pleine de fermeté, l'évêque lui annonça qu'il était résolu à ne point abandonner sa demande. Il eut avec elle, durant trois heures, une conversation dans laquelle tous deux se montrèrent inflexibles. Mme de Maintenon déclara que des Marais ne pouvait conserver son évêché, si Bardon ne l'aidait à le gouverner; que si l'on obligeait ce dernier à quitter Chartres, ce serait faire une étrange éclat et un tort irréparable à Saint-Cyr. Voyant que l'évêque ne se rendait pas à ces raisons, elle finit par lui donner à entendre qu'elle ferait intervenir, s'il était nécessaire, l'autorité du roi. En présence de cette déclaration équivalant à un ordre, il fallut se soumettre (1).

Il trouva dans Charles-René Levayer de Bressac, qui devint plus tard supérieur de Cambrai et confesseur de Fénelon, ainsi que dans son successeur, Pierre de Sabatier, deux hommes qui se prêtèrent à ses vues et déployèrent du zèle dans leur direction. « J'attends avec impatience, écrivait-il, en parlant du premier, à son neveu, Louis-Auguste de Roquette, des nouvelles de notre cher et aimable supérieur et de sa santé, vous conjurant de lui dire tout ce que vous pourrez de plus tendre et qui pourra

---

(1) *Vie de M. de Lantages*, p. 430, in-8°. Paris, 1830. — Bardon devint directeur du séminaire de Saint-Sulpice de Paris, et s'y acquit une grande réputation, même sous Tronson, par ses connaissances dans la théologie morale. Ce dernier, l'homme le plus consulté de son siècle, se plaisait à lui renvoyer les personnes qui s'adressaient à lui. Bardon était en même temps un modèle d'humilité.

le mieux lui marquer la véritable estime que j'ai pour lui. » « Depuis que la Providence, écrivait-il à Levayer lui-même, a permis que vous fussiez à la tête de mon séminaire et que j'eusse à M. Tronson l'obligation de m'avoir donné un trésor aussi précieux, il s'y répand chaque jour de nouvelles bénédictions par son zèle, par sa charité pour cette maison, et par votre secours, etc. (1). »

Il n'eut pas moins à se louer de Sabatier, qui succéda à Levayer en 1695. L'année même de son admission dans la congrégation de Saint-Sulpice, Tronson l'avait envoyé à Limoges, où il exerça les fonctions de grand vicaire et de directeur du séminaire. Il était, selon son témoignage, d'un esprit doux, facile, ayant le talent de se faire aimer. Au bout de quelques années, il se dégoûta de cette position, et Fénelon l'attira à Cambrai pour l'aider dans son établissement d'un séminaire. Il y passa quelque temps ; mais n'ayant pu obtenir le grand vicariat, il déclara à Tronson qu'il n'avait aucun attrait pour ce diocèse, où il se voyait inutile, et que, s'il ne pouvait lui donner un autre emploi, il retournerait dans son pays. Quoique l'archevêque ne le jugeât pas avec la même bienveillance que le supérieur de Saint-Sulpice et qu'il le dépeigne comme un de ces ardélions spirituels qui se remuent et parlent beaucoup, comme ayant plus d'imagination que de jugement, comme étant vif, jaloux, délicat à blesser, et

---

(1) Lettres des 25 mars et 19 septembre 1691. (Archives du petit séminaire.)

qu'il s'attendît à avoir avec lui beaucoup d'épines et peut-être de mécomptes, il chercha à le gagner de nouveau, à raison de son expérience, de sa fidélité à Saint-Sulpice, de son éloignement pour le jansénisme, et parce qu'il se chargeait de lui procurer des prêtres agissant avec subordination. Mais le supériorat du séminaire et les fonctions de vicaire général que lui offrit Roquette, l'amitié et l'estime qu'il lui témoigna le décidèrent en faveur d'Autun, où il trouvait à occuper davantage son activité et des relations qui convenaient mieux à son caractère. Il les conserva jusqu'après la démission de Roquette et fut nommé, en 1706, évêque d'Amiens. On a remarqué, à son éloge, qu'à partir de ce moment jusqu'à sa mort, arrivée en 1733, il se consacra avec tant de zèle à l'administration de son diocèse, qu'il n'en sortit que deux ou trois fois par nécessité (1).

L'intérêt porté par le roi, par Mme de Maintenon, par le Père de la Chaise à l'établissement du séminaire d'Autun inspira à Bussy-Rabutin, inconsolable de son exil en Bourgogne, la pensée de s'en faire une recommandation auprès du monarque, qu'il s'obstinait à solliciter d'autant plus souvent, que celui-ci l'oubliait davantage. « Je vais vous conter, écrivit-il au père Bouhours, un dessein que l'évêque d'Autun m'a fait prendre. Il est de mes amis ; il est fort bien avec M. le prince de qui j'ai affaire. Il m'a témoigné plusieurs fois que je lui ferais un plaisir

---

(1) *OEuvres de Fénelon*, in-4°. Paris, 1851, t. VIII, p. 386, et t. X, p. 204. — *OEuvres complètes de Tronson*, éd. Migne, t. II, p. 955 à 964.

extrême si je voulais lui faire une description de son séminaire qui, sans mentir, est le plus beau séminaire de France. Nous avons concerté ensemble que je l'adresserais au Père de la Chaise. L'évêque a ses raisons pour cela, et j'ai les miennes. Il veut que le roi voie comment il a employé vingt mille écus que S. M. lui a donnés pour le bâtiment, et moi je veux que le roi voie à quoi je m'occupe. Nous prétendons que le Père de la Chaise lui montrera cela, qui ne sera vu que par eux, et tout au plus par elle (Mme de Maintenon), car on ne l'imprimera jamais. Je vous envoie la lettre au Père de la Chaise et le commencement de la description de ce séminaire etc. (1). »

Dans cette lettre, Bussy se donnait comme l'historiographe du règne de Louis XIV : « Depuis ma disgrâce, disait-il, je me suis employé à écrire des mémoires de guerre et de cour, dans lesquels ayant eu à parler souvent du roi, je l'ai fait dignement, grâce à Dieu, en disant seulement la vérité avec des tours extraordinaires, car il ne faut que cela pour faire de l'histoire le plus bel éloge du monde ; et comme j'ai encore du temps de reste, j'ai cru ne pouvoir mieux l'employer qu'à vous faire une peinture du séminaire d'Autun, qui est, pour la beauté et la situation, et pour la magnificence du bâtiment, la plus extraordinaire chose que j'aie vue de ma vie. Ce qui m'a encore plus convié à ce dessein, mon R. P., c'est que j'ai trouvé le roi, dont j'aime tant

---

(1) *Correspondance de Bussy-Rabutin*, édit. Lalanne, t. VI, p. 235.

à parler, bienfaiteur de cette maison, etc. (1). »
(19 avril 1689.)

« Me trouvant, dit-il dans cette description, qui fut effectivement envoyée au célèbre Jésuite, et qu'il traitait, deux mois plus tard, « de discours d'architecte peu propre à divertir, » retiré dans ma maison, et songeant à finir ma vie avec plus de régularité que je n'en ai eu jusqu'ici, j'ai cherché dans mon voisinage quelqu'un pour me conduire dans le chemin du salut, et je n'ai pas été trop embarrassé d'en rencontrer, ayant à choisir dans les directeurs du séminaire d'Autun, gens d'une profonde capacité et d'une vertu exemplaire. Le commerce que j'ai eu dans cette maison m'en a fait remarquer les beautés, et je l'ai trouvée digne qu'on donnât envie de la voir aux gens qui en sont éloignés et qu'on en laissât une description à la postérité. Ceux qui ont lu l'histoire romaine savent l'ancienneté de la ville d'Autun ; mais les restes de ses temples, de ses portes, de ses murailles et de ses amphithéâtres donnent encore à ceux qui les voient du respect et de l'étonnement pour sa grandeur. Entre autres belles marques de son ancienne magnificence, on y voyait, il y a dix ans, les restes d'un cirque dans le domaine de l'évêché ; ce fut cet endroit que Gabriel de Roquette, nommé à l'évêché d'Autun, choisit pour y bâtir son séminaire. Mais avant que de passer outre, il est à propos de parler de cet évêque.

« C'était un homme d'esprit, nourri à la cour, qui

---

(1) *Correspondance de Bussy-Rabutin*, t. VI, p. 236.

même avait servi quelque temps Armand de Bourbon, prince de Conti, à la guerre. Il était exact pour tous ses devoirs, illustre par les amitiés des princes de Condé et de Conti, du chancelier Le Tellier, et en un mot de tous les gens de mérite qui l'avaient pratiqué. Ce prélat trouva son diocèse dans un déréglement extraordinaire ; les prêtres, ignorants et débauchés, menaient une vie honteuse, même à des séculiers. Son premier soin fut de châtier les plus scandaleux et de corriger les autres ; mais comme ce ne lui fut pas assez de remédier aux vieux désordres, et qu'il voulait encore avoir un avenir plus régulier en mettant une jeunesse bien disciplinée pour les sciences et pour les mœurs, il prit le dessein de faire un séminaire. Ce n'était pas une petite entreprise ; mais fortifié de son zèle et de son savoir-faire, il crut en pouvoir venir à bout. Il consulta sur ce dessein le chancelier, son ami, qui l'approuva fort ; mais quand il lui demanda s'il croyait que le roi voudrait bien l'assister en cette rencontre, le ministre lui dit que non, que Sa Majesté avait des intentions admirables pour ces sortes d'établissements, mais que la guerre qu'il avait alors l'empêchait de pouvoir fournir à d'autres dépenses. L'évêque, ne se rebutant pas pour cette réponse, parla au roi et le fit avec tant de délicatesse et de chaleur pour la cause de Dieu, que Sa Majesté, qui naturellement a un fonds de christianisme inépuisable, en fut touchée et lui fit donner vingt-cinq mille livres.

« Comme il n'était pas tant pressé du bâtiment que d'avoir des gens de service pour son église, il commença par se dépouiller d'un bénéfice de douze cents écus de rente pour leur entretien. Je ne sais si ce prélat donnera cet exemple à d'autres évêques, mais je doute qu'il l'ait reçu de personne. Le roi eut aussi sa part à la gloire de cette bonne œuvre, car en consentant à ce qu'avait fait l'évêque en faveur du séminaire, il s'ôta pour jamais le pouvoir de donner ce bénéfice (1).

Cependant on travaillait au bâtiment, et à mesure qu'il s'avançait, on augmentait le nombre des ecclésiastiques. Mais le zèle de l'évêque et son crédit ne suffisaient pas pour finir un si grand dessein. Il fit connaître ses besoins au roi, en la bonté duquel il avait tant de confiance, et Sa Majesté lui fit donner encore trente mille livres de l'Épargne.

« Il n'est pas surprenant que le roi fasse de grandes dépenses dans les fortifications de ses places de guerre, dans les embellissements de ses maisons royales et dans les ouvrages publics, car tout cela fait la force et l'ornement de son État, l'admiration de ses peuples et celle des étrangers ; mais quand il a bien voulu faire de la dépense au séminaire d'Autun, qui était pour lors une ville hors de tout commerce, il faut croire que Sa Majesté ne cherchait pas l'approbation du monde et qu'elle ne regardait que la gloire de Dieu.

« Quelque temps après, Jules-Henri de Bourbon, duc d'Enghien, puis prince de Condé, donna dix mille livres à l'évêque pour le séminaire, en le priant

---

(1) *Correspondance de Bussy-Rabutin*, t. VI, p. 236.

de tenir sa libéralité secrète. Le prélat le lui promit; mais son bon cœur ne lui permit pas de tenir sa parole (1). »

Le séminaire d'Autun, un des plus beaux et des mieux dirigés du royaume, devint dès les premières années une œuvre religieuse de haute importance et le foyer de régénération du diocèse. En même temps que les jeunes gens qui se destinaient au sacerdoce venaient, chaque jour plus nombreux, se former aux études supérieures et se soumettre aux épreuves qui précédaient leur entrée dans les ordres, l'évêque y réunissait, deux ou trois fois par an, ses prêtres dans une retraite. Les plus réguliers d'entre eux regardaient ces réunions comme un gage de confraternité, comme un moyen efficace pour améliorer leur instruction et se renouveler dans l'esprit de discipline. Plus tard, il obligea à y séjourner durant quelques semaines, et même durant quelques mois, sous la conduite d'un directeur éclairé, ceux d'entre eux qui s'étaient rendus coupables de quelque faute. Cette sorte de pénitence, imposée par lui ou par ses vicaires généraux, ne devait pas, d'après les lois canoniques, exéder trois mois, et son application, nous devons le dire, souleva parfois des résistances. Roquette aimait à habiter souvent lui-même cette mai-

(1) Suit une longue description (inédite) sous ce titre : « Description du bâtiment du séminaire d'Autun, de sa situation et des vues que l'on en découvre, faisant partie d'un recueil manuscrit de lettres de Bussy-Rabutin, provenant de l'abbé Coulon, curé d'Étang, au temps du comte. » (Communiqué par M. Harold de Fontenay.) C'est cette description que Bussy, dans une lettre au P. Bouhours, appelle « un discours d'architecte » t. VI, p. 249.

son, afin de surveiller l'achèvement des travaux, de se trouver au milieu de son clergé et de lui prêcher le bon exemple. L'appartement qu'il s'y était fait disposer a conservé jusqu'à nos jours, en souvenir de sa résidence et de celle de ses successeurs, le nom de l'*Évêché* (1).

Une pareille institution, exclusivement destinée aux jeunes gens qui étaient en âge de recevoir les ordres, répondait d'une manière incomplète aux prescriptions du concile de Trente. Les Pères, dans le but de reprendre par la racine même l'éducation du clergé, avaient, ainsi que nous l'avons dit, demandé que des petits séminaires fussent fondés afin d'élever les enfants à partir de douze ans dans la piété et les sciences, et de les préparer de longue main à l'état ecclésiastique. Comme il était impossible de tenir, dans le nouvel établissement, les classes nécessaires à l'enseignement du latin, l'évêque décida de n'y admettre que les élèves qui avaient achevé leur cours de philosophie ou de rhétorique. L'instruction de la langue latine était donnée soit dans les collèges dirigés par des communautés religieuses, soit

---

(1) Au mois de janvier 1684, les chambres du séminaire étaient occupées par soixante ecclésiastiques. Le supérieur Rigoley représenta qu'il était nécessaire d'y appeler un nombre au moins égal de diacres et de sous-diacres, qui se disposaient à recevoir les ordres supérieurs, et obtint l'acquisition de cinquante nouveaux lits. (Reg. des délib. de la chambre du clergé, de 1670 à 1691, p. 261.) — Sur l'augmentation des élèves, voyez, p. 274, délib. du 11 août 1685. Les chambres devaient être assez nombreuses, après l'achèvement de l'édifice, pour loger cent vingt élèves, sept ou huit directeurs, et pour y réunir les curés et bénéficiers. (Délib. du 5 mai 1688, p. 289 verso.)

par les curés de campagne. Elle était imparfaite à ce point que certains sujets ne savaient même pas prononcer le latin du bréviaire (1).

Au mois de janvier 1691, Roquette obtint de Louis XIV de nouvelles patentes pour l'établissement d'un petit collége ou petit séminaire destiné à servir de complément au séminaire déjà créé et à lui préparer des sujets pour l'avenir. Le roi lui assura une rente de six cents livres. Un chanoine de la cathédrale, Pillot de Fougerette, logea les premiers élèves dans une maison qui lui appartenait et, plus tard, légua à cette œuvre mille livres et tous ses meubles. Les États de la province lui accordèrent l'exemption des droits d'entrée et d'octroi. Comme elle était autorisée à acquérir et à recevoir toutes sortes de biens, elle se trouva, au bout de quelques années, en état d'admettre un nombre d'élèves qui augmenta dans une progression toujours croissante. Elle fut également placée sous la direction des prêtres de Saint-Sulpice (2).

Ses débuts furent inaugurés par un membre de la famille de Roquette, dont la vie trop rapidement éteinte laissa après elle le souvenir attristé de la

---

(1) Il existait à cette époque, dans le diocèse, plusieurs colléges : celui d'Autun, fondé en 1618, dirigé par les Jésuites ; celui de Moulins, fondé en 1605, dirigé par les mêmes ; celui des prêtres de l'Oratoire de Beaune, fondé en 1615 ; celui des Pères de la doctrine chrétienne d'Avallon, fondé en 1664 ; celui des Carmes de Semur-en-Auxois, dirigé à partir de 1662 par des Carmes ; celui de Saulieu par des prêtres séculiers ; celui de Paray, fondé en 1618, dirigé par les Jésuites. (Gagnare, p. 596, et Courtépée, *passim*.)

(2) Courtépée, in-f°, t. II, p. 528, etc.

vertu et du talent moissonnés dans leur maturité. C'était un de ses neveux, Henri-Auguste-Louis de Roquette, frère d'Emmanuel, abbé de Saint-Gildas-de-Ruis, qui parvint plus tard, par son talent oratoire, à l'Académie française. Il avait passé dix années à Saint-Sulpice, sous la direction de M. Tronson, et s'y était attiré l'amitié de tous par sa piété, son humilité et sa douceur. Il obtint le bonnet de docteur avec une distinction particulière et la réputation de premier élève de la communauté dont il était le modèle et l'édification. Vers l'année 1687, il vint à Autun, et s'occupa de toutes les branches de l'administration diocésaine avec un zèle si intelligent, que son oncle voulut le nommer grand vicaire. Mais il refusa ces fonctions, qu'il ne se croyait pas encore capable de remplir, se dévoua à l'œuvre du petit séminaire et au soulagement des pauvres. Il aimait à vivre au milieu des jeunes élèves. Il rédigea pour eux un réglement qui obtint l'approbation des prêtres de Saint-Sulpice. Partout il se montrait, suivant l'expression de M. de Tassy, évêque de Châlon, le modèle du véritable ecclésiastique (1).

En 1693, il fut pourvu par Louis XIV de l'abbaye de Gimont, au diocèse d'Auch, dont la mense abbatiale rapportait six à sept mille livres de rentes. Il n'eut que le temps de la visiter, de prendre des

---

(1) Lettre du P. de la Chaise à Roquette, du 6 novembre 1684, dans laquelle il dit qu'on s'intéressera à son neveu qui est à Saint-Sulpice. — Lettre de l'évêque de Châlon à Mgr de Roquette, sans date. (Arch. de l'évêché.)

notes sur les améliorations qu'il voulait y introduire, de distribuer des charités aux pauvres du pays, et laissant le soin de son administration à un de ses oncles, prêtre et conseiller au parlement de Toulouse, il revint à Autun. Il trouva la mort, l'année suivante, en assistant les malades durant une épidémie qui sévissait cruellement sur la ville, et pour la cessation de laquelle le chapitre avait ordonné des prières publiques. Le diocèse perdit en lui un homme de talent et un saint. Les lettres et les notes peu nombreuses qu'il a laissées attestent un esprit d'une rare justesse, une vive charité, en un mot les pensées et les sentiments d'une âme d'élite. Mais son plus bel éloge est dans la lettre suivante (1) :

« Elle est extrême, écrivait Roquette à une dame de la cour dont le nom ne nous a point été conservé, la perte que j'ai faite, étant irréparable pour mon diocèse et infinie pour moi. Le saint prêtre était l'objet de mon estime et de mon admiration. Depuis sept ans qu'il s'était consacré à mon secours, je n'ai pas vu

---

(1) Les maladies contagieuses, continuant et même augmentant de jour en jour, le chapitre ordonne des prières publiques et l'exposition du saint-sacrement pendant trois jours ; une procession autour du grand cloître, le mardi après vêpres, avec la plus grande solennité possible ; ordonne que chacun de MM. les chanoines seront mis en prières, assistés de leurs chapelains, de demi-heure en demi-heure, suivant le rôle qui sera affiché à la sacristie. (Reg. capit., 21, 24 août 1694.) — Le 24 août, le chapitre, à la nouvelle de la mort de l'abbé de Roquette, décide que la sépulture lui sera donnée dans l'église cathédrale, et qu'un service solennel sera célébré pour lui, ce qui fut accepté par son oncle. (*Id.*)

un moment qui n'eût ses progrès dans la perfection et qu'il n'ait employé utilement pour la gloire de Dieu et le salut des âmes. S'il n'était pas trop long pour une lettre, je vous dirais des circonstances de sa vie qui vous feraient comprendre qu'il atteignait à ce que nous lisons de plus grand de saint Charles et de saint François de Sales. Il prit son mal en secourant jour et nuit les malades, et on peut dire que c'est un véritable martyr de la charité. Il ne fut jamais un homme regretté ni pleuré avec tant de larmes par tous les ordres du diocèse, principalement par les pauvres dont il était le père. Il en a fait subsister pendant l'hiver plus de trois mille en cette ville, par des ressources impraticables à tout autre qu'à lui, sans qu'il en soit péri un seul de faim. Tout soumis que je sois à la volonté de Dieu, et tout persuadé que ce cher défunt jouit du bonheur des saints, j'avoue que je le pleure toujours. Le souvenir de Mme de Maintenon sur son sujet, à la nouvelle de sa maladie, de la manière que vous me l'expliquez, Madame, me fait comprendre qu'elle songeait à ce qu'elle appelait notre grande affaire, et il m'est revenu que le roi avait des vues sur ce saint. Je ne puis assez admirer que ce qu'il y a de plus grand sur la terre pensât à lui à mesure qu'il prenait plus de soin de se cacher. Je puis dire que S. M. ne peut lui donner un successeur capable de le remplacer en mérite et en vertu ; et si je n'avais craint que ce ne fût trop osé, je me serais donné l'honneur d'écrire à Mme de Maintenon dans le plus fort de ma douleur ; il me semble que je serais couru même pour implorer sa protection pour ce grand diocèse et pour tâcher de lui faire connaître que mes sentiments de vénération et de respect sont sans bornes. Je vous serai très-obligé, Madame, de continuer à lui nommer quelquefois mon nom (1). »

Cette création de petits séminaires prenait, à cette époque, un développement presque général. Les évêques et les hommes zélés pour le bien de la religion la recommandaient comme le moyen de travailler à l'amélioration de l'Église, à tous les degrés de la hiérarchie. Ils servaient non seulement à pourvoir les cures de sujets formés par une lente éducation à la carrière ecclésiastique, mais à préparer, au besoin, à d'autres emplois inférieurs. Les élèves qui ne se sentaient point le courage d'entrer dans les ordres y trouvaient une instruction suffisante pour devenir maîtres d'école ou chantres d'église dans les campagnes. De ce côté, la disette de sujets convenables était non moins grande que la disette de prêtres éclairés et vertueux. L'instruction élémentaire était en souffrance dans un grand nombre de paroisses par suite de l'ignorance des maîtres; dans d'autres elle était complètement absente.

Dès 1669, Roquette, appliquant à la réforme de l'instruction primaire un plan général, s'était occupé

---

(1) Copie de lettre du mois d'août 1694. (Arch. du petit séminaire.) — Lettre du P. de la Chaise à Roquette, du 29 août 1694, et du P. Verjus, directeur des missions étrangères, du 2 août, renfermant toutes deux quelques mots de condoléance sur la mort de l'abbé de Gimont. (Arch. de l'évêché.)

de la restauration des écoles de campagne. « C'est un ordre du Saint-Esprit, disait-il dans un réglement pour le diocèse, de former les enfants dès le bas âge, car comment, dit l'Écriture sainte, pourraient-ils trouver dans leur vieillesse ce qu'ils n'ont pas amassé dans leur jeunesse? » Afin de satisfaire à une pareille obligation, il ordonnait à ses curés et à ses prêtres de choisir, de concert avec les habitants, une personne de probité capable de tenir les petites écoles et de lui envoyer ses attestations de capacité, afin qu'ayant été vérifiées par lui ou par ses vicaires généraux, il pût donner l'approbation nécessaire. A ce sujet, il fut obligé de faire reconnaître d'abord ses droits méconnus (1).

Les conciles, en insistant sur la nécessité d'établir les écoles paroissiales, en avaient confié la police à l'autorité ecclésiastique. Les doyens ruraux devaient exercer une surveillance attentive sur les maîtres et les maîtresses. Dans certains diocèses, leur institution et leur révocation appartenaient à l'évêque, dans d'autres à l'archidiacre, dans d'autres à l'écolâtre de l'église cathédrale. Un édit de 1606 statuait qu'ils seraient approuvés par les curés ou les ecclésiastiques ayant droit d'après l'usage établi, et que si des plaintes étaient élevées contre eux, il y serait pourvu par l'évêque. Une déclaration du roi, de 1657, exigeait qu'ils fussent de religion ca-

---

(1) Réglements pour le diocèse d'Autun, titre des petites écoles, dans le *Recueil des ordonnances synodales*, publié en 1706 par M. de Sénaux. Autun, Ant. Chervau, in-12, p. 139, et dans celui donné par M. de Montazet, 1750, in-12, p. 150.

tholique, qu'ils eussent subi un examen et fait une profession de foi orthodoxe entre les mains de l'évêque ou de ses vicaires généraux, précaution prise contre l'enseignement protestant, car le même article ajoutait : « sans préjudice néanmoins des colléges et écoles accordés à ceux de la religion réformée (1). »

Durant le cours de ses visites épiscopales, Roquette avait reconnu que cette législation, qui était obligatoire pour tout le royaume et qui fut confirmée par l'édit du mois d'avril 1695, sur la juridiction ecclésiastique, était fréquemment mise en oubli. Des maîtres et des maîtresses enseignaient la jeunesse sans approbation compétente, sans observer d'autres réglements que ceux que leur suggérait leur fantaisie. Quelques-uns étaient de mauvaises mœurs, d'une ignorance crasse, d'une foi suspecte. Garçons et filles étaient entassés pêle-mêle dans des chambres étroites, et il en résultait de graves désordres. Il obtint, au mois de mars 1669, un arrêt du conseil motivé sur ces inconvénients, et ordonnant à toutes personnes voulant tenir des écoles de prendre au préalable l'approbation de l'évêque et d'observer avec exactitude les réglements donnés par lui. Défense était faite aux officiers de justice de troubler les maîtres et maîtresses pourvus de cette approbation, et aux parlements de connaître de ces régle-

---

(1) D'Héricourt, *Loix ecclésiastiques,* 3ᵉ part., p. 321. — Walter, *Droit ecclésiastique,* trad. par Roquemont, p. 443. — *Recueil des actes et mémoires du clergé,* par Lemerre, in-f°, 1716, t. I, p. 969, 998 et suivantes.

ments, sous peine de nullité et sauf le recours de droit (1).

Il commença par s'occuper des points essentiels. Il ordonna l'établissement dans chaque paroisse de deux écoles, l'une pour les filles, l'autre pour les garçons. Il défendit la réunion des deux sexes dans une même classe, l'usage des livres qui ne seraient pas propres à former les enfants à la piété, les mauvaises histoires, les romans et autres écrits préjudiciables au salut. Il recommandait l'assistance aux offices du dimanche, l'enseignement du catéchisme une fois la semaine, la prière avant et après la classe (2).

A ces premiers réglements il en ajouta d'autres qui forment, dans le recueil des ordonnances de 1685, une sorte de code complet sur cette branche de son administration. Ils se divisent en deux parties, l'une concernant les devoirs des maîtres à l'égard d'eux-mêmes, l'autre concernant leurs devoirs à l'égard des élèves. Les premiers devaient subir un examen de capacité et prêter serment d'observer avec fidélité les réglements. Afin de leur éviter les frais d'un voyage dans la ville épiscopale, Roquette conféra aux archiprêtres le pouvoir de les examiner et de les autoriser. L'archiprêtre pouvait, durant le

(1) Ordonnance de Mgr l'évêque d'Autun pour les maîtres d'écoles, du 6 février 1670, feuille imprimée. — *Mémoire du clergé de France*, in-4°, t. I, p. 998.

(2) Placard imprimé, du 27 janvier 1685, à Autun, veuve Lamothe-Tort, qui imprime et vend des livres pour l'instruction des écoles, près le puits du Champ.

cours de ses visites, renouveler cet examen et devait s'enquérir, soit auprès d'eux, soit auprès des curés et des habitants, de leur situation morale et matérielle. « Ils s'informeront, en ce qui regarde les maîtres d'écoles : 1° s'ils se sont établis sans l'institution de Mgr l'évêque ou de quelqu'un commis de sa part; 2° combien il y en a dans un endroit; 3° s'ils sont mariés ou non; 4° s'ils savent lire, écrire et chanter; 5° s'ils sont bien instruits dans les principaux points de la doctrine chrétienne qu'ils doivent enseigner aux enfants; 6° s'ils sont de bonnes mœurs et non scandaleux; 7° s'ils n'enseignent pas des garçons et des filles ensemble, s'ils sont appliqués à leurs devoirs, et s'ils ont soin de faire profiter les enfants et de les élever dans la crainte de Dieu. »

Il était défendu aux maîtres de solliciter les enfants d'une autre école à entrer dans la leur et de recevoir les enfants qui en sortaient avant de s'être informés s'ils avaient donné satisfaction à leurs maîtres précédents. Le salaire des maîtres et des maîtresses était fixé de la manière suivante : les écoliers apprenant à lire payaient cinq sols par mois; ceux qui apprenaient à lire et à écrire, dix sols; ceux qui apprenaient l'arithmétique et les éléments de latin, quinze sols. Ce tarif n'était applicable qu'aux villes; dans les villages, on devait avoir égard à la coutume et à la pauvreté des lieux. Un autre article recommandait aux maîtres la modestie dans leur maintien et leurs habits, la retenue dans leurs discours, l'éloignement des cabarets, des jeux de hasard, des mauvaises compagnies. Il leur était prescrit de faire chaque jour des lectures dans des livres dont le titre seul indique l'utilité pratique : le *Pédagogue chrétien*, le *Pédagogue des familles*, le *Bon laboureur*, l'*École paroissiale*, etc.

La seconde partie du réglement comprenait les devoirs des maîtres envers leurs élèves. Il leur était recommandé de commencer et de finir l'école à des heures fixes, de porter la même affection et le même soin aux pauvres et aux riches, de leur expliquer, en enseignant le catéchisme, la manière de prier, les mystères de la religion, les commandements de Dieu et de l'Église, les sacrements, de tenir la main à ce qu'ils fussent modestes, et surtout de leur inspirer la crainte de Dieu et l'honneur qu'ils devaient à leurs parents. Les articles suivants concernaient la manière de faire réciter les leçons, sans presser les écoliers et en commençant toujours par le signe de la croix ; s'ils commettaient quelque faute en lisant, il fallait les reprendre avec douceur, sans leur dire d'injures, les frapper ou les rudoyer. Ils devaient leur inspirer de l'aversion pour les jeux défendus, les cabarets, les danses, l'immodestie dans les habits, les conversations trop familières avec les filles et les garçons déréglés, les propos déshonnêtes. Un dernier article rappelait aux maîtres et aux maîtresses que leur ministère n'expirait pas sur le seuil de l'école, mais qu'ils étaient obligés de s'informer de la conduite des enfants au dehors, et de les corriger s'ils apprenaient qu'ils fussent sujets à quelques vices. Telles étaient les principales dispositions prises par Roquette afin d'intro-

CHAP. IV. — RÉFORME DU DIOCÈSE.   293

duire une éducation chrétienne dans les petites écoles de son diocèse. Elles parurent si sages et si complètes à ses successeurs, qu'ils n'y apportèrent pas de modifications, et ce réglement, souvent réimprimé, était encore en vigueur en 1788, à la veille de la révolution, sous l'épiscopat de M. de Marbeuf.

Quels furent les résultats obtenus dans les diverses paroisses, réparties entre les vingt-cinq archiprêtrés qui composaient le diocèse d'Autun? On ne peut s'attendre assurément à ce qu'ils aient été complets; des obstacles trop nombreux et de diverse sorte s'y opposaient. « Ces obstacles se résumaient à quatre principaux : la rareté des maîtres d'école, l'indifférence des habitants des campagnes, leur pauvreté, l'étendue de certaines paroisses. Les maîtres d'école, on s'en procurait un peu partout; le plus souvent, c'était un enfant du pays, quelquefois même un véritable paysan qui se dévouait à la rude besogne d'enseigner ceux qui étaient plus ignorants que lui. D'autres fois, on retenait à son passage un pauvre étranger qui venait des diocèses voisins, etc. Souvent enfin, on n'en trouvait pas du tout; les visiteurs le constatent ingénument: « Il « n'y a point de maître d'école, et il est difficile d'en « avoir. » Il arrivait souvent alors que le curé de la paroisse ajoutait le fardeau de l'enseignement à celui du ministère paroissial et prenait lui-même la peine d'instruire les petits enfants. Ailleurs une respectable personne remplissait le même devoir par charité. Quelquefois, ce n'était pas le maître d'école qui manquait: c'étaient les écoliers... On n'envoyait pas les enfants chez l'instituteur, crainte de le payer (1). »

Après la rareté des maîtres, l'instruction primaire rencontrait un second obstacle dans l'indifférence des populations rurales. Dans telle paroisse pauvre, il n'y avait pas de maître; dans telle autre plus considérable, les paroissiens refusant de contribuer à son entretien, il était obligé de quitter. Il arrivait souvent que le visiteur ordonnait aux habitants de s'assembler pour pourvoir à la nomination et à l'entretien d'un maître; mais ses ordres n'étaient pas toujours suivis d'exécution. La pauvreté des paroisses était l'obstacle le plus fréquent et le plus difficile à vaincre. Les habitants s'excusent sur la misère du temps de n'avoir point de maître d'école. Cette remarque termine, comme un mélancolique refrain, un grand nombre de procès-verbaux des archiprêtres. Du reste, une complète liberté était laissée dans le mode de rétribution du maître d'école, d'après la coutume et la pauvreté des lieux. Il y avait la taxe libre et proportionnelle, indiquée plus haut, et basée sur l'étendue de l'enseignement; la taxe obligatoire pour tous les paroissiens, mais proportionnellement à leurs familles; la taxe mixte, dont une partie était acquittée par tous les paroissiens indistinctement, et l'autre seulement par ceux qui fréquentaient l'école. Dans certaines paroisses, la rétribution était supportée par la fabrique

(1) *État de l'instruction primaire dans le diocèse d'Autun pendant les XVIIe et XVIIIe siècles*, par M. Anatole de Charmasse. Autun, 1871, in-8°, p. 96.

et les confréries. Quant au dernier obstacle qui s'opposait à la fréquentation des écoles, c'est-à-dire la grande étendue de certaines paroisses, il suffira de remarquer que quelques-unes se composaient d'habitations éparses sur un territoire de plus de sept cents hectares, ou qu'elles étaient divisées en hameaux éloignés de plus de huit kilomètres du chef-lieu (1).

Malgré ces difficultés, de grands résultats furent obtenus par Roquette pour la diffusion de l'instruction primaire. Les archiprêtres ne négligèrent point les prescriptions données par leur évêque. Nous possédons les registres de visites faites par eux de 1667 à 1792, dans quatorze archiprêtrés, comprenant trois cent soixante paroisses, c'est-à-dire dans près de la moitié du diocèse. Il en résulte que deux cent cinquante-trois maîtres ou maîtresses étaient établis, avec plus ou moins de stabilité, dans ces paroisses. Il est probable qu'il en était de même dans les autres archiprêtrés dont on n'a point conservé les registres. Plusieurs, tels que Charolles, Paray, Marcigny, Semur en Brionnais, Bourbon-Lancy, Moulins-sur-Allier, étaient à la fois populeux et relativement riches en ressources. Sur la grande majorité des maîtres d'école, les visiteurs expriment un avis satisfaisant. « Cet effort pour propager l'instruction primaire demeurera l'honneur durable de ceux qui n'ont pas hésité de le tenter à une époque où l'importance de cette instruction était encore peu comprise. Il y avait à prendre cette

---

(1) Charmasse, ouvrage cité, *passim*.

initiative un courage qu'il serait injuste de mesurer au résultat, et on ne peut croire que la nouveauté de la chose, la faiblesse des moyens, l'imperfection des instruments, permissent d'espérer beaucoup au-delà de ce qui a été obtenu (1). »

Cette sollicitude de Roquette pour l'instruction de la jeunesse trouva dans sa ville épiscopale de zélés imitateurs. Au milieu de l'indifférence et du relâchement du clergé, il existait des prêtres vertueux, voués aux œuvres de charité et de miséricorde. Odo, Jacques Brunet, un des directeurs de l'hôpital général fondé par Roquette, Léonard Tribolet, archiprêtre d'Autun, et Jacques Dechevanes, trois dignes ecclésiastiques de la ville, à la vue des misères morales qui pesaient sur le peuple, se mirent à fonder, à l'aide de cotisations, et à diriger eux-mêmes une école de charité.

« Toutes sortes de personnes, disaient-ils, devaient y être reçues pour bien apprendre à servir Dieu, lire, écrire, chanter, et toutes les bonnes choses qui peuvent contribuer à la perfection chrétienne et à la destruction de tant de vices que la fainéantise et la débauche produisent ordinairement dans les jeunes gens qui, n'ayant que des parents pauvres ou peu soigneux de leur éducation, leur laissent mener une vie vagabonde, libertine et pleine de vices, qui les conduit souvent à une fin ou très-malheureuse, ou très-souvent funeste (2). »

(1) Charmasse, p. 106.
(2) Id., p. 30.

En 1687, ils se présentèrent devant la chambre de la ville, afin d'intéresser les magistrats à cette fondation qui, depuis quelque temps, était en exercice. Ceux-ci, reconnaissant les heureux résultats qu'elle avait déjà produits sur la moralité de la jeunesse, leur allouèrent une somme de trente-six livres, afin de se procurer une salle plus grande pour la tenue de l'école. La ville ne possédant pas de revenus suffisants, ils prièrent l'intendant de la province de leur accorder un fonds plus considérable (1).

Ces pieux fondateurs adressèrent également une requête aux abbés et chanoines de la ville, afin de solliciter leurs aumônes. Les enfants d'honnêtes familles recevaient, disaient-ils, l'instruction dans la maison de leurs parents, dans les écoles par des maîtres payés, dans les colléges par des professeurs; mais les pauvres, dépourvus de ressources, demeuraient dans une extrême ignorance de Dieu. « Nous voyons tous les jours dans les rues des fainéants et des vagabonds qui, ne sachant que boire et manger, et mettre au monde des misérables, produisent cette fourmilière de gueux qui nous accablent. Ces pères des pauvres enfants, ayant été mal élevés et souvent dans une vie libertine, cherchent le moyen de vivre avec leurs enfants, sans se soucier de leur apprendre à bien vivre et de les instruire des devoirs du christianisme, qu'ils ignorent ou qu'ils négligent eux-mêmes. Ainsi, ces jeunes gens mal élevés tombent dans la fainéantise, source de l'impureté, de

---

(1) Reg. de la chambre de ville, du 15 mars 1687.

l'ivrognerie, des larcins, du libertinage, et de toutes sortes de maux. De là naît la difficulté de trouver des serviteurs fidèles et de bons ouvriers. Les écoles chrétiennes finiraient ces désordres. On éléverait les enfants dans une juste crainte des jugements de Dieu ; on leur inspirerait une fidèle obéissance à leurs maîtres ; on leur ferait connaître les suites funestes de la fainéantise, la nécessité du travail pour subsister, et, secondant les desseins de notre grand roi, on instruirait les enfants de nos frères nouvellement convertis dans la vérité de notre sainte religion qu'on prend soin de leur déguiser de bonne heure, afin de les engager plus opiniâtrément dans une prétendue réforme. En leur apprenant à lire, à écrire, à chiffrer et à chanter le plain-chant, on les rendrait capables de se perfectionner dans tous les arts. » A la fin de leur supplique, les fondateurs de l'école charitable d'Autun exprimaient l'espoir qu'elle servirait plus tard à en créer d'autres semblables dans le diocèse (1).

Nous venons de nous étendre longuement sur les mesures prises par Roquette pour la réorganisation de l'instruction, à tous les degrés, dans le diocèse ; mais ce n'est là qu'une partie des réformes commencées par lui dès les premières années de son épiscopat. Mis au courant des besoins des prêtres et des fidèles, avant son entrée dans la ville, il apportait un plan général, et pour le réaliser il se mit immédiatement à l'œuvre. Si, dans les questions qui

---

(1) Placard imprimé, sans titre et date. — Charmasse, p. 32.

présentaient des difficultés et pouvaient soulever des résistances, il sut attendre le moment favorable, s'il chercha d'abord à s'attirer la bienveillance par son esprit de conciliation, par des services propres à lui rendre plus faciles certaines tâches périlleuses, il n'hésita pas cependant à entreprendre celles qui se rattachaient à la réorganisation générale du clergé. Elles sont nombreuses, et bien que menées de front avec une égale activité, nous sommes obligé d'en présenter successivement le tableau.

Une grande diversité régnait dans l'origine de ses prêtres, et par conséquent dans les lettres d'ordre dont ils avaient été pourvus. Un assez grand nombre étaient nés et avaient été ordonnés dans des diocèses étrangers. Quelques-uns ne pouvaient justifier de ces lettres qu'ils avaient égarées; d'autres ne se rappelaient plus à quelle époque ils avaient reçu la prêtrise; d'autres enfin ne possédaient que des lettres irrégulières, signées par des secrétaires d'évêché, contrairement aux décisions des assemblées du clergé qui recommandaient aux évêques de les signer eux-mêmes. Avant de prendre possession de son évêché, il fit publier une révocation générale de toutes les approbations données par ses prédécesseurs pour conférer les sacrements. Il enjoignit à tous les ecclésiastiques ayant charge d'âmes de lui envoyer dans un bref délai leurs lettres de prêtrise, afin de les examiner. Il interdit provisoirement les fonctions curiales à ceux qui ne purent représenter les lettres d'*exeat* qu'ils avaient dû obtenir de l'évêque du diocèse d'où ils étaient sortis, et les lettres d'approbation qu'ils devaient avoir reçues de l'évêque d'Autun.

Un autre de ses premiers actes fut d'assurer la stabilité des ecclésiastiques qui desservaient les paroisses ou qui remplissaient certains offices. La plupart des curés des villes et des campagnes résidaient habituellement; mais quelques-uns s'en dispensaient et se déchargeaient du soin du troupeau confié à leur garde sur des prêtres mercenaires. La vénalité des offices, en usage parmi les laïques, avait trouvé des imitateurs parmi le clergé. D'après l'ancien droit, la possession d'un bénéfice emportait l'obligation d'en remplir les fonctions. Il n'était permis de s'en dessaisir que pour des motifs graves, et avec l'autorisation de l'évêque. Mais, au XIIe siècle, les membres des chapitres qui se prétendaient exempts de l'autorité épiscopale s'étaient pourvus en cour de Rome, afin d'obtenir la faculté de résigner quand bon leur semblerait, avec l'autorisation du pape. Cet usage avait fini par prévaloir dans l'Église. Il arrivait fréquemment qu'un clerc se faisait donner par un chapitre une cure, une prébende à sa collation, puis, sans les avoir occupées durant le temps prescrit, sans y avoir fait aucune fonction, sans que l'évêque eût été averti, les cédait à un autre, moyennant pension, par caprice ou par cupidité. Celui-ci, à son tour, les cédait à un troisième, de sorte que des cures ou des prébendes se trouvaient grevées de plusieurs pensions, et que le dernier titulaire, n'en pouvant acquitter les charges, négligeait la desserte d'un bénéfice qui ne lui procurait aucun avantage temporel.

Il n'existait pas de chapitre dans le diocèse d'Autun où ne se présentât un pareil abus. Des paroisses possédées par des chanoines restaient sans direction, et le culte n'y était pas célébré avec les convenances nécessaires. Des prébendes théologales tombaient entre les mains de gens incapables de donner l'enseignement pour lequel elles avaient été créées. Roquette obtint du conseil privé un arrêt qui déclarait nulles ces résignations faites en cour de Rome ; la plupart des anciens titulaires rentrèrent en exercice. Ces résignations étaient interdites à l'avenir ; elles n'étaient permises qu'avec l'autorisation de l'évêque, en faveur des ecclésiastiques qui, pendant vingt ans, auraient rempli leurs fonctions, ou de ceux qui en seraient dispensés à raison d'infirmités notables. Encore devait-il rester aux derniers titulaires une somme nette de trois cents livres, non compris le casuel des cures, d'après une estimation des revenus faite par l'évêque (1).

En vertu de cet arrêt, la résidence des curés, dont le concile de Trente avait fait une obligation absolue, était assurée comme gage de la desserte régulière des paroisses. Mais un grand nombre d'entre eux étaient, nous l'avons vu, incapables, par leur incurie et leur ignorance, d'évangéliser le peuple. C'est à peine s'ils célébraient convenablement le service di-

(1) Arrêt du conseil d'État du roi, du 27 février 1669, placard. — Isambert, *Anciennes lois françaises*, t. XVIII, p. 423, 435 ; t. XIX, p. 122, 542.

vin et s'ils assistaient les malades. Dans certaines parties du diocèse, il fallait les évangéliser eux-mêmes; dans d'autres, des adultes étaient d'une ignorance si grande, qu'ils ne savaient pas ce que c'était que le sacrement de confirmation.

Afin de remédier à cette ignorance, Roquette organisa le service des missions dans tout le diocèse. La difficulté était de trouver des hommes possédant une doctrine irréprochable et conservant le respect hiérarchique dû à l'évêque : c'est ce qui n'arrivait pas toujours. Les religieux à qui il était obligé de s'adresser, parce qu'ils s'étaient voués spécialement au ministère de la prédication, apportaient dans la chaire des idées d'indépendance, une morale relâchée, des opinions qui n'étaient pas franchement orthodoxes. En 1669, dans une mission prêchée à Paray, on vit le prêtre et les religieux qui en étaient chargés ne point s'accorder entre eux, et quelques-uns pousser la tolérance jusqu'à donner l'absolution à des pécheurs vivant publiquement dans le désordre. L'évêque fut plus heureux dans l'archiprêtré de Flavigny. Un Jésuite instruit et vertueux, Étienne Legrand, né à Châtillon-sur-Seine, qui professa et prêcha pendant plus de vingt-cinq ans, et fut successivement recteur des colléges de Metz, d'Autun et de Langres, se mit, en 1671, à sa disposition pour une pareille œuvre, tandis que trois de ses confrères prêchaient à Vitteaux contre des scandales qui régnaient dans les paroisses du voisinage (1).

(1) « La mission de Paray va assez bien, mais si elle était composée de gens hiérarchiques, et qu'ils fussent de bonnes maximes, elle irait

Tous les ans l'évêque arrêtait la liste des prédicateurs qui devaient annoncer la parole de Dieu pendant l'avent, le carême et l'octave du Saint-Sacrement. Il leur donnait pouvoir de prêcher, de confesser et d'absoudre, pouvoir que nous verrons contesté même par des laïques, mais qu'ils ne devaient tenir que de lui seul. Quoique, selon le mot de l'Évangile, rappelé dans une de ses lettres, la moisson fût abondante et les ouvriers peu nombreux, il n'y avait guère de chef-lieu d'archiprêtré qui ne reçût, une fois au moins par an, la semence évangélique. Ces prédicateurs appartenaient presque tous à ces communautés nouvelles qui, à côté du clergé séculier abâtardi par les préoccupations de la vie matérielle, s'étaient imposé le devoir de réveiller dans le cœur des peuples les sentiments de la foi chrétienne. C'étaient des Cordeliers, des Récollets, des Minimes, des Oratoriens, des Jésuites, mais pour la plupart des Capucins, dont l'humble vêtement, la parole hardie, les habitudes populaires exerçaient, comme on le sait, une influence particulière sur les classes inférieures. L'évêque ne manquait pas de se faire rendre compte par ses archiprêtres du

incomparablement mieux ; je ne sais s'il ne serait pas plus avantageux de ne pas faire faire de mission que d'en faire faire par des gens qui disent qu'ils ne prêcheront jamais l'obligation de la paroisse, et qu'ils ne refuseront pas l'absolution aux pécheurs dans l'habitude. Je ne crois pourtant pas que l'on pratique ce que j'ai ouï dire, car j'ai fait tout mon possible pour inspirer le règlement de saint Charles. » — Lettre de l'abbé Correur à Roquette, datée de Paray, du 2 novembre 1669. — Lettre du P. Legrand, du 18 mars 1671, datée de Dijon. (Archives de l'évêché.)

caractère et de la conduite de ces missionnaires, qui devaient prêcher non seulement de parole, mais encore d'exemple. Lorsque certaines paroisses avaient besoin de recevoir la parole sacrée, il s'adressait à ces corporations religieuses, qui mettaient un nombre plus ou moins considérable de leurs membres à sa disposition (1).

Quelques-uns étaient des hommes d'un véritable mérite. En 1679, un Capucin, le père Honoré de Cannes, prêchant à Semur en Auxois, attirait aux pieds de sa chaire toute la noblesse du voisinage, et Bussy-Rabutin ne put résister au désir de l'entendre. Il n'y avait pas beaucoup d'ordre dans son discours; mais il prêchait avec un grand zèle et persuadait, parce qu'on ne pouvait douter qu'il fût persuadé lui-même. Son visage était mortifié, et il pleurait presque toujours à la fin de ses sermons. Le fruit produit par ses missions attestait qu'il était un maître dans l'art de toucher les cœurs. Mais le plus célèbre de tous était un Père Archange, homme de belle taille, bien fait de sa personne, aussi agréable dans la conversation, entre gens du monde, que remarquable dans la chaire chrétienne. Doué d'un esprit grand, profond et délicat, il possédait tous les talents que l'on peut souhaiter dans un ministre de la parole de Dieu. Il touchait, il persuadait, il entraînait, et sa vie exemplaire prêchait encore mieux que ses paroles. Ce Capucin célèbre était, selon Bussy-Rabutin, un

---

(1) Liste des prédicateurs pour les années 1669 et suivantes. — Cahier intitulé : *Concionatores*, années 1683, 1685, 1695. (Arch. de l'évêché.)

homme vraiment extraordinaire, un des plus grands prédicateurs que l'on pût entendre (1).

Une des œuvres les plus considérables de Roquette, et à laquelle il consacra de persévérants efforts durant le cours de sa longue carrière, fut celle des ordonnances synodales. Peu de temps après avoir terminé ses premières visites, il publia un réglement général adressé à son clergé pour le rétablissement de la discipline ecclésiastique. Il signalait dans un langage éloquent, d'une part la grandeur du ministère episcopal, de l'autre l'état affligeant dans lequel il avait trouvé une partie de ses prêtres. « Si les plus saints prélats, disait-il, regardent avec tremblement le poids terrible de la charge pastorale, ceux qui, comme nous, se sentent dépourvus de plusieurs qualités requises pour se soutenir doivent appréhender d'en être accablés, et leur crainte doit augmenter en proportion qu'ils envisagent de plus près le nombre et la nature des maux auxquels ils sont obligés de remédier. Nous en avons trouvé de très-grands dans les visites que nous avons faites dans ce diocèse ; et la connaissance que nous en avons nous aurait abattu de tristesse, si nous n'avions espéré que celui qui nous a appelé à un si formidable ministère nous donnerait les lumières et les moyens pour en arrêter le cours, par les intercessions de tant de saints martyrs qui ont arrosé cette terre de leur sang, et par les prières de tant de saints prélats qui nous

---

(1) *Correspondance de Bussy-Rabutin*, t. IV, p. 442, 449 ; t. V, p. 525, 594, 607 ; t. VI, p. 50, 58, etc.

ont précédé dans le gouvernement de cette église. C'est avec cette confiance que nous commencons à y apporter les premiers remèdes par ces ordonnances. Mais, parce que les plus saintes ordonnances ne sont qu'une lettre morte s'il ne plaît pas à Dieu de les animer par sa grâce et de les écrire dans les cœurs par la toute-puissance de son Esprit, nous vous conjurons, nos très-chers frères, de lui demander sans cesse qu'il les anime et qu'il les grave dans vos âmes, afin qu'elles ne vous soient point une loi de mort qui vous rendrait plus coupables, en vous faisant connaître le bien que vous ne feriez pas; mais qu'elles vous soient une loi de vie par la fidélité que vous aurez de les exécuter et à vous y conformer, et qu'en travaillant à la sanctification et au salut du prochain, vous vous sanctifiiez vous-mêmes et méritiez la récompense promise à ceux qui s'acquittent dignement de la dispensation des saints mystères. »

Les premiers chapitres concernaient la dignité du culte et l'instruction à donner par les curés à leurs paroissiens. Afin de leur inspirer une plus grande vénération pour les églises, qui étaient un lieu de sainteté et une maison de prière, ils devaient non seulement les instruire du respect qui leur était dû, mais encore tenir ces églises dans la propreté et la bienséance, les faire nettoyer au moins deux fois par mois ; parer les autels; mettre en bon ordre les ornements et les resserrer dans une armoire fermant à clé; remplacer dans un délai déterminé les calices d'étain par des calices d'argent; inspirer une vénération éclairée pour les images de Jésus-Christ et des saints ; avertir l'évêque des profanations qui pourraient se commettre dans les chapelles de campagne. Après avoir indiqué à quelles heures il convenait, selon les différentes époques de l'année, de célébrer les offices, il défendait les danses publiques et l'ouverture des cabarets les jours de dimanches et de fêtes, principalement de fêtes patronales. Il exhortait les magistrats des villes, les officiers de justice des bourgs et villages à faire observer à ce sujet les articles 23, 24, 25 de l'ordonnance d'Orléans. Les curés et vicaires devaient faire publiquement chaque dimanche le catéchisme, sous peine d'un écu d'amende au profit de la fabrique et de peines plus graves en cas de récidive. Il les engageait à avoir une charité particulière pour les serviteurs chargés de garder le bétail, et même à aller les chercher aux champs, s'ils ne venaient point à l'église. Le prône, obligatoire pour la messe paroissiale du dimanche, devait instruire les auditeurs des principaux articles de la foi, de l'oraison dominicale, de la salutation angélique, des commandements de Dieu et de l'Église, des sacrements, des fêtes et des jeûnes, des mandements publiés par l'évêque. Défense était faite d'y rien annoncer concernant des affaires temporelles et des intérêts particuliers. Il fallait éviter avec soin de conduire les processions, auxquelles devaient présider la modestie, la piété, le chant des psaumes, dans des localités où se tenaient des foires, des marchés, dans des églises ou lieux de dévotion éloignés de plus d'une lieue de la paroisse.

Les prescriptions relatives aux sacrements entraient dans de minutieux détails qui prouvent la sollicitude éclairée de l'évêque, mais que nous ne pouvons rappeler tous ici. Il était enjoint aux fidèles de présenter les enfants au baptême dans les huit jours de leur naissance, à peine d'excommunication, et interdit de les ondoyer, hors le danger de mort, sans une permission de l'évêque. Les curés devaient s'informer de quelle eau on s'était servi, de quelle manière elle avait été jetée sur la tête de l'enfant, quelles paroles avaient été prononcées, quelle intention y avait attachée la personne qui avait fait l'ondoiement. Il était défendu de recevoir pour parrains et marraines des enfants au-dessous de douze ans, des personnes non instruites des articles de la foi et des principes de la religion. La confession pascale devait avoir lieu dans la paroisse, et les curés ne devaient pas accorder de billets pour se confesser ailleurs à des gens entretenant des inimitiés et refusant de se réconcilier, se trouvant en occasion prochaine de péché mortel et refusant de la quitter, obligés à des restitutions et refusant d'y satisfaire. S'ils leur accordaient ce billet, ils étaient obligés de prévenir le confesseur étranger de l'état de leur âme. Recommandation leur était faite d'avertir charitablement, en particulier, les paroissiens qui n'avaient point accompli le devoir pascal que les canons les excluaient de l'entrée de l'église et, s'ils mouraient en cet état, de la sépulture ecclésiastique. Il exhortait les prêtres à choisir pour leurs propres confesseurs leurs confrères les plus pieux et les plus capables du voisinage. Le confesseur qui était complice d'un péché mortel avec son pénitent ou sa pénitente ne pouvait leur donner l'absolution, si ce n'est à l'article de la mort. Roquette, à propos de l'administration de ce sacrement, renvoyait ses prêtres aux *Avis* de saint Charles Borromée, qu'il avait fait imprimer, et leur ordonnait de s'en procurer un exemplaire. Les confessionnaux devaient être placés au bas de la nef de l'église, et il était défendu de confesser les femmes et les filles dans la sacristie, derrière le grand autel et en tout autre endroit retiré.

« N'y ayant rien dans l'église de plus saint que le très-adorable sacrement de l'autel, nous ne devons rien oublier pour exciter la piété des fidèles à rendre leurs hommages à Jésus-Christ qui y est réellement présent. Pour cet effet, nous ordonnons que dans toutes les églises paroissiales le sacrement soit conservé dans une custode suspendue, décemment ornée, ou dans un tabernacle peint et doré, doublé de quelque étoffe précieuse par le dedans, et dans un ciboire dont la coupe au moins soit d'argent.

« Défendons de mettre dans le tabernacle aucune autre chose que le très-saint sacrement et de se servir de ciboires de laiton, d'étain ou de cuivre. » La custode et le tabernacle devaient être nettoyés au moins une fois par mois, fermés d'une clef que le prêtre gardait, et les hosties renouvelées tous les quinze jours. L'exposition du saint-sacrement, lorsque l'évêque l'avait autorisée par une lettre, ne pouvait avoir lieu que sur le maître-autel. Une lampe devait brûler jour et nuit devant le saint-sacrement, et, au moins, les jours de dimanche et de fêtes durant les offices, dans les paroisses pauvres.

Les instructions relatives à la première communion des enfants, à la confession, à la communion, à l'extrême-onction des malades, avaient pour but d'éveiller sur ces actes de la vie chrétienne la sollicitude des pasteurs. Ils auront soin d'instruire les peuples de leurs devoirs envers les trépassés, de leur rappeler qu'ils attendent d'eux, pour le soulagement de leurs âmes, le sacrifice de la messe, des prières, des aumônes, d'autres œuvres satisfactoires. Leurs héritiers acquitteront fidèlement les legs faits par eux, opéreront les restitutions dont ils auront été chargés. Les sépultures auront lieu selon l'usage établi, et défense est adressée aux ecclésiastiques séculiers et réguliers de solliciter les fidèles à les choisir dans leurs églises, sous peine d'excommunication. Les duellistes, les hérétiques, les excommuniés, les enfants morts sans baptême ne pourront être enterrés en lieu saint. Tout cimetière sera clos de murailles ou de fossés dans le délai de six mois, « afin qu'une terre bénite, où reposent les cendres des parents, des amis, des fidèles chrétiens, dont il y en a qui jouissent de la gloire éternelle, » ne serve pas de lieu de pâturage aux bêtes, de grand chemin aux passants. Il ne sera donné la sépulture dans les églises qu'aux ecclésiastiques, aux gentilshommes, à ceux qui, de tout temps, y ont leurs ancêtres enterrés.

Venaient ensuite les chapitres concernant la vie des ecclésiastiques. C'était pour eux une obligation de porter toujours la tonsure, la soutane à domicile, la soutanelle en voyage, sans pouvoir toutefois avec cet habit célébrer la messe, conformément aux canons et, en particulier, à ceux du concile de Trente. Leur maintien, leurs gestes, leurs paroles devaient inspirer la vénération et la piété. Les clercs pourvus seulement des ordres mineurs, s'ils se comportaient autrement, étaient menacés de n'être pas admis aux ordres supérieurs. Les archiprêtres avaient mission de veiller aux défenses concernant la chasse, le port des armes, la fréquentation des jeux, des danses et des autres divertissements illicites, l'immixtion dans des commerces et trafics indignes de la profession ecclésiastique. Chaque curé et vicaire devait, dans le délai de deux mois, se pourvoir des livres essentiels pour avancer dans la piété et la doctrine.

« Rien n'avilissant davantage le ministère sacerdotal et ne rendant la personne du prêtre plus méprisable et plus odieuse que l'impureté, » l'évêque exhortait les ecclésiastiques, afin d'éviter jusqu'aux soupçons, à congédier leurs servantes, quel que fût leur âge. Celles qui étaient au-dessous de cinquante ans, celles qui avaient eu une conduite douteuse devaient être renvoyées dans le délai de deux mois. Il leur défendait de prendre, sous aucun prétexte, comme ouvrières des filles ou des femmes, de boire et de manger dans les cabarets, si ce n'est en voyage. Ils ne pouvaient s'absenter plus d'un mois sans une permission écrite de la main d'un grand vicaire, et, dans ce cas, ils devaient se faire remplacer par un confrère capable et pris dans le clergé du diocèse.

La célébration des mariages et la tenue des registres de baptêmes, mariages et décès étaient l'objet d'instructions auxquelles nos législations modernes n'ont rien ajouté d'essentiel. Le chapitre des cas réservés terminait ce recueil d'ordonnances. Ces cas étaient l'hérésie, la lecture des livres hérétiques, l'apostasie des vœux et des ordres sacrés, la simonie occulte (celle qui était publique relevant du tribunal du souverain-pontife), le sortilége, l'enchantement, la divination, le recours aux devins et aux sorciers, le vénéfice ou maléfice pour empêcher l'usage du mariage ou pour toute autre fin préjudiciable au prochain, l'homicide, l'avortement, l'oppression ou suffocation d'enfants, l'attentat à la vie d'un père, d'une mère, d'un mari, d'une femme, d'un maître, les coups portés à un père et à une mère, la sodomie, la bestialité, l'inceste, le sacrilége avec un religieux ou une religieuse, le rapt, le viol, le sacrilége par rupture d'un lieu sacré ou par la ruine d'objets servant à l'autel, l'ivresse chez les prêtres, la fréquentation des cabarets, etc. Enfin il fixa par un tarif modéré et proportionnel les droits de sépulture, messes, publications, mariages, etc., dus aux curés, qui, de la part de certains prêtres du diocèse, avaient donné lieu à des exigences extraordinaires, à des refus de service scandaleux, leur défendant de rien prendre pour l'administration des sacrements de confession, communion, extrême-onction, et leur ordonnant de se contenter de ce qui serait offert de bonne volonté pour les baptêmes (1).

(1) *Ordonnances de l'évêque d'Autun pour le rétablissement de la*

Il serait superflu d'insister sur le caractère de ces réglements, caractère à la fois religieux, moral, et en définitive civilisateur. On trouve dans les courts motifs qui les accompagnent un vif sentiment de la dignité du prêtre et du chrétien, un grand esprit de charité. A en juger par les nombreux projets de rédaction qui existent aux archives de l'évêché d'Autun, ils furent remaniés à différentes reprises. Dans le but de les rendre aussi parfaits que possible, Roquette s'était aidé de ceux que M. de Lingendes, évêque de Mâcon, avait appliqués avec succès dans son diocèse. Il les compléta par d'autres qui furent rédigés à la suite des synodes ou assemblées du clergé qu'il prit l'habitude de convoquer dès les premières années de son épiscopat.

Les anciens conciles, dont les décrets avaient été renouvelés par le concile de Trente, ordonnaient la tenue dans chaque diocèse d'un synode annuel, destiné à donner plus d'autorité à la discipline ecclésiastique. Il s'en fallait de beaucoup que ces prescriptions eussent été observées exactement dans le diocèse d'Autun. Doni d'Attichy, dans un projet d'exhortation qu'il devait adresser au synode de 1661, dit que ce synode était le quarantième en nombre, et cependant un siècle s'était écoulé depuis la clôture du concile. Le résultat que le concile avait espéré de ces réunions sur la discipline du clergé ne pouvait être obtenu, on le comprend, que par une périodicité régulière.

discipline ecclésiastique, 1669, in-8º. Autun, chez Blaise Simonnot, imprimeur de Mgr l'évêque, 56 pages.

Elles se composaient de tous les archiprêtres du diocèse, au nombre de vingt-cinq, des ecclésiastiques qui voulaient y assister, et se tenaient au palais épiscopal, le troisième jeudi après Pâques. Afin d'inspirer du respect au clergé des campagnes dont les habitudes étaient souvent débraillées, Roquette leur donna la plus grande solennité possible. Elles étaient annoncées par le son d'une grosse cloche de la cathédrale, pendant une demi-heure. L'évêque sortait de sa chambre en camail et en rochet, accompagné de tous les chanoines présents, ayant à sa droite et à sa gauche ses deux vicaires généraux. Les archiprêtres étaient en soutane, surplis et bonnet carré. Il se rendait dans la chapelle de l'évêché, se dirigeait vers son trône, récitait une courte prière, après quoi on lui apportait une chape, une étole, sa mitre et deux chapes pour ses vicaires généraux. Lorsqu'ils étaient revêtus de ces ornements, le prélat s'asseyait entre ses deux assistants, qui restaient debout. Le secrétaire procédait à l'appel des membres présents ; chacun d'eux venait saluer l'évêque et prenait la place qui lui avait été assignée sur des bancs de moquette. L'évêque se levait, ôtait sa mitre et récitait, tous les assistants étant à genoux, l'oraison *Adsumus Domine*. Il s'agenouillait ensuite sur l'estrade de son trône, entonnait le *Veni Creator*, et après la première strophe, la croix et les chandeliers se dirigeaient vers la porte de la chapelle. Les ecclésiastiques suivaient, deux à deux, en commençant par les plus jeunes, et faisaient une dernière génuflexion en passant devant le trône de l'évêque. La procession, durant laquelle on continuait le chant du *Veni Creator*, sortait par une porte de l'évêché, faisait le tour de l'église Saint-Nazaire et revenait dans la chapelle. Là, le prélat, agenouillé sur le degré de l'autel, récitait les litanies des saints et les oraisons marquées par le rituel. Il célébrait ensuite une messe basse du Saint-Esprit, puis, après d'autres cérémonies, un prêtre désigné faisait l'oraison synodale. L'évêque dépouillait ses ornements, se retirait accompagné de ses deux assistants, et un des vicaires généraux invitait, de sa part, les archiprêtres et les ecclésiastiques à venir dîner au grand séminaire.

Après ce dîner, on se rendait à l'heure indiquée dans la salle de l'évêché, qui avait été disposée pour la tenue du synode. Les archiprêtres et les autres ecclésiastiques, dans le même costume que le matin, se plaçaient devant des tables couvertes d'un tapis de moquette. L'évêque s'asseyait au fond de la salle sur un fauteuil, ayant à sa droite et à sa gauche les chanoines et ses vicaires généraux. En face, à l'autre extrémité, étaient les promoteurs et le secrétaire de l'évêché. Le prélat récitait le *Veni Creator* et adressait une exhortation à l'assistance. On prenait ensuite, de la main de chaque archiprêtre, le procès-verbal de leur dernière assemblée, le mémoire que chaque curé de son ressort avait dû lui remettre, les procès-verbaux des visites faites par eux dans leur archiprêtré et qui n'avaient pas encore été envoyés. L'évêque louait ou blâmait la manière dont chacun d'eux s'était acquitté de sa tâche. Le promoteur formulait des réquisitions et des avis sur lesquels l'évêque prenait la parole, quand il le jugeait utile. Lecture était donnée des ordonnances du précédent synode ou de celles qui étaient le moins observées ; le promoteur et l'évêque présentaient à ce sujet leurs réflexions. On donnait, s'il y avait lieu, des conseils à chaque archiprêtre, soit pour lui-même, soit pour les curés de son ressort. On écoutait leurs explications ; on leur distribuait une feuille d'avis préparée d'avance, ainsi que les nouvelles ordonnances, s'il en avait été fait, en autant d'exemplaires qu'il existait de cures dans leur archiprêtré. L'assemblée terminée, on entrait dans la chapelle où l'on chantait le *De profundis ;* l'évêque récitait plusieurs prières qui étaient suivies du *Te Deum,* des oraisons *Omnipotens sempiterne Deus, Deus qui dedisti* et *Deus cujus misericordia* (1).

Nous possédons plusieurs ordonnances distribuées dans ces synodes, et ayant pour objet de réparer les oublis qui existaient dans les ordonnances précédentes ou de rappeler d'une manière plus précise celles dont l'observation était négligée. Celles de 1675 prescrivent aux archiprêtres de dresser, dans trois mois, un état général des bénéfices, chapelles rurales et domestiques de leur circonscription, avec le nom, l'âge, la capacité des curés, vicaires et ecclésiastiques qui les desservaient. Un rapport, envoyé par eux tous les trois mois, devait informer l'évêque de tout ce qui méritait son attention. Défense était faite aux

---

(1) Ordre qui a été observé dans le synode des archiprêtres tenu à l'évêché, Monseigneur y étant, le 3 mai 1691, etc. (Arch. de l'évêché.)

ecclésiastiques d'entrer dans les cabarets à l'occasion des services pour les défunts, services qui, selon un ancien usage, étaient suivis de copieuses potations. Ceux qui omettaient de faire les catéchismes devaient être cités par les archiprêtres devant l'évêque, afin de se voir condamnés à payer une aumône de trois livres. Les seigneurs seront exhortés à ne point permettre de danses, qui étaient un sujet de maux et de scandales. On défendait aux curés d'exposer le saint-sacrement et de conduire le peuple en procession pendant leur durée. La confession pascale devait être reçue par les curés des paroisses, et non par d'autres prêtres séculiers ou réguliers, auxquels les fidèles s'adressaient souvent afin d'en être quittes à meilleur compte. Les cimetières non clos seront interdits. Les curés se réuniront en assemblée archipresbytérale à des époques de l'année déterminées.

Dans les ordonnances de 1687, il était défendu de célébrer des mariages les jours de fêtes et de dimanche, parce que les retards causés par les futurs exposaient à dire la messe paroissiale à une heure trop avancée, parce que la longueur de cette cérémonie servait de prétexte aux curés pour ne pas faire de prône, parce qu'un jour consacré à Dieu était profané par des festins et des danses qu'on ne pouvait empêcher en pareil cas, parce que des personnes pouvaient être tentées de quitter le service divin afin de voir la noce ou d'y assister.

Les ordonnances de 1690 prescrivent l'audition de la confession durant la journée et l'apposition d'une lumière près des confessionnaux si, par nécessité, on était obligé de les entendre le matin avant le jour ou le soir à la nuit tombée. L'entrée des sacristies est interdite aux femmes et aux filles, même à celles qui prenaient soin de parer les autels ou qui blanchissaient les linges d'église. Si une paroisse n'a point pourvu à la clôture de son cimetière, on portera les corps dans la paroisse voisine, sans que le curé du défunt puisse exiger dans cette paroisse aucun droit de sépulture. Parmi les nouveaux cas réservés à l'évêque figure l'absolution d'un faux serment en justice, faute que les habitants des campagnes commettaient avec une facilité déplorable. Les sages-femmes devaient tenir leur institution de l'évêque, afin qu'il pût s'assurer si elles étaient au courant de la matière et des formalités essentielles du baptême, d'où dépendait le salut éternel des enfants. Les curés devaient interroger sur ce sujet les femmes à qui d'ordinaire les paroissiens confiaient ces fonctions, leur donner un enseignement, même publiquement, aux prônes des messes paroissiales, au moins trois fois dans l'année. Par respect pour la sainteté des cérémonies religieuses, il était défendu de porter les châsses des saints et des martyrs en se travestissant, selon les souvenirs de leur vie, en apôtre, en vierge, en tyran, en juif, avec les instruments simulés de leur supplice, instruments que des gens simples prenaient pour de véritables reliques.

Nous trouvons dans les instructions de 1692 l'interdiction d'un abus qui consistait à labourer les terres des veuves et des pauvres les jours de certaines fêtes, sous prétexte d'œuvre de charité ; l'invitation adressée aux curés de désabuser leurs paroissiens sur certains écrits qui, par des récits fabuleux et des oraisons superstitieuses, les engageaient à sanctifier le samedi de la même manière que le dimanche ; la défense de donner la bénédiction avec des images de la Sainte-Vierge ou des saints.

Les ordonnances de 1693 plaçaient au nombre des cas réservés l'inceste spirituel entre le confesseur et sa pénitente, l'oubli par les médecins d'appeler le curé auprès de leurs clients quand la maladie se prolongeait au-delà de trois jours, en donnant des sujets de crainte. Elles prononçaient la suppression d'un certain nombre de fêtes qui, observées autrefois, étaient devenues, par suite du relâchement du siècle, une occasion de fréquenter les réunions baladoires, les cabarets, et de se livrer à la débauche.

Dans un projet d'instructions pour le synode de 1702, il était recommandé aux archiprêtres de veiller attentivement à une meilleure observation des ordonnances. Ils devaient les relire de temps à autre et exhorter les curés à en faire de même. On insistait auprès de ces derniers sur la nécessité de tenir leurs églises en bon état, d'y faire des prônes, non seulement pendant l'avent et le carême, mais tous les dimanches de l'année, d'acquitter avec exactitude les fondations établies dans les cures et dans les chapelles. En vertu de l'obligation de la résidence, défense leur était faite de s'absenter plusieurs jours sans avoir obtenu la permission de l'archiprêtre, et de courir sans cesse les uns chez les autres. Les archiprêtres devaient signaler ceux qui ne portaient point de soutane, se servaient de justaucorps, de soutane sans manches et d'une espèce de cotillon, ceux qui couraient la chasse, les foires, tenaient des servantes n'ayant pas l'âge requis, de jeunes parentes et quelquefois leur famille entière, afin qu'on pût les condamner à une peine qui les contraignît à l'obéissance. On leur recommandait de se faire représenter les perruques des prêtres, afin d'examiner si elles étaient modestes et cléricales, de régler eux-mêmes leur conduite de manière à servir d'exemple à tout le clergé, enfin de chercher à introduire dans chaque paroisse l'usage de la prière du soir en commun, en engageant les curés à ne pas se laisser rebuter par le petit nombre de personnes qui y assisteraient (1).

Nous ne pousserons pas plus loin l'analyse de ces ordonnances, où l'on trouve, comme on le voit, des données curieuses sur les mœurs du temps, de peur de tomber dans de minutieux détails ou dans des redites. Elles formaient un code embrassant tous les devoirs de la vie cléricale, toutes les obligations des prêtres vis-à-vis des fidèles. Quelques-unes embarrassaient singulièrement les esprits rebelles, et ils s'y soumettaient avec répugnance. En 1710, après la mort de M. de Sénaux, successeur de Roquette, qui avait fidèlement maintenu l'œuvre de son parent, certains prêtres prétendirent que par suite de

---

(1) Pour le synode de 1702. (Arch. de l'évêché.)

cette mort, elles avaient perdu force de loi et cessé d'obliger ecclésiastiques et fidèles. Le grand vicaire Dufeu, qui administrait le diocèse, rappela, au synode de cette année, qu'elles subsistaient avec la même vigueur qu'auparavant. Il déclara que ceux qui étaient tombés dans un des cas défendus par elles avaient encouru les censures ; que les prêtres qui, depuis cette censure avaient exercé des fonctions sacrées, étaient tombés dans l'irrégularité, et n'en pouvaient être relevés que par lui ou par ceux à qui il en donnerait pouvoir. Il exhorta les ecclésiastiques à s'attacher à leur intelligence et à leur pratique, qui étaient négligées par plusieurs d'entre eux. En 1726, l'évêque de Blisterwick de Moncley, en ayant donné de nouvelles, huit archiprêtres, les trouvant d'une application difficile, attaquèrent leur validité par le motif qu'elles n'avaient pas été délibérées dans les réunions synodales. Mais le parlement de Dijon, devant lequel ils s'étaient pourvus, les condamna aux dépens et les renvoya devant le métropolitain (1).

A côté de ces synodes généraux, Roquette établit des assemblées archipresbytérales. Elles se réunissaient deux fois par an, après Pâques, avant et après le synode. Tous les curés du ressort devaient

(1) En 1706, Sénaux fit imprimer en un seul volume toutes les ordonnances de son prédécesseur, en y en ajoutant peu de nouvelles, attendu qu'elles étaient suffisantes pour la conservation de la discipline établie dans le diocèse. Il y joignit l'instruction de saint Charles Borromée pour les confesseurs. Malvin de Montazet en donna une réimpression en 1750. Autun, Fr. Chervau, in-12. — Gagnare, *Histoire de l'église d'Autun*, p. 269.

y assister, à moins d'empêchement légitime, sous peine d'un écu d'amende au profit de l'hôpital général. Ils remettaient à l'archiprêtre un mémoire sur leur paroisse, indiquant de quel rituel et de quel catéchisme ils se servaient, les difficultés survenues pendant l'année et principalement aux fêtes de Pâques, les défauts qui avaient été corrigés, les omissions qui avaient été réparées, depuis la dernière visite de l'archiprêtre, dans la tenue de l'église, de ses autels, de ses ornements, dans celle du cimetière. Ils pouvaient y ajouter toutes les observations dont ils jugeaient à propos de faire part à l'évêque. Lors même qu'ils n'avaient rien à signaler, ils étaient obligés de fournir ce mémoire, en constatant cette absence de renseignements. Les archiprêtres avaient ordre de marquer avec exactitude les absents, d'interroger les curés sur l'exécution des prescriptions qu'ils leur avaient laissées durant leurs visites. Ces mémoires et le procès-verbal de la réunion étaient envoyés à l'évêché (1).

Préposés à l'observation des réglements dans les paroisses de leur circonscription, les archiprêtres étaient investis de pouvoirs particuliers, et remplissaient vis-à-vis des curés des devoirs de supérieurs. Ils possédaient le droit d'absoudre des cas réservés à l'évêque, à l'exception de ceux que ce dernier jugeait à propos de retenir lui-même. Ils donnaient,

---

(1) « Mémoire instructif adressé de la part de Mgr l'évêque d'Autun aux curés du diocèse, pour rendre plus utile la première assemblée qui se tient tous les ans, après Pâques, dans chaque archiprêtré. » Feuille d'impression sans date et nom d'imprimeur.

nous l'avons vu, l'institution aux maîtres d'école ; ils distribuaient les saintes huiles dans les deux assemblées dont nous venons de parler, émettaient les avis nécessaires pour l'exécution des ordonnances et pour la bonne tenue des églises. Mais leur devoir principal était d'édifier les curés par une vie exemplaire, par leur fidélité à observer eux-mêmes les ordres de l'évêque. Ils devaient signaler à ce dernier les désordres survenus dans les paroisses. Il leur était recommandé d'avoir une charité particulière pour les curés qui tombaient malades, d'aller les visiter, les préparer à une bonne mort, de veiller à ce qu'ils fussent assistés par leurs confrères de tous les secours spirituels et temporels que leur état réclamait, et de leur administrer eux-mêmes, s'il était possible, les derniers sacrements. La mort de l'un d'eux arrivant, l'archiprêtre invitait tous ses confrères à lui rendre les devoirs funèbres, à offrir à Dieu, pour le repos de son âme, des prières et le saint sacrifice de la messe.

Ils devaient faire régulièrement, chaque année, la visite de leur archiprêtré, et dresser procès-verbal de ce qu'ils avaient remarqué dans chaque paroisse, avec l'indication des moyens propres à corriger les abus qu'ils y avaient rencontrés. Leur soin principal consistait à s'informer, par toutes les voies que la prudence leur suggérait, de la vie des curés et des autres ecclésiastiques. L'évêque les engageait à lui écrire à ce sujet tous les trois mois. Indépendamment de cette visite annuelle, ils devaient en faire chaque fois qu'ils pensaient qu'une paroisse en avait besoin, « par surprise, » et sans prévenir les curés.

Ces visites prirent dès les premières années de l'épiscopat de Roquette un développement régulier, et devinrent le principal moyen d'information sur l'état du diocèse. Elles remplaçaient celles que les archidiacres étaient obligés de faire d'après le but même de leur institution, mais que la plupart d'entre eux avaient singulièrement négligées. « Messieurs vos archidiacres, écrivait, en 1670, Binier à l'évêque, ne paraissent pas beaucoup échauffés à visiter leur détroit. Il serait à propos de commettre quelques ecclésiastiques à leur place, voir si vos ordonnances sont observées, informer des contraventions, qui sont assez fréquentes, surtout dans les lieux éloignés. » L'évêque trouva plus de dévoûment dans quelques curés de campagne que dans ces dignitaires qui faisaient partie du chapitre cathédral et ne pouvaient lui offrir de sérieuses garanties d'obéissance. Il choisit d'ordinaire, pour remplir ces fonctions, le curé le plus capable de l'archiprêtré, car elles n'étaient pas attachées de droit à celui qui desservait la cure du chef-lieu (1).

Les nombreux procès-verbaux de visites d'archiprêtres, datant de l'épiscopat de Roquette, attestent l'exactitude et parfois l'habileté avec lesquelles ces

---

(1) Quelques archidiacres zélés n'en continuèrent pas moins de faire la visite de leurs archidiaconés ; mais ces visites, qui embrassaient un grand nombre de paroisses, ne concernaient guère que l'état matériel de l'église. La mission de fournir des renseignements sur la moralité des ecclésiastiques resta spécialement confiée aux archiprêtres.

titulaires s'acquittaient de leurs fonctions. Plusieurs de ces délégués, instruments indispensables de la réforme du clergé, tels que Léonard Tribolet, curé de Saint-Jean-de-la-Grotte, archiprêtre d'Autun ; Jean Loppin et Joseph Brunet, archidiacres de Beaune ; Antoine Tixier, curé de Saint-Brisson, archiprêtre d'Avallon ; Jean de Monlevrin, curé de Lormes, archiprêtre de Corbigny ; Bossu, curé de Baigneux-les-Juifs, archiprêtre de Duesme ; Leblanc, curé de Saint-Aignan, archiprêtre de Pierrefitte ; Henri, curé et archiprêtre de Pouilly en Auxois, possédaient toute la sagacité et la fermeté nécessaires pour justifier la confiance de l'évêque, et ne lui laissaient rien ignorer. Ce dernier, sans cesse en relations avec eux, par des lettres, des instructions, des questionnaires, parvint à ramener ces comptes-rendus à un type à peu près uniforme. Il avait toujours ainsi sous la main un tableau exact de l'état de chaque paroisse de son vaste diocèse.

L'attention des visiteurs se portait sur le matériel de l'église, sur son état de réparation, depuis le pavé jusqu'au moindre vitrail, sur les ornements de l'autel, les vases sacrés, les saintes huiles, les fonts baptismaux, les images, les statues, les livres d'office, le nombre et la couleur des ornements, le linge de la sacristie, la célébration des offices, la tenue des registres paroissiaux, les fondations existantes, l'emploi des deniers des fabriques, les revenus de la cure, les processions, les confréries, la conduite des maîtres d'école, l'état du cimetière, etc.

A l'égard du curé, il s'informait s'il fréquentait les

cabarets et les jeux; s'il allait à la chasse, aux foires et aux marchés; s'il portait habituellement la soutane; s'il faisait régulièrement les offices, les prières, les catéchismes; s'il entretenait des fréquentations suspectes; quel était son patrimoine. Ils devaient veiller avec soin sur l'instruction donnée par les maîtres d'école à la jeunesse, sur la conduite des ecclésiastiques qui se disposaient à entrer au séminaire, exhorter les curés à prémunir le peuple contre la malice de certaines superstitions et conjurations. Ils recevaient, avec la prudence commandée par les dissentiments qui existaient entre certains curés et leurs paroissiens, les observations et les plaintes de ces derniers.

Ils devaient, à propos de l'état moral et religieux de la paroisse, s'enquérir des points suivants : existait-il des hérétiques, des concubinaires, des gens donnant un scandale public, des maris séparés de leurs femmes, des personnes ayant omis de s'approcher des sacrements aux fêtes de Pâques, des seigneurs ou habitants notables en hostilité avec leur curé, des coutumes inconvenantes, des superstitions, des inimitiés qui n'avaient point été pardonnées? La même enquête s'appliquait au régime des hôpitaux, dans lesquels régnait souvent, entre les administrateurs, les sœurs, les aumôniers, une division qui tournait au mauvais emploi des revenus et au détriment des pauvres.

Quelques-uns de ces procès-verbaux sont des modèles d'information complète et d'impartialité. D'autres, émanés de visiteurs moins hardis ou plus indulgents, se bornent à des détails sur le matériel de l'église, gardent le silence ou passent rapidement sur la moralité du pasteur et de ses ouailles. Mais, au moyen de questions souvent répétées, tout finissait par arriver à la connaissance de l'évêque, dont l'œil pénétrait ainsi jusque dans les paroisses les plus humbles et les plus reculées. Il fallait répondre à ses observations, jusqu'à ce que les abus ou les manquements indiqués eussent été réparés, jusqu'à ce que la tenue de l'église et la vie du prêtre fussent conformes aux ordonnances. Par ce travail continuel, Roquette parvint, non sans peine, à réformer les mœurs d'une partie de son clergé, ou du moins à leur enlever ce caractère scandaleux qui était une plaie pour les paroissiens. Indépendamment des conseils qui s'adressaient à leur conscience, la menace de voir leur église interdite ou d'être eux-mêmes transférés dans un autre bénéfice produisait souvent d'heureux résultats.

Quoique le mal ne disparût pas complètement, quoique toutes les conversions ne fussent pas sincères et durables, l'épuration se faisait peu à peu, et il est facile d'en suivre les progrès. Des ecclésiastiques, signalés dans les premiers procès-verbaux de visites comme irréguliers, sont signalés dans ceux qui se réfèrent aux années suivantes comme corrigés de leurs mauvaises habitudes, ou du moins comme ne faisant plus parler d'eux d'une manière défavorable. Les uns renonçaient à des liaisons criminelles, à la fréquentation des lieux défendus ; les autres se débarrassaient de leurs chiens de chasse, vendaient leur bétail et ne couraient plus les foires. Le service divin, les prônes, les catéchismes se faisaient avec plus de convenance et de régularité. Les églises réparaient leurs ruines et se pourvoyaient du nécessaire. Il est inutile d'ajouter que, dans les pays où le désordre était le plus profondément enraciné, là aussi se portait avec plus de sévérité la vigilance de l'évêque.

Les visites épiscopales, telles que les avait réglementées Roquette, étaient aussi un moyen d'influence sur la moralisation des pasteurs et des fidèles, mais un moyen passager et insuffisant, car occupé de ses projets de réforme, de la création de ses établissements religieux, d'une foule d'affaires qui nécessitaient sa présence à Paris, il ne put, ainsi que nous l'avons remarqué, parcourir aussi souvent qu'il l'aurait désiré son vaste diocèse. Il se borna donc aux villes principales et aux lieux où quelque difficulté, quelque intérêt important rendaient sa visite indispensable.

Il observait, à ce sujet, un cérémonial ayant pour but de donner une haute idée de la dignité épiscopale, et de placer en même temps sous ses yeux un tableau complet de l'état des paroisses. Sa venue était annoncée par un mandement lu au prône. Le curé devait préparer les habitants à recevoir le sacrement de confirmation; prévenir les fabriciens de tenir prêts leurs comptes, de mettre en état les titres et inventaires de l'église. Il avertissait les magistrats et les principaux habitants de recevoir dignement leur premier pasteur et de l'aller prendre, avec le dais, à l'entrée du bourg ou de la ville. Il lui était recommandé à lui-même de tenir en bon ordre les registres paroissiaux, afin de les faire parapher par l'évêque. Il devait signaler, dans un mémoire sommaire, les personnes scandaleuses, les blasphémateurs, les adultères, les concubinaires publics, les maris séparés d'avec leurs femmes, les usuriers, ceux qui détenaient injustement le bien d'autrui, ceux qui vivaient en inimitié, ceux qui avaient négligé de se confesser, ceux qui avaient encouru des censures. Il devait indiquer également les désordres publics, la fréquentation des cabarets par les ecclésiastiques et par les laïques durant le service divin, donner des renseignements sur la moralité et la conduite des maîtres d'école, disposer les vases sacrés, les ornements, les reliques de son église avec leurs titres, de manière que l'évêque pût en faire une revue facile.

Nous n'entrerons pas dans le détail des prières en usage en pareille circonstance. Par une touchante et charitable pensée, celles adressées à Dieu pour les morts, dans l'église ou durant la procession qui se rendait sur le cimetière, n'étaient pas les moins nombreuses. Quand églises, chapelles, presbytères, cimetières, hôpitaux, communautés, avaient été visités et les comptes de fabrique rendus, le curé faisait comparaître devant l'évêque les personnes qui donnaient du scandale dans le pays, vivaient en procès et en inimitié, n'avaient point satisfait au devoir pascal, et le pasteur du diocèse leur donnait des avertissements charitables, de même qu'il adressait au curé des ordres, des remontrances, des corrections sur sa conduite (1).

Indépendamment des réunions et des visites dont nous venons de parler, Roquette assemblait deux fois par an, à l'évêché, vers la fin du mois de décembre et durant le carême, les curés de la ville, qui les premiers devaient donner le bon exemple au reste du diocèse. Il ouvrait la séance par une courte prière, telle que le *Veni Creator*, et demandait à chacun d'eux le questionnaire sur lequel il avait dû consigner les défauts de son église. Il leur adressait quelques mots sur le but de la réunion, qui était d'en reconnaître les besoins les plus pressants, en attendant qu'il pût la visiter lui-même. Il leur donnait, en général ou individuellement, les avis nécessaires pour leur conduite et celle de leur paroisse, cherchant à les convaincre de la nécessité de ne rien négliger, les moindres choses ayant une grande importance quand il s'agissait du service de Dieu et du salut des âmes. On les faisait ensuite passer, un à un, dans la chambre de l'évêque, qui leur adressait les avis appropriés à leur caractère et à leur conduite, cherchait à obtenir d'eux des explications précises, et les prévenait qu'il les ferait attentivement observer s'ils ne se corrigeaient des défauts qui leur étaient reprochés. Durant ces entretiens particuliers, on lisait à ceux qui restaient dans

---

(1) Avertissement des choses qu'il faut préparer pour recevoir Mgr l'évêque d'Autun, etc.

la salle les avis de saint Charles Borromée ou les ordonnances du diocèse. L'évêque terminait la réunion par une invitation à se renouveler eux-mêmes au commencement de l'année qui allait s'ouvrir, « de sorte que le peuple fût édifié, Dieu glorifié, eux sanctifiés, et leurs supérieurs consolés. » On se séparait après la prière du *Sub tuum;* et dans le carême suivant on les réunissait de la même manière, afin de leur adresser des reproches ou des éloges, selon qu'ils avaient tenu ou négligé leurs promesses (1).

L'établissement de conférences ecclésiastiques compléta cet ensemble de mesures propres à relever le clergé de son ignorance. Elles devaient avoir lieu sept fois par an, et commencèrent en 1676, si nous en jugeons par un projet qui porte cette date, et pour épigraphe ces paroles de l'apôtre saint Paul : *Attende tibi et doctrinæ.* Le sujet de la première réunion était l'examen des avantages que les ecclésiastiques devaient retirer de ces conférences, les règles qu'il fallait y observer, les matières qu'on devait y traiter, l'utilité de commencer par celles qui concernaient : 1° l'état ecclésiastique et ses principales obligations ; 2° la doctrine des sacrements. Leur programme embrassait ainsi deux sortes de questions, questions de morale et questions de doctrine.

Celles que l'on devait traiter dans le mois de juillet consistaient, pour la première série, dans l'examen

---

(1) Assemblée des sieurs curés d'Autun pour recevoir des avis généraux et particuliers, 19 décembre 1689.

de la sublimité de l'état ecclésiastique, que les saints Pères élevaient au-dessus de toutes les autres conditions, et même, selon une parole de saint Bernard, au-dessus de la condition des anges. Dans les questions de la seconde série, on devait donner une définition des sacrements, expliquer pourquoi il en existait sept, à quelle fin ils avaient été institués, s'ils avaient tous été établis par Jésus-Christ, en quels passages des Écritures on pouvait trouver la preuve de leur institution, en quoi ils différaient de ceux de l'ancienne loi, quels caractères les distinguaient les uns des autres.

« Pour le mois d'août : 1° que l'élévation de l'état ecclésiastique ne devait pas être, pour ceux qui en étaient revêtus, une occasion de superbe, mais au contraire un sujet de s'humilier dans le sentiment de leur indignité et un motif de s'éloigner de toutes les lâchetés indignes de cette sainte profession ; 2° combien de choses, en général, étaient nécessaires pour constituer le sacrement, ce qu'on entendait par sa matière et sa forme, si toutes deux étaient d'institution divine, si elles sont les mêmes que dans les premiers siècles, et si l'autorité des papes et des conciles, l'usage et la coutume des églises particulières y ont introduit des changements légitimes. »

« Pour le mois de septembre : 1° d'où vient que l'état ecclésiastique, étant si excellent et ses fonctions toutes sanctifiantes, les saints ont éprouvé une telle répugnance à s'y engager, qu'à peine en trouve-t-on qui soient entrés dans les ordres et les dignités de l'Église, autrement que par contrainte ; citer les exemples les plus remarquables de cette résistance et conclure l'instruction qu'on doit en retirer; s'il est plus difficile de se sauver dans l'état ecclésiastique que dans les autres, et s'il est vrai, comme dit saint Jean Chrysostôme, qu'il y aura peu de prêtres sauvés; 2° ce que c'est que l'intention du ministre dans le sacrement, combien il y en a de sortes : actuelle, virtuelle, habituelle, et quelle est celle qui est absolument nécessaire pour sa validité; par qui les sacrements doivent-ils être administrés; si la foi et la pureté de conscience sont absolument nécessaires dans ceux qui les confèrent et dans ceux qui les reçoivent; ce que doit faire un prêtre qui, se trouvant en état de péché mortel, est obligé de les conférer. »

« Pour le mois d'octobre : 1° si les emplois ecclésiastiques doivent être moins formidables dans les temps actuels que dans les premiers siècles, et si le compte qu'il en faudra rendre au jugement de Dieu sera moins rigoureux; si les règles et les dispositions qu'on doit y apporter ont été changées, et si la coutume ou la multitude de ceux qui les ont négligées peuvent servir d'excuse; 2° s'il est permis de demander les sacrements à un prêtre que l'on sait être en état de péché mortel ou frappé de censure, et si le prêtre, en état d'excommunication, peut les administrer validement; s'il est permis de les administrer à ceux qui les demandent et qu'on sait en être indignes, et si ceux qui les reçoivent, sans y être convenablement disposés, peuvent en retrouver l'effet dans la suite, lorsqu'ils entrent dans les dispositions requises. »

« Pour le mois de novembre : 1° quelles sont les dispositions exigées par les canons pour entrer dans les ordres, et les empêchements à raison desquels on doit en être exclu ; que l'innocence de la vie y est nécessaire ; en quoi elle consiste et ce que signifie ce mot de l'apôtre saint Paul : *Oportet esse sine crimine ;* 2° si on peut administrer les sacrements, spécialement celui de pénitence et le saint viatique, à ceux qui, tombés subitement en danger de mort, se trouvent dans l'impossibilité de manifester leur intention ; ce qu'il faut dire des sourds-muets, des insensés, des idiots, surtout quand ils témoignent par leurs gestes et leur attitude quelques sentiments de religion. »

« Pour le mois de décembre : 1° quels sont les talents nécessaires pour entrer dans les ordres, en bien remplir les fonctions, et comment c'est un grand péché d'y élever des personnes à qui ces qualités manquent, sous prétexte de parenté ou d'autres considérations humaines ; quelques talents que l'on possède, il faut y apporter un complet désintéressement, une exquise pureté d'intention, c'est-à-dire n'y rechercher ni honneurs, ni richesses, ni aucune des aises de la vie, mais y entrer uniquement dans le dessein de s'y consacrer au culte de Dieu et au service de l'Église, se convaincre de cette vérité, et combien il est important d'en instruire même les gens du siècle ; 2° quel est l'effet général et spécial des sacrements ; ce qu'on entend par la grâce justifiante et la grâce sacramentelle ; de quelle manière ces effets sont produits ; si c'est, selon les expressions de l'école, *ex opere operantis* ou *opere operato*, et ce que ces expressions signifient ; tous les sacrements étant nécessaires au salut, d'où vient qu'ils ne produisent pas tous un caractère, et que les uns se réitèrent et les autres ne se réitèrent pas ; quels sont ceux qu'on appelle sacrements des vivants et ceux qu'on appelle sacrements des morts, et qu'est-ce qui produit la première ou la seconde grâce. »

Nous avons cité dans son entier ce programme de conférences, afin de montrer avec quelle sagesse il était approprié aux besoins du clergé. Il suffit, en effet, de se rappeler ce que nous avons raconté de ses imperfections, pour reconnaître au premier coup d'œil son utilité. Il avait pour but de le tenir en garde contre deux abus qui tarissaient à sa source la sève religieuse : l'un, de considérer l'état ecclésiastique au point de vue des avantages temporels qu'il présentait, sans se préoccuper des vertus et des devoirs qui y étaient attachés; l'autre, de se faire une routine des sacrements, d'en ignorer la sainteté, d'en perpétuer l'habitude sacrilége (1).

(1) Projet de conférences ecclésiastiques. — Première conférence de l'archiprêtré d'Avallon, 1683. — Réglement proposé pour les conférences ecclésiastiques de l'archiprêtré d'Avallon, en attendant ceux de Monseigneur, sans date. (Arch. de l'évêché.) — A Beaune, où ces conférences paraissent avoir été suivies plus régulièrement qu'ailleurs, l'archidiacre Brunet, successeur de Loppin, publia pour les prêtres : *Responsa moralia ad questiones theologiæ selectas in gratiam sacerdotum qui tremendo sacramenti pœnitentiæ ministerio incumbunt.* Dijon, Ressayre, 1692, in-12, et un *Guide* pour visiter utilement les paroisses de campagne, 1683, in-12.

CHAP. IV. — RÉFORME DU DIOCÈSE.

Quoique, durant le cours du moyen âge, les conciles provinciaux eussent cherché à faire prévaloir la liturgie métropolitaine, et les papes celle de l'église de Rome, il existait, comme on le sait, une grande diversité entre les rites des différents diocèses. On trouvait, dans la plupart des bréviaires et des rituels particuliers, des légendes contraires à la vérité de l'histoire, des hymnes et des antiennes écrites dans un style ridicule ou grossier. Le concile de Trente chercha à rendre l'uniformité des rites obligatoire pour le monde catholique, et en confia l'application à une congrégation sacrée. En 1570, Pie V, afin de se conformer aux décrets du concile, publia un bréviaire romain et ordonna qu'il serait suivi dans toutes les églises qui n'en possédaient pas un depuis deux cents ans.

En 1534, l'évêque d'Autun, Jacques Hurault, avait ordonné que la liturgie autunoise serait suivie dans tout le diocèse, aussi bien dans les paroisses que dans les églises collégiales. Il fit imprimer, la même année, une nouvelle édition du bréviaire, et, en 1558, Pierre de Marcilly, un de ses successeurs, publia un rituel. Afin d'obéir aux prescriptions du concile, la Magdeleine de Ragny, par une ordonnance de 1622, engagea tous les prêtres qui étaient sous sa juridiction à adopter la liturgie romaine. En 1657, Dony d'Attichy ayant renouvelé la même invitation, le chapitre cathédral répondit par un refus, et déclara qu'il voulait s'en tenir à l'ancien missel et au bréviaire réformé par le cardinal Rolin, tant par respect pour la vénérable antiquité qu'en vertu de la permission que lui avait donnée le concile de Trente. L'évêque rencontra la même résistance dans le reste du diocèse. Les églises collégiales ne changèrent rien à leurs anciens usages, et une grande diversité continua d'exister dans l'emploi du bréviaire, chaque chapitre se servant de celui qui lui convenait le mieux. Afin d'arriver par degrés à l'adoption du bréviaire romain, Roquette publia un *Ordo* concernant la manière de le réciter, refusa de faire réimprimer l'ancien bréviaire autunois, dont les exemplaires devenaient rares, et s'occupa d'améliorer le propre du diocèse.

Dès le commencement du siècle, il s'était manifesté parmi les évêques de France un mouvement liturgique qui devait continuer pendant le cours du siècle suivant. Nombre d'entre eux rivalisaient de zèle pour donner des livres d'église contenant l'office des saints particuliers honorés dans leur diocèse, et conservant les rites ou cérémonies qu'un ancien usage avait consacrés. Roquette tenta, en 1689, la révision de cette partie du bréviaire d'Autun qui, depuis 1534, n'avait pas subi de modifications. On y rencontrait des légendes apocryphes ayant eu cours durant le moyen âge, mais dont une critique plus éclairée commençait à faire justice. Il annonça, dans un chapitre général des chanoines de la cathédrale, cette réforme, « qui lui était fort à cœur, » et ceux-ci approuvant son projet, nommèrent, avec lui, six ecclésiastiques, afin de préparer les bases de ce travail. Il chargea Dubuisson, official de Moulins, d'y mettre la dernière main. Ce théologien fit un choix des légendes qui concernaient les saints du diocèse, des homélies des Pères les plus propres à édifier les prêtres, et, de peur d'y laisser introduire des passages pouvant donner prise à la critique, Roquette soumit l'ouvrage à l'examen de Lenain de Tillemont, un des hommes du temps les plus versés dans la connaisance des Pères et dans l'histoire des premiers siècles de l'Église. Il le publia ensuite, et il resta en usage jusqu'en 1728, époque à laquelle un de ses successeurs, M. de Moncley, y trouvant encore quelques légendes douteuses, ordonna une révision qui fut vivement attaquée par l'abbé Germain, un des chanoines les plus érudits de la cathédrale, et par son ami l'abbé Lebeuf, qui tous deux y relevèrent plusieurs erreurs (1).

Malgré la difficulté de réussir dans une tâche embrassant des questions sur lesquelles l'opinion des meilleurs esprits était divisée, Roquette essaya d'appliquer une réforme du même genre au rituel et au missel dont on se servait dans l'église d'Autun. Il s'adressa à un homme qui, de tous les prêtres du diocèse, était le plus compétent dans ces questions, mais dont le caractère entier rendait difficile une bonne entente. Nous voulons parler de Lazare-André Bocquillot, chanoine de la collégiale d'Avallon. C'était, à en juger par le récit de sa vie et par les lettres qui nous sont restées de lui, un ecclésiastique assez singulier. Après avoir terminé ses

---

(1) Gagnare, *Hist. de l'église d'Autun*, p. 258, 271. — Reg. capit., 28 juin 1689. — Lettres des abbés Germain et Lebeuf, dans les *Mémoires de la Société éduenne*, 1862 à 1864, p. 338 et suiv.

études de philosophie, il se décida pour le parti des armes, puis suivit des cours de théologie à Paris, avec l'intention d'entrer dans les ordres. Mais il trouva, au milieu des plaisirs, l'écueil d'une vocation encore mal éprouvée. En proie à une incertitude fiévreuse, il abandonna ses études et accompagna, en qualité de secrétaire, M. de Nointel, ambassadeur de France à Constantinople. De retour au bout de deux ans, il étudia le droit à Bourges, et plaida pendant quelque temps, avec succès, au bailliage d'Avallon. Au sein d'une vie dissipée, il fut atteint d'une mélancolie subite et ramené par les conseils d'un de ses frères, qui était Minime, à un véritable esprit de pénitence. Il demeura pendant quelques mois dans une maison de Chartreux, réfléchissant sur ses fautes passées, embrassa l'état ecclésiastique et continua ses études sous la direction du janséniste Duguet. Il s'attacha à Port-Royal, y fit des instructions, catéchisa les domestiques et devint leur confesseur. Rentré dans le diocèse d'Autun, il commença par occuper la petite cure de Chastellux, donna sa démission, et fut pourvu d'un canonicat dans l'église collégiale de Montréal, puis dans celle de Saint-Lazare d'Avallon (1).

Il y passa le reste de sa vie, entretenant des correspondances avec les solitaires de Port-Royal, avec Nicole, Tillemont, l'abbé de Rancé, Mabillon et d'autres illustres savants. Gallican et janséniste, il tenait beaucoup aux anciens usages de l'Église de France, et fut plus tard un des appelants de la bulle

(1) *Vie et ouvrages de Bocquillot*, par Le Tors, in-12, 1745, p. 6 et suiv. — Sainte-Beuve, *Port-Royal*, in-8º, t. V, p. 89.

Unigenitus. Il gagna à son sentiment cinq de ses confrères du chapitre d'Avallon, et quelques prêtres du voisinage sur lesquels il exerçait une grande influence par son érudition, son esprit, la fermeté de son caractère.

Ainsi qu'il arrive parfois aux hommes qui se sentent supérieurs à leur entourage, il n'était pas toujours d'accord avec ses confrères sur des questions de discipline, d'administration ecclésiastique, d'histoire sacrée. Il s'explique parfois à ce sujet, dans ses lettres à Dufeu, vicaire général de Roquette, à Morel, promoteur de l'officialité, avec une roideur qui finit par inspirer la défiance et rendre inutile le travail que l'évêque lui avait demandé pour la réforme de la liturgie diocésaine. Il n'hésitait pas à signaler, dans les ordonnances synodales, les points qui présentaient des difficultés pratiques. Quoique janséniste en théorie, il n'avait rien d'austère dans sa vie et dans ses jugements à l'égard des ecclésiastiques. Il était gai, spirituel, vivant bien, et excusait volontiers les prêtres les plus scandaleux, comme il le fit à l'égard de **Lazare Rongeot**, curé d'Aneau, près Avallon, poursuivi publiquement pour séduction. Il sollicita en sa faveur un canonicat dans une petite ville, trouvant que c'était le punir assez sévèrement que de lui ôter charge d'âmes, tandis que l'expulser, comme l'évêque en avait le projet, c'était, non pas se ménager les moyens de le guérir, mais se débarrasser d'un mal au préjudice d'un autre diocèse (1).

---

(1) *Vie et ouvrages de Bocquillot*, p. 146, 156, 383, 469.

En 1698, il adressa à l'évêché la plus grande partie de son travail sur le rituel. Il devait être examiné par l'abbé de Roquette, par Dufeu, vicaire général, puis discuté avec son auteur. Mais le désaccord se mit entre ces trois autorités, à propos de certaines questions. Les ecclésiastiques de l'évêché, alléguant leur surcharge d'occupations, l'engagèrent à terminer néanmoins son ouvrage, en disant qu'il servirait toujours à quelque chose. Mais le chanoine érudit, craignant qu'on le fît défigurer par quelque directeur de séminaire, se sentit blessé dans son amour-propre et demanda que l'examen en fût renvoyé aux docteurs de Sorbonne, qui travaillaient en ce moment au rituel de Paris. Cette dissidence, indépendamment de quelques nouveautés proposées par lui, tenait à la différence d'opinions existant dans le diocèse au sujet de la liturgie. Tandis que certains prêtres voulaient conserver une partie des anciens rites de l'église d'Autun, les directeurs du séminaire, appartenant à la congrégation de Saint-Sulpice et étrangers à cette église, n'en parlaient qu'avec dédain, exaltaient la majesté du rituel romain, et n'apprenaient à leurs élèves que les cérémonies qui y étaient indiquées. Cette opposition et la hauteur avec laquelle Bocquillot, partisan déclaré de la diversité des rites, se plaignait du retard apporté à l'examen de son travail, le firent abandonner par son auteur, qui se livra à d'autres études de liturgie générale, d'histoire, de morale, de critique ecclésiastique. L'évêque continua de recommander l'emploi du rituel romain pour l'administration des sacrements. L'usage de la liturgie romaine finit par s'établir ainsi dans une partie du diocèse ; mais plusieurs chapitres restèrent fidèles à l'ancienne, et, au moment de la Révolution, on voit des chapelains de la cathédrale se servir encore du missel autunois, dont il restait quelques exemplaires (1).

Roquette dut borner sa sollicitude à mettre entre les mains de son clergé les livres essentiels à son instruction. Afin de ne point leur laisser perdre l'habitude de la langue latine, il voulut que ses prêtres se servissent d'une bible latine, et non d'une traduction française, comme le faisaient certains d'entre eux, qui étaient d'un esprit paresseux ou ignorant. Il n'y avait pas lieu de conseiller à de pareils hommes la lecture des grands théologiens, sous peine de rebuter leur indifférence, et c'était surtout de conseils pratiques qu'ils avaient besoin. Aussi les engagea-t-il à composer leur petite bibliothèque d'ouvrages plus propres à faire d'eux des prêtres édifiants que des prêtres érudits. C'étaient les *Confessions* de saint Augustin, la *Guide des pécheurs* de Louis de Grenade, le catéchisme du concile de Trente, le catéchisme romain, l'*Imitation de Jésus-Christ*, l'*Introduction à la vie dévote* par saint François de Sales et l'instruction de saint Charles Borromée aux confesseurs sur la manière d'administrer le sacrement de pénitence, que l'assemblée du clergé de 1657 avait fait traduire et imprimer pour servir de règle

---

(1) *Vie et ouvrages de Bocquillot*, p. 232, 259, 265. Parmi les nombreux ouvrages de Bocquillot, on cite particulièrement *Traité historique de la liturgie sacrée ou de la messe*. Paris, 1701, in-8º.

CHAP. IV. — RÉFORME DU DIOCÈSE.

dans l'exercice du saint ministère. Il conseillait d'y joindre des commentaires sur les épîtres et les évangiles, quelques traités sur les cérémonies de l'Église, quelques opucules des Pères.

Il ne cessait de proposer dans ses discours, ses synodes, ses visites, l'exemple de ces deux illustres évêques en qui se résumaient toutes les perfections du ministère pastoral. Il aimait à multiplier leurs images, et on voit encore aujourd'hui leurs portraits placés par lui dans la chapelle de son hôpital, dans le réfectoire de son séminaire et jusque dans le plafond d'une vieille tour de son évêché, où il s'était ménagé, après sa démission, une retraite éloignée du bruit, avec une de ces vues magnifiques sur la campagne, faite pour porter l'âme à de hautes pensées, au recueillement et à la prière. Rien ne lui paraissait plus propre à édifier son clergé que la vie de ces deux grands modèles, qui semblaient avoir été envoyés, par une destination particulière de la Providence, afin de donner l'exemple des talents et des vertus nécessaires à la régénération de l'Église.

L'archevêque de Milan, échangeant de bonne heure une vie princière contre de dures mortifications, avait accompli la tâche que Roquette poursuivait lui-même, en tirant son clergé d'une sorte de paganisme dont le mépris du costume ecclésiastique, l'habitude du commerce, les banquets, les orgies, étaient les moindres symptômes. Il avait restauré les églises les plus pauvres et les plus isolées de son diocèse, en leur procurant des ornements, des confessionnaux, des cimetières, des fondations, en obligeant les curés à faire leurs prônes, leurs catéchismes, à tenir régulièrement leurs registres, à se servir du bréviaire romain et d'une bible latine, en établissant des écoles, en contrôlant les reliques, en supprimant des superstitions. Il n'avait, en un mot, rien négligé pour assurer, dans leurs plus minutieux détails, les prescriptions du concile de Trente dont il fut un zélé propagateur, après avoir été une de ses lumières.

Ce que Roquette proposait à l'imitation de ses prêtres dans saint François de Sales, c'était cette connaissance de la vie intérieure, cette piété douce et charitable qui avaient rattaché tant d'âmes défiantes ou affaiblies au joug de l'Évangile, cette patience et cette persuasion dans la conversion des pécheurs qui, selon l'expression d'un des auteurs de sa vie, décélaient dans sa personne comme un sentiment de la présence divine; c'était, en un mot, cette mansuétude évangélique, telle que devaient l'aimer ces chrétiens nombreux, à qui on était obligé de répéter sans cesse, pour les relever de leur découragement, ces paroles du Sauveur: « Je ne suis pas venu pour les justes, mais pour les pécheurs. » Si Roquette s'inspirait de l'esprit de réforme qui avait animé l'archevêque de Milan, il n'oubliait pas non plus ces sages paroles de l'évêque de Genève : « Prenez garde de donner l'alarme en laissant croire que vous voulez tout réformer; l'on se roidirait contre vous, et tout serait perdu. » Nous en avons pour preuve la marche successive, entourée de conseils demandés aux canonistes et aux théologiens contemporains, qui fit de son œuvre réparatrice, non pas l'œuvre de quelques années, mais celle de sa longue carrière.

A côté du clergé paroissial, il existait, nous l'avons vu, un grand nombre de chapitres et de communautés religieuses. L'action de l'évêque était presque nulle sur ceux qui ne reconnaissaient pas sa juridiction, et ce ne fut pas sans difficultés qu'il parvint à les soumettre à une obéissance qui, lors même qu'elle était reconnue en principe, n'était jamais complète en réalité. Son pouvoir à l'égard de ceux de leurs membres qui, par leur inconduite, méritaient ses sévérités, se bornait à les interdire des fonctions sacerdotales; mais il ne pouvait s'étendre jusqu'à les priver de leurs bénéfices. Quand une cure à leur collation se trouvait vacante, il ne négligeait aucun moyen de persuasion et d'influence pour en faire pourvoir un sujet plus digne; mais sur ce point ses tentatives étaient parfois déçues, et tout se bornait, en définitive, à la voie du conseil, à rappeler sans cesse ces corporations presque indépendantes à l'observation de leurs statuts. Il supprima dans quelques-unes des prébendes inutiles, qui n'avaient d'autre résultat que d'entretenir des prêtres fainéants et incapables de rendre service.

Un de ses premiers actes avait été de s'assurer des mœurs et de la capacité des prêtres qui, n'étant ni curés, ni institués légalement dans un bénéfice, exerçaient les fonctions sacerdotales.

« Les sacrements, disait-il dans une ordonnance du mois de novembre 1667, étant institués de Notre-Seigneur Jésus-Christ pour la sanctification des fidèles et les trésors sacrés par lesquels toute véritable justice et sainteté commence, augmente, ou est réparée, comme, d'après le concile de Trente, leur administration est de la dernière importance et ne doit pas être faite par toutes sortes de prêtres, quoiqu'ils soient légitimement ordonnés dans le sacerdoce... l'Église défend à tous prêtres de les administrer sans être légitimement approuvés par l'évêque, qui doit prendre soin d'examiner diligemment les mœurs et la capacité de ceux à qui il donnera ce pouvoir, et bien connaître ceux entre les mains desquels il confiera la dispensation des mystères divins, pour n'être pas coupable devant Dieu de la profanation du sang de Jésus-Christ. » En conséquence, il ordonnait à tous les prêtres séculiers ou réguliers, résidant dans le diocèse, et qui n'étaient ni curés, ni titulaires de bénéfices à charge d'âmes, de lui représenter, dans un bref délai, leurs lettres d'ordination, et des attestations de leur vie, délivrées par les curés ou par les supérieurs ecclésiastiques de leur résidence. Il défendait à ceux qui n'auraient point accompli cette formalité d'administrer les sacrements, principalement le sacrement de pénitence. Il révoquait les permissions données avant son épiscopat. Il fit signifier cette ordonnance à tous les archiprêtres, à tous les supérieurs ou curés des communautés (1).

(1) Placard sans titre, daté du 8 novembre 1667.

Quelques années plus tard, il chercha à corriger un autre abus existant dans les couvents de femmes. Des abbesses, des supérieures employaient une partie de leurs revenus à des usages profanes, entre autres à nourrir les parents et les amis qui venaient leur rendre visite dans leur maison ou dans des maisons voisines. Ces revenus, destinés à l'entretien de la communauté, à la décoration des églises, à des œuvres de piété, au soulagement des pauvres, étaient dissipés ainsi dans des dépenses qui, parfois, réduisaient les religieuses à une telle pauvreté que, manquant du nécessaire, elles se croyaient dispensées de garder la clôture. Cet abus provenait de l'esprit de vanité dans lequel étaient tombées certaines supérieures. Elles s'imaginaient qu'après avoir subvenu légèrement à l'entretien de leurs sœurs, elles pouvaient disposer du surplus, comme leur appartenant. Une pareille conduite était contraire à l'esprit de pauvreté dont elles avaient fait vœu, et qui leur interdisait de rien posséder en propre. Leur dignité leur attribuait le droit de disposer des revenus en faveur de la communauté et des pauvres; mais les canons leur défendaient de rien donner à leurs parents, à moins qu'ils ne fussent pauvres, et seulement à titre d'aumône. Roquette interdit, sous peine d'excommunication, aux supérieures des maisons placées dans les villes, bourgs et villages où existaient des hôtelleries, de loger leurs parents dans leur voisinage. Quant à celles qui étaient isolées dans la campagne, il accorda la faculté, si les revenus le permettaient, de loger ces personnes au dehors, dans une maison voisine, et de les nourrir pendant vingt-quatre heures avec la frugalité ecclésiastique, elles seulement et non leur suite (1).

Afin de poursuivre, sans interruption et sur tous les points, cette tâche multiple de la réorganisation du diocèse, Roquette s'était donné, dès le commencement, d'habiles collaborateurs. Il voulut qu'ils fussent étrangers au clergé, sur lequel il avait à exercer une autorité obligée parfois à la sévérité, et il les prit parmi des prêtres qui n'appartenaient pas au diocèse. Tous répondirent aux espérances qu'il avait fondées sur eux, et se montrèrent aussi éclairés que dévoués dans les différentes branches d'administration qui leur furent confiées ; tous étaient pourvus du grade de docteur en théologie.

Il en trouva dans sa propre famille. Nous avons parlé de son neveu, Henri-Auguste de Roquette, et de sa fin prématurée; son frère, l'abbé Emmanuel, ne cessa de s'occuper à Autun et à Paris des affaires concernant le diocèse et la province. Leur cousin, Bertrand de Senaux, devenu vicaire général, fut pour l'évêque un intime ami, qui possédait toute

---

(1) Ordonnance touchant les abbesses qui nourrissent leurs parents dans les monastères. (Arch. de l'évêché.) Parmi les nombreux évêques qui introduisirent dans leurs diocèses les mêmes réformes que celui d'Autun, nous nous contenterons de citer Nicolas Colbert, évêque d'Auxerre. La ressemblance entre eux est frappante. Ils étaient convenus ensemble d'entretenir une compagnie de missionnaires, tirés de Lyon, afin d'évangéliser alternativement les deux diocèses, mais Colbert se trouva si bien de leurs prédications, qu'il prit la résolution de ne pas les laisser sortir, et qu'il les retint pour le sien. — Voyez Lebeuf, *Histoire d'Auxerre*, in-4º, t. I, p. 708 à 730.

sa confiance et commandait le respect par sa douceur, sa modestie et ses lumières. Du fond de sa retraite à l'évêché, où il menait la vie austère d'un cénobite, il surveillait, durant les absences de Roquette, tous les détails de l'administration spirituelle. Il donnait l'exemple de la fidélité aux devoirs les plus élevés du sacerdoce. Cet homme évangélique était pour l'évêque un autre lui-même.

Dufeu, originaire du diocèse du Mans, qu'il avait fait venir de Moulins, où il était promoteur de l'officialité de cette ville, se montra par la dignité et la fermeté du caractère, dans les fonctions de supérieur du séminaire, de prévôt de la collégiale, de vicaire général, un défenseur énergique de la discipline et des réglements qui devaient l'assurer. Jean Gévalgé, qui exerça pendant plusieurs années les fonctions de vice-gérant de l'officialité diocésaine, chargé en cette qualité de sévir contre les prêtres irréguliers, et qui, plus tard, devint vicaire général, sortait du diocèse de Carcassonne. Hugues de Sabatier, également vicaire général dès le commencement de l'épiscopat de Roquette, avait été doyen du chapitre de la même ville. Nicolas Morel, promoteur de l'officialité, appartenait au diocèse de Paris (1).

Mais l'homme sur lequel porta la lourde charge de

(1) Lettre de M. Méruyer, prêtre, à Roquette, du 1ᵉʳ décembre 1666, où il le prévient de la vacance de deux canonicats dans la ville de Moulins et des éminentes qualités de M. Dufeu, promoteur de l'officialité de cette ville. — Dufeu mourut en 1724, âgé de quatre-vingt-quinze ans, et fut enterré dans la chapelle de l'hôpital général, qu'il avait fait son héritier. — Binier mourut en 1705, dans un âge très-avancé. (Arch. de l'évêché.) — Hugues de Sabatier était décédé au

l'immense travail du secrétariat de l'évêché, pendant quarante ans, était Pierre Binier, du diocèse de Saint-Flour, protonotaire apostolique. Érudit en théologie et en droit canon, versé dans les affaires du temporel de l'évêché et dans celles de la province, il concentrait entre ses mains les correspondances, rédigeait des mémoires sur une foule de questions, entretenait, avec l'évêque absent, des relations assidues, le tenant au courant des détails économiques de sa maison aussi bien que des intérêts du diocèse. Bœuf à la charrue, il ne quittait son bureau que pour aller le matin dire sa messe, et passait le reste de la journée au travail. Roquette le chargeait de toutes les démarches qui pouvaient soulever des difficultés, amener des conflits, et qu'il n'était pas convenable de confier à ses grands vicaires. Une prébende venait-elle à vaquer dans l'église cathédrale ou collégiale, Binier allait de tous côtés solliciter les suffrages en faveur du candidat de l'évêque. Il s'attira parfois la malveillance de ceux à qui l'autorité toujours croissante du prélat était odieuse ; mais personne ne lui était plus utile par son aptitude, en quelque sorte universelle, et par son dévoûment absolu (1).

On comprend comment cette confiance accordée

---

mois de septembre 1675, après avoir, quatre ans auparavant, résigné son canonicat et sa prébende théologale. Les registres capitulaires lui donnent la qualification d'abbé de Verteuil. (Reg. capit., 13 septembre 1671, 4 avril 1675.)

(1) Lettre de Binier à Roquette, du 10 mars 1670. (Archives de l'évêché.)

à des prêtres étrangers dut déplaire dans le principe au clergé ; mais ils arrivèrent bientôt, par leur zèle et leur intelligence, à se faire accepter comme des hommes d'élite dont on pouvait redouter l'indépendance, mais dont il était impossible de méconnaître les vertus et les mérites.

CHAPITRE V

ÉTABLISSEMENTS CHARITABLES DANS LE DIOCÈSE.
FONDATION DE L'HOPITAL GÉNÉRAL D'AUTUN. — RÉFORME
DE L'HOPITAL SAINTE-REINE (1667-1696)

La mendicité et le vagabondage avaient été, durant le moyen âge, une plaie incurable. Elle était sans cesse ravivée par les guerres, par les discordes qui en étaient la suite, par le servage féodal dans les campagnes, par le manque de prévoyance dans les villes. Les moyens de charité qu'avaient pris les monastères et le clergé séculier, paralysés par ces différentes causes autant que par la grossièreté des mœurs populaires, étaient restés insuffisants et contribuaient à entretenir le mal qu'ils avaient pour but de guérir. Mais, malgré la difficulté d'y porter remède, d'un côté le soin de la sûreté publique, de l'autre le sentiment de la charité chrétienne avaient inspiré diverses mesures tendant à restreindre le nombre des mendiants et des vagabonds qui pullulaient en tous lieux.

Dès le milieu du XIV° siècle, les rois de France rendirent des ordonnances générales afin d'interdire la mendicité aux pauvres valides. Ils les signalèrent à l'animadversion publique, engagèrent les magistrats à les expulser du royaume et renouvelèrent les anciennes prescriptions qui obligeaient chaque communauté d'habitants à nourrir ses pauvres domiciliés. On établit dans ce but des taxes sur les princes, les seigneurs, les ecclésiastiques et les bourgeois. Mais, jusque-là, aucun moyen efficace n'avait été adopté pour mettre fin à l'oisiveté et à la misère des mendiants. Ce fut seulement à partir du milieu du XVIe siècle qu'on pensa à établir, en faveur de ceux qui consentiraient à s'occuper, des ateliers publics où on leur procurait du travail. Les invalides devaient être renfermés, les uns dans les hôpitaux, les autres secourus par les habitants des paroisses. On plaça des troncs dans les églises, afin de recevoir les aumônes des fidèles ; celles que distribuaient les abbayes et les corps religieux furent converties en une obligation pécuniaire, dont la dispensation était confiée aux chapitres, aux prêtres des paroisses, aux magistrats des villes (1).

Des bureaux de charité destinés au soulagement des pauvres, des hôpitaux dans lesquels on recevait les malades et les voyageurs, avaient été fondés, il est vrai, aux XIIIe et XIVe siècles, par le clergé et par l'initiative privée ; mais leur administration, confiée à des recteurs gagés, les avait, presque partout, laissés tomber dans un état de délabrement et

---

(1) Dareste de la Chavanne, *Hist. de l'administration en France*, t. I, p. 235. — Dalloz, *Jurisprudence générale du royaume*, t. XXXIX, p. 755.

de misère auquel les autorités locales s'efforçaient inutilement de porter remède. François Ier et ses successeurs attribuèrent la surveillance des hôpitaux aux baillis et aux juges royaux ; ils leur donnèrent le droit de remplacer les administrateurs qui y laisseraient régner le désordre. Charles IX enleva leur nomination aux fondateurs de ces établissements et la confia aux représentants des villes et des communautés ; mais l'intervention royale n'amena qu'une amélioration presque insensible dans ces maisons, où, selon l'expression d'une ordonnance de 1561, « les pauvres étaient défraudés de leur nourriture due (1). »

A une époque antérieure, on avait fondé dans la ville d'Autun deux hôpitaux. L'un, connu sous le nom d'hôpital du Saint-Esprit ou Maison-Dieu du Châtel-d'Autun, établi par le chapitre cathédral vers 1250, était situé près de la partie haute de la ville qui était, comme nous l'avons vu, l'habitation du clergé cathédral, de l'évêque et des magistrats du bailliage. Un autre, connu sous le nom d'hôpital Saint-Nicolas et Saint-Éloi de Marchaux, et dont l'existence semble remonter, d'après ses plus anciens titres, à la même époque, occupait sa partie inférieure, qui était la demeure presque exclusive des artisans. En 1614, on supprima une autre maison avec une chapelle située à une courte distance de la ville, près des bords de l'Arroux, et destinée, sous le nom de maladrerie de Fleury,

---

(1) Dalloz, *Jurisprudence générale du royaume.*

à séquestrer les gens atteints de l'horrible maladie de la lèpre qui disparaissait peu à peu. Enfin dans la paroisse de Dracy-Saint-Loup, à six kilomètres de là, existait un hospice rural fondé, en 1415, par Jean de La Trémouille, seigneur de cette terre, doté et entretenu par ses descendants. On y recevait les pauvres du lieu, et principalement les voyageurs et les pèlerins, qui devaient n'y séjourner qu'une nuit (1).

Ces hôpitaux étaient administrés par des recteurs dont la nomination appartenait aux descendants des fondateurs. Cette nomination constituait au profit des titulaires une sorte de bénéfice qui causait un préjudice considérable à leur administration. Malgré les mesures prises pour les obliger à rendre un compte exact de leur gestion, ces recteurs laissaient les bâtiments et le mobilier tomber en ruines, faisaient soigner chichement les pauvres et les malades par des servantes gagées, s'appropriaient le reste des revenus, et souvent laissaient perdre les titres de propriétés et de redevances.

La nomination des recteurs de l'hôpital du Saint-Esprit, celui de ces trois établissements qui possédait le plus d'importance, appartenait au chapitre cathédral. On recevait dans ses salles des malades, et on portait en ville des secours aux indigents. Les femmes qui prenaient soin des pauvres, choisies alternativement par le vicaire de la cathédrale et par

(1) Inventaire des titres de la ville, p. 361, 394, etc. — Inventaire des titres de l'hôpital général, p. 809. (Archives de la ville et de l'hôpital.)

le recteur de la maison, furent désignées jusqu'au commencement du XVIIe siècle sous le nom de prébendières de Saint-Léger, en souvenir d'une ancienne aumône fondée au VIIe siècle par un évêque de ce nom. En 1633, le pieux et charitable André Guijon, vicaire général de M. de Ragny, y introduisit un meilleur régime, en décidant neuf dames de la ville à y établir la religion de charité, c'est-à-dire à servir les malades en qualité de religieuses de l'ordre de Saint-Augustin. Cette création de sœurs hospitalières, vivant en communauté, était un acheminement vers l'organisation des hôpitaux telle qu'elle existe aujourd'hui. Elle attira de nouveaux bienfaits sur cette maison, dont les bâtiments furent reconstruits et mieux appropriés au service des malades ; mais elle ne la préserva pas des causes de ruine que nous signalerons tout à l'heure (1).

L'hôpital de Marchaux, dont le recteur était nommé par l'évêque, était très-exigu, situé dans un quartier mal aéré, et ne comptait que treize lits. Sa clientèle se recrutait ordinairement parmi les mendiants de profession, les vagabonds et les voleurs. « A la place de ces sœurs de charité dont le dévoûment est sans bornes et sans rétribution, les malades trouvaient à leur chevet des servantes grossières dont la pitié était aussi étroite que leur salaire était modique. » Le peu de services que rendait cet hôpital le fit suppri-

---

(1) *Inventaire des titres de la ville*, p. 361, 374. — *Inventaire des titres de l'hôpital*, passim. — *Notice sur les anciens hôpitaux d'Autun*, par M. Anat. de Charmasse, dans les *Mémoires de la Société éduenne*, 1860, p. 185 à 264.

mer vers le commencement du siècle, et ses biens furent réunis à l'hôpital général. Celui de Dracy, placé sous l'administration d'un recteur nommé par le seigneur du lieu et agréé par l'évêque d'Autun, pouvant contenir six ou sept lits, fut également uni à ce dernier, vers 1770 (1).

La mauvaise économie de ces établissements était due non seulement à leur organisation intérieure, mais encore à la quantité de vagabonds qui, faisant métier de vie errante, y étaient admis sans contrôle. Dans les temps de disette ou d'épidémie, l'insuffisance de leurs revenus et l'exiguité de leurs salles ne permettaient pas de subvenir aux besoins des pauvres et des malades. Leur rôle se bornait à ensevelir les morts, dont le nombre, d'après les documents contemporains, était considérable. Destinés exclusivement aux malades et aux voyageurs, aucun d'eux ne donnait un asile et du travail aux mendiants qui pullulaient dans la ville et dans les environs.

La charité envers les pauvres avait été primitivement organisée à Autun, comme ailleurs, par le zèle du clergé. L'aumône la plus considérable affectée à leur soulagement, et appelée, du nom de son fondateur, aumône de Saint-Léger, était distribuée par le chapitre de l'église cathédrale. Elle con-

(1) Notice et inventaire des titres de la ville, p. 384. — Inventaire des titres de l'hôpital, *passim*. On voit, dans un compte de 1630, que la servante qui soignait les pauvres à l'hôpital de Marchaux recevait, par an, un salaire de six livres, et trois livres pour son linge et sa chaussure.

sistait en un morceau de pain donné trois fois par semaine, durant le carême, à tout indigent qui se présentait. Dans le cours du XVI⁰ siècle, le chapitre cathédral, celui de la collégiale de Notre-Dame, l'évêque, l'abbé de Saint-Martin, le prieur de Saint-Symphorien, les abbesses de Saint-Jean et de Saint-Andoche, les habitants de la ville, furent condamnés par plusieurs arrêts à payer, les uns les trois quarts, les derniers l'autre quart de la somme à laquelle la ville fut imposée pour la nourriture des pauvres. En 1,567, Robert Hurault, abbé de Saint-Martin, légua les deux tiers de ses biens, estimés à la somme de 5712 livres, dont les intérêts annuels, au denier vingt, devaient être employés à leur subsistance et à leur vêtement. L'administration de ces intérêts fut confiée à l'évêque, aux délégués du chapitre cathédral, aux officiers du bailliage et de la ville, dont la réunion devait avoir lieu au palais épiscopal quand l'évêque était présent, et dans l'auditoire du bailliage quand il était absent. Telle fut l'origine du bureau des pauvres, qui marqua dans l'histoire du paupérisme autunois le commencement d'une ère nouvelle (1).

Mais ces aumônes, dont la répartition donnait lieu à de fréquentes difficultés entre le clergé et les magistrats, étaient insuffisantes, surtout dans les temps de calamités publiques. Attirés par elles, une foule de mendiants se jetaient dans la ville, et quelquefois

---

(1) Inventaire des titres de la ville, p. 374 et suiv. — Gagnare, p. 450.

même des habitants aisés ne craignaient pas de tendre la main. La plupart des villes ne pouvant alors se procurer des blés au loin, faute de communications et de moyens de transport, s'opposaient à la sortie de ceux qu'elles avaient approvisionnés et prenaient des mesures de police afin d'interdire l'entrée de leurs portes aux mendiants étrangers. Le corps de ville d'Autun faisait garder les siennes depuis l'heure de leur ouverture jusqu'à celle de leur fermeture. Il prenait les mêmes précautions durant les fêtes de saint Ladre, afin d'éloigner, dans la crainte de désordres et de maladies contagieuses, les pauvres et les vagabonds forains. Les indigents de la ville, qui ne possédait aucun commerce de quelque importance, étaient eux-mêmes en si grand nombre, qu'ils assiégeaient l'entrée des églises, troublaient par leurs querelles le service divin, et souvent les chanoines furent obligés de placer à celle de la cathédrale un gardien chargé d'expulser ceux qui tentaient de pénétrer dans l'intérieur (1).

Dès les premières années du XVIIe siècle, la grave question du soulagement de la misère préoccupait tous les esprits éclairés. De nombreuses ordonnances furent rendues et des commissions nommées pour la réformation des anciens hôpitaux. On comprenait partout la nécessité d'en établir de nouveaux, afin d'opposer une digue à la mendicité, dont le flot montait toujours avec un cortège de

(1) Inventaire des titres de la ville, p. 547. — Reg. de la chambre de ville, 2 juin 1662; 19 août 1666; 30 août 1667. — Reg. capit. de 1668, etc.

vices et de maladies. En 1612, sous la régence de Marie de Médicis, on essaya, pour la première fois, de renfermer les vagabonds des deux sexes dans trois grandes maisons hospitalières fondées aux faubourgs Saint-Marcel, Saint-Victor et Saint-Germain. Deux ans plus tard, les États-Généraux réclamèrent l'emploi de moyens plus efficaces, afin de contraindre au travail les mendiants valides. Enfin l'assemblée des notables de 1627 décida que, dans le ressort de chaque parlement, une commission serait nommée et s'entendrait à ce sujet avec l'évêque diocésain.

Le clergé et les magistrats des villes s'unissaient dans une pensée commune, les communautés religieuses étaient animées d'une noble émulation pour venir en aide à la misère. Partout on fondait des hôpitaux, afin de délivrer les villes de l'affluence et de l'importunité des mendiants. Sans parler d'un héros de la charité comme saint Vincent de Paul, on vit des hommes vouer leur vie entière à une pareille œuvre et s'y attirer l'admiration des contemporains. Tels furent M. Olier, qui établit, pour le soulagement des pauvres honteux et l'entretien des orphelins, une association charitable dans la paroisse de Saint-Sulpice, devenue, selon une expression du temps, un repaire de misérables; le baron de Renty, qui prodigua avec une charité inépuisable les aumônes aux pauvres familles, envoya de l'argent en Afrique pour le rachat des captifs, soigna de ses mains les malades dans les hôpitaux, et ce père Chaurand, surnommé le saint Vincent de Paul du comtat Venaissin, qui, tout en évangélisant plus de quatre-vingts diocèses, fonda en France et en Italie cent vingt-six hôpitaux, reçut de Louis XIV la difficile mission d'éteindre la mendicité dans les principales villes du royaume, et du pape Innocent XII celle de renfermer les pauvres de Rome dans le palais de Latran.

En 1656 fut établi l'hôpital général de Paris. Il se composait de l'ensemble des maisons hospitalières existant à cette époque dans la capitale. Bien que des considérations de charité fussent énoncées dans le préambule de l'édit qui ordonnait sa création, elle était inspirée au fond par une pensée d'administration et de police. Il n'était pas destiné à recevoir les malades et les infirmes, auxquels étaient affectés une partie des asiles existant déjà, mais à enfermer les vagabonds et les mendiants qui, au nombre de près de quarante mille, infestaient la ville et troublaient la sécurité des habitants. On leur ordonna de se réunir dans la cour de la Pitié, afin d'y être contrôlés et d'être, les uns enfermés dans un des établissements de l'hôpital général, les autres renvoyés au travail, sous peine de punitions sévères contre ceux qui se livreraient à la mendicité. Cinq mille seulement répondirent à cet appel ou furent contraints par les archers; mais, dès le lendemain, la ville avait changé de face. La plus grande partie d'entre eux se retira dans la province; le reste se résigna à gagner sa vie par le travail (1).

(1) Voyez, sur les moyens de contrainte employés à l'égard des mendiants de Paris par les archers, Pierre Clément, *Hist. de la vie et de l'administration de Colbert*, in-8º, 1846, p. 113.

L'hôpital général de Paris, composé des cinq maisons de la Pitié, de la Salpétrière, de Bicêtre, de Scipion et de la Savonnerie, peuplées, en 1666, de cinq mille trois cent vingt-quatre pauvres, avait plutôt le caractère d'une prison que d'un hospice. Les archers y conduisaient tous les gens sans aveu qu'ils rassemblaient dans les rues. On parvint, avec de grands efforts, à faire travailler jusqu'aux vieillards, aux estropiés, aux paralytiques, dans de vastes ateliers où étaient installées des industries de première nécessité, et même de luxe, dont l'énumération est trop longue pour trouver ici sa place. Des aumônes et des libéralités considérables assurèrent de bonne heure le succès de cet établissement (1).

Mais le mal, au lieu d'être guéri, n'avait été qu'interrompu, et la mendicité ne tarda pas de reparaître au grand jour dans des proportions redoutables. Comme les pauvres de la France entière continuaient d'affluer dans la capitale, le roi, par un édit de 1662, décréta la création d'un hôpital général dans toutes les bonnes villes du royaume. On devait y loger et nourrir les mendiants, leur apprendre différents métiers, les instruire dans la religion chrétienne, donner asile aux orphelins et aux enfants pauvres. L'édit ordonnait aux maires, échevins et consuls, de convoquer des assemblées afin d'aviser aux moyens propres à assurer son exécution, et recommandait d'envoyer aux greffes des par-

---

(1) L'hôpital général de Paris, 30 décembre 1668, 14 pages in-f°, de l'imprimerie de Martin Leprest, rue Saint-Jacques, à la Couronne de France.

lements les réglements qui seraient rédigés pour l'administration de ces maisons (1).

Dans le diocèse d'Autun, la ville de Moulins fut la première qui parvint à fonder un hôpital général sur le modèle de l'hôpital de Paris. « Par une police réglée sur les maximes de l'Évangile, disent les lettres-patentes de 1660 autorisant sa création, on peut remédier à la vie scandaleuse et au libertinage de la plupart des pauvres mendiants, les tirer des désordres que leur causent l'oisiveté et la fainéantise, et empêcher que désormais ils ne courent vagabonds par les provinces et dans les rues des villes, et ne rendent l'importunité qu'ils ont accoutumé dans les églises, en les renfermant dans des lieux où ils soient non seulement logés, nourris et entretenus, mais encore instruits dans les mystères de la religion, et y apprennent des métiers pour gagner leur vie ; et comme le renfermement des pauvres a été fait avec grand succès dans notre bonne ville de Paris, etc. » Le roi autorisait les administrateurs du nouvel hôpital à y faire conduire par les archers les vagabonds et les mendiants, à y établir des manufactures. Il édictait des peines sévères contre les personnes qui leur donneraient un asile, et accordait à la maison des exemptions et des priviléges (2).

L'évêque et les magistrats d'Autun avaient com-

---

(1) Isambert, *Recueil général des anciennes lois françaises*, t. XVIII, p. 18; t. XIX, p. 232. — Dalloz, *Jurisprudence générale*, t. XXVII, p. 50; t. XXXIX, p. 756.

(2) Lettres-patentes du mois de février 1660, in-4°. Moulins, chez la veuve Vernoy, imprimeur du roi, 1662.

pris de bonne heure l'utilité d'un pareil établissement. Dès 1645, l'évêque de Ragny et ses grands vicaires, les magistrats du bailliage et les officiers de la ville avaient proclamé, dans une réunion du bureau des pauvres, la nécessité de construire, à l'aide des fonds dont on disposait et des sommes que pourraient donner des personnes charitables, « une maison de charité pour retirer et nourrir les pauvres mendiants dont la ville était accablée, tant aux églises qu'aux portes des maisons, la plupart étrangers et fainéants, les filles que la nécessité oblige à se prostituer et les bâtards qui en proviennent à la charge dudit bureau. » Mais cette délibération, approuvée par un arrêt du conseil de l'année suivante, demeura, faute de ressources, sans exécution sous l'épiscopat de M. de Ragny et sous celui de Doni d'Attichy, dont toute l'activité fut absorbée par ses procès avec le chapitre cathédral (1).

La nomination de Roquette à l'évêché d'Autun fournit l'occasion de reprendre ce projet qui était resté ajourné, mais non abandonné. Le vierg Thiroux, homme zélé pour les intérêts de la ville, adressa à ce sujet, de la part des habitants, une réclamation au nouvel évêque qui l'accueillit avec faveur. Mais, fidèle à ses habitudes de prudence, Roquette engagea le vierg à en conférer auparavant avec Duplessis, seigneur de Montbard, directeur gé-

(1) Délibération du bureau des pauvres, du 4 novembre 1645. (Arch. de l'hôpital.)

néral des hôpitaux de Paris. Ce dernier ayant jugé facile l'exécution d'un pareil établissement dans la ville d'Autun, à raison de la somme de quatre ou cinq mille livres à laquelle s'élevaient les aumônes et les fondations, l'évêque obtint et fit remettre au vierg, par son grand vicaire, Hugues de Sabatier, des lettres dans lesquelles le roi rappelait les prescriptions de l'édit relatif à la création des hôpitaux et l'exemple donné par la ville de Paris. La vacance du siége épiscopal et l'état des choses, qui n'étaient pas encore bien disposées, n'ayant pas permis, disait-il, de faire dans la ville d'Autun, l'une des principales du royaume, aucun établissement de même genre, comme maintenant il était informé du zèle de l'évêque pour promouvoir cette bonne œuvre, il ordonnait au vierg de convoquer, à la diligence du procureur du bailliage et des officiers de police, une assemblée générale des habitants et de lui envoyer son procès-verbal avec l'avis de l'évêque (1).

On voit, dans les registres de la chambre de ville, que cette demande fut accueillie avec faveur, et son exécution réclamée avec instance par des ecclésiastiques et des communautés religieuses dont les églises étaient assiégées par les mendiants, surtout aux messes où l'on faisait la quête en faveur des pauvres. Au mois d'août 1668, Louis XIV donna des lettres-patentes pour la création de l'hôpital géné-

---

(1) Reg. de la chambre de ville, 14 avril, 26, 27 mai 1667. — Inventaire des titres de la ville, p. 378.

ral. Elles portaient qu'on y renfermerait tous les mendiants des deux sexes, afin de les employer aux « manufactures et autres ouvrages. » Le roi prescrivait de placer l'écusson de ses armes sur le portail extérieur de l'édifice. Il s'en déclarait le protecteur immédiat, désignait comme chef et supérieur l'évêque d'Autun, et, en qualité d'administrateurs, les personnes qui dirigeaient l'hôpital du Saint-Esprit et le bureau des pauvres, à savoir : deux membres du chapitre cathédral, deux membres du bailliage et du corps de ville, assistés d'un receveur et d'un greffier. Il faisait défense à tous individus valides ou invalides de mendier dans les rues ou dans les églises, enjoignait aux propriétaires et locataires d'arrêter ceux qui se présenteraient à leurs portes et d'avertir les administrateurs, qui avaient le droit de les enfermer pendant quelque temps dans les prisons de la ville ou de les amener à l'hôpital. Il était interdit de faire, sans la permission des administrateurs, des quêtes pour les pauvres ou pour tout autre motif, à l'exception de celles qui se faisaient d'habitude en faveur des religieux mendiants, de l'hospice des Quinze-Vingts et des prisonniers.

Un pouvoir correctionnel assez étendu était accordé aux administrateurs sur les pauvres internés dans l'hôpital. Il leur était permis d'avoir des poteaux, des carcans, des prisons, d'appliquer aux rebelles la peine du fouet. Défense était faite aux habitants de distribuer aucune aumône dans les rues, les maisons, les églises, à peine de vingt livres d'amende, de donner asile aux pauvres et aux vagabonds. Les administrateurs avaient le droit d'employer à l'arrestation des mendiants un certain nombre d'archers de la viérie, revêtus d'insignes particuliers, et les citoyens étaient tenus, au besoin, de leur prêter main forte. Il était recommandé au maire et aux échevins de visiter tous les trois mois, en compagnie de leurs sergents, les bouges où les mendiants avaient coutume de se retirer, afin de les expulser de la ville, de les emmener à l'hôpital ou de les conduire dans les prisons, et de faire dresser leur procès. Les lits dans lesquels ces malheureux avaient couché devaient être confisqués au profit de l'hôpital, « sans espérance de répétition. »

Une pareille création, exigeant des ressources considérables, les lettres-patentes incorporaient à l'hôpital général les aumônes distribuées chaque année par le chapitre de la cathédrale, les monastères de Saint-Martin et de Saint-Symphorien, les abbayes de Saint-Jean et de Saint-Andoche, les revenus des hôpitaux et léproseries situés dans un rayon de deux lieues autour de la ville, les fonds et droits abandonnés ou usurpés appartenant aux pauvres dans le même rayon, les legs et dons qui leur avaient été faits sans désignation d'emploi particulier: Les communautés religieuses et laïques, les fabriques, les corporations d'arts et métiers devaient contribuer à l'établissement de l'hôpital, dans une proportion que déterminerait l'assemblée générale des habitants d'Autun. Permission était accordée aux administrateurs de placer des troncs dans les églises, les lieux publics, les carrefours, les hôtels, les halles et marchés, les boutiques de marchands, afin de recueillir les aumônes. Le quart des amendes de police prononcées contre certains délits, le quart des marchandises confisquées étaient abandonnés par le roi à l'hôpital. Les officiers de justice devaient, au moment de leur entrée en fonctions, lui faire don d'une somme modique, suivant une taxe établie par les juges ordinaires. Il en était de même pour les apprentis, au moment où leur était délivré leur brevet d'apprentissage, pour les maîtres, lorsqu'ils faisaient recevoir leur chef-d'œuvre ou qu'ils étaient élus membres de la jurande. Il n'était pas permis aux marchands et gens de métier, aux cabaretiers, pâtissiers, serruriers, d'ouvrir boutique et de mettre enseigne avant d'avoir acquitté une taxe arbitrée par les magistrats. Les meubles apportés par les pauvres dans l'hôpital appartenaient de droit à cet établissement après leur décès, à l'exclusion de leurs héritiers collatéraux. Ils ne pouvaient disposer de ces meubles durant leur vie sans le consentement des administrateurs, etc.

Afin de faire concourir l'extinction de la mendicité au développement des métiers que Colbert avait établis à Autun, les administrateurs devaient faire instruire, durant six années, ceux d'entre les pauvres qui montreraient des dispositions particulières, de manière à pouvoir, tous les ans, en admettre un dans les manufactures. S'il y avait surcharge d'enfants à l'hôpital, on devait les placer en ville, comme apprentis, chez des maîtres ouvriers, sans être tenu de payer un droit pour la délivrance de leur brvcet d'apprentissage.

L'établissement était exempté de tous droits d'octroi, de péage, de foire, de gabelle, déjà établis ou qui seraient établis dans la suite, des droits de garde, de fortification, des logements et contributions de guerre, en un mot de tous impôts publics et particuliers. Ces exemptions s'appliquaient également à ses propriétés sur lesquelles devait être placé l'écusson royal. Les curés et notaires appelés pour recevoir un testament étaient engagés à avertir le testateur de laisser quelque legs à l'hôpital, et mention de cet avertissement devait être faite dans l'acte, sous peine d'amende. D'autres mesures fiscales, d'autres priviléges qu'il serait trop long d'énumérer, avaient pour but de faire contribuer à la prospérité de l'établissement la plus grande somme de ressources possible (1).

Roquette voulut attacher son souvenir à cette œuvre, qu'il regardait comme une œuvre capitale. Il plaça la maison sous l'invocation de son patron, saint Gabriel. Il employa activement le crédit dont il jouissait à la cour pour se procurer les fonds nécessaires à la construction des bâtiments, dont la première aile fut commencée en 1668. Le prince de Condé le seconda de toute son influence. Il en fit, selon l'expression de M. de Thésut, conseil-

(1) Lettres-patentes pour l'établissement de l'hôpital général d'Autun, données à Saint-Germain-en-Laye au mois d'août 1668. (Arch. de la ville et de l'hôpital.) — Arrêt d'enregistrement au parlement de Dijon des lettres-patentes, etc., du 22 juin 1671. (Arch. de l'hôpital.)

ler au parlement de Dijon, son affaire propre, et ne porta pas moins d'affection à l'établissement de l'hôpital général que Roquette n'en portait lui-même. En 1673, Louis XIV ayant accordé une somme de mille livres : « Ne vous mettez pas en peine, écrivit Bouchu, intendant de la province, à l'évêque d'Autun, des mille livres que M. Colbert m'a fait l'honneur de m'écrire que le roi vous a accordées pour contribuer à l'exécution de vos desseins pour les pauvres de l'hôpital d'Autun. Vous n'aurez besoin d'obtenir aucun arrêt, et on comprendra cette somme avec toutes les autres, à commencer par le premier état qui sera dressé. Reposez-vous-en sur moi; vous n'aurez d'autre soin que de donner ordre aux directeurs de la recevoir et d'en faire bon usage. » En 1693, le roi fit de nouveau don d'une somme de huit mille livres, afin d'aider à continuer les constructions. Nous n'entrerons pas dans le détail des rentes constituées en sa faveur par les communautés religieuses, les États de la province, la ville et les particuliers (1).

Un des premières ressources indispensables à la nourriture des pauvres enfermés dans la maison étaient les anciennes aumônes distribuées par le chapitre et les monastères, dont Roquette avait obtenu la réunion. Elle fut dès le principe la cause de difficultés entre les administrateurs, les chanoines et les abbayes. Le

---

(1) Lettre de M. de Thésut, du 24 février 1669, annexée à l'original des lettres-patentes. — Lettre de Bouchu à Roquette, du 27 avril 1673. (Arch. de l'évêché.) — Inventaire des titres de la ville, p. 378. — Inventaire des titres de l'hôpital, p. 17, 363, etc.

chapitre, dont l'avis ne semble pas avoir été demandé pour la fondation de l'hôpital, la vit avec une certaine défiance. Sur ce point, comme sur tous les autres, il se montra rebelle aux innovations et jaloux de la conservation de ses priviléges. Son influence sur la population dépendait en partie de ces aumônes, et ses députés occupaient, après l'évêque, la première place au bureau des pauvres. Il les chargea d'examiner « avec soin le mérite de cette entreprise dans son établissement et dans sa suite, » de demander communication des lettres-patentes afin d'y former opposition, s'il y avait lieu. Indépendamment de l'union de son aumône qu'il voyait avec déplaisir, il s'effrayait encore davantage de la permission donnée par le roi d'imposer les ecclésiastiques et les habitants de la ville en général et en particulier, « selon la nécessité des circonstances. » Il décida qu'il s'opposerait à l'enregistrement de ces lettres, si on n'en retranchait cette clause d'imposition, et demeura d'accord de remettre annuellement au bureau des pauvres, pour la nourriture des indigents de la ville et de ceux qui étaient enfermés dans l'hôpital, l'aumône qu'il avait distribuée jusque-là pendant le carême. Après trois ans de contestations, les abbayes furent condamnées, par un arrêt du conseil du 31 juillet 1671, à fournir à l'hôpital leur aumône en grain. Le chapitre convertit celle qu'il distribuait en pain, durant le carême, en une redevance de cinq cents boisseaux de seigle ; les religieux de Saint-Martin consentirent à en livrer autant à Noël et à Pâques, à condition que leur prieur aurait voix délibérative au bureau, et qu'on recevrait à l'hôpital les pauvres de Saint-Martin et ceux de Saint-Pantaléon, paroisse voisine du monastère ; l'abbesse de Saint-Andoche, en promettant soixante mesures de blé et quatre poinçons de vin, se réserva le droit de faire présenter par son bailli des remontrances sur le besoin de ses justiciables. Celle de Saint-Jean consentit à donner cent boisseaux par an (1).

Afin de régler la forme selon laquelle les chanoines devaient livrer leur aumône, intervint en 1677, entre eux et le bureau des pauvres, une transaction empreinte de cet esprit de défiance et de précaution minutieuse qu'ils apportaient dans toutes les circonstances dérogeant à l'ancien état de choses. Ils exigèrent que pour obtenir cette livraison, prise dans leurs greniers et à la mesure du chapitre, les directeurs du bureau leur présenteraient chaque année une requête avant le 1er mars, que les grains seraient moulus dans les moulins de l'église, en payant le droit de mouture ; que si on les faisait moudre ailleurs, il serait retenu une quantité de farine équivalente à ce droit. A ces conditions, les chanoines étaient quittes envers l'hôpital et demeuraient exonérés de l'aumône qu'ils distribuaient autrefois, ainsi que de toutes autres charges, nourriture et entretien des pauvres, aussi longtemps que l'hôpital subsisterait et que les

---

(1) Reg. capit., 21 avril, 2 août 1669 ; 8 mars, 2 mai 1670 ; 15 mai 1671. — Inventaire des titres de l'hôpital, p. 25, 37, 41, 44, etc.

pauvres y resteraient internés. S'il venait à être fermé et les pauvres congédiés, ils devaient reprendre la forme de leur ancienne aumône. Telle fut jusqu'à la Révolution la règle des rapports entre le chapitre et l'hôpital, règle à laquelle les circonstances n'apportèrent que de légères modifications (1).

La création de l'hôpital général permit aux officiers de la ville, sinon de supprimer, du moins d'atténuer le fléau de la mendicité publique que le malheur des temps venait sans cesse raviver. Au mois de novembre 1693, une affreuse disette régnant en Bourgogne, le parlement de Dijon rendit un arrêt afin de mettre un frein aux désordres causés par des mendiants valides et vagabonds qui demandaient l'aumône, par libertinage, au détriment des véritables pauvres. Il leur ordonnait de se retirer dans leurs paroisses natales, sous peine d'emprisonnement, de carcan et de galère. Les estropiés, les incurables devaient, d'après des certificats délivrés par les curés et les juges du lieu, être conduits dans les hôpitaux. Il prescrivait de dresser le rôle de ceux qu'on devait y enfermer, et d'établir des taxes sur les communautés et les particuliers, afin de pourvoir à leur subsistance. Il enjoignait aux pauvres valides de travailler toutes les fois que l'occasion s'en présenterait, et défendait de leur donner l'aumône quand on pouvait leur procurer du travail. Il recommandait d'en fournir surtout aux femmes et aux

---

(1) Reg. capit., 19 février 1677, 17 juin 1678, etc.

enfants, en prélevant sur leur salaire le prix des filasses et des autres matières fournies pour la main d'œuvre (1).

Mais la disette était si grande, que ces moyens restèrent insuffisants. Quoique l'hôpital fût rempli d'indigents, la majeure partie des pauvres d'Autun mourait presque de faim. Afin de ménager les ressources mises à leur disposition par la charité des habitants, les officiers de la ville furent obligés d'établir à ses portes des hommes qui, sous le nom de chasse-coquins, expulsaient les malheureux étrangers attirés par la faim. Un nouvel arrêt du parlement ayant enjoint aux villes et bourgs de son ressort, aux communautés ecclésiastiques et laïques d'aviser aux moyens de faire subsister leurs pauvres pendant six mois, le chapitre, pressé par la nécessité des circonstances, ajouta à son aumône de cinqs cents boisseaux de grains une somme de cinq cents livres qu'il fit distribuer chaque mois aux pauvres de la ville, des faubourgs et de la banlieue. Il fit également des distributions d'argent dans les paroisses voisines et dans celles où il possédait des propriétés (2).

Au mois de juillet 1700, la stérilité et l'épidémie des années précédentes ayant ramené une misère semblable, le roi rendit une ordonnance tendant au même résultat. Elle chargeait les intendants de pro-

(1) Arrêt du parlement de Dijon, du 14 novembre 1693, 2 pages d'impression, in-f°. Autun, François Perdrix, imprimeur juré.
(2) Inventaire des titres de la ville, p. 91. — Reg. capit., 29 janvier, 5, 12 février, 30 mars, 14, 23 avril, 7, 14, 21 mai 1694.

curer aux mendiants des logements, de leur fournir du travail pendant l'hiver et d'ouvrir, dans ce but, des ateliers publics. Ceux que leurs infirmités ou leur âge caduc empêchaient de travailler devaient se retirer dans le lieu de leur naissance, ou se présenter dans les hôpitaux généraux, dont la porte serait ouverte de préférence aux femmes ayant des enfants à la mamelle et aux orphelins.

On comprend de quelle utilité fut, dans ces tristes circonstances, l'établissement de l'hôpital général. A la différence des hôpitaux de nos jours, il n'était point destiné à recevoir les malades. Quand un habitant pauvre était atteint de maladie, on le transportait dans celui du Saint-Esprit qui lui servait d'infirmerie, et dans lequel les administrateurs s'étaient réservé un certain nombre de lits. Comme l'hôpital général de Paris et comme plusieurs autres, il était un atelier de charité. Des années moins malheureuses ayant succédé à celles que nous venons de signaler, on fixa, en 1712, par un réglement, le nombre des pauvres qu'on devait y admettre en temps ordinaire. Il fut limité à cinquante garçons, cinquante filles, et vingt vieillards de l'un et l'autre sexe. Les estropiés, les impotents, les aliénés, les gens de mauvaise conduite ou d'une humeur incommode en étaient exclus. « L'hôpital général, disait ce réglement, étant une maison religieuse pour le bel ordre, un séminaire où les uns entrent, les autres sortent, après avoir appris un métier, et une manufacture publique, tout le monde doit y travailler. » Des maîtres et des maîtresses apprenaient aux pauvres à tisser la toile, à faire des bas, de la bonneterie, de la dentelle, des ouvrages de laine. Les enfants, à leur sortie de la maison, se trouvaient ainsi pourvus d'un état et mis à l'abri de la mendicité et de la misère. Plusieurs legs furent faits à différentes époques avec cette destination spéciale (1).

L'instruction des pauvres de l'hôpital devint, de la part d'un des prêtres les plus charitables de la ville, l'objet d'une pieuse sollicitude. En 1679, Odo-Jacques Brunet passa avec ses administrateurs un traité par lequel il s'engageait à pourvoir à leurs besoins spirituels. Il promettait de leur enseigner chaque dimanche le catéchisme, de les confesser, de leur administrer les sacrements, de faire tous les jours aux garçons une école de lecture et d'écriture, même les lectures du soir et du matin, et celle qui se faisait d'habitude pendant les repas, au réfectoire. Il devait également leur dire tous les jours la sainte messe, sans rien toucher des revenus attachés aux fondations. En échange de ces fonctions d'instituteur et d'aumônier, les admi-

---

(1) Réglements généraux de l'hôpital général de la charité d'Autun, du 3 novembre 1712. — Inventaire des titres de l'hôpital, p. 49 et suiv. — En 1677, Jacques Ferrand, président de la chambre des comptes, donne à l'hôpital trois rentes sur l'Hôtel-de-Ville de Paris, pour faire apprendre un métier à six enfants orphelins, distribuer chaque année deux cents boisseaux de seigle à douze pauvres veuves, non mendiantes. En 1690, le chanoine Humbert Humblot lègue 2,000 livres pour faire apprendre, tous les ans, à perpétuité, un métier à un garçon et à une fille de l'hôpital. (Inventaire des titres de l'hôpital, p. 113, 118, 122.)

nistrateurs s'obligèrent à le loger et à le nourrir, avec le valet qu'il lui plairait d'attacher à son service et à celui des pauvres, à les défrayer tous deux de remèdes, visites de médecins, apothicaires et chirurgiens, quand ils viendraient à tomber malades. Brunet cédait à la maison un contrat de rentes de trois mille livres, en principal, une somme comptant de 1,500 livres. En 1709, il institua les pauvres de l'hôpital ses héritiers universels et voulut être enterré parmi eux (1).

Jusqu'en 1705, c'est-à-dire durant une période de trente-cinq ans, l'hôpital général fut desservi par trois filles qui paraissent n'avoir appartenu à aucune congrégation hospitalière. Les deux évêques, Roquette et Sénaux, ainsi que le bureau des pauvres, craignant de ne pas trouver, après la mort de ces pieuses filles, des personnes capables de continuer leur œuvre avec le même dévoûment, décidèrent de les remplacer par quatre sœurs de la communauté de Saint-Lazare de Paris. Sénaux conclut avec leur supérieur un traité qui leur confiait le soin de la maison, et le bureau procura aux anciennes sœurs une pension et un logement situé dans le voisinage de l'hôpital (2).

(1) Contrat entre Odo-Jacques Brunet et Tribolet Vierg, du 10 mai 1679. — Testament de Brunet, du 19 novembre 1709. (Arch. de l'hôpital.) Le 25 septembre 1693, le chapitre cathédral conféra à cet homme de bien la dignité de chanoine honoraire, et l'évêque le nomma archidiacre de Beaune après la démission de Joseph Brunet, son parent. L'acte de son admission au canonicat s'exprime sur lui dans les termes les plus élogieux.

(2) Traité passé entre Mgr de Sénaux, évêque d'Autun, et le supé-

Ce n'était pas tout de renfermer les mendiants valides et de les occuper au travail ; il fallait encore subvenir aux besoins des indigents que l'on ne pouvait admettre dans cet établissement. Il s'était formé depuis longtemps, sous le nom de confrérie de Notre-Dame, une association de dames charitables qui s'étaient vouées au soulagement des pauvres à domicile. Mais, ne pouvant s'acquitter par elles-mêmes, autant qu'il était nécessaire, des visites et des soins qu'exigeaient leurs maladies, elles appelèrent, en 1673, avec l'approbation de l'évêque et des magistrats, quatre sœurs de la charité appartenant à cette même communauté de Saint-Lazare dont la vocation particulière était de servir les pauvres malades. Ces religieuses, auxquelles le peuple donnait le nom peu révérencieux de *sœurs de la marmite*, les faisaient admettre aux secours, sous le contrôle de la confrérie, leur faisaient cuire des viandes, leur portaient des bouillons, leur préparaient les remèdes et les médicaments prescrits par les médecins, leur procuraient, en un mot, tous les soulagements que permettaient les ressources de la confrérie. Par une délicatesse que commandaient la pureté de leur vie et leur dévoûment, elles étaient dispensées d'assister les filles débauchées, les femmes en couches, de faire des visites de nuit. Il leur était interdit de s'occuper des gens aisés et de leurs domestiques, ainsi que des ecclésias-

---

rieur des filles de la charité de Paris, du 12 mars 1705. — Traité entre l'hôpital et les anciennes sœurs, du 7 septembre 1705. (Arch. de l'hôpital.)

tiques, à moins que ces derniers ne fussent à la fois dans la maladie et dans la pauvreté. Les administrateurs de l'hôpital et du bureau des pauvres leur fournirent une maison où elles observaient la règle de leur communauté ; ils les approvisionnèrent du linge et des ustensiles nécessaires pour leur service et pour celui des indigents ; ils s'engagèrent à les faire soigner dans leurs maladies, à pourvoir à leur nourriture et à leur entretien ; ils leur constituèrent, dans ce but, une rente perpétuelle de quatre cent cinquante livres. En 1677, Roquette, au moyen d'une somme dont la plus grande partie avait été donnée par une dame charitable, acheta pour ces religieuses deux maisons dans lesquelles les sœurs de la charité de Nevers, qui leur ont succédé plus tard, sont encore installées aujourd'hui. En 1701, afin d'exonérer l'hôpital du paiement de cette pension, il leur céda une somme de six mille livres provenant des vingt-cinq mille que la duchesse de Guise lui avait laissée pour l'achèvement du séminaire (1).

Cette œuvre, comme plusieurs de celles qu'il avait entreprises, ne reçut un complet développement qu'après sa mort. Sur la fin de 1712, l'évêque d'Hallencourt de Droménil, afin d'assurer au bureau des

(1) Contrat des dames de la charité d'Autun, du 29 mai 1673. (Arch. de l'évêché.) — Réglement de la confrérie des dames de la charité. — Don de 3,000 livres en principal, fait à l'hôpital général par Mgr l'évêque d'Autun et M. de Sénaux, seigneur de Charlieu, du 22 août 1700. — Remise de la somme de 6,000 livres, faite au profit de l'hôpital par Mgr de Roquette, du 2 mai 1701. — Inventaire des titres de l'hôpital, p. 142, 529 et suiv. (Arch. de l'hôpital.) — Reg. capit., 14 août 1700, etc.

pauvres des ressources plus considérables, établit dans la ville une aumône générale. Un grand nombre d'habitants s'empressa d'y prendre part. Au moyen d'une quête et de libéralités dues à de charitables personnes, on parvint, dans l'espace de quelques mois, à faire à peu près disparaître la plaie honteuse de la mendicité qui reparaissait sans cesse au grand jour. « Les mendiants, les vagabonds, les spectacles d'horreur, couverts de plaies, de gales, d'ulcères rebutantes et contagieuses, en un mot tous les gueux de profession, tant du pays que d'ailleurs, cessèrent de paraître et d'importuner le public, quoique auparavant le nombre en fût peut-être plus considérable dans la ville qu'en aucune autre de la province. » Il devint possible désormais aux fidèles d'entendre la messe et de prier en paix dans les églises. Les pauvres sains ou malades, les veuves, les orphelins, les passants, furent généralement secourus de manière à les empêcher de souffrir et de mendier. Tous les lundis, on distribuait aux mères des enfants encore à la mamelle, dont une partie mourait de faim ou restait dans une faiblesse dont ils se ressentaient le reste de leur vie, une quantité de farine de froment suffisante pour les nourrir pendant la semaine. Ces aumônes étant distribuées avec la prudence qui était nécessaire pour retrancher la fainéantise et l'oisiveté, on obligea les pauvres à travailler selon leurs forces et à ne compter sur des secours qu'en cas de nécessité. La mendicité héréditaire se trouvait atteinte par là dans sa source, car tout en cherchant à inspirer aux pauvres et à leurs enfants des habitudes de travail, on les instruisit dans les devoirs de la religion en leur faisant, chaque jour de dimanche et de fête, des catéchismes et des instructions avant de leur donner le pain. L'aumône charitable, secondée par les libéralités des habitants, parvint à se constituer comme une institution indispensable au soulagement des malheureux ; dès le milieu du dernier siècle, elle leur distribuait chaque semaine quinze cents livres de pain (1).

La fondation de l'hôpital général et l'établissement des sœurs de la charité finirent à la longue par avoir raison du paupérisme autunois. A mesure que l'habitude du travail renaissait dans la population, ces deux institutions prenaient un développement plus considérable. A dater des premières années du XVIIIe siècle, on voit se multiplier les legs, les dons de terres, de maisons, de rentes, de cens, au profit de l'hôpital général et des pauvres de la ville, les fondations de lits dans l'hôpital du Saint-Esprit. Ces dons de plus en plus nombreux ; la situation dé-

---

(1) Avis au public du 20 décembre 1713, 4 pages d'impression. — Par son testament du 20 juillet 1740, Louis Benoît, chanoine de la cathédrale, légua tout ce qui lui appartenait à Santenay, en meubles et immeubles, au chapitre, à la charge par lui de faire livrer, chaque année, aux administrateurs de l'hôpital, cinq cents mesures de seigle pour le pain de l'aumône générale. Le chapitre ayant répudié la succession de Louis Benoît, ses propriétés tombèrent dans le domaine de l'hospice. L'importance de ce legs a fait supposer à Courtépée, éd. in-8°, t. II, p. 524, que Benoît avait été le fondateur de l'aumône générale, dont il fut seulement le principal bienfaiteur. (Arch. de l'hôpital.)

favorable de ce dernier établissement qui était placé dans la partie haute de la ville, avec des dépendances restreintes, tandis que l'hôpital général était au centre et entouré d'immenses jardins; la mauvaise administration des sœurs du Saint-Esprit qui laissaient perdre ses titres et ses revenus et pouvaient à peine suffire à leurs propres dépenses, tandis que les revenus de l'hôpital général augmentaient tous les jours; le développement régulier de ses constructions, la faveur publique qui se portait sur lui, firent comprendre la nécessité de transférer les malades de l'hôpital du Saint-Esprit dans les vastes salles de l'hôpital général. En 1754, une lettre de cachet défendit de recevoir des novices aux religieuses du Saint-Esprit dont le nombre s'élevait jusqu'à vingt, au grand détriment de leurs pensionnaires. En 1758, un avis du conseil privé supprima parmi elles la conventualité, et onze ans plus tard, les malades furent transférés dans l'hôpital général. Enfin le monastère lui-même, se trouvant à bout de ressources, fut supprimé en 1782, et ses biens furent attribués, partie à la paroisse Saint-Pancrace sur laquelle il était situé, partie au petit séminaire que l'on construisit sur son emplacement, partie à l'hôpital général (1).

---

(1) Le principal bienfaiteur de l'hôpital fut Pierre-André de Charency, officier de la maison de la reine, qui, pour fonder douze lits, légua par testament, en 1768, sa terre de Charency, que les administrateurs de cet établissement cédèrent la même année, en vertu de la déclaration du roi du 20 juillet 1762, à son frère et héritier universel, moyennant une somme de 100,000 livres. (Dossier intitulé : « Don de

Tout en recevant les malades de la ville, ce dernier conserva cependant sa destination primitive. Au moment de la Révolution, il possédait trente-six lits, entretenait douze vieillards et douze vieilles destinés à finir leur vie dans la maison; trente-six enfants y étaient occupés aux métiers que nous avons signalés plus haut. Plus de trois cents personnes recevaient, chaque année, les secours que réclamaient leur vieillesse, leurs infirmités ou leur abandon. Grâce aux bienfaits qui, de toutes parts, l'avaient enrichi, il possédait, en terres, maisons et rentes, quatre-vingt mille livres de revenus. Par une touchante pensée d'humilité, quelques-uns de ses bienfaiteurs avaient demandé à être enterrés dans son cimetière, à côté des pauvres. L'œuvre de Roquette, après les difficultés inséparables du début, était devenue à cette époque ce qu'elle est encore aujourd'hui, une œuvre de bénédiction (1).

L'établissement de l'hôpital général d'Autun amena la reconstruction et la réforme de plusieurs anciens hôpitaux du diocèse. Le clergé, les seigneurs, la

la terre de Charency, » aux archives de l'hôpital.) — Inventaire des titres de l'hôpital général, *passim*, et pages 893, 983, 1029. — *Annales de la Société éduenne*, 1860, p. 229, etc. — Le désordre dans l'administration de l'hôpital Saint-Esprit, où les pauvres se trouvaient en grand nombre, était porté au point qu'un arrêt de la chambre des comptes, du 15 avril 1682, condamna lesr eligieuses qui le desservaient à mettre leurs biens « en mains habiles, à peine de confiscation au profit du roi. » En 1720, les recettes excédaient les dépenses de 95 livres seulement, et il y avait dans la maison quarante-cinq personnes à nourrir. (Carton des anciens hôpitaux, aux archives de l'évêché d'Autun.)

(1) Courtépée, in-8°, t. II, p. 524. — Gagnare, p. 611.

bourgeoisie, s'empressèrent de suivre dans les villes de second ordre l'exemple qui leur était donné d'en haut. Partout, ces maisons furent mises en rapport avec les besoins des indigents, et leur avenir assuré. L'hôpital de Nuits, bâti primitivement en vue d'héberger les pèlerins, puis doté, vers le commencement du siècle, de quelques lits pour les malades de la ville, reçut de nouveaux dons qui facilitèrent son agrandissement. Un charitable mépartiste de l'église Saint-Symphorien, nommé Antide Midan, y consacra sa fortune, passa vingt années à soigner les malades et demanda à être enterré au milieu d'eux. Les hôpitaux de Marcigny et de Paray, dépourvus jusque-là de revenus et de direction, furent reconstruits sur un plan plus vaste et dans des conditions plus salubres. Ce dernier, confié à des sœurs de Sainte-Marthe qui étaient astreintes à un réglement pieux et charitable, devint, dans l'espace de quelques années, « d'une maison de scandale et d'abomination une maison toute sainte » (1690). Celui de Charolles, établi par les soins de Claude Saulnier, chanoine de la cathédrale d'Autun, reçut également, en 1680, des sœurs de Sainte-Marthe et un réglement qui en fit un établissement en plein exercice. En 1686, on reconstruisit celui d'Arnay au moyen des dons de plusieurs habitants. Les États de la province imposèrent dans ce but les communautés du bailliage à une somme de quatorze cents livres, à condition qu'on y recevrait les pauvres du ressort dont le soin fut confié à quatre sœurs appartenant au même institut que celles des hôpitaux de Beaune, de Paray et de Charolles, qui, par la régularité de leur service, étaient fréquemment appelées dans les maisons nouvelles. Les États de la province s'associèrent à cette régénération de la charité en accordant du secours à celles qui en avaient besoin. Partout des communautés dévouées remplacèrent ces serviteurs et servantes laïques qui avaient si longtemps abusé, par leur incurie ou leur avidité, des maigres ressources destinées au soulagement des pauvres (1).

En 1697, un conseiller au conseil privé, Pingré de Farinvilliers, qui avait été lié avec Doni d'Attichy, et qui était parent de Mme Legras, fondatrice des sœurs de la charité, tout en s'occupant des maisons religieuses de la ville de Moulins, établit à Bourbon-Lancy un hospice pour héberger les pauvres qui venaient prendre les eaux minérales, réputées comme les plus excellentes du royaume pour la guérison des paralysies. Il fit construire les bâtiments à ses frais, donna à différentes reprises une somme de dix-sept mille livres, et confia le soin des malades à des filles de la Croix venues de Moulins.

(1) État de l'archiprêtré de Charolles, reconnu par l'archidiacre du lieu dans sa visite du mois de mars 1689, etc. (Arch. de l'évêché.) — Vienne, *Essai sur l'histoire de Nuits*, in-8º, p. 166. — Lavirotte, *Annales d'Arnay-le-Duc*, in-8º, p. 260. — Courtépée, in-8º, t. IV, p. 35. — Isambert, *Anciennes lois françaises*, t. XX, p. 309. — Délibération des élus de 1668 à 1695, *passim*. (Arch. de la Côte-d'Or.) — Cartons des anciens hôpitaux et léproseries du diocèse. (Arch. de l'hôpital.)

La déclaration du roi, du mois de mars 1693, qui portait réunion aux hôpitaux des biens des maladreries et léproseries appartenant aux ordres du Mont-Carmel et de Saint-Lazare, réunion que Roquette poursuivit activement sur tous les points de son diocèse, vint en aide à la restauration de ces établissements, où l'hospitalité et le soin des malades étaient tombés en abandon ; tout une révolution salutaire s'était accomplie dans l'exercice de la charité chrétienne (1).

L'hôpital le plus renommé de son diocèse, et qui dut à son active vigilance son organisation définitive, fut l'hôpital d'Alise-Sainte-Reine. Il était bâti sur une terre appartenant au domaine temporel de l'évêché d'Autun, et les évêques, qui en étaient seigneurs, y possédaient une maison. Durant le cours du moyen âge, il s'était établi un nombreux concours de pèlerins dans cette antique *oppidum* du pays éduen, où la tradition racontait qu'une jeune vierge de quinze ans, née de parents païens, mais convertie au christianisme, avait préféré recevoir le martyre sous l'empereur Aurélien, plutôt que d'abjurer sa foi et de livrer sa virginité au proconsul Olybrius. Le nom de la sainte était populaire dans toute la France. Son tombeau était en si grande vénération, qu'on venait s'y purger par serment du crime dont on était accusé, usage qui ne se pratiquait qu'auprès des tombeaux des martyrs signalés par des miracles. La légende de sainte Reine, bien

---

(1) Courtépée, t. III, p. 177.

que reposant sur des actes sans authenticité et que l'on croit avoir été composés au IX° siècle, avait donné lieu à des récits et des complaintes populaires, à des exhibitions de reliques colportées dans les foires, à des représentations imagées dans lesquelles, sous le ridicule des paroles, la grossièreté des figures et la naïveté des croyances, se cachait une pensée touchante (1).

Une chapelle, reconstruite au XV° siècle, augmenta la dévotion des peuples, le nombre des pèlerinages, et il se forma dans le voisinage un groupe d'habitations assez considérable. Sur la fin du siècle suivant, les brigandages et les meurtres commis par des étrangers et par les habitants du lieu diminuèrent notablement ce concours. Mais la réputation des miracles attribués à la sainte, les guérisons produites par les eaux d'une fontaine près de laquelle on lui avait donné la sépulture et qui fut enfermée dans une chapelle bâtie en son honneur, frappaient trop vivement l'esprit des populations pour qu'on ne cherchât pas un remède à ces calamités, dans l'intérêt même du pays. Un curé énergique, nommé Jean-Baptiste Cadiou, desservant la paroisse d'Alise, décida les habitants à poursuivre les brigands qui s'étaient installés dans le voisinage et se mit lui-même à leur tête. Quatorze d'entre eux furent mis à mort,

---

(1) Voyez, sur la légende et la vie de sainte Reine, Ch. Nisard, *Histoire des livres populaires*, in-8°, 1854, t. II, p. 200. — Baillet, *Vies des saints*, in-f°, t. III, p. 62. — Paul Guérin, *Les petits Bollandistes*, in-8°, 1868, t. IX, p. 109. — *Histoire littéraire de la France*, par les Bénédictins, t. X, additions, p. XLVI.

les autres dispersés ou emmenés à la chaîne, et les pèlerinages reprirent avec une nouvelle ferveur. On y venait de toutes les contrées de l'Europe, et le curé ne pouvant plus suffire à sa tâche, il était question d'établir à Sainte-Reine un chapitre de chanoines afin de donner des soins spirituels aux étrangers, lorsque, en 1644, les habitants, qui possédaient des droits sur la chapelle bâtie sur un terrain appartenant à la communauté, proposèrent aux religieux Cordeliers de la province de Bourgogne de la leur céder à condition qu'ils s'établiraient à Sainte-Reine. Ils recommandèrent leur demande à la reine-mère, qui avait pour la vierge martyre une dévotion particulière, aux princes de Condé et d'Enghien, au duc de Longueville, au parlement de Bourgogne, et ces religieux, à l'aide de dons d'argent et de terrains, vinrent s'y installer et commencèrent la construction d'une église dont le premier président du parlement de Paris, Mathieu Molé, posa la première pierre au nom d'Anne d'Autriche (1).

Claude de la Magdeleine de Ragny leur céda la chapelle Sainte-Reine, quoiqu'elle fût une annexe de la cure, malgré la résistance du curé Cadiou qui, ayant fait casser cette cession par un arrêt, souleva contre lui une partie des habitants et faillit périr dans une émeute. Attaqué la nuit dans sa maison par une foule armée qui proférait des menaces de

---

(1) Mémoire en faveur du sieur Cadiou, chanoine de la cathédrale d'Autun, curé de Sainte-Reine. — Titre concernant l'établissement des Cordeliers à Sainte-Reine, etc. (Arch. de l'évêché.) — *Le pèlerin de Sainte-Reine*, par l'abbé Tridon, in-18, p. 86.

mort, il fut obligé de se réfugier au sommet d'une tour élevée et, en sautant par une fenêtre, il tomba tout meurtri dans un jardin, en un endroit qu'on appela depuis le *saut du curé*. Là, on se saisit de lui, on le plaça sur un cheval, et, au milieu des huées, des quolibets, des chansons obscènes, on le conduisit dans les prisons de Dijon. Quelque temps après, il fut élargi ; mais comme il avait la réputation d'être peu exemplaire, les Cordeliers lui firent intenter un procès criminel devant l'officialité diocésaine. Il se laissa juger par défaut, sur le témoignage extorqué, à ce qu'il prétend, à une de ses pénitentes qui confessa avoir commis avec lui dans l'église un inceste spirituel. Il fut condamné à mort, exécuté en effigie, puis il prouva son innocence, et enfin, fatigué de cette lutte sans paix ni trêve, il consentit à résigner son bénéfice et à se reposer de ses tribulations dans un canonicat de l'église cathédrale d'Autun, dont les Cordeliers le pourvurent à leurs frais, en y ajoutant une somme assez considérable. En 1654, Doni d'Attichy passa avec ces religieux un concordat qui unissait la cure et la chapelle Sainte-Reine à leur couvent, à condition qu'ils desserviraient l'une et l'autre, que l'un d'eux résiderait dans la maison curiale, et que si un changement était apporté à cet état de choses, il lui serait payé une indemnité. Cette union, réclamée avec instance par les habitants, appuyée par des hommes puissants à la cour et dans le parlement, fut stipulée moyennant une somme de 4,600 livres dont l'évêque avait besoin pour réparer des dégâts causés à une des terres de son évêché par une inondation (1).

La présence de cette communauté active et populaire imprima un nouvel élan aux pèlerinages. En aucun lieu de la chrétienté n'affluait un nombre aussi considérable de malades, la plupart pauvres et gens de village. C'étaient des hydropiques, des paralytiques, des épileptiques, des phthisiques, des hémorroïdaires, des teigneux, des gens couverts de dartres et d'ulcères, atteints de gravelle et de surdité, attirés par la renommée des guérisons miraculeuses qu'opérait l'intercession de la sainte et par l'usage salutaire des eaux de sa fontaine. Un grand nombre y trouvaient leur guérison ou du soulagement; mais ils étaient laissés dans le dernier abandon et n'avaient d'autre abri qu'une grange dans laquelle ils couchaient pêle-mêle sur la paille. D'autres, ayant épuisé leurs forces à la suite d'un long voyage, mouraient au bord des chemins, sous les buissons, sans que personne vînt en aide à leur détresse et leur administrât les derniers sacrements. Plus de trois cents de ces malheureux succombèrent de fatigue, de faim, de froid et de maladie. Plusieurs furent dévorés vivants par des bandes de loups contre

---

(1) Mémoire en faveur du sieur Cadiou, chanoine de la cathédrale d'Autun, curé de Sainte-Reine. — Titre concernant l'établissement des Cordeliers à Sainte-Reine. — Mémoire concernant la cure d'Alise, et comme les Cordeliers s'en sont emparés, etc. — Mémoire sur l'origine de la chapelle Sainte-Reine, et de tout ce qui s'est fait dans la suite, etc. (Arch. de l'évêché.) — Cadiou avait composé, pour ses paroissiens d'Alise, la *Vie de sainte Reine*, 1648, in-12.

lesquels ils n'avaient pas la force de se défendre (1).

Un de ces héros de la charité, comme le christianisme seul peut en produire, l'admirable baron de Renty, forma le dessein d'apporter un soulagement à tant de misères en fondant à Sainte-Reine un hôpital, et n'en fut empêché que par la mort prématurée à laquelle le conduisirent ses austérités. Mais son projet trouva, quelques années plus tard, des continuateurs. En 1658, un jardinier-fleuriste de l'abbaye de Saint-Victor de Paris, nommé Peluet, dit de la Croix, originaire du comté de Genève, proposa à l'évêque d'Autun de construire à Sainte-Reine un hôpital pour les pèlerins, dans lequel les Savoyards, ses compatriotes, seraient admis de préférence. Il lui soumit un réglement qui embrassait tous les détails de l'administration future de la maison et obtint de faire des quêtes dans le diocèse. Doni d'Attichy demanda aux évêques de France la permission d'en faire également dans leurs provinces. Louis XIV donna des lettres-patentes pour autoriser cette fondation ; mais cet homme de bonne volonté qui était pauvre et chargé d'une nombreuse famille, en même temps que très-attaché à ses idées, n'ayant pu don-

---

(1) Très-humble supplication pour les pauvres pèlerins de Sainte-Reine, feuille imprimée, sans date. — Mandement de Mgr l'évêque d'Autun en faveur de l'hôpital de Sainte-Reine, 25 octobre 1667, etc. « Son intercession passait pour soulager les personnes attaquées de maux déshonnêtes, qui sont le fruit de l'incontinence, pourvu que l'on soit touché d'un véritable repentir de ses fautes passées. » (Paul Guérin, ouvrage cité.)

ner suite à ce projet, fut immédiatement remplacé par d'autres plus riches et plus intelligents (1).

Jean Desnoyers, ancien cuisinier du maréchal de la Meilleraye, et Pierre Blondel, ancien cordonnier, tous deux bourgeois de Paris, s'étant trouvés ensemble à Sainte-Reine et ayant été touchés de la détresse des pèlerins, résolurent de consacrer leur fortune à leur soulagement. Ils allèrent trouver saint Vincent de Paul qui loua leur pieux dessein et voulut contribuer à son exécution en leur procurant des aumônes. Desnoyers obtint pour lui-même les autorisations que le roi et l'évêque avaient accordées à de la Croix, déposa entre les mains d'un docteur de Sorbonne, nommé Porcher, une somme de dix mille livres devant servir à effectuer les premières constructions et acheta, en 1660, au prix de quarante mille, de François de Chaugy, seigneur de Massingy, la terre des Laumes, dont il fit donation à l'hôpital. La première pierre fut posée la même année, malgré l'opposition des habitants, qui, spéculant sur le bénéfice des aumônes faites aux pauvres et aux malades, attaquèrent à coups de pierre les ouvriers, et ne rentrèrent dans le calme que devant l'intervention de la justice (2).

En 1661, les premiers fonds commençant à s'é-

---

(1) Lettres des sieurs de la Croix et Blondel, 1657 à 1667. Permission donnée par Doni d'Attichy à Barthélemy de la Croix, du 1er janvier 1658. — Lettres-patentes du roi au même, décembre 1659.

(2) Lettres de Doni d'Attichy à Desnoyers, révoquant celles qu'il avait accordées à de la Croix, du 24 mars 1659. — Contrat de vente de la terre des Laumes, du 10 octobre 1660, etc. (Arch. de l'évêché.)

puiser, l'évêque d'Autun fit appel à la charité de ses diocésains et de ses collègues par une lettre dans laquelle il les suppliait de donner des aumônes aux fondateurs, à vue des lettres de recommandation qu'il leur avait délivrées. Le pieux Desnoyers n'avait pas tardé en effet de trouver des collaborateurs. Refusant par humilité un titre qui lui appartenait mieux qu'à tout autre, il était entré dans la communauté des missionnaires lazaristes, tandis que sa femme prenait à Sainte-Reine l'habit de sœur hospitalière. Il laissait le soin de continuer son œuvre à Pierre Blondel, à Anne d'Alençon, docteur en Sorbonne; à Élisée de Grignon, écuyer, sieur des Renardières; à Joseph Arnoulet, ancien huissier au parlement de Paris; à Isaac Lemassonnet, conseiller et secrétaire du roi.

En 1665, Louis XIV, afin de favoriser le nouvel établissement, qui prenait des développements rapides, le plaça sous sa protection et décida que tous ses procès ressortiraient au parlement de Dijon. Il lui fit don, avec Anne d'Autriche, de différentes sommes, autorisa ses administrateurs à prendre de gré à gré les terres nécessaires à l'achèvement des constructions, en dédommageant les propriétaires par voie d'acquisition ou par voie d'échange. Il les confirma dans leurs fonctions, et réserva à l'évêque d'Autun le droit de nommer un successeur à celui d'entre eux qui viendrait à décéder, sur une liste de trois candidats présentée par eux (1).

(1) Lettres-patentes du mois de mai 1665. — Lettres d'ampliation, etc., huit pièces produites en l'instance du conseil privé, par les

La reine-mère, atteinte de la maladie dont elle devait mourir, obtint des Bénédictins de Flavigny une portion des reliques de sainte Reine, la fit approuver par l'archevêque de Paris, enfermer dans un riche reliquaire, exposer durant neuf jours à la vénération des fidèles dans l'église de Saint-Germain-l'Auxerrois, afin d'obtenir le recouvrement de sa santé, puis l'envoya à l'hôpital.

En 1666, les deux salles principales de la maison étaient terminées; celle des hommes contenait quatorze lits et celle des femmes huit; les malades qui se trouvaient en plus grand nombre couchaient sur des paillasses déposées sur le plancher. On les recevait sans distinction de pays, de nation, et quelle que fût leur maladie, à l'exception de ceux qui étaient atteints de la peste. Ils étaient logés et nourris dans l'hôpital jusqu'à parfaite guérison. On renvoyait au bout d'un mois ceux qui étaient reconnus incurables. Ceux qui n'étaient que fatigués par le voyage pouvaient y coucher pendant neuf jours, s'il y avait place vacante. A peu de distance de là s'élevait un vaste bâtiment destiné à abriter les pèlerins valides. On leur distribuait tous les soirs, après le catéchisme que leur enseignait un chapelain, « une écuellée de bon potage. » Ceux qui commettaient quelque insolence pouvaient être châtiés ou expulsés. Les cinq administrateurs, le chirurgien, le médecin, étaient logés dans l'hôpital. Afin de ménager les res-

---

administrateurs de l'hospice Sainte-Reine, contre Mgr de Roquette, 22 feuilles d'impression in-fº. Paris, 1760. — Placard imprimé.

sources des pauvres, les administrateurs, au lieu d'être à charge à la maison, payaient une pension de quatre à cinq cents livres par an, acquittaient les dépenses de leur entretien et des voyages qu'ils étaient obligés d'entreprendre pour les affaires communes. La nomination des chapelains, qui donnaient aux malades et aux pèlerins des exercices religieux, appartenait à l'évêque d'Autun, chef et président né de l'établissement (1).

Malgré le zèle des administrateurs et les encouragements qu'ils recevaient de personnes pieuses, afin de les aider à compléter leur œuvre, plusieurs difficultés survenues dans la paroisse et dans l'hôpital causaient un préjudice notable aux besoins spirituels et temporels des pèlerins. Des plaintes avaient été portées à Louis XIV, qui prévint Roquette, aussitôt après sa nomination à l'évêché d'Autun, qu'il était de son devoir de remédier aux désordres amenés dans le pays par le fait des Cordeliers. Au mois d'octobre 1667, il se transporta à Alise, sur la prière des administrateurs. Il trouva l'hôpital en bon état, mais inachevé et dépourvu d'une quantité d'eau suffisante pour les besoins des malades. Il y fit conduire une source et ordonna qu'un tronc serait placé dans la chapelle Sainte-Reine, afin de recueillir des aumônes exclusivement destinées à l'hôpital.

Quant aux Cordeliers, ils s'étaient rendus maîtres du pays. Avec cette activité intéressée qui caracté-

(1) Réglements et statuts faits et arrêtés par les cinq premiers administrateurs et fondateurs de Sainte-Reine, approuvés par Mgr l'évêque d'Autun, le 23 août 1661, 7 pages d'impression in-fº.

risait certains ordres religieux, ils mettaient la main sur toutes choses. Ils s'emparaient non seulement des offrandes déposées dans le tronc de la chapelle, dont une partie avait été réservée pour l'assistance des malades, mais encore de celles que la dévotion des pèlerins déposait, selon un antique usage, aux bords des fontaines, au pied de certains arbres et de certaines statues. Ils se livraient à un trafic considérable des eaux de la fontaine Sainte-Reine, les expédiaient par charretées et la tarissaient toutes les semaines, de sorte que souvent les malades en manquaient. Ils tiraient des fondations établies dans l'église paroissiale une somme de dix mille livres et faisaient des quêtes dans tout le royaume. Ils dirigeaient les consciences des bonnes familles du pays et leur donnaient la sépulture dans leur couvent. Afin d'attirer de nouvelles offrandes, ils avaient exposé, sans la permission de l'évêque, dans la sacristie de leur église, un prétendu bras de sainte Reine que le duc de Longueville, un de leurs protecteurs, ministre plénipotentiaire en Allemagne, avait reçu, disaient-ils, de l'évêque d'Osnabrück, tandis que la tradition établissait d'une manière certaine que les reliques de la sainte étaient toujours restées à Flavigny où ses deux bras étaient encore conservés, et que les reliques d'Osnabrück appartenaient à une sainte du même nom, qui avait été veuve et mère de dix enfants, mais non pas vierge et martyre (1).

(1) Mémoire concernant la cure d'Alise, et comme les Cordeliers s'en sont pourvus. Note de la main de Binier, secrétaire de l'évêché, du 11 décembre 1666. (Arch. de l'évêché.)

Avec ces ressources, ils faisaient construire un beau couvent, menaient grand train de chevaux et de voitures. Au scandale des personnes pieuses, ils laissaient entrer dans leur maison des femmes de toutes sortes, même de celles qui n'avaient pas toujours vécu chrétiennement. Ils n'acquittaient pas les messes dont les fidèles leur remettaient le prix. Indépendants de la juridiction épiscopale, ils faisaient ordonner prêtres, en vertu de dispenses de Rome, et choisissaient pour confesseurs de jeunes religieux dont ils avaient dissimulé l'âge, et qui, exposés à mille tentations au milieu d'un concours de peuple considérable, cajolaient les bourgeoises dans l'église, dans les cours de la maison, et mangeaient avec les étrangers dans les cabarets. Quant à l'église paroissiale, ils n'en avaient pas plus de souci que des pauvres et des malades. Roquette trouva les autels et les linges en mauvais état, le tabernacle rempli de toiles d'araignées, des hosties dans le saint-ciboire, sales et noircies, la malpropreté partout. Le cimetière manquait de clôture; la chapelle Sainte-Reine elle-même offrait l'image de l'abandon. L'évêque se retira très-mécontent, refusa de reconnaître la validité des titres en vertu desquels ils jouissaient de la cure et de la chapelle, leur défendit de vendre à l'avenir les eaux de la fontaine miraculeuse et de toucher au bâtiment de la chapelle, jusqu'à ce qu'il en eût autrement ordonné (1).

Il fut profondément ému à la vue du nombre con-

(1) Voir la *note* de la page précédente.

sidérable de « pauvres accablés de maladies horribles et infectes, de maux étranges qui les rendaient comme des personnes expirantes, des squelettes décharnés, et qui, par suite de l'insuffisance des salles de l'hôpital, étaient exposés à périr, comme par le passé, le long des chemins et des buissons, et à devenir la pâture du temps, des chiens et des bêtes. » Comme non seulement on ne pouvait continuer les constructions afin de loger cette grande quantité d'indigents et de malades, mais encore subvenir à leur nourriture et à leur soulagement, il publia, pendant le temps du jubilé, « pour ces pauvres abandonnés qui, quoique affreux, étaient les membres de Jésus-Christ, » un mandement dans lequel il suppliait les évêques d'en donner eux-mêmes dans leurs diocèses, afin d'obtenir des aumônes en faveur de cette œuvre de Dieu qui était à la veille de sa ruine, si elle n'était soutenue par des ressources extraordinaires (1).

Au mois de septembre de l'année suivante, il commença, ainsi que nous l'avons dit, la visite de son diocèse par Alise. Les religieux vinrent le trouver processionnellement au bas de la montagne où était située l'église paroissiale, et le conduisirent sous un dais dans cette église, en chantant, selon l'usage consacré, l'hymne *Iste confessor*, et l'antienne *Sacerdos et pontifex*. Elle était presque abandonnée. On n'y célébrait d'autre office que la messe du di-

---

(1) Mandement pour faire des quêtes pour l'hôpital d'Alise, du 25 novembre 1667.

manche, les autres services religieux se faisant dans la chapelle Sainte-Reine que les Cordeliers trouvaient plus commode et qui était voisine de leur couvent. Ils avaient laissé tomber en ruines le presbytère, sur l'emplacement duquel il ne restait qu'un petit jardin. L'évêque se rendit ensuite dans cette chapelle et, sans approuver sa donation prétendue et l'union de la cure au couvent, il permit seulement, à raison des nécessités présentes, au frère qui remplissait les fonctions de curé de desservir la paroisse pendant trois mois, en l'invitant à justifier dans ce délai du titre en vertu duquel il prétendait posséder le droit de les exercer. Sur les plaintes adressées au sujet des eaux de la fontaine, que les religieux continuaient de vendre à prix d'argent à qui bon leur semblait, empêchant par là les pauvres de s'en procurer pour leur guérison, il renouvela la défense d'en tirer aucun profit, leur ordonna d'en faire la distribution, sans acception de personnes, aux pauvres comme aux riches, selon leurs besoins et leur nécessité, à peine d'être poursuivis par les voies juridiques (1).

A partir de ce moment, il s'occupa d'expulser ces religieux avides de la cure et de la chapelle. Il attaqua devant le conseil privé l'acte d'annexion consenti par ses prédécesseurs. Cet acte, disait-il, était contraire à la discipline de l'Église. Les conciles et les ordonnances royales défendaient aux ordres

(1) Reg. de la visite pastorale de Roquette, du mois de **septembre** 1668. (Arch. de l'évêché.)

mendiants de rien posséder hors de leur couvent et de leurs jardins. Ils ne pouvaient avoir des maisons, des terres, des rentes, recevoir des fondations perpétuelles, placer des troncs dans leurs églises. La règle de l'étroite observance de Saint-François, à laquelle appartenaient les Cordeliers, ajoutait même ces mots significatifs : « que les frères ne possèdent rien en propre, ni maison, ni lieu *(locum)*, ni aucune chose, mais que, vivant comme des pèlerins et des étrangers dans le monde, servant Dieu dans la pauvreté et l'humilité, ils aillent avec confiance demander l'aumône *(vadant pro eleemosyna confidenter)*. » Cette observance austère était incompatible avec l'activité d'un pasteur qui se doit tout entier à son troupeau. Les cures appartenaient aux prêtres séculiers qui sont soumis à la juridiction de leur évêque, laquelle ne pouvait s'exercer sur un moine qui, par la règle même de son ordre, prétendait ne relever que de son supérieur monastique. L'union de la cure et de la chapelle avait été faite pour l'utilité des pauvres et des pèlerins; mais les religieux ne s'en étaient jamais mis en peine et les avaient laissées périr sans secours. Ces malheureux ne recevaient d'assistance que depuis la fondation de l'hôpital. Cette union était du reste entachée de simonie et avait été consentie dans un intérêt particulier, car l'évêque, son prédécesseur, n'avait fait aucun emploi utile de la somme reçue, en faveur de l'évêché. En s'appuyant sur ces raisons, Roquette obtint un arrêt du conseil qui condamna la possession des Cordeliers, déclara nuls et abusifs les titres par lesquels ils prétendaient la justifier (1).

Mais l'embarras était grand de remplacer par un meilleur état de choses celui que cet arrêt venait de supprimer. La cure de Sainte-Reine présentait plus de difficultés qu'aucune autre. Soixante mille pèlerins s'y rendaient chaque année, la plupart misérables, couverts d'ulcères, affligés de maladies honteuses et repoussantes. La nature se soulevait à l'approche de ces malheureux que le curé et ses vicaires devaient consoler et entendre en confession. Leur âme était souvent dans un état plus pitoyable que leur corps. Un modique revenu de trois cents livres était attaché à ces fonctions qui exigeaient un dévoûment presque surhumain. Pendant quelque temps, Roquette fit desservir la cure par des ecclésiastiques payés de ses deniers. Il finit par trouver dans Charles-Antoine Duperron, seigneur de Courcelles-sous-Grignon, qui dans sa jeunesse avait été page à la cour, un prêtre dont le zèle et l'obéissance consentirent à se laisser imposer un pareil fardeau, avec l'aide de quelques collaborateurs (2).

Des difficultés d'un autre genre attirèrent également son attention durant les premières années de

---

(1) Arrêt de désunion de la chapelle Sainte-Reine, en conseil privé du roi, du 26 avril 1673. — Mémoire sur les affaires de Sainte-Reine. — *Factum* pour Me Jean Gévalgé, promoteur de l'officialité d'Autun, contre les religieux du couvent des Cordeliers d'Alise, 17 pages in-4° d'impression.

(2) Lettres de Duperron à l'évêque d'Autun, *passim*. (Arch. de l'évêché.)

son épiscopat. Il existait dans l'hôpital des divisions et des désordres qui menaçaient de compromettre, dès sa naissance, l'avenir de cet établissement que des hommes pieux regardaient comme l'œuvre de la Providence. L'indiscipline des pauvres obligea les administrateurs à employer des moyens de contrainte. En 1667, ils demandèrent à Roquette la permission de mettre au carcan et en prison ceux qui troubleraient l'ordre d'une manière notable. En leur accordant cette permission, l'évêque les autorisa à établir des domestiques en tel nombre qu'il serait nécessaire, à confier l'acquittement des fondations et le soin des âmes à une aussi grande quantité d'ecclésiastiques que besoin s'en ferait sentir. Ces dispositions bienveillantes, la sollicitude montrée par Roquette pour les intérêts matériels de l'hôpital, notamment pour l'approvisionnement des eaux qu'il y concentra en vertu des lettres-patentes de fondation qui permettaient d'y amener toutes celles dont il aurait besoin, lui attirèrent une reconnaissance dont les lettres des administrateurs et des ecclésiastiques attachés à la maison portent témoignage, en même temps qu'elles attestent les espérances fondées par eux sur le crédit dont il jouissait à la cour. Mais une étroite communauté de vues ne régnait pas entre eux ; ils étaient partagés sur la plupart des questions, et là encore il fut obligé d'intervenir afin d'arrêter le scandale (1).

(1) Requête des administrateurs de Sainte-Reine à l'évêque d'Autun. — Confirmation par Roquette des privilèges de l'hôpital, 1667. — Autre cause de désordres : « J'ai eu avis qu'on n'a point exécuté les ordres que

Il avait compris, dès le principe, la nécessité de posséder dans l'hôpital un prêtre d'une piété exemplaire, d'un caractère sûr, disposé à le tenir au courant de ce qui se passait. Il le trouva dans l'abbé Berthois qui, après avoir été attaché à l'hôpital général de Paris, s'était retiré comme aumônier chez les Ursulines de Melun. Il s'était décidé, sur la demande du père Charles, supérieur de la doctrine chrétienne, et des administrateurs de l'hospice des incurables de Paris, à quitter sa paisible retraite pour s'occuper de la direction spirituelle de l'hôpital Sainte-Reine. Roquette l'investit sur les administrateurs et les chapelains d'une surveillance occulte. Ils vivaient très-mal ensemble, et chacun d'eux se plaignait de ses confrères à l'évêque. Quelques-uns avaient accepté ces fonctions plutôt en vue d'un intérêt temporel que par zèle pour la charité. Berthois, lui seul, sincèrement attaché au service des pauvres, refusa de prendre part à l'administration (1).

Cette nomination inquiéta vivement les deux ecclésiastiques et l'un des deux administrateurs qui logeaient dans l'hôpital. Ils se réunissaient ensemble

je vous avais donnés touchant les filles débauchées qui sont dans le bourg d'Alise. Je vous avais ordonné, par le réquisitoire du procureur d'office, à cause des scandales causés par ces filles, de les faire sortir de la paroisse, et j'apprends qu'elles sont tombées plus que jamais dans le désordre, ce qui m'oblige à vous réitérer l'ordre que je vous en ai donné, et de l'exécuter au plus tôt, ne voulant souffrir ces infamies dans mes terres. » (Copie de lettre de Roquette aux officiers d'Alise, sans date, arch. de l'évêché.)

(1) Lettre de l'abbé Berthois, du 8 avril 1667. (Arch. de l'évêché.)

pour se divertir et tenaient à l'écart le nouveau venu qu'ils regardaient comme un espion. Quant à lui, gémissait de ces cabales et du gaspillage des revenus. « On dirait, écrivait-il à l'évêque, que cette pauvre maison est une retraite de personnes qui, après avoir dissipé leur bien, viennent s'y refaire aux dépens des pauvres. » Le confesseur des religieuses préposées au soin des malades était un abbé du Bac inspirant la pitié par sa difformité, « mais d'un mérite extraordinaire, universel, aussi propre à badiner qu'à faire de beaux sermons. » Il excellait surtout à tourner des sonnets galants et des bouts-rimés. Mis en relation avec Bussy par Mlle Dupré, amie de Mlle de Scudéry, qui se trouvait alors à Sainte-Reine, il sut s'attirer l'amitié du comte qui, malgré les éloges de son admiratrice, préférait à ses ouvrages son bon cœur et sa conversation. Épicurien et faux dévot, tout en composant des vers graveleux contre les faux dévots, il affectait dans l'hôpital le rôle d'un personnage. Il mangeait en son particulier et se traitait comme un prélat, avec force pigeons, bécasses et perdrix qu'il envoyait quérir à Dijon. Ne se souciant pas de dire la messe, il pria Roquette de lui permettre, à raison de ses infirmités toujours croissantes, de le dispenser, en hiver, de l'assistance au grand office. Il le suppliait humblement de lui prescrire, en compensation, quelques prières « qu'il dirait avec consolation, lui étant ordonnées par son prélat. » Il n'avait pas un sou pour payer à la maison une pension de cent écus et mourut, trois ans plus tard, d'un accident gastronomique ou d'un remède mal administré. « Je ne sais, écrivait Bussy à Mlle Dupré, si vous avez su que le pauvre abbé s'est empoisonné sans y penser ; j'y ai perdu un ami qui avait de l'esprit, et je m'accoutumais à le voir, en sorte qu'il ne me faisait plus de peine, pourvu qu'il fût un peu éloigné (1). »

Il avait pour intimes un abbé Sève, jouissant d'une très-mince considération, emporté vis-à-vis des laïques, doucereux et patelin avec son évêque, et un administrateur, nommé des Renardières, gentillâtre sans un sou vaillant, entiché de sa noblesse et très-ignorant, si nous en jugeons par sa correspondance. Tous trois se disputaient les effets mobiliers qu'un de leurs collègues, l'abbé d'Alençon, mort récemment, avait laissés aux pauvres de l'hôpital. Quand il arrivait des aumônes de Paris, c'était à qui des trois en empocherait sa part. Des Renardières avait fait perdre par son incapacité plus de mille écus à la maison. Ils y faisaient la loi et s'étaient rendus antipathiques aux religieuses qui se prétendaient menacées d'une ruine prochaine. L'autre administrateur, Lemassonnet, qui remplissait les fonctions d'économe, voyait le mal, montrait une grande soumission aux ordres de l'évêque, mais, avec d'excellentes intentions, n'avait pas la fermeté néces-

---

(1) *Correspondance de Bussy-Rabutin*, éd. Lalanne, t. I, p. 198, 214, 223, 244, 267, 268. — Lettre de l'abbé Berthois au grand vicaire d'Autun, du 3 décembre 1667. — Lettre de l'abbé du Bac à Roquette, avec un mémoire de lui sur l'état présent de l'hôpital Sainte-Reine, sans date. (Arch. de l'évêché.)

saire pour résister à ce triumvirat. Il laissait faire par faiblesse ce qu'il aurait voulu pouvoir empêcher. Berthois conseillait au grand vicaire de congédier du Bac et ses deux adhérents. Ce sera, disait-il, le plus grand service qu'on puisse rendre à cette pauvre maison (1).

L'envoi d'un nouveau réglement rédigé par l'évêque, avec recommandation à Berthois de veiller à son observation, ne fit qu'envenimer davantage du Bac, Sève et des Renardières. Sève profita d'une absence de Berthois pour décrier auprès de Roquette le personnel de la maison. Il commençait par implorer sa pitié en faveur de du Bac qui redoutait d'être mis à la porte, puis s'apitoyait sur le peu de soin qu'on avait des pauvres à qui on refusait les premières nécessités. Le démon, disait-il, avait toujours contrecarré cette maison. Le bien des pauvres était gouverné par des personnes dont on allait jusqu'à soupçonner la fidélité. Il y régnait une liberté si grande, que les frères attachés au service de la salle des hommes et que les sœurs attachées à celle des femmes vivaient ensemble dans la même familiarité que s'ils eussent été unis par le lien de nature. Lemassonnet voulait gouverner seul, ne tenait qu'à l'argent, faisait payer jusqu'à un fer de cheval. Il fréquentait trop souvent les religieuses, et le mal était porté jusqu'au scandale. Celles-ci étaient tout à fait perdues, et il n'y avait d'autre

---

(1) Lettres de l'abbé Berthois, des 26, 28 novembre, 3, 8, 17 décembre 1667.

parti à prendre que de les renvoyer dans leur communauté se pénétrer de l'esprit de Saint-Lazare qu'elles avaient oublié. Elles ne témoignaient que rudesse et endurcissement envers les malades; les linges et les chemises pourrissaient sur leur dos; les pères Cordeliers étaient obligés de venir les panser; il n'en sortait point de l'hôpital qui ne fussent mécontents; la maison se perdait de bien et de réputation. Quant à lui, il avait été traité avec autant d'ignominie que s'il eût été un fripon. Il accusait Berthois d'avoir soulevé ces tempêtes en révélant ce qui lui avait été dit sous le sceau du secret et suppliait Roquette de nommer un nouvel économe dans l'hôpital (1).

De son côté, Lemassonnet prenait la défense des religieuses et priait l'évêque d'envoyer quelqu'un, afin de les consoler de l'accusation que Sève portait contre elles auprès de différentes personnes. Non content de les inculper dans ses lettres, il avait donné pour pénitence, aux pauvres qui se confessaient à lui, de se plaindre d'elles, et il fallut envoyer dans l'hôpital le supérieur des Bénédictins de Flavigny pour les relever de cette pénitence. Du Bac, après avoir mangé pendant deux années le bien des pauvres et dépensé plus de deux cents francs en médicaments, prit le parti de se retirer, ne laissant pour prix de sa pension qu'une somme de cent livres. Roquette obligea Berthois à se char-

---

(1) Lettres de Berthois. — Lettres de l'abbé Sève, des 11 décembre 1667 et 14 février 1668.

ger du temporel; mais ce changement ne rendait pas plus facile la tâche de cet homme dévoué. On ne voulait lui rien laisser voir et lui rien confier; on prenait des déterminations sans écouter ses avis. Fatigué et réduit à l'impuissance, il réclamait plus instamment que jamais la visite de l'évêque, la nomination d'une personne investie d'une autorité principale, l'envoi de deux ou trois ecclésiastiques unis par le lien de la charité. Enfin il demandait pour lui-même la permission d'aller prendre du repos pendant quelques jours, en faisant une retraite dans une communauté religieuse. Il ne se souciait, disait-il, de remettre les pieds dans l'hôpital qu'après que l'évêque y serait venu, en personne, régler toutes choses (1).

On voit, effectivement, par les lettres de Lemassonnet et par d'autres rapports fournis à Roquette, qu'un désordre complet existait dans l'administration spirituelle et temporelle. Les administrateurs et le chapelain défendaient au curé de la paroisse de venir confesser les sœurs, et refusaient de lui laisser prendre le saint-sacrement pour le donner aux malades en danger de mort qui demeuraient dans le voisinage de l'hôpital. Comme l'église paroissiale était éloignée d'un quart de lieue, plusieurs avaient été exposés à mourir sans viatique. Les domestiques se moquaient du chapelain et ne voulaient pas se confesser à lui. Les comptes étaient mal te-

---

(1) Lettres de Lemassonnet, des 22 et 27 février 1668. — Lettres de Berthois, des 17 avril et 16 septembre 1668.

nus, et personne n'était capable de les tenir. Deux tyrans, l'un mâle et l'autre femelle, dominaient dans les salles des malades. La sœur Marguerite, économe ou dépensière, était sans cesse en querelle avec les domestiques et le chapelain à propos des repas qui avaient lieu d'habitude après l'heure fixée par le réglement. Les serviteurs, afin de prendre patience, allaient au cabaret et y buvaient avec excès. Elle mettait moitié d'eau dans le potage et dans le vin de ceux qui n'obéissaient pas à ses ordres; elle reprochait aux sœurs jusqu'à une goutte de vin demandée pour panser les plaies des malades. Elle gardait dans ses armoires la moitié du linge qu'elles lui donnaient à faire blanchir, répondant avec arrogance qu'elle n'avait pas à leur rendre compte, et il s'en perdait beaucoup par sa négligence. Dix personnes étaient très-mal nourries avec des provisions qui auraient suffi pour quarante. Au bout de cinq années, les administrateurs furent obligés de congédier cette économe revêche et négligente. Un frère Pierre, qui remplissait les mêmes fonctions dans la salle des hommes, se laissait réclamer, durant des semaines, les objets nécessaires à leur nourriture et à leur entretien. Il ne les remettait qu'avec humeur et parcimonie, ne s'agît-il que d'un fruit, d'un brin d'herbe ou de salade, d'une poignée de pois. Il se donnait au dehors des occupations qui lui faisaient oublier les soins intérieurs. De son côté, le chapelain ne manquait aucune occasion de mortifier les sœurs à qui il gardait rancune de n'avoir pas eu assez de caresses pour une dévote qu'on lui avait recommandée, et d'élever des soupçons sur sa conduite avec une autre dévote, sa pénitente (1).

La retraite de Berthois qui, fatigué de ces guerres intestines, ne voulut plus rentrer à l'hôpital, engagea Roquette à renouveler le personnel ecclésiastique. Il congédia l'abbé Sève, le seul qui restât, et envoya trois pères barnabites afin de réformer le régime spirituel, avec ordre aux administrateurs de leur fournir ce qui leur serait nécessaire durant tout le temps de leur mission. Leurs prédications et leur bon exemple « firent merveille. »

A l'assemblée générale du clergé de 1670, il annonça l'intention de faire de cette maison une des principales de son diocèse. Dans un nouveau mandement adressé à tous les fidèles chrétiens, il exposa l'importance du pèlerinage qui attirait à la chapelle de la sainte jusqu'à soixante mille malades par an, les guérisons nombreuses obtenues par son intercession; et, rappelant leurs besoins spirituels et temporels auxquels l'état de l'hôpital ne pouvait suffire, il implora pour cette maison chancelante les œuvres de miséricorde. Il suppliait les archevêques et les évêques de France d'accorder des mandements

---

(1) Lettre de Lemassonnet aux administrateurs de Sainte-Reine, du 22 décembre 1668. — Mémoire de plusieurs différends qui sont dans l'hôpital Sainte-Reine entre le curé, le chapelain, les directeurs et les domestiques de l'hôpital, les filles de la charité, etc. — Requête de la sœur Marguerite à l'évêque, du 18 septembre 1668. — Ce frère Pierre, nommé Pierre Delaunay, l'aîné, avec son frère Pierre Delaunay, puîné, tous deux natifs de Vincennes, et Jean Beugnot, de Gissey, près Flavigny, avaient été admis dans l'hôpital comme frères servants.

et la permission de faire des quêtes dans leurs diocèses. L'archevêque de Paris répondit à son appel ; des dames charitables, s'occupant de toutes les bonnes œuvres, consentirent à recevoir des aumônes en faveur de l'œuvre de Sainte-Reine qui devint bientôt à la mode parmi les gens de cour et dans la haute bourgeoisie. La nomination de Charles Guilloire, docteur de Sorbonne, chanoine de Notre-Dame de Paris, en qualité de directeur spirituel et temporel de l'hôpital, et celle de nouveaux administrateurs y amenèrent une amélioration notable. « Après avoir procuré la paix à votre église et à Sainte-Reine, lui écrivait de Dijon M. Cœurderoy, président aux requêtes du parlement de Bourgogne, qu'il venait de nommer administrateur, j'apprends que vous m'avez fait l'honneur de me mettre de ce nombre, dont je suis fort indigne. » Il trouva dans cet homme actif et charitable, qui avait fait don à la maison d'une métairie à Viserny, un collaborateur qui, pendant plus de trente années, fut l'âme et le bras du conseil (1).

(1) Mandement de Mgr l'évêque d'Autun en faveur de l'hôpital Sainte-Reine, donné à Pontoise pendant l'assemblée générale du clergé, 17 octobre 1670, 3 pages d'impression. — Mandement de l'archevêque de Paris, du 10 mars 1672, placard imprimé. — Lettre de Cœurderoy, du 4 juillet 1672. — Avis aux notaires de Paris, Avis aux médecins, Avis aux personnes de piété, petites feuilles imprimées. — Très-humble supplication pour les pauvres de Sainte-Reine, etc. — On priait de déposer les aumônes chez les curés des paroisses, chez Mlle de Lamoignon, sœur du premier président, chez la présidente Viole et la présidente de Nicolaï. (Arch. de l'évêché.) — En 1668, les élus de Bourgogne accordent 1,000 livres à l'hôpital, pour aider à la construction des bâtiments commencés. En 1670, l'assemblée générale

Après avoir ainsi renouvelé le personnel ecclésiastique et administratif de Sainte-Reine, Roquette se détermina à y faire la visite que l'on sollicitait de lui depuis longtemps. Il s'y rendit au mois d'octobre 1673, accompagné de Dufeu, supérieur de son séminaire, de plusieurs ecclésiastiques de sa maison, de quelques prêtres des paroisses qui se trouvaient sur son chemin. Il sévit, en passant, contre des curés qui lui étaient signalés comme scandaleux, et arriva dans le logement qu'on lui avait préparé à l'hôpital. Il trouva le curé Duperron en grande contestation avec les Cordeliers qui refusaient de lui remettre les reliquaires, les vases sacrés, les ornements enfermés dans la sacristie de la chapelle Sainte-Reine, sous prétexte qu'ils les avaient achetés ou qu'ils leur avaient été donnés à l'époque où elle avait été unie au couvent. Sur la réplique du curé qu'ils avaient été donnés, au contraire, à cette chapelle, par dévotion pour la sainte et en reconnaissance des guérisons opérées par elle, Roquette ordonna provisoirement aux religieux de lui en faire la remise (1).

Décidé à arrêter leurs empiètements, il alla visiter la chapelle Sainte-Reine et le couvent qu'ils faisaient construire tout auprès. Ils la couvaient comme

du clergé donne la même somme. — Registre des délibérations des élus de 1668, p. 37. (Arch. de la Côte-d'Or.) — Procès-verbal de l'assemblée du clergé de France, tenue à Pontoise en 1670. Paris, Ant. Vitré, 1671, in-f°, p. 569.

(1) Procès-verbal de la visite de Mgr de Roquette à Sainte-Reine, du 14 octobre 1673. (Arch. de l'évêché.)

une proie sur laquelle ils étendaient chaque jour plus avant la main. Malgré les défenses portées par des arrêts du conseil, ils en avaient approché leurs bâtiments au point qu'ils n'en étaient distants que de deux pieds. Ils continuaient d'y dire la messe, bien qu'on leur eût ordonné d'en établir une autre dans l'intérieur de leur couvent. Ils en construisaient une effectivement, mais à l'extérieur, derrière le chœur de celle de Sainte-Reine, de manière à empêcher la réédification de cette dernière qui tombait de vétusté et n'était plus assez vaste pour contenir les pèlerins qui se présentaient souvent par milliers. Ces constructions empiétant sur des terrains appartenant à cette chapelle, il leur intima l'ordre de désigner immédiatement un autre endroit de leur couvent où ils devaient, en conformité des arrêts, établir leur propre chapelle, sans nuire à celle de la sainte. Ils s'y refusèrent et reçurent défense de dire la messe dans l'église paroissiale, dans la chapelle Sainte-Reine ; il leur permit de la dire seulement dans celle de l'hôpital et pour le temps qu'il lui plairait (1).

Quelques jours après, il rendit un réglement afin d'assurer une meilleure administration des eaux de la fontaine miraculeuse. Les Cordeliers en avaient étrangement abusé. Ils les vendaient à un prix excessif par bouteille ; ils en remettaient de préférence aux gens qui payaient et en refusaient aux pauvres malades. Des habitants d'Alise en avaient fait des provi-

(1) Voir la *note* 1 de la page précédente.

sions considérables dans un but de spéculation. On avait même vendu, sous le nom de Sainte-Reine, des eaux qui ne provenaient pas de sa fontaine. Des désordres de toutes sortes se commettaient auprès des bains par des personnes de l'un et l'autre sexe. Afin de supprimer de pareils abus, Roquette recommanda au curé de préposer, à la distribution des eaux, des ecclésiastiques ou des laïques de probité, depuis le point du jour jusqu'au soleil couché. Ils devaient en donner gratuitement aux pauvres de l'hôpital, aux pèlerins, à tous les malades qui venaient chercher leur guérison. Ce qui était remis bénévolement au distributeur appartenait au curé ; le surplus de son traitement et de celui de ses vicaires était prélevé sur le produit de la vente des eaux, en bouteilles cachetées, dont le prix sur place fut fixé à dix-huit deniers. Ce prix modique permettait de les débiter à Paris pour quatre sous, tandis que, précédemment, on les avait vendues jusqu'à vingt, à raison du prix plus élevé qu'on exigeait sur les lieux. L'évêque consentait, du reste, qu'on établît un contrôle supérieur afin de vérifier si ce réglement était, comme il le croyait, à l'avantage du public. Il le fit approuver deux mois plus tard par un arrêt du conseil (1).

L'année suivante, il se concerta avec d'Aquin, premier médecin du roi, inspecteur général des eaux minérales de France, afin de ne laisser vendre à

---

(1) Réglement fait durant le cours de cette visite, donné le 20 octobre 1673. — Arrêt approbatif du conseil du roi, du 16 décembre 1673. — Lettre de Duperron, etc.

Paris celles de Sainte-Reine que par un agent spécial, dans des bouteilles portant son cachet et celui de ce célèbre docteur; il fit confirmer cette mesure par un nouvel arrêt (1).

Il ne fut pas en son pouvoir de maintenir le changement qu'il avait introduit dans la desserte de la chapelle. Au bout de deux ans, le curé Duperron et les ecclésiastiques qui l'assistaient, aidés souvent par des prêtres du voisinage, se trouvèrent dans l'impossibilité de suffire aux besoins spirituels des nombreux étrangers, de vivre des produits de l'église paroissiale, de ceux de la chapelle, et de les desservir toutes deux. Cette église était située à une assez grande distance, au bas de la montagne, sur des terrains dépendant de cette chapelle, et qui n'offraient pas assez d'espace pour bâtir un presbytère. Duperron supplia donc l'évêque, dans l'intérêt de la gloire de Dieu et pour la consolation des peuples, de désunir la chapelle d'avec la cure et de l'annexer, comme par le passé, au couvent des Cordeliers qui était contigu et qui possédait un nombre de religieux suffisant pour donner aux étrangers les soins nécessaires. L'évêque prescrivit une enquête dans laquelle les habitants d'Alise exprimèrent un avis favorable à cette union. Regrettant le trafic qu'ils avaient fait autrefois des eaux, ils s'étaient ligués avec les religieux dans une opposition commune, et désiraient voir le curé et ses prêtres réduits à l'im-

---

(1) Lettre de d'Aquin à Roquette, du 2 septembre 1674. (Arch. de l'évêché.) Voyez cette lettre aux pièces justificatives.

possibilité de vivre des produits de la fontaine miraculeuse. La présence d'une communauté nombreuse était, disaient-ils, indispensable pour donner satisfaction aux besoins des pèlerins. L'établissement des Cordeliers avait dans le principe augmenté notablement leur concours ; il avait au contraire diminué depuis qu'on leur avait enlevé la desserte de la chapelle. Cette dernière étant en ruines, très-étroite, et devant être remplacée par une autre plus spacieuse, personne n'était mieux en état de la construire que ces religieux qui, à l'aide de leurs quêtes et des charités qu'ils recevaient, avaient déjà construit pour leur communauté un vaste édifice, et donné par là aux habitants l'occasion de bâtir eux-mêmes des maisons nouvelles. L'évêque fut donc obligé de consentir à une transaction qui unissait de nouveau, à perpétuité, la chapelle Sainte-Reine au couvent des Cordeliers. Ceux-ci s'engagèrent à desservir au curé une rente de neuf cents livres qui plus tard fut réduite à cinq cents, et à lui laisser prendre cent cinquante bouteilles d'eau par an. L'évêque, en qualité de seigneur spirituel et temporel d'Alise, stipula en faveur de son évêché une rente de cent livres, mille bouteilles par année, un service annuel pour ses prédécesseurs et pour lui-même. Cet acte renfermait d'autres clauses dont l'exécution ne manqua pas de soulever plus tard des difficultés, sans parler du fond lui-même, que des docteurs en Sorbonne déclarèrent tout aussi entaché de simonie que l'avait été l'acte consenti par Doni d'Attichy. Néanmoins, cette union, nécessitée par les circonstances, consti-

lègues contre l'abbé, son subordonné et son inférieur (1).

L'enquête se préparait, mais non sans amener quelque déconvenue pour celui qui l'avait demandée. L'abbé avait fait assigner un vieux seigneur, M. de Clugny-Colombier, comme étant un des mieux informés du rang qu'avaient occupé les abbés de Cîteaux aux États de Bourgogne. M. de Clugny se hâta de décliner cet honneur, en s'excusant sur les relations qu'il entretenait depuis de longues années avec l'évêque d'Autun. Aucun gentilhomme de la province, disait-il, n'était plus connu que lui, depuis quarante ans, de cet évêque. Attaché autrefois à la maison du prince de Conti, il avait demeuré avec lui pendant huit ans et mangé le même pain à l'hôtel de Condé. Depuis cette époque il en avait reçu des marques continuelles de bienveillance. En faisant part de cette réponse à Roquette, M. de Clugny ajoutait que lorsqu'il avait été député aux États, il n'avait vu aucun abbé de Cîteaux siéger dans la chambre du clergé, et qu'en conséquence son témoignage ne pouvait être utile à l'abbé.

De son côté, l'évêque d'Autun avait envoyé par son neveu, Emmanuel de Roquette, les propositions de Nicolas Larcher à l'examen d'un des docteurs les plus célèbres de ce temps, Edme Pirot, professeur en Sorbonne, chancelier de l'église de Paris, examinateur des thèses de théologie. « Vous avez pu apprendre, répondit-il à Roquette, quel respect je

(1) Lettres des 2 décembre 1695, 10, 14 mars 1696. (Arch. de l'évêché.)

marque pour tout ce qui peut venir de vous. Mon parti pour la réponse décisive fut bientôt pris en ces matières battues que tout le monde connaît. » Il s'indignait de la comparaison établie par l'abbé de Cîteaux entre les évêques et les prêtres, du rang où il plaçait la dignité d'abbé. Sa prétention, ajoutait-il, était déraisonnable, injurieuse à l'épiscopat, inconvenante pour un disciple de saint Bernard; ses propositions étaient fausses, téméraires, hérétiques, scandaleuses, n'allant à rien moins qu'à détruire la hiérarchie ecclésiastique (1).

Les mémoires, les répliques, les correspondances se succédaient sans interruption. L'évêque de Châlon conjurait Roquette d'intéresser à cette discussion les évêques de France. Il malmenait grandement le pauvre abbé, « qui se vantait de quantité de choses sottes et impertinentes à son ordinaire. Voilà, ajoutait-il, ce moine, le plus moine de tous les moines, qui, sans autre chose que par une fonction de moine, est égal à tous les évêques ! Il prétendra, à la première thèse en Sorbonne, un fauteuil comme les évêques, en même ligne, en même rang et de même forme et étoffe ! Il est sans difficulté que si le roi voyait les évêques bien animés sur ce sujet, il ferait plus d'attention sur les pièces de cette affaire, et les protecteurs seraient plus réservés (2). »

---

(1) Lettre du 20 mai 1696. — Observations de M. Pirot, in-4º de 106 pages. (Arch. de l'évêché.)

(2) Réplique de M. de Cîteaux, in-fº, 152 pages, du 14 décembre 1696. — Réponse à cette réplique. — Lettre de l'évêque de Châlon, du 8 février 1697. (Arch. de l'évêché.)

De tous ces protecteurs, selon l'évêque de Châlon, le plus à craindre était Châteauneuf, secrétaire d'État qui avait été chargé de faire un rapport au conseil. Il s'était déclaré, contre toute justice et équité, l'avocat de l'abbé. Il convenait de tenir le roi en garde contre ses intentions. Il devrait, au surplus, se récuser lui-même, sans attendre qu'on le récusât, car il avait reçu en présent des vins de Bourgogne de la part de l'abbé qui en avait fait conduire à Paris pour plus de quinze mille livres. En adressant à Roquette une réfutation des propositions de Nicolas Larcher, il ajoutait : « On l'a fait voir tant de fois à M. de Cîteaux et si clairement, qu'à moins d'être stupide comme une souche et aussi obstiné que Lucifer, on n'en peut pas douter (1). »

Ces propositions scandalisèrent les hommes peu nombreux ayant conservé, dans l'ordre monastique, le sentiment de l'humilité. Roquette les communiqua à l'abbé de Rancé qui se trouva assez embarrassé pour exprimer un avis à propos du chef de son ordre. « Elles me paraissent tout à fait extraordinaires, écrivit-il à l'abbé de Roquette; j'en vois les excès, les conséquences et les suites. Je ne sais comment M. de Cîteaux a pu s'y laisser aller et les donner par écrit; je vous confesse que je n'ai pu me résoudre à donner sur cela mes pensées. Outre ce que m'est M. de Cîteaux, il me traite avec une considération particulière qui m'oblige à conserver pour lui beaucoup d'égards, et vous jugez bien quel

---

(1) Lettre du 17 février 1697. (Arch. de l'évêché.)

sujet il aurait de se plaindre de moi si jamais la chose lui était connue. M. l'évêque d'Autun entrera bien, sans doute, dans les raisons qui m'empêchent de m'expliquer sur cet article, n'ayant nulle nécessité qui m'y oblige. La chose pourrait être cachée, comme vous le dites, et n'être point sue; mais il y a le sentiment de la conscience qu'on ne peut vaincre. Si j'ai la consolation de vous voir, comme je l'espère, nous en dirons davantage (1). »

Malgré la modération dont Roquette faisait preuve dans sa conduite et dans son langage, Larcher ne craignit pas d'écrire à Châteauneuf que l'évêque le traitait indignement, qu'il le qualifiait de petit prêtre, de petit abbé et de singe. L'évêque se crut obligé de protester, dans une lettre au père de la Chaise, qu'aucune expression semblable ne lui était échappée et que l'ayant seulement appelé frère Nicolas Larcher, nom qu'il prenait lui-même dans les registres des États, il l'avait fait changer en celui de M. l'abbé de Cîteaux, lorsqu'il s'était aperçu que ce nom de frère lui déplaisait (2).

De leur côté, les évêques, dans une réponse signifiée à l'abbé, disaient que puisqu'il prenait son nom de famille dans les actes de la procédure, il n'y avait pas lieu de le traiter de messire ou de monsieur, comme il le demandait, ces titres séculiers étant employés seulement dans les lettres de compliment et d'honnêteté, mais bien de frère, ainsi qu'il était

---

(1) Lettre à M. de Roquette d'Amade, du 12 mars 1697. (Arch. de l'évêché.)

(2) Lettre du mois d'avril 1697. (Arch. de l'évêché.)

d'usage en justice et que ses prédécesseurs en avaient usé dans une foule d'actes. Leur intention, ajoutaient-ils, n'était pas en cela de lui faire de la peine; mais puisqu'il se montrait plus difficile que les autres généraux d'ordre qui prenaient cette dénomination de frère, ils consentaient à avoir pour lui la condescendance qu'il désirait. L'aversion de l'abbé contre l'évêque d'Autun était portée au point que, se trouvant en procès avec ses religieux, il répandit le bruit que Roquette avait sollicité un conseiller du parlement de Dijon de faire un rapport défavorable à sa cause, calomnie dont l'évêque voulut se justifier auprès du roi (1).

Mais cette aversion n'était rien, comparée à l'aigreur que la discussion avait amenée entre l'abbé et son évêque. Larcher ayant été taxé par la chambre diocésaine à une somme qui lui parut excessive, demanda communication du registre des délibérations chez un notaire. L'évêque répondit que ce déplacement était interdit par les réglements et que le registre devait rester dans la chambre des archives où l'abbé pouvait venir le consulter. Larcher se pourvut auprès de l'archevêque de Lyon qui ordonna la communication demandée et la réduction à moitié de la taxe imposée. L'evêque jeta les hauts cris, laissa échapper les mots de cabale et de mauvaise foi. Au fond, disait-il, il n'y avait pas de surtaxe. Les religieux de Citeaux convenaient que leur abbé pouvait

---

(1) Extrait d'un acte de salvation de MM. les évêques, etc. (Arch. de l'évêché.)

être imposé à une somme supérieure. Il possédait plus d'un tiers du diocèse de Châlon et jouissait de quatre-vingt mille livres de rentes qu'il dépensait en bonne chère, en présents, en voyages. Il n'y avait dans la maison que quarante religieux, parmi lesquels dix à douze novices, payant une pension de cinq cents livres, sans compter un présent de trois ou quatre mille au moment de leur réception, « car il ne faisait grâce à personne. » A propos d'un procès perdu par lui contre l'abbé de Morimond, il disait dans une autre lettre : « Cela achèvera de le faire connaître pour un grand plaideur. Tous les moines de Cîteaux crient et déclament contre lui. Je vais faire la visite autour de chez lui où je prétends acquérir, sous main, la preuve de bien des choses qui feront du bruit (1). »

Les propositions de l'abbé avaient été déférées en Sorbonne, et là il les avait expliquées dans des termes qui donnèrent satisfaction aux docteurs, mais qui ne parurent pas suffisants à l'évêque. Ils n'en corrigeaient pas, selon lui, l'énormité et la malice dans le sens et la fin que son auteur y avait attachés. Elles restaient sujettes à censure tant qu'il n'aurait pas déclaré, en termes formels, qu'il n'était pas l'égal des évêques, qu'il leur était même inférieur en toutes choses ; tant qu'il n'aurait pas reconnu en eux une puissance d'ordre qui les élevait, de droit divin, au-dessus des prêtres ; tant qu'il n'aurait pas

---

(1) Lettres de l'évêque de Châlon à Roquette, des 13 mars 1697 et 20 juillet 1698. (Arch. de l'évêché.)

avoué que le prêtre était au-dessus de l'abbé et que ce dernier ne participait en rien aux fonctions épiscopales, puisqu'il ne possédait pas le droit d'ordonner des diacres et des sous-diacres. Reconnaître à l'abbé de Cîteaux le pouvoir de conférer le diaconat serait renverser un principe admis comme un principe de foi dans l'Église, à savoir que l'évêque seul est ministre de l'ordination ; ce serait exposer l'Église à être accablée d'une quantité de mauvais prêtres, et surtout d'un grand nombre sorti des couvents de cet ordre qui, plus que tout autre, avait besoin de réforme et qui évitait d'envoyer ses sujets à l'ordination de l'évêque diocésain, « qui les connaît peut-être plus qu'ils ne veulent. » L'évêque de Châlon insistait sur la nécessité de présenter requête au roi afin que l'abbé fût obligé de signer les rétractations qu'il indiquait. Les autres évêques de France écriraient aux agents du clergé qu'ils se joignaient à leurs collègues de Bourgogne. Ainsi, la réparation de l'injure faite à l'épiscopat tout entier serait solennelle et complète (1).

Il traçait à l'évêque d'Autun un triste tableau de l'état moral de l'abbaye que confirment d'ailleurs d'autres documents contemporains. « Il y a, disait-il, dans cette abbaye de grands mouvements contre lui, et il y a quelque temps que, dans une sédition, les moines voulurent arracher ses armes qu'il a fait mettre à la rampe du grand escalier. Les religieux qui sont de son parti sont les plus vicieux de la mai-

---

(1) Lettre du 20 juillet 1698.

son, et tous les villages circonvoisins ont des preuves presque parlantes de leurs déréglements et de leurs débauches. Il a eu peur qu'en faisant une visite je n'informasse contre ces déréglements et que les mécontents de chez lui ne me vinssent porter leurs plaintes, et il a eu raison. J'agis sous main pour avoir ces dépositions et ces plaintes. Les pères de l'ordre, qui sont très-mécontents de lui, ne seront pas fâchés de tout ceci. Tous les gens de bien s'en réjouissent, car cette maison vit dans une telle désolation et un si prodigieux déréglement, qu'il n'en faudrait pas beaucoup de mêmes dans un royaume pour attirer la malédiction de Dieu et tous les autres fléaux les plus terribles. Je le dis les larmes aux yeux, et j'ai en main, par écrit, les preuves des avertissements charitables que j'y ai donnés depuis quatre années, mais en vain (1). »

Les évêques avaient demandé que les abbés de la province fussent reçus parties intervenantes au procès; mais Nicolas Larcher, ayant fait décider que cette intervention aurait lieu dans les dix jours, elle devenait illusoire à raison de l'impossibilité de produire dans un délai aussi bref. Fyot de la Marche, abbé de Saint-Étienne de Dijon, l'un des plus consi-

(1) Lettres des 25 juillet, 1, 13 août 1698. — Sur la dépravation des moines de Cîteaux, voyez *Lettres du P. Brulart*, par La Cuisine, t. II, p. 120 à 161, et *Histoire du parlement de Bourgogne*, par le même, t. III, p. 142. « On dit que Santeuil, d'un air goguenard, ayant demandé à Cîteaux où était l'appartement de la Mollesse, si bien décrit par Boileau dans le *Lutrin*, un religieux lui répondit : Oui, la mollesse y logeait autrefois, mais aujourd'hui c'est la folie. » — Courtépée, t. II, p. 382.

dérés d'entre eux et qui avait été chargé de les représenter, s'associait complètement aux actes des évêques et félicitait celui d'Autun de sa conduite. « Il est certain, Monseigneur, qu'on ne peut agir avec plus de zèle, d'habileté, de courage et d'indépendance que vous avez fait. Il est certain aussi qu'il ne se peut rien de plus fort et de plus solide que tous les écrits que vous avez faits ou fait faire (1). »

Mais les prélats se trouvaient en présence d'un puissant adversaire. Malgré la décadence dans laquelle son ordre était tombé, décadence commune d'ailleurs à la plupart des anciens établissements bénédictins, l'abbé de Cîteaux conservait encore le prestige des temps passés. Il était le père de dix-huit cents monastères d'hommes, de quatorze cents monastères de femmes, le chef de plusieurs ordres militaires. Henri IV, en confirmant les priviléges de l'ordre de Cîteaux, avait dit qu'il était l'ornement du royaume de France. Louis XIV l'avait pris sous sa protection particulière, et en 1683 il avait, avec Marie-Thérèse, honoré l'abbaye de sa visite. Aucun abbé du monde chrétien ne jouissait de prérogatives semblables à celles du général de Cîteaux. Il précédait, dans les conciles et les États généraux, les autres abbés bénédictins sans excepter celui de Cluny. Il était conseiller né du parlement de Bourgogne et siégeait avant le doyen ; lui seul possédait l'honneur

(1) Lettres de l'abbé Fyot, des 21 février 1697, 23 août, 12 septembre 1698. — Supplique des abbés de la province, etc. (Arch. de l'évêché.)

d'aller, après son élection, prêter serment entre les mains du roi (1).

Nicolas Larcher tenait du reste un grand train. Il possédait plus de soixante mille livres de rente, deux maisons de campagne dont l'une lui rapportait huit cents queues du meilleur vin de Bourgogne. Sa table surpassait en abondance et en délicatesse celle des plus riches seigneurs. Il se servait d'une splendide vaisselle d'argent, d'un carrosse à six chevaux, avec des valets en livrée. Il jouissait dans Dijon d'une grande influence. Les meilleures familles du parlement comptaient des parents dans son abbaye ; plusieurs gentilshommes relevaient de lui ; il disposait de nombreux bénéfices. Il ne négligea rien pour se faire des partisans, et pressa auprès du gouverneur et de l'intendant l'exécution de l'arrêt obtenu (2).

Sur vingt-deux membres des États appelés à donner leur témoignage dans l'enquête, vingt déposèrent d'une manière conforme à ses prétentions. Le duc d'Enghien fut d'avis de donner le fauteuil, mais non sur la même ligne que les évêques. Malgré les instances de Roquette auprès du roi et de Mme de Maintenon, malgré l'activité sans relâche de l'évêque de Châlon, un arrêt du conseil rendu sur le rapport de Châteauneuf décida que l'abbé de Cîteaux siégerait aux États de la province immédiatement après les évêques, dans le même rang, sans distinction de fau-

(1) Courtépée, t. II, p. 382.
(2) Remarques sur la requête présentée au roi par frère Nicolas Larcher. — Lettres d'H.-J. de Bourbon à Roquette, du 29 octobre 1695, pièces justificatives.

teuil, conformément à la possession qu'il invoquait (1).

Ce procès, qui avait fait grand bruit à Paris et en province, passa pour avoir été gagné par la faveur dont l'abbé jouissait auprès du parlement de Dijon et à la cour. Il appartenait, en effet, à une ancienne famille de robe, et ses prédécesseurs avaient compté plusieurs parents dans cette compagnie. « C'était, dit Saint-Simon, une fort bonne tête et fort apparentée dans la robe. Il n'oublia pas de faire souvenir le chancelier Boucherat qu'il comptait deux grands oncles paternels parmi ses prédécesseurs, chose qui, bien qu'élective, le flattait d'autant plus que toute sa famille nouvelle n'avait rien de mieux à se vanter. Le roi, à la fin, voulut juger l'affaire au conseil des dépêches. M. le Prince, gouverneur de Bourgogne, et Ferrand, intendant de la province, furent consultés. Leur avis fut favorable à M. de Cîteaux qui gagna son procès (2). »

Ce fut un échec dont les évêques eurent grand peine à prendre leur parti. La question de leur prééminence sur les abbés était, à leurs yeux, engagée dans ce débat jugé seulement par le conseil d'après les faits établis à l'enquête, et son arrêt leur semblait une humiliation. « J'eus l'honneur,

---

(1) Avis d'H.-J. de Bourbon au sujet du fauteuil aux États de Bourgogne. (Arch. de la Côte-d'Or.)

(2) *Mémoires de Saint-Simon*, éd. Garnier, in-12, t. IV, p. 83. On lisait dans l'épitaphe de Larcher ces mots qui peuvent s'appliquer à ce procès : *Jurium hujus ecclesiæ et ordinis vindex acerrimus.* — Gall. christ., t. IV, p. 1019.

écrivait Roquette à Mme de Maintenon, de parler hier au roi, à son prie-Dieu. Trois paroles de S. M. calmèrent la vive douleur que m'a fait sentir l'amour-propre sur la perte d'un procès qui est le seul où je n'aie pas réussi. L'honneur de l'épiscopat, blessé par les propositions téméraires de M. de Cîteaux, m'animait à le soutenir, et la religion, qui rend le roi sensible aux intérêts de l'Église, a inspiré à S. M. le dessein de consoler les évêques de l'injure faite à leur caractère. Mais j'ose vous dire, madame, que la manière de la réparer ne peut être bien connue que de ceux qui savent les conciles et la théologie. Personne n'a sur cela des lumières plus pures et plus étendues que M. l'archevêque de Paris, et personne ne serait plus capable de proposer au roi les tempéraments pour la satisfaction que le roi lui-même a jugée être due aux évêques. Ce serait un coup digne de votre piété et de votre amour pour l'Église de faire en sorte que ce sage, ce saint, ce savant archevêque fût écouté sur les termes que le roi veut qui soient insérés dans l'arrêt, et c'est la grâce, madame, que j'ose vous demander avec d'autant plus de confiance que vous obligerez tous les évêques à renouveler leurs vœux pour une protection si nécessaire à l'Église (1). »

Cet arrêt devint une pomme de discorde entre les deux parties. La question n'y était décidée qu'au point de vue de la possession d'un fauteuil par l'abbé

---

(1) Copie d'une lettre à Mme de Maintenon, du 23 avril 1699, et autre lettre de M. de Tassy à la même. (Arch. de l'évêché.)

de Cîteaux. En 1730, Andoche Pernot, qui, pour la première fois, devait siéger en cette qualité aux États, annonça l'intention d'y paraître dorénavant avec les marques de sa dignité, c'est-à-dire en rochet, en camail, avec le bonnet carré et la croix pastorale. On lui fit en vain des observations ; il persista dans cette idée, et la chambre du clergé décida par deux délibérations qu'il ne lui serait permis de prendre séance qu'en habit religieux, en s'abstenant de porter le bonnet et la croix. Pernot protesta contre ces délibérations par une requête au conseil qui en ordonna la communication au clergé de la province. Les parties échangèrent des mémoires dans lesquels le conseil des évêques ne ménagea pas l'abbé. Mais ses prétentions furent admises, et, jusqu'à la Révolution, l'abbé de Cîteaux continua de siéger dans son rang avec le rochet et le camail, costume dans lequel paraissaient également aux États tous les abbés commendataires de la province (1).

La démission de Roquette renouvela, en 1703, une contestation qui s'était présentée déjà plusieurs fois aux États, au sujet du titre de président né et perpétuel pris par les évêques d'Autun. Ce titre, les évêques le justifiaient par une possession immémoriale, par la supériorité attribuée à leur siège sur les autres

---

(1) Mémoires sur la prétention de M. l'abbé de Cîteaux d'assister aux États en camail, etc. — Réflexions sur la requête présentée au roi contre la chambre du clergé, etc., par Dom Andoche Pernot, in-f°. Dijon, 1733. (Arch. de la Côte-d'Or et bibliothèque de la ville de Dijon.) — Courtépée, t. I, p. 328.

siéges de la province lyonnaise. Saint Grégoire-le-Grand avait dit dans une de ses lettres que l'évêque d'Autun était, avec les archevêques de Lyon, de Vienne et d'Arles, un des vicaires du Saint-Siége en France, et le célèbre jurisconsulte Barthélemy de Chasseneuz en tirait cette conséquence que l'on pouvait presque donner à cet évêque le nom d'archevêque. Le même pape décidant dans une autre lettre que les évêques de Bourgogne prendraient rang dans les conciles d'après l'ancienneté de leur sacre, exceptait celui d'Autun qui avait rang immédiat après le métropolitain. En signe de cette prééminence, il lui avait donné le droit de porter le pallium. L'évêque d'Autun administrait l'archevêché de Lyon et avait autrefois confirmé l'élection des évêques du ressort nommés durant la vacance. Enfin, son diocèse était le plus considérable de la Bourgogne, sa ville épiscopale une des plus anciennes (1).

Malgré cette possession et les raisons invoquées à l'appui, l'évêque de Châlon, Jean de Neuchèze, qui occupait aux États la seconde place après celui d'Autun, prétendit, en 1656, que ce titre de président né et perpétuel ne reposait sur aucun acte émané des États, des rois de France et des ducs de Bourgogne. Le don du pallium n'était, disait-il, qu'une marque d'honneur entre évêques, et, pas plus que la régale

(1) Avertissement et inventaire de production pour M. l'évêque d'Autun, etc., du 5 novembre 1657. — *Factum* de l'évêque d'Autun touchant la présidence aux États, fait en 1658 et pièces à l'appui. (Arch. de l'évêché.) — Chasseneuz, *Catalogus gloriæ mundi, quarta pars, vigesima sexta consideratio.*

de Lyon, il ne pouvait conférer de prééminence dans les assemblées religieuses et politiques, car la puissance spirituelle ne s'étendait pas jusqu'à conférer des prérogatives temporelles. Il niait, du reste, que la possession invoquée fût parfaitement établie, et la condition des évêques étant égale, leur rang aux États devait se régler d'après le droit commun, c'est-à-dire d'après l'ancienneté de leur sacre. Plus ancien de deux ou trois années dans l'épiscopat que Doni d'Attichy, il réclamait pour lui et pour ses collègues qui se trouveraient dans le même cas le titre de président né et perpétuel. Dans certaines provinces, comme le Languedoc, la Provence, le Dauphiné, les archevêques de Narbonne, d'Aix, l'évêque de Grenoble possédaient des droits incontestables à ce titre ; mais, dans la plupart des autres, c'était le plus ancien qui présidait (1).

Doni d'Attichy défendit sa prérogative et fut maintenu par un arrêt dans sa possession, à l'exclusion de ses collègues de la province ; mais cette décision n'empêcha pas plus tard de nouvelles réclamations. En 1679, André Colbert, évêque d'Auxerre, objecta que l'arrêt rendu entre Neuchèze et d'Attichy, avant l'union du conseil d'Auxerre à la Bourgogne, n'ayant pas été rendu contradictoirement avec lui-même, ne pouvait l'obliger. Il fit cause commune avec Félix de Tassy, évêque de Châlon, et réclama,

(1) Avertissement de Jacques de Neuchèze, évêque de Châlon, contre Doni d'Attichy, évêque d'Autun. (Arch. de l'évêché.) — Mémoire concernant les États, manuscrit provenant du P. Bouhier. (Bibliothèque de la ville de Dijon.)

comme lui, la présidence en faveur de l'évêque le plus anciennement consacré. Roquette répondit à Tassy en invoquant l'arrêt de 1658, à Colbert en invoquant le traité d'union qui stipulait que le clergé du comté d'Auxerre ne viendrait aux États qu'après celui de l'ancien duché. Il déclara qu'il ne prétendait aucune prééminence sur les chambres de la noblesse et du tiers ; celles-ci, de leur côté, répondirent qu'elles n'avaient aucun intérêt au débat, et les États, s'en tenant à l'ancien usage, menacèrent l'évêque d'Auxerre de l'exclure de l'assemblée s'il ne se conformait au traité d'union qui lui donnait le dernier rang parmi ses collègues.

Après la démission de Roquette, M. de Tassy réclama le titre de président, en qualité de troisième suffragant de la province lyonnaise, et comme ayant séance après l'évêque d'Autun. Il disait que Roquette ayant donné démission, et que M. de Sénaux, son successeur, n'ayant pas encore reçu ses bulles, ni l'un ni l'autre ne pouvaient présider. Il assimilait cette démission à une mort qui laissait l'évêché vacant. Roquette lui répondit que n'étant pas encore acceptée par le pape, elle ne produisait pas une vacance complète. Le roi nommait aux évêchés en vertu du concordat, mais le pape les conférait, et, de même que le concours des deux puissances était nécessaire pour faire un évêque, de même il l'était pour le dépouiller complètement. La

---

(1) *Avertissement et inventaire*, *factum* de l'évêque d'Autun. — Réponse de M. l'évêque d'Autun, mémoire servant de production, etc. (Arch. de l'évêché.)

François Ier, roi de France, furent condamnés et eux maintenus (1). »

Les officiers de la ville, de leur côté, ne restaient pas en arrière. La veille du 1er septembre, les chanoines avaient inauguré l'ouverture de leur juridiction et de la fête religieuse durant laquelle étaient exposées les reliques du patron du diocèse; le lendemain, les officiers inauguraient, par une cérémonie analogue, la fête de la ville et la foire célèbre qui se tenait à cette époque. Cette magistrature municipale se composait du vierg ou maire, de quatre échevins qui se partageaient les soins de l'administration et de la police, de deux procureurs-syndics qui s'occupaient des contrats et des affaires contentieuses. Ils étaient renouvelés tous les ans, le jour de la Saint-Jean-Baptiste, dans une assemblée composée de tous les habitants payant une taxe de louage de quinze sols. Cette assemblée, convoquée au son de la grosse cloche de la cathédrale qui devait retentir depuis cinq jusqu'à six heures du matin, se réunissait dans le cloître du couvent des Cordeliers, situé au centre de la ville. On fermait les portes dont les clés étaient remises entre les mains du lieutenant-général du bailliage qui procédait à la réception des suffrages et installait les nouveaux élus dans leurs fonctions.

Le jour donc du 1er septembre, tous les habi-

---

(1) Reg. capit., 27 août 1666; 30 août 1668; 29, 30 août 1670; août 1671; 26 août 1672; 31 août 1673, etc. — *Factum* pour les chanoines et chapitre de l'église cathédrale d'Autun contre les chanoines de la collégiale, in-4º, 17 pages d'impression, p. 1.

tants en âge de porter les armes, convoqués par le corps de ville afin d'assister à la montre du vierg, sous peine d'amende, et divisés en compagnies de cent hommes, se réunissaient devant le logis de ce magistrat dont la porte était ornée d'un portique de bois peint et de festons de feuillage. Un major, élu par les chefs de centaine et monté sur son cheval, ouvrait la marche ; venaient ensuite les sergents de la viérie, en manteaux rouges, un homme à cheval couvert de pied en cap d'une antique armure et portant l'étendard de la ville, puis le syndic, les échevins, les secrétaires du corps de ville, et, enfin, le vierg, tenant à la main le bâton de commandement, accompagné des magistrats du bailliage en robes longues, sur des chevaux caparaçonnés, et suivi d'un nombreuse fanfare. Il allait, dans cet appareil, passer au-delà du pont d'Arroux la revue de la milice bourgeoise ; il faisait une ronde dans la ville afin de maintenir le bon ordre, puis le cortége revenait sur la place principale où était dressé un fort construit en branchages. Deux compagnies, placées à l'intérieur, étaient chargées de sa défense, tandis que les autres l'attaquaient du dehors avec des décharges de mousqueterie, des grenades et des pétards. L'attaque et la défense se prolongeaient jusqu'à la nuit. Dans la soirée, un dîner de cent couverts était servi à l'Hôtel-de-Ville. La fête se terminait par un bal qui durait jusqu'au jour, avec profusion de pétards, de fusées, de feux d'artifice. Ces fêtes religieuses et civiles attiraient une affluence tellement considérable, qu'on était obligé de placer des gardes aux portes, afin d'éloigner les mendiants, les ivrognes, les gens suspects, et d'empêcher le désordre (1).

Lorsque les chanoines et les officiers de la ville vivaient en bon intelligence, ces cavalcades étaient pour eux l'occasion de se témoigner des égards réciproques. Au moment où celle du chapitre traversait la place principale, les officiers faisaient tirer le canon et offrir des vins d'honneur au terrier qui, de son côté, en envoyait au vierg. Mais quand leurs relations n'étaient pas bienveillantes, chacun d'eux se moquait de la montre de l'autre. Les officiers de la ville représentaient celle du chapitre comme le simulacre d'une juridiction odieuse et en contradiction avec le droit commun ; le chapitre taxait celle des officiers d'imitation et de divertissement donné au peuple. Ceux-ci, afin d'en relever l'importance, prétendaient qu'elle remontait à une antiquité bien plus reculée que celle des chanoines ; qu'elle était la représentation symbolique de ce qui s'était passé du temps des Gaulois, à l'élection de leur premier magistrat, de ce Vergobret dont le vierg tirait son nom. Les historiens laïques cherchaient à mettre cette origine en évidence, et il suffisait à un chanoine de partager leur opinion pour s'attirer l'animadversion de ses confrères (2).

Quoi qu'il en soit, la justice ordinaire et extraordinaire du chapitre avait été souvent attaquée, à

---

(1) Gagnare, p. 487. — Courtépée, t. II, p. 533.
(2) Inventaire des titres de la ville, p. 750.

partir du XVIe siècle, par les magistrats du bailliage qui prétendaient posséder le droit d'exercer sans interruption la justice royale, et par les officiers de la ville qui se croyaient fondés à faire, en tous temps et dans toute la ville, des actes de juridiction et de police. Il en était résulté plusieurs procès qui avaient été terminés par des arrêts conformes aux demandes de l'église. Mais, malgré ces décisions, les officiers municipaux revenaient sans cesse à la charge et multipliaient sous toutes les formes leurs prétentions. Les relations entre les deux corps en étaient fréquemment troublées. Les chanoines, orgueilleux de leur suprématie religieuse, de la stabilité présidant à la constitution de leur chapitre, recruté par le libre choix de ses membres, traitaient avec une sorte de dédain les officiers de la ville dont l'élection dépendait, chaque année, du gré de la multitude. Ceux-ci, se considérant comme les représentants d'une antique cité dont le passé avait été glorieux, ne voyaient dans la justice temporelle du chapitre qu'une institution surannée, ne devant plus désormais mettre obstacle à l'exercice de l'autorité civile. Les vénérables appelaient les représentants de la ville « les officiers populaires; » ceux-ci appelaient les vénérables « les sieurs de Saint-Ladre (1). »

Le vierg prétendait posséder depuis plusieurs siècles le droit de faire porter devant lui par ses sergents, aux assemblées et aux processions, même

---

(1) Reg. capit. et reg. de la chambre de ville, *passim*.

dans le cloître de la cathédrale, les hallebardes élevées, insignes de sa magistrature. Dès la fin du XVe siècle, les chanoines lui avaient contesté ce droit, qui paraît avoir appartenu à d'autres maires de Bourgogne. En 1658, à la procession du vœu de Louis XIII, le vierg Thiroux les fit porter devant lui et devant le corps de ville. Deux ans plus tard, son successeur, Gabriel Pillot, s'étant présenté à la porte de la cathédrale pour assister à la même cérémonie, les chanoines lui déclarèrent qu'elle n'aurait pas lieu si son intention était de faire porter les hallebardes. Après avoir attendu pendant plusieurs heures, avec les magistrats du bailliage, le clergé des paroisses et les communautés religieuses, il fut obligé de battre en retraite, poursuivi par les huées des gens d'église. Le 1er septembre suivant, se trouvant à la porte de l'église où il venait entendre la messe et faire ses dévotions, un chanoine en surplis arracha une hallebarde de la main d'un sergent. Le corps de ville porta ses plaintes à Louis XIV qui, par une lettre adressée à l'évêque, ordonna que la procession du vœu de Louis XIII serait célébrée le jour qu'il plairait à d'Attichy de désigner, sauf aux vénérables à se pourvoir au conseil au sujet du port des hallebardes. Cette cérémonie ayant été fixée au 2 décembre, les vénérables interpellèrent les magistrats de n'y point paraître avec ces insignes; mais Pillot n'ayant pas tenu compte de cette invitation, une rixe s'engagea dès que la procession fut en marche, et les chanoines déchargèrent des coups de poing sur le dos des sergents. Devenu désormais hostile au chapitre, Pillot ne craignit pas de blesser ouvertement sa justice en mandant dans la maison d'un chanoine une femme débauchée, et en lui faisant déclarer qu'elle était enceinte des œuvres de l'habitué Philippe Devironceau. A l'instigation de son prédécesseur Thiroux, il répondit, au sujet du droit des hallebardes, par un mémoire injurieux pour la compagnie. En 1662 et 1663, le vierg André Tixier Damas chercha à calmer ces dissentiments. Il en témoigna son déplaisir au syndic du chapitre et protesta de sa vénération pour le corps de l'église qui, disait-il, faisait l'honneur de la ville. Il l'assura qu'il contribuerait de tout son pouvoir à terminer à l'amiable le procès au sujet des hallebardes qui avait été renvoyé par arrêt du conseil devant le parlement de Dijon; mais, lui aussi, n'en conserva pas moins l'usage en litige (1).

A ces contestations vinrent s'en joindre d'autres relatives aux octrois sur le vin et le sel, aux tailles que les officiers municipaux prétendaient imposer sur les gens d'église afin de concourir au paiement des dettes et aux réparations des murs de la ville, à la place prétendue par eux, dans le chœur de l'église, les jours de *Te Deum* et de cérémonies ordonnées par le roi. Aucun des arrangements proposés ne pouvait aboutir en présence des entreprises renouvelées par les officiers de la ville sur la

---

(1) Inventaire des titres de la ville, p. 473. — Reg. de la chambre de ville, 19 janvier, 5 février, 28 avril, 24 mai 1661. — Reg. capit. 24 août 1658; 15 août, 16 octobre, 2, 12 novembre, 3, 6, 12 décembre 1660; 29 avril 1661; 29 juin, 15 août, 2 septembre 1662.

justice ordinaire et sur la justice des seize jours. En 1664, un des échevins, conduit par un habitué, ayant fait la recherche d'une femme suspecte dans la maison d'un laïque située derrière le cloître, le chapitre ordonna de joindre ce nouveau trouble à ceux sur lesquels il était en instance. Il recommanda à ses officiers du temporel de dresser procès-verbal de tous ceux qui surviendraient et chargea le chanoine Tixier, son délégué à Dijon, d'activer la poursuite de ses procès et de lui rendre compte deux fois par semaine. En 1665, un homme ayant été tué par accident à la montre du 1er septembre et les officiers de la temporalité l'ayant déposé dans une des caves du chapitre, le vierg s'y transporta, en fit briser la porte, et enleva le cadavre en proférant des outrages contre la compagnie. Le chapitre joignit cette nouvelle voie de fait à ses griefs. Afin de rehausser son privilége, il prétendit que, d'après ses anciens registres, les officiers de la ville tenaient de lui la permission de marcher en armes le jour de Saint-Lazare et de bâtir un fort sur le champ Saint-Ladre. Pour mettre fin à ces contestations par la voie la plus courte et la moins coûteuse, un des syndics assembla les habitants et leur fit adopter la proposition d'en confier la décision à l'intendant Bouchu (1).

Mais l'obstination des deux parties et la malice

---

(1) Reg. capit., 6 septembre 1661 ; 12, 17 février, 9, 16 juin 1663 ; 5 janvier, 12 décembre 1664 ; 2, 4, 11 septembre 1665. — Inventaire des titres de la ville, p. 599.

qui s'en mêlait de plus en plus rendirent ces propositions inutiles. Ce même syndic ayant fait déposer à la porte du doyen Vaussin un enfant au maillot, trouvé, pendant la nuit, dans une des rues de la ville haute, Vaussin prétendit qu'on avait voulu donner par là mauvaise opinion de sa conduite et de celle de la compagnie, et la décida à prendre la cause en main. Il en obtint l'évocation devant le conseil privé, en alléguant sa parenté avec Bouchu qui s'était créé des ennemis dans le parlement de Dijon en faisant révoquer huit conseillers et en appuyant la création d'une cour souveraine dans la Bresse. Le procureur général Languet, en recevant cet arrêt d'évocation, fit une réponse digne d'un magistrat : « La compagnie, dit-il, n'a pas coutume de rendre la justice avec passion. Tous ceux qui la composent n'ont pour but que de la rendre avec équité, sans autre considération que la gloire de Dieu, le service du roi et le bien public. Les chanoines firent procéder à une information par les officiers de leur temporalité contre les sergents de la viérie qui, dans cette circonstance, avaient obéi au syndic. Mais le vierg leur répondit que c'était là un acte de police attribué par les ordonnances aux magistrats civils ; que dans le réglement des dépenses de la ville on n'avait compris aucune somme pour l'entretien des enfants trouvés ; que Messieurs de la cathédrale, possédant un revenu de soixante mille livres et ayant l'habitude d'exercer continuellement des charités, on avait pensé qu'ils voudraient bien se charger de celle-là ; que, d'ailleurs, on n'avait eu nullement l'intention de blesser le doyen dont la probité était connue de tous les habitants (1).

La situation financière de la ville ne contribuait pas peu à envenimer ces discussions : elle était chargée de dettes et de passages de gens de guerre. Au mois de juillet 1665, les octrois avaient été renouvelés, pour huit ans, avec une augmentation de droits considérable. Le chapitre se pourvut au conseil et en obtint décharge ; mais cette dispense dérangeant l'économie financière de la ville et pouvant avoir de graves conséquences pour le reste de la province également à bout de ressources, le conseil décida par un second arrêt que le réglement des octrois obligerait les ecclésiastiques, pour cette fois seulement, et sans déroger à leurs anciens priviléges (2).

Sur ces entrefaites, la nomination de Roquette à l'évêché d'Autun ayant été annoncée les officiers pensèrent à invoquer sa protection. Dans une assemblée générale des habitants convoquée afin d'entendre le compte-rendu des octrois, ils chargèrent un des syndics d'aller le complimenter et de lui parler de leurs procès avec le chapitre au sujet des places réclamées par les magistrats dans le chœur

(1) Lettres d'évocation obtenues par M. Vaussin, du 1er août 1665, et pièces à la suite. — Cédule contenant appel émis par le syndic d'Autun, du 11 décembre 1665. — Sommation de Vaussin aux magistrats de la ville, du 1er janvier 1666. — Reg. capit., 10 décembre 1665 ; 2 janvier, 21 avril, 20 novembre 1666. — Reg. de la chambre de ville, 5 octobre, 16 décembre 1665 ; 5, 11 février, 13 mars, 10 avril, 13 mai, 1er juin 1666.

(2) Inventaire des titres de la ville, p. 599.

de la cathédrale et de l'entretien des enfants trouvés ; ils lui recommandèrent de solliciter le renvoi de ce procès devant Bouchu qui avait promis de terminer leurs contestations et de mettre la paix entre les deux parties (1).

L'évêque assura le syndic de sa protection et lui remit pour les officiers la lettre suivante : « Encore que M. Beau (le syndic) vous témoignera, mieux que je ne puis le faire par cette lettre, avec combien de reconnaissance j'ai reçu les sentiments que vous avez fait paraître sur l'honneur que le roi m'a fait de me nommer à l'évêché d'Autun, je ne puis m'empêcher de vous assurer que je n'oublierai jamais cette marque d'amitié et que je rechercherai toute ma vie avec soin les occasions de vous servir et de vous faire connaître que je suis, à tous en général et à chacun en particulier, votre très-humble et affectionné serviteur. » Il leur promit, entre autres points, de s'employer auprès des élus de la province afin d'obtenir un adoucissement aux tailles imposables sur la ville, et les engagea à lui écrire avant leur prochaine répartition (2).

Malgré ces désirs de conciliation, aucune des deux parties n'entendait faire de sacrifices. Personne n'était, d'ailleurs, moins disposé à des concessions vis-à-vis du chapitre que le vierg récemment appelé au gouvernement de la cité. C'était ce même Claude Thiroux qui, sept ans aupara-

(1) Reg. de la chambre de ville, 1er juin, 9 juillet 1666, etc.
(2) Lettre datée de Fontainebleau, du 30 juin 1666, dans reg. de la chambre de ville.

vant, avait été investi deux fois de suite de cette magistrature. Il nourrissait une vieille rancune contre les désordres du chapitre, contre ses priviléges de justice, contre son exemption de l'autorité épiscopale. Bailli ou juge du temporel de l'évêché, conseil de Doni d'Attichy, il avait rédigé pour cet évêque des mémoires dans lesquels il parlait des chanoines en termes railleurs et méprisants. Il passait pour avoir été l'instigateur du procès que M. de Marillac leur avait intenté à propos de la succession de son oncle. Ancien député aux États de la province, avocat de la ville, il était jaloux de la conservation de ses priviléges et au courant de ses procès. Doué d'une intelligence et d'une autorité auxquelles les habitants rendaient justice, il se piquait d'érudition dans l'histoire de la province et de la cité ; il apportait dans toutes les branches de son administration une active sollicitude. Il s'occupa des dettes et du renouvellement des ordonnances de police tombées en désuétude par la négligence de ses prédécesseurs. Son élection fut un déboire pour certains membres de l'église, tandis que d'autres, déplorant le relâchement des mœurs dû en partie à son exemption prétendue, faisaient avec lui cause commune, et que le grand vicaire, Claude Saulnier, le signalait à Roquette comme un auxiliaire sur lequel il pouvait compter dans les mesures de répression qu'il était indispensable de prendre à l'égard des clercs vivant dans le libertinage (1).

(1) On lit dans un de ses mémoires, à propos de l'exemption des chanoines vis-à-vis de l'évêque : « Disent lesdits chanoines, à tout

Il ne tarda pas, en effet, de leur donner des preuves de sa sévérité. Il fit infliger, par le conseil de ville, un blâme à l'un des syndics qui était en même temps massier et bedeau des chanoines, pour leur avoir permis de sonner plus tard que de coutume la cloche qui avait convoqué les habitants à la dernière élection. Il prit des mesures rigoureuses afin de réprimer les désordres commis par des gens d'église, des compagnons, des écoliers, qui couraient pendant la nuit les rues de la ville, armés d'épées et de mousquetons. Il fit exercer une surveillance active sur les patrons qui occupaient un certain nombre d'ouvriers. Des patrouilles circulèrent dans tous les quartiers, et jusque dans le cloître. Elles trouvèrent pendant la nuit, dans une maison près de l'église, un chapelain avec une femme et dressèrent procès-verbal. Il fit comparaître devant lui neuf témoins afin de déposer des faits suivants. Un dimanche d'octobre, vers dix heures du soir, le chanoine Odet Rolet et le chapelain Boulot, armés d'épées et de pistolets, étant venus au moulin de Breuil qui ap-

---

bout de champ, qu'ils respectent son rang et sa dignité, et n'ont jamais pensé à lui déplaire ; ce sont des embrassades de singes, *quæ blandiendo strangulant....* Ce n'est pas tout de faire des fanfaronnades, et, après de belles levées de boucliers, tourner le dos. » Plus loin, il parle de la bassesse et de la rusticité de leurs raisonnements ; il les traite de capricieux et de mutins, etc. (Arch. de l'évêché.) — Thiroux a mis en ordre et publié : *Recherches et mémoires servant à l'histoire de l'ancienne ville d'Autun*, par Jean Munier, conseiller, avocat du roi au bailliage d'Autun. Dijon, Philibert Chavance, 1660, in-4°. Il avait épousé la petite-fille de l'auteur de cet ouvrage qu'il fit précéder d'une épître dédicatoire au prince de Condé. Il fut élu du tiers aux États de Bourgogne, en 1659.

partenait au chapitre, trouver une ancienne servante de Rolet, des voisins s'attroupèrent à la porte de la maison, en menaçant de conduire la servante entre les mains du vierg. Les deux ecclésiastiques sortirent par une fenêtre de derrière et tirèrent des coups de pistolet sur les gens qui s'étaient mis à leur poursuite, et la fille parvint elle-même à s'échapper; mais les poursuivants irrités revinrent en plus grand nombre vers minuit, avec des armes et en proférant des jurements et des menaces. Thiroux profita de cet esclandre pour faire fermer de bonne heure la porte qui ouvrait sur le faubourg et pour prêter l'oreille aux accusations que l'on élevait de tous côtés contre certains membres de l'église (1).

Ayant fait dresser, pendant les seize jours, procès-verbal de l'état d'une fille enceinte, il répondit aux chanoines, qui lui signifièrent de ne point attenter à leur justice, que leur sommation était impertinente, que le vierg possédait la police dans toute la ville; qu'il l'exerçait sans contradiction depuis plusieurs siècles, notamment au sujet des filles débauchées qui se trouvaient dans les maisons canoniales ou autres situées dans leur prétendu cloître. Les baillis de leur prétendue justice avaient eux-mêmes, disait-il, exercé cette police quand il leur était arrivé d'être viergs. Il se moquait des monitoires publiés dans les églises par ordre du chapitre. Ayant, un jour,

(1) Reg. de la chambre de ville, 25 juin, 8, 16, 30 septembre 1666, etc. — Procès-verbal et information des désordres commis nuitamment au faubourg de Breuil, du 11 octobre 1666. — Reg. capit., 15 août, 22, 28 octobre 1666, etc.

rencontré le chanoine la Thoison qui allait, avec le secrétaire de la compagnie, mettre hors de prison un sergent de la temporalité détenu pour des dettes que les chanoines avaient consenti à payer, il l'apostropha par des injures ; il lui dit qu'il lui faisait pitié en lui voyant mettre la main à son chapeau ; qu'il était son juge et qu'il le ferait enfermer lui-même dans cette prison d'où il ne sortirait de six mois. La Thoison lui répondit qu'il ne relevait que de la justice du chapitre ; que le bailli de la temporalité était, lui aussi, le juge de Thiroux ; que partout où il passait, il inspirait plus de pitié que d'envie, et qu'à Dijon on l'avait surnommé Martin contre la commune. Thiroux ayant dressé procès-verbal de cette querelle, le chapitre décida de prendre fait et cause pour son confrère et d'interjeter appel s'il y était donné suite. Mais, sans se laisser arrêter par cette menace, le vierg fougueux condamna le chanoine à cinquante livres d'amende pour l'avoir insulté dans l'exercice de ses fonctions (1).

Au mois d'octobre 1666, les chanoines chargèrent Barthélemy Thiroux, leur délégué à Paris, d'informer l'évêque et le prince de Condé des entreprises du vierg. Ce dernier, de son côté, proposa au corps de ville d'écrire à Roquette afin qu'il s'entremît au-

---

(1) Reg. de la chambre de ville, 14 avril 1667, etc. — Reg. capit., 28 octobre 1666 ; 14 avril 1667. — Sommation signifiée à Hugues Dubled, syndic, de la part des sieurs doyen et vénérables, au sujet du procès-verbal dressé par les magistrats de la ville, de la grossesse de Claudine Giboulot, du 22 septembre 1666. — Mémoire des procès-verbaux faits contre les chanoines. — Reg. capit., 28 octobre 1666.

près du prince pour terminer ces différends à l'amiable, et les magistrats du bailliage consentirent qu'il jugeât seul, ou à l'aide d'arbitres, leurs démêlés avec les chanoines. Mais les résistances et les procès allaient toujours leur train. La même année, les chanoines ayant refusé à ces magistrats et aux officiers de la ville les places qu'ils réclamaient dans la cathédrale à l'occasion de la naissance du duc d'Anjou, puis, en 1667, à l'occasion d'un *Te Deum* pour la prise de Tournay, les uns et les autres prirent le parti d'assister à cette cérémonie dans l'église des Cordeliers et se plaignirent au comte de Commarin, lieutenant du roi en Bourgogne, qui prévint les chanoines qu'en cas de récidive il en donnerait avis au roi. Un arrêt du parlement de Dijon, donnant gain de cause aux magistrats, amena de la part des chanoines un pourvoi au conseil privé. Le vierg troublait dans la perception des droits de foire, pendant les jours de la révélace de Saint-Lazare, les amodiateurs qui tenaient cette location du chapitre. Il consentit enfin, dans une assemblée de trente notables, à se soumettre à l'arbitrage souverain du « révérendissime évêque (1). »

L'élection d'André Cortelot, lieutenant-général du bailliage, en qualité de vierg, durant les années 1668 et 1669, enleva à ces querelles une partie de leur âpreté. Cependant les chanoines continuaient à se

(1) Reg. de la chambre de ville, 27 octobre 1666; 14 avril, 26-27 mai, 8, 14, 20 juillet, 11 août, 12 septembre, 28 décembre 1667. — Reg. capit., 22 octobre 1666; 23 août, 9, 16 septembre 1667; 17 mars, 15, 22 juin 1668. — Inventaire des titres de la ville, p. 471.

plaindre d'empêchements apportés à la perception de leurs droits de foire pendant les jours de la révélace, d'arrachement de bornes servant de limites à leur justice, d'appels illégaux interjetés des sentences du bailli de leur temporalité. Ils recoururent une fois de plus à Roquette, pour le prier de se rendre juge d'une nouvelle difficulté qui s'était élevée au sujet de la préséance qu'ils réclamaient, pendant son absence, dans l'assemblée du bureau des pauvres, lorsque cette assemblée se tenait dans la chambre du bailliage. Les officiers de la ville faisaient assigner douze chanoines afin d'obtenir réparation des dégâts par eux commis aux remparts de la ville attenant à leurs maisons, afin de les obliger à déguerpir des tours qu'ils avaient usurpées, à supprimer des portes et des jours qu'ils avaient ouverts, à rétablir des chemins de ronde qu'ils avaient interceptés, des courtines qu'ils avaient démolies, des fossés qu'ils avaient comblés et convertis en jardins, à restituer les pierres provenant de ces démolitions (1).

Ces dernières mesures n'étaient, à tout prendre, qu'une défense légitime des propriétés de la ville. Mais avec Jacques Tribolet, avocat, qui succéda en qualité de vierg à Cortelot, les luttes recommencèrent à propos de la justice. Les magistrats du bailliage qui tenaient audience de temps à autre pendant les seize jours, intervenant au procès,

---

(1) Reg. capit., 26 octobre, 27 novembre, 1, 7, 22 décembre 1668; 4 janvier, 26 avril 1669, etc.

demandèrent à être maintenus dans ce droit, tant au civil qu'au criminel, pendant toute l'année. Tribolet fit abattre un théâtre de charlatan dont le bailli du temporel avait autorisé la construction sur le champ Saint-Ladre; il faisait peser le pain des boulangers dans l'enceinte du cloître et y ordonna la recherche d'une femme de mauvaise vie. Les chanoines réclamaient auprès de la Vrillière, secrétaire d'État, au sujet des places demandées dans le chœur de leur église par les magistrats du bailliage. Ils se plaignaient que les officiers de la ville imposaient des tailles et des logements de gens de guerre sur des personnes dépendant de l'église, et notamment sur les officiers de leur justice temporelle. Ils plaidaient avec eux, devant le parlement de Dijon, à propos de la quotité des aumônes dues par le chapitre en temps d'épidémie, et cherchaient à intéresser à leur cause l'assemblée générale du clergé. Accablé de sollicitations, de remerciments et de politesses, s'occupant avec activité de la mission que lui avaient confiée les deux parties, Roquette voyait sa bonne volonté frappée d'impuissance. Son zèle pour la paix n'aboutit qu'à faciliter un compromis entre les magistrats du bailliage, les officiers de la ville et les chanoines, au sujet des places réclamées dans le chœur de l'église, et à hâter le jugement de leurs procès (1).

(1) Reg. capit., 13 juin, 9 septembre, 22 novembre 1670; 17 août, 4 septembre 1671; 1, 29 janvier, 18 février, 19 mars, 15 juin, 5 août, 9 septembre, 4, 10 novembre 1672; 17 juillet, 15 décembre 1673; 16 avril, 28 juin 1674, etc.

Un arrêt du parlement de Bourgogne, du 12 janvier 1673, régla enfin les principaux points en litige, mais avec des restrictions qui ne durent pas être agréables aux chanoines. Cet arrêt leur conservait le droit de justice haute, moyenne et basse dans l'étendue de leur cloître durant l'année entière, et dans la ville, faubourgs et banlieue durant les seize jours. Mais ils n'avaient pas le droit de suite, et les procès dressés par le bailli du temporel devaient, à l'expiration de cette période, être remis au greffe de la viérie. Toutefois, le vierg n'avait pas le pouvoir de faire exécuter ses sentences dans le cloître sans un *pareatis* du bailli de la temporalité. A l'égard de la police qui ne pouvait être exercée efficacement, il faut en convenir, que par un magistrat séculier, le vierg était maintenu dans la haute et les chanoines dans la basse, durant les seize jours. En temps ordinaire, le vierg conservait le droit de faire dans le cloître les réglements relatifs aux poids et mesures, ainsi que tous autres concernant la police. La connaissance des contraventions aux premiers appartenait aux chanoines; celle des contraventions aux seconds appartenait au vierg. Il était également maintenu dans le droit de faire porter devant lui, dans le cloître, les hallebardes aux processions et autres cérémonies, d'y rechercher et d'en expulser les filles débauchées, d'y ordonner en tout temps les publications à cri et à son de tambour, d'y faire circuler des patrouilles, de donner permission d'y jouer la comédie et autres divertissements publics. Ses ordonnances étaient exécutoires sans qu'il fût tenu d'obtenir un *pareatis* du juge du chapitre. Les chanoines étaient exempts de loger des gens de guerre dans les maisons qu'ils habitaient eux-mêmes. L'entretien des murs, dans l'enceinte du cloître, était mis à la charge de la ville, l'exemption des octrois, réclamée par les chanoines, ajournée à la décision d'un pourvoi interjeté devant le parlement, et la place revendiquée dans le chœur de l'église à celle d'un pourvoi devant le conseil privé. Les magistrats du bailliage étaient maintenus dans le droit de faire tous actes de justice royale, tant civils que criminels, à l'exception des audiences publiques, pendant les seize jours (1).

C'en était fait, comme on le voit, des prétentions du chapitre. Ce procès avait duré seize ans, et les frais s'élevaient à une somme de trois mille livres qu'il fallut imposer sur les habitants. L'arrêt dont nous venons de parler marqua une époque importante dans les annales de l'église cathédrale. Son exécution donna lieu pendant longtemps encore, entre les parties, à des difficultés secondaires qui amenèrent des compromis et des arbitrages, mais non plus avec le même caractère d'âpreté que par le passé. L'esprit d'apaisement s'était fait une place plus grande dans leurs relations réciproques. En 1677, les officiers de la ville ayant fait porter un banc dans l'église Saint-Jean-de-la-Grotte, afin d'assister aux prédications, sans en avoir demandé la permission,

---

(1) Voyez le texte de cet arrêt dans Gagnare, p. 631. — Inventaire des titres de la ville, p. 124.

trois jeunes chanoines, Ovolat, Robert et Duparay, s'avisèrent de le briser à coups de hache. Le parlement de Dijon condamna les coupables à l'amende et au rétablissement de ce banc, puis, deux ans plus tard, statua que les officiers iraient à l'avenir demander au doyen la permission de le laisser en place, sans quoi il serait loisible aux chanoines de l'enlever et d'empêcher son rétablissement. Les officiers consentirent à accomplir cette formalité auprès du syndic Joudon qui présidait le chapitre en l'absence du doyen (1).

L'influence que Roquette avait su prendre dans la cité, la complaisance avec laquelle il s'était mis à la disposition de la chambre de ville, contribuèrent grandement à modifier l'état des esprits. Les officiers s'empressaient de recourir à ses conseils et à sa médiation. Ils s'en remettent à sa décision pour fixer dans quel lieu se tiendrait et qui présiderait, en son absence, le bureau des pauvres qui se réunissait à l'évêché sous sa présidence ou celle de son grand vicaire, question sur laquelle étaient divisés le chef de la ville et le chef du bailliage. Deux délégués du corps de ville vont le trouver à Moulins pour l'intéresser à un procès qu'elle soutenait contre Claude Thiroux. Cet avocat, qui s'ingérait dans toutes les affaires de la cité et qui exigeait pour ses consultations et ses démarches des sommes considérables, cherchait à se faire maintenir par le parlement de Dijon comme

(1) Reg. de la chambre de ville, 27 juillet 1678; 22 mars 1680. — Inventaire des titres de la ville, p. 472, 599. — Reg. capit., 24 décembre 1677, etc.

conseil perpétuel, prétendait avoir séance, en cette qualité, dans toutes les assemblées et prendre le pas sur les syndics, malgré plusieurs délibérations décidant qu'à l'avenir il n'y aurait plus de conseil fixe. L'évêque accueillit les délégués avec de grandes politesses, les promena par la ville dans son carrosse, et les présenta à ses magistrats. Sa médiation, dont la chambre le remercia dans des termes révérencieux, avait été acceptée par Thiroux lui-même. Mais l'actif et habile avocat sut, dans une assemblée générale des habitants, se faire maintenir en fonctions par le vote de ses amis et de ses parents, et en payant la moitié des frais du procès. Ces officiers s'adressent encore à Roquette afin d'obtenir le passage par Autun d'un service des messageries établi entre Auxerre et Châlons. Enfin les délibérations de la chambre de ville, pendant les années suivantes, le montrent s'occupant sans interruption, aux États de Bourgogne et à la cour, des intérêts de la cité (1).

En 1692, Louis XIV ayant créé des offices de maires perpétuels, à sa nomination et à prix d'argent, dans les villes qui jusque-là avaient possédé le droit de les élire, tout en leur laissant la faculté de les racheter, Roquette s'intéressa auprès du prince de Condé et de Pontchartrain, ministre d'État, afin

(1) Reg. de la chambre de ville, 23 mai, 22 octobre 1669; 31 juin, 21 août, 6 octobre 1670; 3 juillet, 5 novembre 1671; 11 janvier 1672, etc. — Le 31 décembre 1676, la chambre députa un de ses membres à Dijon, où se trouvait le vierg, afin d'offrir à Roquette et au comte d'Épinac qui assistaient aux États, en reconnaissance des soins qu'ils prenaient des intérêts de la ville, dix douzaines de perdrix achetées à la foire de la Roche-Milay.

de conserver à la ville d'Autun son ancien privilége, en obtenant des conditions de rachat aussi douces que possible. Plusieurs assemblées générales des habitants furent appelées à prendre à ce sujet des délibérations ; mais en présence d'une mesure émanée de l'autorité royale, elles montrèrent assez peu d'empressement. La ville se trouvait d'ailleurs, à raison de ses dettes, dans l'impossibilité de faire de nouveaux sacrifices. Quelques notables appuyèrent la proposition de rachat, mais on n'y donna pas suite et, en 1693, fut pourvu de l'office de maire perpétuel François Laguille, avocat à la cour et docteur en médecine, fils d'un médecin d'Autun (1).

(1) Inventaire des titres de la ville, p. 478, 487.

CHAPITRE VII

ROQUETTE ET LE CHAPITRE CATHÉDRAL.
JURIDICTION ÉPISCOPALE (1678-1707)

La présence à la tête du diocèse d'un prélat haut placé par ses relations à la cour, s'occupant avec activité de la réforme du clergé, cherchant à introduire partout l'exercice légitime de son autorité, avait-elle amené quelque amélioration dans les mœurs du chapitre cathédral, ce grand corps indépendant qui donnait difficilement prise à l'action d'un supérieur? Nous n'en saurions douter en parcourant les registres capitulaires durant les quinze années qui suivirent la nomination de Roquette. Les scandales sont moins fréquents et moins graves; les actes relatifs à leur répression témoignent d'une sévérité plus décisive; les punitions, suspendues autrefois avec une longanimité qui prodiguait les avertissements durant des années, atteignent plus rapidement les coupables; l'œil du chapitre est ouvert sur toutes les infractions aux mœurs et aux usages de l'Église. Il se montre plus soigneux d'éloigner les soupçons et de châtier les fautes qui peuvent nuire à la considération de la compagnie.

La sollicitude de Roquette avait contribué, en grande partie, à amener un pareil résultat. A défaut d'un pouvoir disciplinaire direct sur le chapitre, il avait cherché, dans le principe, à l'améliorer en y faisant admettre des sujets plus dignes, en y introduisant ses propres officiers. Binier, secrétaire de l'évêché, avait été pourvu d'un canonicat et des fonctions de syndic, c'est-à-dire de rapporteur chargé de signaler les fautes qui nécessitaient répression. En 1677 mourut le grand chantre Dechevanes dont l'esprit était éclairé, les intentions bonnes, mais dont la vie, nous l'avons vu, n'avait pas été exempte de faiblesses. Comme il était le second dignitaire de l'église, l'évêque demanda la permission d'accompagner le viatique qui lui était porté, et le chapitre le pria de le porter lui-même. Quelques jours après, Roquette, assistant à l'assemblée capitulaire, obtint la nomination, comme grand chantre, de Bertrand de Sénaux, son neveu, docteur en théologie, dont nous avons déjà parlé. Il était fils d'un conseiller au parlement de Toulouse et petit-neveu de la mère Marguerite. En même temps que son instruction rendait sa collaboration précieuse à l'évêque, son austère piété donnait au clergé cathédral un exemple de dignité et de dévoûment, au milieu des désordres dont il était affligé. Enfin, au mois de septembre suivant, le doyen Vaussin, revenant de l'assemblée générale du clergé, mourut à Sens, laissant par son testament une rente destinée à entretenir deux nouveaux enfants de chœur, à améliorer la position de leurs maîtres et à constituer des pensions en faveur de quatre d'entre eux qui voudraient continuer les études nécessaires pour être promus un jour à la prêtrise (1).

Le chapitre fixa au 29 octobre suivant l'élection de son successeur. Cette élection étant d'un intérêt majeur, on donna citation à tous les membres absents afin qu'ils pussent y prendre part; on la publia au chanton de la cathédrale; on la fit afficher à la porte des églises. Au moment de la réunion, on envoya à l'évêque trois chanoines afin de recevoir son suffrage; mais il répondit qu'il était incommodé, qu'il ne pouvait se rendre à l'assemblée, et qu'il s'en rapportait d'ailleurs à la pluralité des voix. Deux candidats se trouvaient en présence: Érard de la Magdeleine de Ragny, abbé de Tyronneau, parent d'un précédent évêque, représenté par Claude Saulnier, son fondé de pouvoir, et Charles d'Arlay, conseiller au parlement de Dijon, archidiacre d'Autun, appartenant à une ancienne famille d'où étaient sortis des avocats, des officiers du bailliage et du corps de ville. La majorité, fidèle à l'ancienne tradition qui considérait la dignité de doyen comme un honneur réservé à des personnes capables par leur naissance et leur position de défendre ses intérêts temporels, élut Érard de la Magdeleine de Ragny qui réunit quinze voix, tandis que d'Arlay n'en avait que treize et Sé-

---

(1) Reg. capit., 9, 17 mai, 21 septembre 1677; 13 janvier 1678. — Gagnare, p. 415.

naux une seule, celle de Binier, secrétaire de l'évêché. D'Arlay ayant interjeté appel comme d'abus au conseil privé, par le motif que Ragny était religieux profès de l'abbaye de Saint-Claude, ce dernier différa de prendre possession durant l'instance, tandis que Sénaux fit auprès du chapitre une timide tentative pour obtenir le décanat qui, deux ans plus tard, fut confirmé à Ragny par un arrêt du conseil (1).

Jusqu'à cette époque, la bonne harmonie avait régné entre le chapitre et l'évêque qui, tout en se tenant à l'écart et se retranchant dans une complète indépendance, avait néanmoins gardé vis-à-vis de lui de grands ménagements et mis son influence au service de ses intérêts durant ses séjours à Paris. Mais des points de contact trop nombreux existaient entre ces deux autorités rivales, et Roquette était trop jaloux de voir la réforme des mœurs s'élever jusqu'à la tête du diocèse, pour que, tôt ou tard, la division n'éclatât pas entre eux. Elle éclata à propos de l'office de grand chantre qui venait d'être conféré à Sénaux. Les évêques avaient le droit de prendre dans les chapitres deux chanoines afin de se faire accompagner par eux dans leurs visites épiscopales, aider dans leurs fonctions et dans les affaires de leur diocèse. Ils leur délivraient à cet effet des lettres désignées sous le nom de lettres *de comitatu* ou d'accompagnement. Ces lettres les dispensaient de la résidence, et néanmoins, d'après la législation civile et

---

(1) Reg. capit., 15, 29 octobre, 17 novembre 1677; 11 janvier, 27, 29 avril, 15 juillet 1678. — Gagnare, p. 393.

canonique, ils devaient toucher les fruits de leur prébende comme s'ils eussent été présents au chœur et eussent assisté à tous les offices de l'église (1).

Aussitôt après sa réception dans la compagnie, Sénaux, nommé vicaire général par Roquette, avait reçu de lui ces lettres d'accompagnement. Il était resté attaché à sa personne, avait été envoyé à Paris pour les affaires du diocèse, et n'avait ni assisté aux offices de la cathédrale, ni fait le stage que l'on exigeait des chanoines récemment nommés, bien que le chapitre, en réponse à la requête présentée par lui, selon l'usage, pour obtenir les revenus de sa prébende, les lui eût accordés à la condition qu'il résiderait dans la ville, qu'il assisterait au service divin et qu'il s'acquitterait des devoirs de sa dignité. Blessé d'une négligence ressemblant à une sorte de dédain, le chapitre le priva des émoluments attachés à l'assistance régulière. Il prétendait que, si l'évêque avait le droit de choisir deux chanoines *de comitatu*, ce droit ne pouvait s'étendre jusqu'aux dignitaires de l'église ; que l'office de grand chantre demandait une résidence personnelle, attendu que de cet office dépendaient non seulement la solennité, mais encore l'ordre et la régularité du service divin (2).

Cette privation de revenus, après avoir duré plus

---

(1) Voyez, sur les chanoines *de comitatu* et autres chanoines privilégiés, *Mémoires du clergé de France*, in-4º, t. XIV, p. 283.

(2) Reg. capit., 21 mai 1677, etc. ; 6 juillet 1678. — *Factum* pour les doyen, chanoines, etc., de l'église cathédrale d'Autun, contre Messire Gabriel de Roquette, évêque, et Mᵉ Bertrand de Sénaux, chantre et chanoine, 5 pages d'impression.

d'un an, finit par indisposer l'évêque contre le chapitre. Sans l'avoir prévenu d'avance, il lui fit signifier un arrêt du conseil privé qui condamnait les chanoines, nonobstant toute opposition et sous peine de saisie de leur temporel, à rétablir Sénaux dans ses distributions et à les effectuer régulièrement à l'avenir. Cet arrêt causa une vive émotion dans la compagnie. Elle prétendit qu'il ne tendait à rien moins qu'à la destruction du service divin et des anciens usages ; elle invita tous ses membres à une réunion dans laquelle, après avoir pris l'avis de trois avocats d'Autun, on rappela que l'évêque lui-même avait reconnu, dans une lettre et dans l'assemblée capitulaire, l'obligation de la résidence, et qu'il s'en était prévalu pour combattre la candidature de d'Arlay, qui cumulait avec la dignité canoniale celle de conseiller au parlement. « Vous comprenez bien, disait-il, en effet, dans cette lettre adressée au chanoine Jacquin, que M. d'Arlay, le conseiller, veut absolument avoir la chantrerie ; mais comme sa charge exige résidence et cette dignité aussi, je lui ai dit que, quoiqu'il soit de mes amis et que je le sois de toute cette famille, je m'y opposerais et que, quand il serait mon frère, je tâcherais de l'exclure par cette seule raison : parce qu'il faut dans cette place une personne qui tienne le chœur et qui conduise l'office. Quelques-uns ont parlé de M. de Sénaux ; mais il a de la répugnance à y entrer, estimant que toute autre chose lui serait meilleure qu'un bénéfice qui oblige à résider et qui le détournerait de ses études, dont il fait son capital. Je ne le presse point là-dessus, et tout l'intérêt que j'y ai, c'est que le chapitre élise une personne qui réside. » L'affaire étant d'une importance majeure, « attendu qu'il s'agissait de la gloire de Dieu et du service divin, et à raison de la position de l'adversaire, » on décida de députer à Paris le syndic Lallemant, afin de prendre l'avis de trois avocats, et d'agir en conséquence pour la défense des droits de l'église (1).

Ce procès augmenta la division qui régnait depuis longtemps dans la compagnie. Quoique la majorité fût aveuglément attachée à la conservation de ses priviléges, dix à douze membres, jaloux de se conformer à la discipline générale de l'église, se montraient disposés à appuyer les demandes de l'évêque. Le chanoine Jacquin avait donné lecture de cette lettre au chapitre qui, la regardant comme une pièce essentielle au procès, le pressait de la remettre à son député avant son départ pour Paris. Sommé de faire cette remise, en vertu du serment juré par les chanoines de défendre les intérêts de la compagnie, menacé d'être pris à partie s'il s'y refusait, assuré d'être indemnisé dans le cas où l'évêque dirigerait des poursuites contre lui, Jacquin criait à la vexation et protestait de son dévoûment. Il promettait de s'exécuter lorsque le moment serait venu, et disait qu'en montrant cette lettre à Roquette et à Sénaux, il terminerait le procès à l'amiable, et qu'il était de son devoir d'en conférer d'abord « avec le seigneur évêque,

---

(1) Reg. capit., 28 janvier, 3, 10 février 1679.

pour lequel il avait toujours eu de grands respects. »
Il en référa effectivement à Roquette qui, pour toute
réponse, lui dit que la remise de cette lettre lui était
indifférente et qu'il pouvait même la faire imprimer.
Il se décida enfin à la remettre à ses confrères,
contre l'engagement signé de prendre fait et cause
pour lui, en cas de contrariété; mais un plus grave
incident vint compliquer les difficultés et commander
la réserve aux membres de l'église qui craignaient
de se jeter tête baissée dans la mêlée. Nous voulons parler de la juridiction épiscopale sur le chapitre, question capitale pour ce dernier, et qui nous
oblige à jeter un coup d'œil en arrière (1).

Jusqu'à cette époque, Roquette avait ménagé
l'exemption du chapitre qui avait été attaquée, à
différentes reprises, par ses prédécesseurs. Mais
pour lui comme pour tous, il était évident qu'on
ne pouvait y rétablir les bonnes mœurs qu'en le
rappelant à la subordination. Cette subordination,
le chapitre d'Autun et ceux qui invoquaient une
exemption semblable s'en étaient dégagés dans
le cours du Xe au XIIe siècle. Renonçant à la
vie commune qui les avait jusqu'alors réunis en
une même demeure avec les évêques, déchus de
leur primitive ferveur, enorgueillis de leurs richesses, préoccupés de leurs intérêts temporels,
les chapitres s'étaient rendus indépendants, soit
dans l'administration de leurs biens, soit dans

---

(1) Reg. capit., 14, 22 février, 4 mars, 14 avril, 15 juillet 1679;
23 février 1680. — *Factum* précité, p. 4.

leur administration spirituelle. Ils méconnaissaient la suprématie des évêques qui, d'après le droit commun, étaient en même temps les chefs du diocèse et les chefs de l'église principale ou cathédrale du diocèse. Celle-ci même n'avait reçu ce nom que par allusion à la chaire de l'évêque et parce que ses membres formaient, sous sa présidence, une sorte de sénat ecclésiastique qu'il consultait pour les besoins de son administration.

Les troubles qui agitèrent l'Église durant le schisme d'Avignon accrurent le nombre de ces exemptions. Les papes, d'origine française, s'en montrèrent prodigues, afin d'attirer dans leur parti des chapitres, des congrégations, des ordres religieux. Le concile de Constance, qui rendit la paix à l'Église, révoqua celles intervenues durant le schisme. Plus tard, le concile de Trente, essayant de renouer les liens brisés entre l'épiscopat et les chapitres, décida que, partout, on devait rendre à l'évêque l'honneur dû à sa dignité, lui céder la place principale, telle qu'il la choisirait lui-même, et qu'en toutes choses son autorité devait être la première. Il chercha dans d'autres décrets à rendre aux évêques la présidence des chapitres cathédraux. Son vœu était d'abolir leurs exemptions et de les ramener à l'obéissance afin d'y faciliter la restauration de la discipline. Il ordonna aux évêques de les visiter et réformer, quand ils le jugeraient à propos, sans avoir égard à ces exemptions prétendues, aux coutumes et concordats, de pareils traités obligeant ceux qui les avaient consentis et non leurs successeurs. Mais ces sages dispositions soulevèrent une résistance presque universelle et, presque partout, les évêques avaient dû se contenter d'occuper dans ces corporations puissantes le rang de simple chanoine, avec voix délibérative, sans posséder le droit de les présider.

A dater de cette époque, les exemptions avaient été battues en brèche par les canonistes, les parlements, les assemblées du clergé de France. Le clergé exprimait ouvertement l'opinion que les chapitres devaient être soumis aux évêques; s'il s'était prêté à des ménagements dans l'application de ces principes, ce n'avait été que pour condescendre aux désirs de ces corporations qui étaient puissantes dans ces assemblées. Il était difficile, en effet, d'admettre que dans la monarchie de l'Église où les évêques gouvernaient leurs diocèses comme délégués du souverain pontife, il pût se trouver des communautés ne reconnaissant ni évêque, ni métropolitain, ni primat, et prétendant relever directement du saint-siége. Une pareille exemption était considérée, avec juste raison, comme contraire à la hiérarchie ecclésiastique. Les chapitres en avaient profité d'ailleurs pour s'attribuer des droits épiscopaux et laisser régner dans leur sein l'indiscipline et le désordre; aussi, la plupart des évêques de France, s'inscrivant en faux contre ces priviléges, étaient en discussion avec leurs chanoines (1).

---

(1) Van Espen, *Jus ecclesiasticum*, 1753, in-f°, t. I, p. 55 et suiv. — *Mémoires du clergé de France*, in-4°, t. XIV, p. 327, 731.

Le titre constitutif qui accordait au chapitre cathédral d'Autun son exemption, soit qu'il n'ait pas existé, soit qu'il eût été perdu, n'était pas entre les mains des chanoines. Ils cherchaient à y suppléer en s'appuyant sur d'autres titres déclaratifs constatant une possession qui, d'après eux, remontait au commencement du XIIIe siècle. Cette possession avait été attaquée, dans le siècle suivant, par deux évêques, Pierre de Barrière et Guillaume de Vienne, qui transigèrent avec le chapitre, sans que ce dernier eût souffert d'atteinte dans ses priviléges. L'indifférence de leurs successeurs et les guerres de religion assoupirent ce conflit qui couvait sous la cendre, tout en donnant à sa solution une importance plus grande, car, en même temps que cette exemption avait empiré l'état moral du chapitre, elle rendait plus nécessaire l'exercice d'une autorité assez puissante pour y porter remède (1).

Le prédécesseur de Roquette n'avait pas réussi dans les tentatives que son zèle lui avait inspirées. Lorsqu'il prit possession de son évêché, les chanoines crurent se faire un ami en lui rendant tous les honneurs possibles, en décidant qu'il serait toujours considéré comme présent et qu'il jouirait de sa prébende, même en cas d'absence, en créant son aumônier chanoine d'honneur, en échangeant avec lui des témoignages de bienveillance et des protestations de vivre en bonne harmonie; mais les circonstances étaient plus fortes que les volon-

---

(1) Gagnare, p. 433.

tés. Il régnait, en effet, parmi les chanoines des divisions poussées jusqu'à la violence et au scandale. L'évêque, croyant de son devoir de les apaiser, donna des conseils particuliers à ceux qui paraissaient disposés à les recevoir. Il se transporta trois ou quatre fois au sein du chapitre; il les supplia par toutes les raisons imaginables de chercher à établir la paix, en attendant que leurs difficultés fussent jugées; il les exhorta à se traiter avec politesse, à ne pas se prodiguer les insultes et les offenses, et obtint le renouvellement du statut *contra tumultuantes*. Il protesta que, quelques différends qui vinssent à survenir entre eux et lui, il s'en soumettait d'avance à la décision d'arbitres et d'amis communs. Une députation de quatre chanoines alla le remercier de sa bienveillance; mais aucune de ses remontrances ne fut insérée dans les registres capitulaires. Il se plaignit de la négligence apportée à l'égard des clercs qui vivaient dans le libertinage, mais on ne tint aucun compte de ses plaintes; leurs querelles, leurs procès continuèrent de plus belle, et la guerre éclata, quelque temps après, entre eux et lui avec une vive animosité (1).

Il avait fait poser, à la place où ses prédécesseurs siégeaient pontificalement, un dais de velours,

---

(1) Gagnare, p. 235. — Transaction entre l'évêque et le chapitre cathédral, du 8 novembre 1654. — Reg. capit., 13, 17, 24, 30 janvier, 5 mars, 4 juillet 1653, etc. Il n'est question dans ces registres, de 1650 à 1654, que de procès entre les chanoines. Ils plaidaient contre leur doyen Nicolas Vaussin, au sujet de la discipline et de la tenue des assemblées capitulaires; ils l'avaient privé des revenus de son canonicat et interdit de l'entrée du chapitre.

le même qu'il avait apporté de la cathédrale de Riez. Il en fit dresser un autre dans l'église Saint-Nazaire, en tête du banc des chanoines, afin d'assister aux sermons et aux exercices religieux. Ce droit de posséder une chaire, trône ou siége éminent, avait été reconnu aux évêques par plusieurs arrêts, même dans les églises dont les chapitres étaient exempts de leur juridiction. M. de Maupeou, évêque de Châlon-sur-Saône, malgré sa modestie, portée au point qu'il ne voulait pas qu'on l'appelât Monseigneur, avait fait élever le sien très-haut; mais les chanoines d'Autun, regardant l'érection de ce dais que les prédécesseurs de d'Attichy n'avaient pas réclamée, comme une nouveauté attentatoire à leurs priviléges, quelques-uns d'entre eux le firent enlever et brûler devant la porte de l'église. Il les assigna au parlement de Dijon en demandant qu'il lui fût permis de relever son dais, dans la cathédrale, sur une estrade de trois marches, en tête des stalles des chanoines et à la place qu'il désignerait lui-même. Il demanda que les basses stalles fussent réservées à son aumônier et aux gens de sa maison. Non seulement le chapitre, se regardant comme maître absolu dans son église, contesta ces demandes, mais il lui refusa la permission de traverser le chœur accompagné de ses bedeaux et de ses officiers. Il prétendit que ses bedeaux, à lui-même, avaient seuls le droit de porter dans l'église les masses élevées; que les aumôniers de l'évêque ne pouvaient prendre place dans les stalles basses, le servir en chape à l'autel quand les dignitaires du chapitre l'assistaient eux-mêmes; qu'il lui était interdit de prescrire aucune procession, aucune fête chômée, sans leur consentement; qu'eux seuls enfin possédaient le droit de donner des dimissoires aux membres de l'église qui désiraient aller prendre les ordres dans un diocèse étranger (1).

Une contestation d'un autre genre vint envenimer les relations des deux parties. Claude de la Magdeleine de Ragny, prédécesseur de d'Attichy, avait dilapidé les biens de son évêché et vendu des bois pour une somme considérable, afin de payer ses dettes. Il avait laissé tomber dans le délabrement, non seulement les châteaux, les domaines, les moulins, les étangs, mais encore la demeure épiscopale. Dépourvue de portes, de fenêtres, de toitures, dégradée par les pluies, elle était inhabitable, et d'Attichy avait été obligé, après son entrée, de loger pendant quelque temps dans la maison d'un chanoine. Des experts évaluaient à trente-neuf mille six cents livres le montant des réparations à effectuer aux propriétés de l'évêché; à cinquante mille la valeur des biens et des bois aliénés, indépendamment d'une somme de vingt-cinq mille livres que les domestiques de Ragny avaient volée durant sa dernière maladie (2).

(1) Interpellation signifiée par Doni d'Attichy au sieur Masson, syndic du chapitre, 3 pages d'impression, sans date. — Gagnare, p. 235. — Requête pour Mgr de la Valette, évêque d'Autun, contre le chapitre de l'église cathédrale, in-fº, p. 38. — Reg. capit., 20 février 1655, etc.; 31 janvier 1659; 5 janvier 1657.

(2) « *Factum* pour R. P. en Dieu Messire Louis Doni d'Attichy, etc., contre quelques chanoines de son église cathédrale, » 15 pages d'im-

Afin de faire face à cette somme de trente-neuf mille six cents livres, dont la succession de la Magdeleine de Ragny était redevable envers l'évêché, le comte de Ragny, son frère et héritier bénéficiaire, consentit, sur la demande de d'Attichy, à renoncer à ses droits. D'un autre côté, l'évêque avait légué au chapitre sa crosse d'argent et sa chapelle, en acquit de ce qu'il lui devait, sa vaisselle d'argent et une somme de quatre mille livres, à la charge de services religieux. Afin d'éviter à ce sujet un procès en restitution, d'Attichy se rendit dans l'assemblée capitulaire. Il demanda de nouveau aux chanoines leur amitié ; il proposa de soumettre à des arbitres de leur choix la réclamation qu'il était obligé de leur adresser et qui s'élevait à douze mille livres. Cette somme fut réduite à celle de quatre mille et à la restitution de la crosse estimée huit cents livres, en vertu d'une transaction rédigée par le doyen et par d'autres chanoines, à laquelle l'évêque souscrivit par esprit de conciliation, bien que ce fût, disait-il, au préjudice de son évêché. Mais bientôt une partie de la compagnie se plaignit que cet acte, quoique revêtu de l'approbation de tous ses membres, était contraire à ses intérêts, et obtint des lettres de rescision au parlement de

pression. — Selon un mémoire remis à Roquette, M. de Ragny avait soulevé des murmures dans son diocèse, en laissant ses valets prendre de l'argent des personnes qui désiraient lui parler, ses aumôniers et officiers tirer profit de la collation des bénéfices. — Voyez, sur le caractère de cet évêque, « personnage de peu d'expérience et de moindre conduite, etc., » les *Mémoires de Montchal, archevêque de Toulouse*, t. I, p. 191 ; t. II, p. 466.

Dijon. Cette contestation soulevée par une majorité processive, que désavouaient les principaux dignitaires, mit le comble au désappointement de l'évêque. Il proposa un nouvel arbitrage, et, sur le refus des chanoines, il se décida à faire juger toutes les demandes qu'il pouvait leur adresser, tant au sujet de ses précédents procès qu'au sujet de la juridiction épiscopale (1).

Ces demandes s'élevaient au nombre de vingt-neuf. Il réclamait l'adoption, par le clergé de la cathédrale, du bréviaire et du missel romain ou tout au moins la réforme de ceux dont on se servait, conformément aux prescriptions du concile de Trente et aux bulles du pape Pie V. La prédication étant un des premiers devoirs des évêques, il demandait de fixer lui-même les heures où il voudrait prêcher. Le chapitre devait lui faire connaître les fondations existantes et lui permettre de désigner l'heure des messes qui y étaient attachées. Sa chaire épiscopale devait être plus élevée que les autres sièges, pour entendre les sermons auxquels les chanoines étaient tenus d'assister. Il demandait que le chapitre justifiât des titres en vertu desquels il prétendait conférer des chapelles ; qu'il dressât un inventaire des biens de l'église et de leur emploi ; qu'il plaçât dans les cures à sa collation des vicaires perpétuels ; qu'il établît les preuves de son exemption,

(1) Le jour même de la mort de M. de Ragny, le chapitre cathédral, son créancier, donna ordre d'opérer immédiatement des saisies entre les mains de ses débiteurs. Reg. capit., 22 avril 1652; 13, 27 novembre 1654, 29 juillet 1655; 6 juin, 4, 7 juillet 1657, etc.

attendu que la juridiction des évêques dans toute l'étendue de leur diocèse était de droit commun; que les dignitaires du chapitre fussent prêtres et gradués, conformément aux décrets du concile de Trente ; que les chanoines frappés d'excommunication n'en pussent être relevés que par le pape ou par l'évêque. Il réclamait le droit de faire une visite générale de l'église et de ses ornements, afin d'ordonner ce qui serait nécessaire pour la bonne tenue du service divin ; le droit exclusif de délivrer des visas ; la réunion à la manse épiscopale de la prébende affectée à son sénéchal ; que le chapitre ne pût aliéner aucun fonds sans son consentement ; qu'il punît dans un délai fixé par l'évêque ceux de ses membres qui se seraient mal conduits, faute de quoi l'évêque userait, lui-même, de son droit de correction ; que les chanoines vinssent, quand il devait officier, le trouver en habits de chœur au palais épiscopal, l'accompagner à l'église et le reconduire de même ; que les officiaux et membres de l'église, qu'il envoyait faire des visites ou remplir d'autres fonctions dans le diocèse, fussent tenus pour présents et admis à jouir des fruits de leur prébende. Tous les chanoines devant obéissance à l'évêque, il réclamait le droit de les faire comparaître en sa présence, afin de leur adresser des observations qui devaient être rapportées au chapitre général. Il demandait d'être averti d'avance de la tenue des chapitres extraordinaires, afin de pouvoir s'y trouver, s'il le jugeait à propos, etc. Tous ces chefs de demande étaient justifiés par des textes et des arguments empruntés aux conciles, à la législation et aux usages de l'Église (1).

Attaqué sur tous les points, dans son antique indépendance, le chapitre se laissa aller à une vive irritation. Il répondit par des mémoires remplis d'expressions injurieuses envers l'évêque. Il l'accusa de mettre la division dans son église au lieu d'y mettre la paix, comme son serment l'y obligeait, et décida qu'en cas d'absence il serait privé des revenus de sa prébende. Signalé, selon son expression, comme le boute-feu de sa propre maison, blessé de se voir injurié par des subordonnés, regardant comme une monstruosité que des chanoines eussent la hardiesse de s'ériger en juges de leur évêque, convaincu de leur passion et de leur mauvaise foi, d'Attichy répondit, de son côté, avec un ressentiment d'amertume et parfois avec un ton de causticité qui témoignent d'un mépris justement mérité (2).

Il obtint, en 1657, du parlement de Dijon, un arrêt qui le maintenait dans le droit de posséder un dais élevé au-dessus de trois marches et surmonté de ses armes, pour assister aux offices dans l'église

---

(1) Mémoire servant d'instruction sur plusieurs difficultés avec le chapitre, etc. (Arch. de l'évêché.) Gagnare, p. 239.

(2) « *Factum* pour Mgr l'évêque d'Autun, défendeur, etc., contre les chanoines, etc., 4 pages d'impression. — Transaction du 8 novembre 1654. (Arch. de l'évêché.) — Reg. capit., 3 novembre 1656. La délibération qui privait l'évêque de ses revenus, en cas d'absence, portait également que les membres du chapitre qui avaient refusé de signer l'acte par lequel on avait résolu de défendre contre ses demandes sortiraient de l'assemblée, quand il s'agirait de ses affaires. Cet acte porte la signature de vingt-deux chanoines. (Reg. capit., 3 août.)

cathédrale, soit en costume d'évêque, soit en costume de chanoine ; dans celui de se faire accompagner par ses bedeaux et de les placer aux deux côtés de cette chaire épiscopale, les masses élevées. Un second arrêt ordonna que les mémoires renfermant des paroles injurieuses à son égard et que les délibérations capitulaires qui les avaient approuvées seraient supprimés. Défense était faite aux chanoines qui les avaient avoués (dix seulement s'y étaient opposés) d'en garder copie, de les publier et divulguer. Cet arrêt leur recommandait de présenter dorénavant leur défense en termes civils, ne pouvant offenser l'honneur et le respect dus à la personne et à la dignité de l'évêque. Il leur enjoignait de députer deux d'entre eux auprès de lui, afin de lui témoigner leur déplaisir et de le prier d'oublier ce qui s'était passé, réparation dont l'évêque consentit généreusement à les dispenser (1).

Le chapitre, mécontent de ces décisions, s'occupa avec ardeur de solliciter l'évocation de ses procès au conseil privé et leur renvoi devant un autre parlement. Il obtint de celui de Dijon de revenir par requête civile contre ces arrêts, tandis que d'Attichy plus diligent obtenait lui-même le renvoi de ses contestations devant le parlement de Paris. Mais cette guerre envenimée, ces procédures traînant en longueur finirent par lasser les deux parties ; elles consentirent à s'en rapporter à l'arbitrage de cinq conseillers du parlement. Les chefs de demande furent

(1) Mémoire, p. 18.

réduits à huit; la réparation des injures, au sujet desquelles le syndic du chapitre ayant déclaré qu'il en avait déplaisir, les parties furent mises hors de cause, la conservation à l'évêque des émoluments de sa prébende en cas d'absence, la faculté de se faire précéder dans l'église par ses bedeaux, celle de donner place à côté de lui à son aumônier et de se faire servir par lui à la messe pontificale, etc. Quant à la juridiction, le chapitre la conservait comme par le passé et ne reconnaissait d'autorité à l'évêque que sur ceux de ses membres qui étaient ses officiers ou pourvus d'une cure, et en ce qui concernait seulement les choses dépendantes de ces offices et de ces cures. Cette transaction, qui ne changeait rien aux relations juridiques de l'évêque et du chapitre, apaisa pour un instant la discorde, mais elle ne tarda pas à se réveiller sur un autre point. Ce fut peu de temps après que les deux chanoines Rabyot et Jacquin, au mépris d'une ordonnance soumettant à un examen et à une retraite les ecclésiastiques qui se disposaient à prendre les ordres, allèrent se faire ordonner par l'évêque de Bâle. Cette dernière insulte à la juridiction épiscopale décida d'Attichy à revenir sur cette transaction, et son appel était au parlement de Dijon lorsque la mort vint le surprendre (1).

La question en était restée là durant les premières

---

(1) Gagnare, p. 240, 440. — Voyez, sur les contrariétés éprouvées par d'Attichy, de la part du chapitre, sa lettre au conseiller Malteste, aux pièces justificatives. — Reg. capit., 20 septembre, 1, 11, 29 octobre 1659; 4 novembre 1661; 9 janvier 1662; 18 janvier, 14 juin, 3 juillet 1664, etc.

années de l'épiscopat de Roquette. Au mois de février 1679, quelques jours après avoir fait signifier au syndic l'arrêt du conseil qui rétablissait Sénaux dans les revenus de sa prébende, il se décida, en présence d'un projet de pourvoi formé par le chapitre, à reprendre le procès relatif à la juridiction épiscopale. Il présenta au conseil une requête tendant à obtenir la présidence du chapitre et à obliger ses membres à se pourvoir de son approbation pour conférer le sacrement de pénitence. Cette dernière demande était conforme aux décisions du concile de Trente qui interdisait à tout prêtre, séculier ou régulier, de conférer ce sacrement avant d'avoir obtenu le consentement de l'évêque, attendu que son administration n'était pas attachée à la possession d'un bénéfice, mais appartenait à ceux qui avaient reçu de leur évêque charge d'âmes. Elle n'en blessa pas moins le chapitre qui, au nom de ses anciens priviléges, résistait sur ce point comme sur plusieurs autres à la discipline promulguée par le saint concile. A la lecture de cette requête, il se jeta dans des plaintes contre l'évêque, et faisant allusion à l'admission dans la compagnie de Binier, son secrétaire, et de Sénaux, son neveu, il lui reprocha « qu'au lieu d'avoir de la reconnaissance pour tant d'honneurs et de bienfaits que lui, ses parents, ses domestiques, avaient reçus si libéralement du chapitre, il semblait vouloir l'opprimer en l'attaquant dans ses plus beaux droits. » Il décida de se défendre par toutes les voies justes et raisonnables, et comme la question concernait tous les chapitres exempts, il résolut d'adresser une circulaire à toutes les églises cathédrales de France (1).

Cette circulaire renfermait un blâme, sinon contre l'épiscopat en général, du moins contre les évêques qui cherchaient à soumettre à leur juridiction les chapitres privilégiés. « C'est un travail, disait-il, de plusieurs siècles : il n'y a rien qu'ils ne fassent pour en venir à bout ; ils emploient tout leur art et toute leur puissance, et n'ont, pour y parvenir, qu'un même esprit. Ils nous attaquent les uns après les autres, et si nous ne prenons une prompte et ferme résolution d'opposer l'union à l'union dans la défense de nos communs droits, nous nous verrons insensiblement dépouillés de ce que nous possédons depuis si longtemps de plus beau et de plus vénérable. Pour vivre en paix et en parfaite harmonie avec notre évêque, le chapitre a tâché de le combler d'honneurs, et ses parents de bénéfices ; mais les bonnes causes ont produit de mauvais effets, puisque, pour toute gratitude et retour, il nous a suscité deux procès considérables. » Il demandait qu'on lui envoyât des extraits des titres concernant les exemptions capitulaires ; il sollicitait des conseils, proposait des mesures pour défendre, tous ensemble, par leurs députés à l'assemblée générale du clergé, des droits qui leur étaient communs (2).

De son côté, Roquette consulta plusieurs de ses collègues sur les points en litige, notamment sur la

---

(1) Reg. capit., 28 janvier, 3, 27 février 1679.

(2) Lettre circulaire du chapitre d'Autun aux autres chapitres pour les engager à le défendre. (Arch. de l'évêché.)

place qu'ils occupaient dans les chapitres. Ils attestèrent, par leurs lettres et par des extraits de procès-verbaux, que non seulement ils y possédaient la préséance, mais encore la présidence. Il demanda des mémoires aux canonistes les plus célèbres. Le père Thomassin, de l'Oratoire, le renvoyant aux passages de son livre sur la discipline de l'Église où la question était traitée, lui rappela que les évêques, successeurs des apôtres, vicaires de Jésus-Christ dans leurs diocèses, revêtus de la plénitude du sacerdoce dont les autres ordres n'étaient qu'un écoulement, ne pouvaient être présidés par leurs inférieurs; que les chapitres n'avaient jamais pu former de corps et de société que par l'institution de l'évêque qui était leur fondateur et qui restait leur souverain. L'avocat Nouet taxa simplement de cabale la circulaire adressée par le chapitre d'Autun aux autres chapitres de France, « afin de les voir tous ensemble contre les évêques, de révolter le sacerdoce contre l'épiscopat, conduite contraire aux lois du royaume, à l'esprit du conseil du roi, et qui ne pouvait manquer de paraître odieuse (1). »

En présence des arrêts chaque jour plus nombreux qui faisaient prévaloir ces principes dans l'Église de France, le chapitre ne se sentait pas rassuré; les débuts de l'instance lui en avaient fait prévoir l'issue. Un premier arrêt (12 septembre 1678), en décidant qu'il serait assigné au conseil

(1) Lettres de MM. Fourcroy, Chéron, Nouet, des évêques de Castres, Montpellier, etc., avec des extraits à l'appui. — Consultation du P. Thomassin.

privé, donna provisoirement à l'évêque pleine juridiction sur ses membres, jusqu'à ce qu'il en fût autrement ordonné. Un second arrêt, rendu sur une demande de renvoi par les chanoines devant le parlement de Paris, statua que les parties plaideraient devant le conseil. Dans cette demande en déclinatoire, les chanoines reproduisaient contre l'évêque les mêmes reproches que dans leur mémoire au clergé. Au lieu d'entretenir, disaient-ils, par un esprit de paix et de concorde l'union avec le chapitre qui s'était étudié à lui rendre tous les respects et les honneurs possibles, il y avait porté le trouble par des procès et des voies qui tenaient de la vexation ; il ne cherchait qu'à y introduire des nouveautés inconnues de ses prédécesseurs. Aucun d'eux n'avait prétendu le présider, à l'exclusion du doyen qui en était le chef, recueillait les voix et prononçait les délibérations. L'évêque avait toujours pris séance à côté de lui ; il n'y possédait entrée qu'en qualité de chanoine et, comme tous les autres, que voix délibérative. La défense faite au doyen d'approuver des prêtres pour l'administration des sacrements dans l'église cathédrale était également une nouveauté, car l'évêque n'était investi d'aucune juridiction sur ses membres ; « mais, ajoutaient-ils, il avait l'esprit dominant de vouloir être le maître partout (1). »

Ils se répandirent en récriminations et en re-

(1) Production de MM. les chanoines d'Autun contre Mgr l'évêque. — Avis de M. Simon, avocat à Paris, pour le chapitre d'Autun, du 13 août 1680. (Arch. de l'évêché.)

proches, l'accusèrent d'ingratitude et de manque d'égards envers la compagnie. Il ne leur avait, disaient-ils, ni donné avis de sa promotion à l'évêché d'Autun, ni prévenu du jour où il devait prendre possession; il n'avait pas rendu de visites aux quatre chanoines qui étaient allés le complimenter à Avallon, quoiqu'il en eût fait de nombreuses dans cette ville. Il n'avait jamais communiqué ses bulles au chapitre et demandé, comme l'avaient fait ses prédécesseurs, leur insertion dans les registres capitulaires. Il n'avait pas eu assez de considération à leur égard pour porter, dans le chœur de leur église, l'habit de chanoine, malgré les remontrances respectueuses qu'on lui avait adressées à ce sujet. Ils lui reprochaient les dignités et les prébendes qu'ils avaient accordées à ses officiers; des eaux de leurs fontaines qu'ils avaient cédées pour l'ornement de sa maison épiscopale, quoique le public et les membres de l'Église eussent intérêt à s'y opposer; une contribution de trente mille livres qui avait été, à deux fois différentes, assise sur le clergé, sans que le chapitre eût été consulté, sous prétexte de bâtir le séminaire, mais qui, en réalité, n'avait servi qu'à améliorer des affaires particulières. Il ne résidait presque jamais dans son diocèse; il n'assistait au service de leur église qu'à certains jours de fêtes solennelles, et encore il omettait une partie des offices. Il omettait dans ses mandements la formule : « par la grâce de Dieu, évêque d'Autun. » Il s'employait dans des procès intentés par des particuliers contre le chapitre. Son promoteur, Morel, était un réfractaire d'ordres, sans titre, sans institution, sans aucun aveu. Ils proposaient de lui demander compte de l'emploi des sommes affectées à la construction du séminaire, ainsi que d'autres deniers et revenus (1).

L'arrêt qui retenait l'affaire devant le conseil privé ne pouvait laisser aucune illusion aux chanoines. Jugeant d'avance leur cause perdue, ils accueillirent volontiers la proposition que leur adressa le doyen de terminer à l'amiable leurs procès avec Roquette et Sénaux. Ils l'autorisèrent à passer un compromis pour nommer des arbitres et leur indiquer la direction qui semblerait utile à leurs intérêts. Ils firent prier l'évêque par quatre d'entre eux d'accepter cet arbitrage. Mais, soit faute de s'entendre, soit défiance dictée par leur esprit de ténacité, Roquette refusa. Ils ne se tinrent pas pour battus. Invoquant l'esprit de l'Église qui veut, disaient-ils, que l'on cherche par tous les moyens la paix et l'union, et afin d'éviter de grands frais pour leur défense, les revenus de l'Église étant très-modiques et ses charges considérables, ils insistèrent sur la rédaction d'une cédule, la plus honnête possible, par laquelle le révérend évêque serait supplié de terminer leurs différends à l'amiable ; mais cette cédule signifiée à Roquette demeura sans résultat (2).

(1) Note ou projet de mémoire, sans date, intitulé : « Mémoire de M. Flamant. » (Arch. de l'évêché.)

(2) Reg. capit., 7 et 28 avril, 9, 19 et 24 septembre 1679; 26, 27 janvier 1680. — Ces arbitres étaient MM. de Caumartin, Fevret et d'Argouges, désignés par le prince de Condé et par le cardinal de Retz.

Afin de fléchir sa juste sévérité, ils ne craignirent pas de présenter aux officiers du bailliage une requête dans laquelle ils leur demandaient d'attester la régularité de leur genre de vie. Ils célébraient, disaient-ils, le service divin avec toutes les convenances possibles, avec toutes les cérémonies prescrites, chantant au nombre de cinquante prêtres. Il y avait peu d'églises qui pussent rivaliser avec la leur en exactitude et en solennité, de sorte que le public était pleinement édifié. Tant en corps qu'en particulier, ils menaient une vie exemplaire, et on ne pouvait avoir contre eux aucun sujet de plainte. Ils pensaient plutôt à servir Dieu et à s'acquitter de leur office qu'à s'attacher aux intérêts et aux revenus temporels qui, pour chacun d'eux, atteignaient à peine cinq cents livres. Les officiers du bailliage se prêtèrent complaisamment à attester la sincérité de cette requête hypocrite qui fut remise à l'évêque (1).

Ils écrivirent à leurs députés à Paris, en les engageant à présenter un placet au roi. Ils décidèrent de leur envoyer plein pouvoir, afin de terminer les difficultés pendantes au conseil « avec l'illustrissime et révérendissime évêque. » Ils étaient, disaient-ils, accablés de dettes et de procès, soit entre chanoines et bénéficiers de l'église au sujet de leurs prébendes, soit avec des particuliers au sujet de leurs propriétés et de leurs revenus. Ils n'envisageaient pas sans tristesse cette crise nouvelle qui les menaçait dans leur

(1) Pièce en date du 17 juin 1680. (Arch. de l'évêché.)

indépendance, et le syndic Joudon proposa de recourir à Dieu afin d'obtenir de sa miséricorde un meilleur succès qu'ils n'en avaient eu jusqu'à présent dans leurs affaires, « de la suite desquelles ils avaient sujet d'appréhender de grands inconvénients. » On décida donc que l'on célébrerait neuf messes solennelles, trois du Saint-Esprit, trois de la Sainte-Vierge, trois de Saint-Lazare, et que, pendant leur durée, on ouvrirait le grand reliquaire renfermant les restes de ce saint patron, afin d'obtenir du ciel les secours nécessaires pour le bien de l'Église (1).

Le ciel finit par se laisser fléchir, et l'évêque aussi. Le chapitre fut condamné par un arrêt du conseil (27 juillet 1680) qui adjugeait à ce dernier toutes ses demandes ; mais, au lieu de s'en prévaloir, Roquette, satisfait d'avoir mis le droit de son côté, consentit, à la prière de Sénaux dont la charité et la douceur lui inspiraient une profonde estime, à accepter une transaction. Elle portait sur quatre points : la juridiction de l'évêque sur l'église cathédrale et sur ses membres, l'approbation des prêtres qui voudraient conférer le sacrement de pénitence et recevoir charge d'âmes, la présidence du chapitre, le cérémonial de l'église.

A l'égard de la juridiction, le chapitre la conservait pleine et entière, mais en première instance seulement. Il était tenu d'élire dans son sein, afin de l'exercer, un promoteur et un official renouvables tous les trois ans. Ils devaient procéder, dans la

(1) Reg. capit., 16, 29 mars, 6, 7 avril, 3 juin, 12, 27 juillet, 26 août, 23 décembre 1680.

huitaine, contre les coupables qui leur étaient dénoncés, soit par les parties intéressées, soit par d'autres personnes, soit par une signification faite à la requête de l'évêque. Ce délai passé, le promoteur et l'official de l'évêché pouvaient s'emparer de la poursuite, et le chapitre perdait le droit d'immixtion dans la procédure, de même que l'accusé perdait le droit de demander son renvoi devant la justice capitulaire. En toute cause civile ou criminelle, l'appel des sentences de l'official du chapitre ressortirait du tribunal de l'évêque, puis de celui du métropolitain, conformément au concordat et aux usages du royaume.

La cure des âmes ou le soin spirituel des membres de l'église cathédrale restait au doyen, sans qu'il fût obligé de prendre l'approbation de l'évêque; seulement, le vicaire du chœur qui leur administrait les sacrements était tenu de prendre cette approbation, et le chapitre ne pouvait se servir pour cette administration que de prêtres approuvés par l'évêque.

La présidence des chapitres ordinaires et généraux appartenait au doyen comme par le passé; mais l'évêque se réservait celle du chapitre général de la Saint-Jean-Baptiste qui était consacré à la réformation des mœurs. On devait s'y occuper des cérémonies de l'église, de l'administration des sacrements, de la discipline du chœur, des mœurs, et le tenir dans le palais épiscopal avec une solennité particulière. L'évêque en faisait l'ouverture par une exhortation qu'il prononçait lui-même ou dont il chargeait un membre du chapitre. Le droit de proposition appartenait au prélat et au syndic de la compagnie ; les résolutions étaient insérées sur les registres capitulaires avec la signature de l'évêque et ne pouvaient être changées que dans un autre chapitre général auquel il assistait. Si, dans l'intervalle, leur application présentait des difficultés, elles étaient déférées par le syndic à l'évêque et au chapitre qui désignaient chacun trois membres pour les résoudre, à la majorité des voix, dans une réunion tenue à l'évêché. Quand l'évêque se trouvait absent de la ville au moment du chapitre de la Saint-Jean, cette assemblée se réunissait, comme par le passé, dans la salle capitulaire sous la présidence du doyen, et les questions soulevées par les réglements étaient résolues dans les chapitres ordinaires ; mais on ne pouvait, en pareil cas, rien changer au texte de ces réglements. Les contrevenants devaient être punis dans le chapitre même, sans retard et sans procédure, à moins que la cause ne fût assez grave pour nécessiter une instruction judiciaire ; dans ce cas, elle était, nous l'avons dit, déférée au chapitre en premier ressort, et, en second, au tribunal de l'évêque.

Quant au cérémonial, on devait en dresser un sous la présidence de l'évêque, avec le concours des membres les plus expérimentés dans les usages de l'Église, choisis les uns par le chapitre, les autres par Roquette (1).

(1) Voyez cette transaction dans Gagnare, p. 634.

Cette transaction fut signée le 21 février 1681. Les chanoines se trouvèrent heureux d'en être quittes à pareil compte. Un contrat quasi-volontaire les blessait moins dans leur orgueil qu'un arrêt qui leur eût été imposé par une cour de justice. Si Roquette avait donné une preuve de fermeté en poursuivant ses instances malgré les réclamations du chapitre, il en avait donné une non moins grande de sa prudence en renonçant à se prévaloir de la chose jugée. L'expérience du passé, la connaissance des hommes, lui avaient appris que c'est seulement par de moyens termes que l'on peut passer d'un état de choses séculaire à un état tout nouveau. Il se contenta donc de faire reconnaître son autorité de premier pasteur du diocèse, et pour accomplir le bien qu'il en attendait, il compta en grande partie sur l'esprit de persuasion. Il tint, du reste, à effacer promptement toutes traces de dissentiment entre lui et la compagnie. Nous voyons dans les registres capitulaires, moins d'un mois après cette transaction, qu'il continuait de s'occuper à Paris, comme par le passé, des affaires du chapitre. De leur côté, les chanoines ne tardèrent pas de lui témoigner leur reconnaissance en mettant fin au procès des lettres *de comitatu*. « Par considération que le sieur de Sénaux était vicaire général et parent du seigneur évêque, ce qui l'engage plus particulièrement à lui, » ils le rétablirent sans réserve dans les fruits de sa prébende et décidèrent qu'à l'avenir, aussi longtemps et en quelque lieu qu'il se trouvât avec l'évêque, il serait considéré comme présent et les toucherait intégralement (1).

Nous avons insisté sur la modération dont Roquette fit preuve en cette circonstance, et nous devons ajouter que l'avenir lui donna raison, car un de ses successeurs, dont la mémoire n'a pas soulevé les mêmes reproches que la sienne, vint échouer là où il avait réussi. En 1735, Thomas de la Valette, désirant établir dans le diocèse une discipline uniforme et à la suite de mécontentements que lui avait donnés le chapitre, s'attaqua de nouveau à son exemption; il en demanda la suppression complète et poursuivit devant le conseil privé l'annulation de la transaction de 1681. Son avocat le prit sur un ton très-haut avec les chanoines. « Il est des hommes, disait-il, pour qui toute subordination est un joug insupportable; le droit commun semble n'être pas fait pour eux; au lieu de suivre les routes que les lois ont formées, ils se fraient des sentiers pour marcher, s'il se peut, à côté, même au-dessus de leurs supérieurs. Le chapitre d'Autun se distingue par cette haine de la dépendance; il n'a rien omis dans tous les temps pour s'y soustraire, et l'inutilité de ses efforts n'a pu le réduire à se soumettre à une autorité légitime. » La Valette demandait l'exécution pure et simple de l'arrêt du 27 juillet 1680. Il prétendait que rendu contradictoirement entre les parties, cet arrêt avait acquis au siége d'Autun un droit

---

(1) Reg. capit., 29 mars, 16 septembre 1681. — Réponse de Mgr l'évêque d'Autun (la Valette) au second mémoire du chapitre de la cathédrale d'Autun, signifié le 20 août 1738, in-f°, p. 2.

irrévocable auquel Roquette n'avait pu porter atteinte. La transaction qui l'avait suivi était, disait-il, nulle de plein droit à raison de différentes irrégularités dans la procédure, et parce que l'arrêt portant le caractère de l'autorité suprême, il n'appartenait qu'à cette autorité de le révoquer, soit par des lettres, soit par un arrêt ultérieur. Ses dispositions étaient, du reste, conformes au droit commun. Les livres saints, les canons des conciles, l'ordonnance d'Orléans avaient établi dans des termes si précis la juridiction des évêques, que les titres ou la possession invoquée par la plupart des chapitres prétendus exempts n'avaient aucune valeur aux yeux de la jurisprudence. On devait considérer la transaction intervenue entre Roquette et le chapitre comme un contrat privé, liant les deux contractants durant leur vie, mais n'engageant pas leurs successeurs. Elle était nulle en vertu de ce principe qu'on ne peut transiger sur une chose jugée; elle ne pouvait d'ailleurs fixer d'une manière irrévocable l'état du siége épiscopal d'Autun (1).

La Valette réclamait donc une juridiction directe sur tous les membres de l'église, le droit de présider toutes les assemblées capitulaires, d'en diriger les débats, d'en prononcer les conclusions, de les réunir extraordinairement quand bon lui semblerait. Il demandait que les prêtres administrant les sacrements dans les églises appartenant au chapitre fussent tous

(1) Mémoire au roi et à nos seigneurs du conseil privé, par G. Thomas de la Valette, évêque d'Autun, contre les doyen, chanoines et chapitre de l'église cathédrale, in-f°, *passim*.

approuvés par lui. Ce dernier, durant le cours de l'instance, consentit que le doyen prît pour lui-même cette approbation. Il répondit sur les autres points, avec modération, aux mémoires dans lesquels les conseils de l'évêque attaquaient parfois avec violence son esprit d'indépendance et les abus que son exemption avait perpétués. Après une procédure de dix années qui l'empêcha de résider dans son diocèse, la Valette perdit son procès, et un arrêt du conseil de 1747 ordonna l'exécution de la transaction de 1681, comme par le passé (1).

La juridiction du second degré acceptée par Roquette contribua-t-elle à réprimer les abus qui existaient au sein du chapitre et à le relever par degrés de son abaissement? Nous le croyons, et le chapitre lui-même semble s'en être servi le premier pour arriver à la répression. Au moment où son procès était encore en instance, il montra envers trois de ses membres, Anthouard, Ovolat et Grusot, une sévérité dont il avait rarement usé jusque-là. Il comprit que l'époque des atermoiements était passée, qu'il fallait faire lui-même sa propre police, s'il n'en voulait laisser le soin à l'évêque, et subir par là un amoindrissement dans son autorité. La nomination d'un nouveau doyen vint lui rendre cette tâche plus facile. Au mois de mars 1682, Érard de la Magdeleine de Ragny, qui n'avait cessé, pendant la

---

(1) Mémoire au roi et à nos seigneurs du conseil privé, etc., *passim*, et Gagnare, p. 273, 443, 638.

durée de son exercice, de s'occuper à Paris des affaires de la compagnie, ayant résigné cette dignité, on lui donna pour successeur Gilbert de Rostaing, prieur de Pommiers, qui fut installé avec grande solennité, en présence de plusieurs membres de la noblesse du pays : Gaspard Jeannin de Castille, marquis de Montjeu, Éléonore de Choiseul, marquis d'Éguilly, Louis comte de Beaujeu, Éléonore de Traves-Choiseul et René Bonneau, abbé de Saint-Martin (1).

Ce choix, soit qu'il ait été conseillé par Roquette, soit qu'il fût dû à l'initiative du chapitre, était un excellent choix. Rostaing seconda avec fermeté la répression contre les membres de l'église qui étaient coupables, en même temps qu'à la suite de décès cette dernière se recruta parmi des sujets plus dignes. L'épuration s'accomplissait par degrés, et, à dater de cette époque, les registres capitulaires ne mentionnent plus de scandales honteux à la charge des membres les mieux placés et quelquefois des dignitaires de la compagnie. Une justice boiteuse ne se traîne plus, comme autrefois, sur les traces des coupables, mais elle leur applique sans retard le châtiment mérité. C'est sans doute à cette sévérité qu'il faut attribuer la rentrée dans la vie laïque de quelques jeunes chanoines dont la vocation mal éprouvée ne pouvait se décider à prendre les ordres ; l'interdiction du chapelain Jean Deschaulmes ; l'expulsion et la fuite de trois ou quatre chapelains et habitués qui,

---

(1) Reg. capit., 9 avril 1682.

sans prévenir de leur départ, s'en allèrent chercher ailleurs un régime plus facile (1).

Si l'on dresse le bilan des méfaits signalés par les actes capitulaires et par les procès-verbaux d'enquête, de l'année 1680 à l'année 1700, on remarque une diminution notable dans leur nombre, ainsi qu'un redoublement d'aggravation dans l'application des châtiments. Le chanoine Guillaume Pigenat, dont les allées et les venues dans la maison de deux femmes qu'il prétendait être ses parentes avaient donné lieu à des plaintes devant les magistrats de la ville et devant le syndic du chapitre, en est exclu pendant quatre mois à raison d'injures prononcées contre ses confrères et de fréquentes récidives d'interruption. Trois chapelains, ayant refusé de dire la messe au jour indiqué sur le rôle affiché dans la sacristie, sont menacés de la privation de leurs revenus. L'un d'eux est obligé d'aller faire des excuses au vicaire général de l'évêque à qui il avait manqué de respect, et interdit du pouvoir de confesser. Un jeune chapelain ayant répondu à Sénaux, président du chapitre, qu'il ne voulait pas se conformer à une ordonnance prescrivant aux chapelains non encore inscrits de se tenir, les jours de fêtes, près des piliers du chœur, et qu'il préférait qu'on lui donnât son congé, reçoit l'ordre de se soumettre, de demander pardon, sinon de quitter immédiatement

---

(1) Reg. capit., 19 décembre 1682; 12 juin 1683; 2 mars, 4 mai 1685; 3 décembre 1688.

l'église. Deux habitués, Pierre et Méreau, ayant, à la procession des Rogations, abandonné la croix qu'ils portaient, pour aller boire dans la maison du curé pendant que le clergé était en station dans une église du faubourg, sont condamnés à faire le chandelier durant huit jours. La première messe du matin ayant manqué, faute par le prêtre qui devait la dire d'avoir été prévenu en termes assez clairs par Étienne Barlier chargé de lui donner cet avis, le chapitre condamne cet habitué à faire brûler devant l'autel un cierge de trois livres, et à en dire une lui-même en réparation de sa négligence. On prononce, au profit de la fabrique, une retenue de trois livres contre les chanoines, et d'une livre dix sols contre les chapelains qui manqueraient dorénavant aux offices. Sébastien Corneault, pour avoir préparé l'autel trop tard et oublié d'apporter la burette de vin à la messe qu'il devait servir, est privé de vin pendant huit jours. Le chapelain Pallier, qui disait la messe avec précipitation, fréquentait les cabarets et ignorait le plain-chant, est condamné à se retirer, pendant quinze jours, auprès d'un des archidiacres et menacé de se voir lever l'habit si, dans six mois, il n'est pas corrigé. Le chapelain Étienne Boullay, ayant refusé de porter la croix aux processions et mal répondu aux observations qu'on lui adressa à ce sujet, est condamné à assister à toutes les processions (1).

(1) Reg. capit., 13 juin 1681; 12 juin, 14 avril, 16 juin 1682; 29 août 1692; 4 mars 1695; 11 juillet 1698, etc. — Sentence contre Étienne Pallier, du 4 mars 1695. (Arch. de l'hôtel-de-ville.)

Si ces prêtres ne se corrigeaient pas complètement, ils observaient du moins une plus grande déférence envers le chapitre, et quelques-uns, en présence d'un châtiment, acquiesçaient d'avance à ses décisions. On leur faisait signer l'aveu de leur faute et leur soumission à la pénitence infligée. Ainsi souscrivent, au bas d'un acte capitulaire, le chanoine André Dupasquier et le sous-chantre Philippe Gonneau, condamnés, à propos d'un désordre nocturne, le jour du jeudi saint, l'un à demander pardon au chapitre, à la privation durant un mois de l'entrée du chœur et des revenus de sa prébende qui étaient appliqués aux malades de la ville, au jeûne deux fois par semaine, à la récitation quotidienne des sept psaumes de la pénitence, à huit jours de prison dans la maison du vicaire; l'autre à la privation, pendant huit jours, de l'entrée du chœur, de ses distributions également applicables aux malades, et à recevoir correction de la bouche du doyen (1).

Tous deux se soumettaient, mais tous deux avaient grande peine à se corriger. Le sous-chantre sortant, un soir, de souper chez une demoiselle de Bussy dont la maison lui avait été défendue, rencontra les chanoines Dupasquier et Simon de Montagu, l'habitué Delarue et deux habitants de la ville qui menacèrent de le mener en prison. Il rentra dans la maison de la demoiselle de Bussy dont ceux-ci firent mine d'enfoncer la porte, et, vers cinq heures du matin, il s'en fit ouvrir une autre qui

---

(1) Reg. capit., 25 mars 1693.

communiquait avec la maîtrise. Ces quatre individus étaient assurément les plus mauvais sujets de l'église. Gonneau signa une soumission par laquelle il promettait de chanter en musique chaque fois qu'il en serait requis, de sortir sans délai s'il rencontrait quelque part la demoiselle de Bussy, de ne jamais lui adresser la parole. Mais Dupasquier ne cessait de fréquenter cette fille, piége tendu à la fragilité des jeunes chanoines. Il avait de fréquentes querelles à son sujet. Il courait les nuits en habit court, commettait des vols, des violences, et troublait l'ordre jusque dans le chœur. Le jour du jeudi saint, au retour d'une procession « qui se faisait tous les ans afin d'honorer la passion de Notre-Seigneur, » il maltraita de paroles et de coups un prêtre encore revêtu de ses habits d'église. Poursuivi par l'official, sur la plainte de cette demoiselle de Bussy, du bourgeois Rafatin et du greffier de la temporalité, il fut interdit de l'entrée du chapitre et privé pendant un mois de ses revenus. Montagu, espèce d'insensé que ses parents avaient fait enfermer au couvent des Cordeliers, en était sorti grâce à l'intervention charitable de quelques-uns de ses confrères. Il fréquentait les brelans, les cabarets, les femmes débauchées. Surpris dans des lieux écartés et dans des positions fâcheuses, il avait été battu, dépouillé de ses habits, « accablé d'autres indignités dans sa personne. » Il résigna, de sa propre volonté, sa prébende dont il avait joui pendant plus de vingt ans, et le chapitre consentit à lui conserver le titre de chanoine d'honneur ; mais en présence de l'ignominie dans laquelle il était tombé, il fut obligé, trois ans plus tard, de le déclarer déchu de cette qualité, du droit de porter l'habit et de dire la messe. On chassa également l'habitué Guillaume Corneault, coureur de nuit, qui changeait à chaque instant de domicile. On obligea à se retirer pendant quinze jours, dans une communauté, le chapelain Bertier, contre lequel on murmurait pour avoir gardé quelque temps une fille. Enfin on interdit *a divinis*, pendant deux jours, le chapelain Edme Masson qui avait tiré les cheveux et donné un coup de pied à un enfant de chœur qu'il trouva assis sur un banc sur lequel étaient des chapes (1).

Nous ne pousserons pas au-delà des dernières années du siècle cette enquête sur les péchés des gens d'église. Nous ne parlerons pas des contestations au sujet de leurs dignités et de leurs prébendes. Quoiqu'on fût habitué, à cette époque, à faire de tout une question de procédure et qu'on ne vît pas ces contestations de mauvais œil, il s'en faut de beaucoup qu'elles fussent aussi fréquentes et qu'elles portassent un caractère aussi agressif que par le passé. Sur ce point, comme au sujet des mœurs, le chapitre se montra plus attentif à étouffer la discorde et à sauvegarder l'honneur de l'église (2).

(1) Reg. capit., 25 mars 1693 ; 23 novembre, 1, 28 décembre 1696; 25 janvier 1697; 9 janvier 1694; 28 décembre 1696; 28 septembre, 28 juin 1698, etc. — Requête de M. Étienne Bouffard, chanoine, etc., contre Me André Dupasquier, du 16 juillet 1693. (Arch. de l'hôtel-de-ville.)

(2) Reg. capit., 20 novembre 1699; 11 janvier, 10 avril 1701; 27 janvier, 14 juillet, 17 novembre 1702.

Il laissa donc prise, le moins possible, à la juridiction en second ressort de l'évêque qui, de son côté, ne négligea pas le droit de remontrance qu'il avait obtenu. Aux chapitres de la Saint-Jean Baptiste, il entra dans tous les détails concernant la tenue du service divin. Une note, écrite de sa main, sous ce titre : « Mémoire pour le temps que je tiens un chapitre général, » le montre préoccupé de recommander aux enfants de chœur la modestie, de ne point rire et dormir dans l'église, de s'appliquer à l'étude du chant, d'observer les réglements qui leur étaient donnés pour leur avancement dans la piété et leur instruction dans la langue latine. Il recommande à leur maître de les tenir proprement, de veiller sur leurs mœurs, de ne laisser aucune faute impunie. Il invite les quatre sous-chantres à s'acquitter du service avec toute la décence possible. Ils devront être assidus au chœur, disposer tout d'avance pour l'office du jour, avertir ceux qui doivent lire les leçons et annoncer les antiennes, faire marquer les médiantes, empêcher l'anticipation des versets les uns sur les autres, veiller à ce que chacun assiste au service divin avec modestie, sans y causer et y dormir. Si un chanoine refuse de dire les leçons et les répons qui lui seront indiqués par un sous-chantre, ce dernier en préviendra la compagnie au prochain chapitre. Les chapelains se trouveront avec exactitude au commencement des heures canoniales, chanteront avec modestie et sans précipitation. Le vicaire est averti de parler plus distinctement quand il administre les sacrements aux malades, quand il dit les leçons et les collectes. Il n'est pas jusqu'aux huissiers qui ne soient invités à être plus ponctuels, à entretenir constamment les lampes brûlant devant le saint-sacrement et celles qu'on allumait en hiver, avant matines, pour éclairer les chanoines, à prendre un plus grand soin des ornements de la sacristie, à se pourvoir de l'eau et du vin nécessaires pour les messes, du luminaire qui devait éclairer au commencement des heures régulières et des grand'-messes.

Le premier chapitre général de la Saint-Jean-Baptiste, tenu au palais épiscopal sous la présidence de Roquette après la transaction de 1681, fut celui du 27 juin 1684. Les prescriptions relatives aux cérémonies de l'église et à la conduite des ecclésiastiques portent un caractère plus impératif que par le passé et un accroissement de pénalité contre les délinquants. Elles sont fermes, précises et réclament l'obéissance. Elles ne l'obtinrent pas toujours ; mais l'évêque ne se découragea point. Au chapitre de 1686, également présidé par lui, on augmenta les punitions déjà édictées contre les prêtres qui se promenaient devant l'église pendant les offices, et à l'ancienne amende de trois livres on ajouta la privation de leurs distributions durant huit jours. Les nouveaux chanoines et chapelains qui, passé six mois, ne sauraient pas chanter, devaient en être également privés. On donna des injonctions à l'effet d'expulser de l'église les laïques qui s'y permettaient des conversations et qui, avertis une première fois, seraient surpris en récidive. Le chapitre de 1689 prononça une amende de dix livres contre ceux qui s'absenteraient sans motifs du chapitre général. Il s'occupa d'une manière spéciale de l'éducation des enfants de chœur et donna son assentiment à la réforme du bréviaire. Celui de 1692 insista de nouveau sur l'éducation des enfants qui devaient faire honneur sur tous les points à l'Église, dans laquelle ils étaient appelés à entrer un jour. Il ordonna la révision des statuts et réglements, et prescrivit d'en donner lecture deux fois par an. Celui de 1694 chargea l'archidiacre Dufeu de faire un rapport au chapitre ordinaire sur les chapelains qui célébraient la messe avec précipitation. La mauvaise administration de ces chapelains ayant considérablement diminué les revenus des chapelles, on fut obligé de régler leur service et de réduire le nombre des titulaires. Dans le chapitre de 1696, Dufeu qui le présidait et le syndic Binier recommandèrent aux chanoines de conformer leur vie aux statuts de leur église, aux conseils de l'Écriture sainte, aux canons, plus particulièrement encore que tous les autres ecclésiastiques, leur dignité les obligeant à donner le bon exemple. Celui de 1697 décida que les jeunes chanoines et le clergé inférieur assisteraient aux exhortations adressées au commencement des chapitres ordinaires par son président, ainsi qu'aux remontrances présentées par le syndic. Ceux des années suivantes reproduisent les recommandations relatives aux convenances à observer dans le chœur et à la nécessité, pour les chanoines, d'avoir entre eux toutes les déférences possibles (1).

Nous n'entrerons pas dans le détail des indications données afin d'obtenir ces résultats. Nous nous bornons à signaler une marche ascendante dans les moyens propres à porter la tenue du clergé et du culte vers la plus haute perfection possible. « C'est une belle institution, écrivait, en 1693, le Père de la Chaise à l'évêque d'Autun, que le chapitre *de vitâ et moribus* que vous avez établi dans votre église; c'est assurément une institution singulière et de grande utilité qui ne paraît pas aisée à établir à tout autre qu'à vous, qui avez les manières engageantes et qui vous rendez aisément maître des cœurs (2). »

A cet ensemble de réformes correspondit une mesure ayant pour but d'interdire l'admission dans la compagnie de gens indignes, par la transmission abusive des canonicats. On les regardait comme une sorte de propriété, et c'était à qui se ferait adjuger

---

(1) Reg. capit., 27 juin 1684; 25 juin 1686; 28 juin 1689; 1er juillet 1692; 26 juin 1696; 25 juin 1697; 28 juin 1701; 27 juin 1702; 26 juin 1703; 1er juillet 1704.

(2) Lettre du P. de la Chaise à Roquette, du 22 juin 1693. (Arch. de l'évêché.) — Gagnare, p. 411. Cet auteur signale d'autres réformes introduites par Roquette dans l'office du jeudi saint, à propos de l'absolution des pénitents par l'évêque, et de la distribution du pain et du vin que l'on faisait aux pauvres après le lavement des pieds. Ces cérémonies étaient une occasion de cohue et de disputes. Le jour de la Pentecôte, pour représenter la descente du Saint-Esprit, on faisait tomber dans le chœur, par le trapon de la voûte, un pigeon avec des étoupes, en forme de langues de feu. Cet usage ne disparut que vers le milieu du XVIIIe siècle. (Arch. de l'évêché.)

une prébende par brigue ou surprise. Quand un chanoine était à l'extrémité, ses parents, afin de conserver son canonicat dans la famille comme une portion de son hérédité, lui faisaient signer, quelquefois la veille ou le jour même de sa mort, une procuration par laquelle il le remettait purement et simplement entre les mains du chapitre. Celui-ci s'assemblait à l'instant, à quelque heure que ce fût, même à minuit, et députait vers le moribond deux chanoines amis de la famille, qui ne manquaient pas de rapporter que leur confrère les priait, bien que souvent il eût perdu la parole, d'agréer sa démission et de conférer sa prébende à tel parent ou tel allié. Cet usage avait passé en règle générale, et il existait entre eux la convention tacite de se rendre réciproquement un pareil service. Ceux qui refusaient d'entrer dans ces cabales et de donner leur voix au candidat désigné s'attiraient l'animosité de leurs confrères. Ainsi s'explique la présence, au sein de la compagnie, de personnes du même nom et de la même parenté ; ainsi se trouvaient admis, dans l'église, des jeunes gens ayant embrassé des carrières qui en étaient fort éloignées, ou se trouvant enlacés dans des engagements encore pires. Un projet d'arrêt, annexé à l'exposé de cet abus, semble indiquer que Roquette essaya d'y mettre fin. Dans ce projet, le roi ordonnait que, pour recevoir la démission d'un canonicat, on ne pourrait s'assembler qu'aux heures ordinaires du chapitre et qu'elle serait faite par le titulaire en personne huit jours avant son décès. Elle devait être pure et simple.

sans indiquer de successeur, à peine de nullité (1).

Cette défense lui permit d'agir sur les élections par les conseils et par le vote des hommes qui lui étaient dévoués. Quand lui-même avait jeté les yeux sur un candidat, son secrétaire Binier n'épargnait rien, comme nous l'avons dit, pour le faire arriver. Une nouvelle génération, plus régulière et plus digne, se substituait ainsi peu à peu à celle qui, du temps de Doni d'Attichy, avait été un foyer de scandale. La transformation, assurément, était loin d'être complète, et cette influence toujours active et toujours grandissante de l'évêque lui valait de sourdes rancunes de la part du vieux parti qui regrettait le passé et ses désordres. Une bonne harmonie relative s'était néanmoins établie entre la compagnie et Roquette, et, à partir de la transaction de 1681, aucun incident n'indique qu'elle ait été ouvertement rompue.

Au lieu de disposer, selon son caprice, des prébendes canoniales, le chapitre consentit volontiers à admettre les hommes signalés à son choix et propres à travailler à sa régénération morale. L'évêque ne conféra les huit dignités capitulaires qui étaient à sa collation qu'à des sujets irréprochables, dévoués à ses propres idées. Ces hommes formèrent un noyau qui se concilia le respect et obtint la première autorité. Nous avons déjà parlé de Binier et de Sénaux, prêtres exemplaires, théologiens éclairés, habiles adminis-

---

(1) Projet d'arrêt sur les affaires du chapitre d'Autun. (Arch. de l'évêché.)

trateurs. En 1692, l'église cathédrale fit l'acquisition d'un sujet non moins précieux dans Antoine Dufeu, prévôt de l'église collégiale, que Roquette s'était attaché en qualité de vicaire général. Il l'éleva à la dignité d'archidiacre d'Autun qui était à sa collation, et, en 1697, à la mort de Claude Saulnier, le chapitre lui conféra celle de prévôt de Sussey. Il devint en quelque sorte l'âme de la compagnie. Elle le chargea, lui et Sénaux, d'examiner les jeunes ecclésiastiques qui se préparaient à prendre les ordres. En 1703, à la mort de Rostaing, il fut élu doyen à la majorité de plus des trois quarts des voix du chapitre, malgré l'abstention de Roquette qui, invité à donner son suffrage, répondit que, persuadé de ses excellentes intentions, il s'en remettait à son choix (1).

Il existait depuis plusieurs années, entre le chapitre cathédral et celui de la collégiale de Notre-Dame, un procès au sujet du costume et de la préséance dans les cérémonies où tous deux se trouvaient réunis. Lorsque le chancelier Rolin avait fondé ce chapitre collégial, en obtenant de celui de la cathédrale la cession de l'église Notre-Dame qui lui appartenait, ce dernier, pour faire sentir aux nouveaux chanoines leur infériorité, s'était réservé vis-à-vis d'eux des droits honorifiques. Tandis que les chanoines de la cathédrale se disaient autorisés par

(1) Reg. capit., 15 juillet 1692 ; 12 avril 1697 ; 4 septembre 1693, etc. Le 26 juin 1693, Roquette, assistant au chapitre, fit admettre, comme chanoine, Nicolas Morel, promoteur de l'officialité diocésaine, et, le 30 juillet de l'année suivante, obtint qu'il serait toujours considéré comme présent.

leurs anciens usages et par les décisions des conciles à porter des aumusses en fourrures de petit-gris et d'hermine, à l'instar des prélats, des docteurs, des gens nobles, ceux de la collégiale n'en devaient revêtir que de peau d'écureuil rouge de France, doublées à l'intérieur de menu vair (1).

Condamnés, en 1665, à supprimer les modifications qu'ils y avaient apportées et qui tendaient à les faire considérer comme des chanoines de la cathédrale, ils trouvèrent moyen d'éluder cette défense en retournant leurs aumusses et en mettant à l'extérieur des fourrures de petit-gris moucheté de blanc en façon d'hermine, afin de se rapprocher autant que possible de leurs confrères. Ces derniers portant en hiver des dominos en forme de camail, qui étaient de petit-gris, leurs voisins, qui ne devaient les porter qu'en peau d'écureuil rouge, les doublèrent de velours et de satin cramoisi, et prirent des gants de soie rouge. Ils devaient, aux processions générales, précéder les chanoines de la cathédrale, et, quand on rentrait dans cette église, s'arrêter sur deux lignes, au bas des degrés, pour les laisser passer; mais souvent il leur arrivait d'entrer les premiers, de traverser la nef et le chœur, la croix en tête, au grand dépit de leurs puissants confrères. Enfin, ils devaient envoyer leur prévôt et cinq de leurs membres assister dans l'église cathédrale aux offices, la veille des fêtes de Saint-Nazaire et de Saint-

---

(1) On appelle petit-gris ou menu vair la fourrure d'un écureuil du nord de l'Asie et de l'Europe, d'un gris d'ardoise piqueté de blanc, et qui est très-recherchée.

Celse, patrons du diocèse, et ils cherchaient toute sorte de prétextes pour se dispenser de cette obligation (1).

En 1694, le chapitre leur intenta, à ce sujet, un nouveau procès basé sur les prescriptions du titre de fondation qui, disait-il, devait être sacré pour les uns et pour les autres. Cette demande, ajoutait-il, ne pouvait passer pour vanité ou même pour délicatesse, car les compagnies les plus régulières avaient eu recours de tout temps à la justice afin de maintenir leurs droits. « Dans le siècle passé, deux grands théologiens, députés du Souverain-Pontife, suspendirent le dernier concile pour de pareils droits ; les religieux de Saint-Benoît et ceux de Saint-Augustin sont actuellement en difficulté pour le rang aux États ; M. l'abbé de Cîteaux vient de présenter un placet au roi pour y obtenir un fauteuil, et les contestations qu'on a vues dans l'ordre de Saint-François, qui fait une profession particulière d'humilité pour ses habits, furent sur le point de diviser l'Église et d'y causer un schisme. On ne doit point souffrir de nouveautés ; chaque communauté, chaque particulier doit se contenir dans son rang et dans son état pour le bon ordre (2). »

Cette rivalité se termina, deux ans plus tard, par une transaction qui donnait satisfaction aux deux

---

(1) « *Factum* pour les vénérables chanoines et chapitre de la cathédrale, etc., contre les vénérables chanoines de la collégiale, etc., » 17 pages d'impression in-4°. — Reg. capit., 1ᵉʳ avril, 3 juillet 1665 ; 2 janvier 1666.

(2) *Factum*, p. 3.

parties. Elle avait été facilitée, dans un but de paix et d'union, par l'esprit conciliant du grand chantre Sénaux et de Claude de Ramilly, prévôt de la collégiale. En 1702, soit reconnaissance, soit désir de s'adjoindre un homme recommandable, appartenant à une famille distinguée, le chapitre cathédral conféra à ce dernier un canonicat dans son église. Le nouvel élu s'occupa avec activité des affaires de la compagnie ; il s'employa à l'administration des propriétés, à la poursuite des procès, veilla, en qualité de syndic, au maintien de la discipline. En 1705, Sénaux, successeur de Roquette, appréciant son intelligence et son zèle, le nomma prévôt de Sussey, et il devint un de ses plus utiles collaborateurs ; mais il n'exerça pas longtemps ces fonctions et mourut en 1707, dix-huit mois avant Sénaux lui-même (1).

Tous ces hommes, dévoués au bien de l'Église, cherchèrent à apporter dans l'administration du temporel les mêmes améliorations que dans la discipline. L'une et l'autre se donnaient la main, et le désordre dans la seconde était souvent la conséquence du désordre dans la première. Sur la proposition de Sénaux, ils cherchèrent à établir un partage plus équitable des revenus. Ce partage ne devait s'effectuer qu'au bout de l'année, après avoir prélevé la dépense totale sur la recette. Ils imprimèrent à leurs procès une marche plus rapide et plus économique. L'état de la fortune du chapitre rendait ces réformes de

---

(1) Reg. capit., **10 septembre 1694; 11 mai 1696**, etc.; **6 août 1700; 17 avril 1705; 15 novembre 1707**, etc. — Voyez cette transaction dans Gagnare, p. 640.

plus en plus nécessaires. Le revenu des prébendes avait subi une diminution de plus de moitié, par suite de la déclaration du roi du mois de janvier 1686 qui fixait à trois cents livres le minimum de la portion congrue que les chanoines devaient abandonner sur les grosses dîmes aux vicaires perpétuels desservant les cures à leur collation. Ils invitèrent Sénaux et Dufeu à se trouver, autant de fois qu'ils le voudraient, à la chambre des comptes qui se réunissait une fois par semaine, et à proposer les mesures qu'ils jugeraient utiles. C'était là encore un des côtés faibles de l'Église. On n'assistait plus à ces réunions, de peur d'être chargé de commissions, et on refusait celles qui étaient données. On négligeait le soin des affaires temporelles quand un intérêt particulier ne s'y trouvait pas engagé. Afin de remédier à une pareille négligence, on décida de partager entre un certain nombre de membres la surveillance d'une ou plusieurs propriétés. Les députés à la chambre des comptes leur remirent un mémoire sur l'économie de chacune d'elles; mais, en même temps, on leur interdit de toucher aucun argent sur les revenus, d'y faire un voyage aux frais de la compagnie sans un ordre particulier, de s'y attribuer aucun des droits honorifiques dus au seigneur, d'y régler aucune affaire importante sans approbation. Ils devaient se borner au rôle d'inspecteurs et fournir leur rapport. Sur ce point, comme sur tous les autres, les délibérations capitulaires, à partir de la fin du siècle, indiquent un notable changement. On y trouve une netteté et une sûreté de vues attestant qu'une direction prompte et sans équivoques était imprimée à l'administration temporelle aussi bien qu'aux intérêts spirituels de l'Église (1).

Nous n'avons pas besoin d'ajouter qu'avec l'union et le respect qui régnaient parmi ses dignitaires, on ne rencontre presque plus de ces rivalités autrefois si fréquentes, et que chacun consentait à se tenir dans la position qui lui était faite. On ne les voit plus se quereller, pendant des années, à propos de questions de prébendes et de préséance, inspirées par l'intérêt et la vanité. Le doyen Rostaing, ayant imaginé de faire porter sa queue aux processions, malgré les réclamations de ses confrères, on décida pour couper court à cette prétention que, s'il persistait, il serait loisible à chacun d'en faire autant (2).

Une ère nouvelle était donc ouverte pour le chapitre cathédral. Avec la paix rétablie dans son sein, il maintint celle qui devait exister entre lui et son évêque. Nous ne voyons pas qu'elle se soit démentie d'une manière notable sous les trois évêques qui, durant un demi-siècle, occupèrent, après Roquette, le siége d'Autun, à l'exception du procès que M. de la Valette intenta contre sa juridiction. Néanmoins, ce qui restait au chapitre d'indépendance était encore trop considérable pour ne pas porter ombrage

---

(1) Reg. capit., 3 février 1691 ; 5 décembre 1692 ; 22 août 1698, etc. — Ces terres étaient celles d'Autun, Auxy, Braux, Touillon, Clavegris, Champdostre, Chevanes, Solon, Marigny, Savigny, Corbigny, Brion, Reclesnes, Manlay, Marcheseuil, Suze, Fétigny, Fontangy, Sussey, Allerey, Bligny, Saussey, Perreuil, Sampigny, Saint-Gilles, Sainte-Hélène, Écoutot, Aloxe, Meursault, Meloisey, Baubigny.

(2) Reg. capit., 23 avril 1694.

à ceux d'entre eux qui désiraient jouir de toutes les prérogatives de leur dignité, et pour leur rendre agréable le séjour de leur ville épiscopale. Appartenant à des familles de haute noblesse, souvent occupés à la cour, la plupart de ces évêques résidèrent rarement. Le siége d'Autun était considéré comme un acheminement vers une position supérieure ; les deux successeurs de Sénaux l'occupèrent chacun dix ans, et furent transférés, l'un à l'évêché de Verdun, l'autre à l'archevêché de Besançon. A partir de la Valette jusqu'à Talleyrand-Périgord, deux autres évêques sur trois furent promus à l'archevêché de Lyon (1).

Jusqu'à la nomination de Roquette, les évêques d'Autun étaient restés, à certains égards, les subordonnés du chapitre cathédral qui avait possédé autrefois le droit de les élire. Même, depuis le concordat de 1515 qui attribuait leur nomination au roi, plusieurs d'entre eux, tels que Pierre de Marcilly et Charles Ailleboust, avaient été pris dans son sein. Ceux qui s'étaient risqués à attaquer ses prétendus priviléges et à réformer, dans leurs statuts synodaux, les mœurs du clergé, comme l'avaient fait Philibert Dugny et Doni d'Attichy, s'étaient attiré l'animadversion et étaient morts à la tâche. Le chapitre avait conservé la prétention de leur imposer, en qualité d'officiers de l'évêché, ses propres créatures, et refusait obéissance à leurs décisions. Roquette parvint le premier à placer l'autorité épiscopale dans une indépendance

(1) Gagnare, *passim*.

supérieure, et à faire adopter à la fois ses candidats et ses réformes. Se conformant à l'exemple d'autres évêques ses contemporains qui revendiquaient la suprématie spirituelle sur tout le clergé de leur diocèse, il accomplit dans le sien une révolution morale qui rompait avec les traditions du passé. Mais on comprend combien l'orgueil du chapitre et la démoralisation d'une partie du clergé durent lui rendre cette tâche difficile, lui attirer de secrètes rancunes, et comment il ne pouvait espérer justice qu'auprès des hommes vertueux et éclairés (1).

(1) Voir, à l'appendice, « Plainte de la ville d'Autun au roi contre Gabriel de Roquette, » et, à la suite, « Roquette jugé par un chanoine d'Autun, contemporain. »

FIN DU PREMIER VOLUME.

TABLE

DU PREMIER VOLUME

	Pages.
Préface...	V

CHAPITRE PREMIER.

Roquette avant son épiscopat. — Sa nomination à l'évêché d'Autun (1624-1666).................................... 1

CHAPITRE II.

Le clergé de l'église cathédrale (1657-1680) 67

CHAPITRE III.

Le clergé du diocèse (1654-1695)............................ 158

CHAPITRE IV.

Réforme du diocèse (1667-1704)............................. 247

CHAPITRE V.

Établissements charitables dans le diocèse. — Fondation de l'hôpital général d'Autun. — Réforme de l'hôpital Sainte-Reine (1667-1696)....................................... 352

CHAPITRE VI

Le chapitre cathédral et les officiers de la ville (1667-1673).... 423

CHAPITRE VII.

Roquette et le chapitre cathédral. — Juridiction épiscopale (1678-1707) 455

FIN DE LA TABLE DU PREMIER VOLUME.

www.ingramcontent.com/pod-product-compliance
Lightning Source LLC
Chambersburg PA
CBHW051410230426
43669CB00011B/1829